本丛书支持单位：汕头华侨经济文化合作试验区管委会

汕头侨批文物馆资料丛编之二

馆藏晚清侨批选读

潮汕历史文化研究中心
侨批文物馆　编著

暨南大學出版社
JINAN UNIVERSITY PRESS

中国·广州

图书在版编目（CIP）数据

馆藏晚清侨批选读/潮汕历史文化研究中心·侨批文物馆编著．—广州：暨南大学出版社，2017.5

（潮汕文库）

ISBN 978－7－5668－2048－8

Ⅰ．①馆…　Ⅱ．①潮…　Ⅲ．①侨务—外汇—史料—潮州—清后期②侨务—外汇—史料—汕头—清后期　Ⅳ．①F832.6

中国版本图书馆 CIP 数据核字（2016）第 326446 号

馆藏晚清侨批选读

GUANCANG WANQING QIAOPI XUANDU

编著者：潮汕历史文化研究中心·侨批文物馆

出 版 人：徐义雄
策划编辑：黄圣英
责任编辑：牛　攀
责任校对：何　力
责任印制：汤慧君　周一丹

出版发行：暨南大学出版社（510630）
电　　话：总编室（8620）85221601
　　　　　营销部（8620）85225284　85228291　85228292（邮购）
传　　真：（8620）85221583（办公室）　85223774（营销部）
网　　址：http://www.jnupress.com　http://press.jnu.edu.cn
排　　版：广州市天河星辰文化发展部照排中心
印　　刷：广州家联印刷有限公司
开　　本：787mm×1092mm　1/16
印　　张：17.25
字　　数：330 千
版　　次：2017 年 5 月第 1 版
印　　次：2017 年 5 月第 1 次
定　　价：88.00 元

《潮汕文库》序

我常常回忆三十年前，同样是“四厢花影怒于潮”的初春季节，在周恩来总理的亲切关怀下，老舍、曹禺、阳翰笙先生等一行十几人，专程来访潮汕。潮汕的山山水水和那古老独特的文化艺术，深深打动了客人们的心。在这里，老舍先生写下了满怀深情的诗：

莫夸骑鹤下扬州，渴慕潮汕数十秋；

得句驰书傲子女，春宵听曲在汕头。

这时，我奉命来汕头迎候他们。老舍先生等在将回北京的时候，一再握别叮咛：要珍重潮汕的文化遗产，要好好发掘和整理呀！可是，时隔不久，一场“史无前例”的大灾难铺天盖地而来，一切都无从说起了。

党的十一届三中全会后，实行改革开放政策，使国家的经济从濒于崩溃的边缘走向兴旺发达的大道。弘扬中华文化，增强中华民族凝聚力，已成为举国上下共同重视的课题。随着汕头经济特区的建立，潮汕地区的经济建设取得了有史以来所未有的繁荣发达。和全国一样，如何继承和发扬潮汕的优秀文化遗产，使之为社会主义的两个文明建设服务，也引起海内外各方面的重视。1990年11月，中国历史文献学会第十一届年会暨潮汕历史文献与文化国际学术讨论会在汕头大学召开。1991年9月，在法国巴黎召开的第六届国际潮团联谊年会，又议定着手筹建“国际潮人文化基金会”。与此同时，汕头大学成立了

“潮汕文化研究中心”，汕头市也成立了“潮汕历史文化研究中心”。这两个专门机构，密切配合，组织协调有关的研究工作。最近，它们商定了学术研究规划，决定出版《潮汕文库》，准备在今后若干年内陆续整理出版一批丛书，包括“潮汕历史文献丛编”“潮汕历史文化研究”等十个项目，每个项目又分出若干细目或专题。这是一项浩大的工程，是一件很有意义、很有远见的工作。

潮汕地区的文化，历史悠久，源远流长。古代文化特别是两宋以后的文化，内容十分丰富。它是浩瀚的中华文化中一支富有特色的细流。自唐宋开始，潮州的陶瓷就远销海外。随着岁月的迁移，潮州与海外交往也愈来愈密切。潮人对开拓海上丝绸之路做出了不可磨灭的贡献。明末清初之后，大量的潮人移居东南亚。近几十年来，又散布到世界各地。数逾千万的海外潮人，与当地人民和睦相处，把中华文化传播到五洲四海，又不断地把海外的先进文化引进桑梓故园。中外文化在潮汕融聚化合，经过历代潮汕人民的创造、探求和推陈出新，形成了具有鲜明特色的潮汕文化。海外潮人对传播和丰富中华文化是做出了贡献的。认真研究潮汕的历史和文化，对增强中华民族凝聚力，增加与世界各国人民的友谊和文化交流，对推动潮汕地区的两个文明建设，提高人民群众的思想和文化素质，都具有深远的意义。

在“潮汕历史文化研究中心”成立时，大家议定，研究潮汕历史文化，一定要坚持实事求是的科学态度。为了坚持实事求是，严谨治学，使研究工作取得踏实丰硕的成果，首先应该做好历史资料的搜集、整理、考证和出版工作。现在准备出版的《潮汕文库》，就是按这一要求迈出的第一步。

潮汕的历史文物、文献完整保存下来的不多，不免会给研究工作造成一定的困难。但是从总体上看，数量还是不少的，这些已经流传下来的文物、文献，有待我们去整理、研究；埋藏在地下的还可能陆续出土；地方上熟悉掌故的老人们的口碑也相当丰富；散布在民间和海外的文物、资料和古籍也有一定的数量。只要各方重视，抓紧发掘、采集，一定会有可观的收获。

有一个很能说明上述观点的事例：1956 年初，梅兰芳先生和欧阳予倩先生率领艺术团到日本访问，日本友人赠送给他们两份明代戏曲刻本的摄影本，不知是哪一个剧种的。当梅先生等人经香港回到广州时，刚好潮剧团正在这里演出《荔镜记》。梅先生等观看演出后，经查对才知道两份刻本都是潮剧的古本。这两份刻本，一是嘉靖四十五年（1566）的《重刊五色潮泉插科增入诗词北曲勾栏荔镜记戏文全集》（附刻《颜臣》），现藏于日本天理大学；后又发现，同一刊本的又一印本现藏于英国牛津大学。二是万历刻本《重补摘锦潮调金花女大全》（附刻《苏六娘》），此件无刊刻年份，可能是万历初年刊本，现藏于东京大学东洋文化研究所。在这之后又八年，即 1964 年，再发现有万历九年（1581）潮剧刻本，卷一首题“潮州东月李氏编集”的《新刻增补全像乡谈荔枝记》，现藏于奥地利维也纳国家图书馆。更引起国内外学术界瞩目的是：1958 年在揭阳县明代墓葬中出土发现的嘉靖年间戏曲手抄本《蔡伯喈》（即《琵琶记》），戏文中夹杂潮州方言，现藏于广东省博物馆。1975 年 12 月又在潮安县的明初墓葬中出土了宣德年间手写本《刘希必金钗记》，文中先后写明书写时间是“宣德六年六月十九日”和“宣德七年六月”（即 1431、1432）。这是我国目前所见最早的戏文写本，现藏于潮州市博物馆。这些都是稀世之宝。上面这些事例，充分说明了潮汕文化有丰富的遗产，也说明了还有一定数量的宝贵文物、文献，或者埋藏在地下，或者散藏在海内外，有待我们去发现。这方面，有大量的工作正在等待我们和后人去做。

显然，《潮汕文库》的出版，对于唤起海内外人士重视发掘、搜集潮汕文物、文献的热情，对于系统地积累潮汕历史文化资料，顺利地开展有关的研究工作，都将起到积极的作用。我想，这也是编辑出版《潮汕文库》的目的。

主办这项工作的同志们要我为《潮汕文库》写篇序言。我在历史文化研究工作的面前，只是一个渴望学习的小学生，说不出什么。但往事历历如在眼前，老舍先生和历代众多的名贤学者们的期望，今天终于能够开始实现，我从心底感到高兴，因而乐于借这个机会，祝愿《潮汕文库》早日问世，祝愿研究潮汕历史文化的工作顺利进展，尽快取得丰硕的成果。

吴南生

1992 年 2 月 15 日于广州

凡　例

一、本书是侨批文物馆收藏的清代侨批专集。为了保存史料，方便学者，特选读过录其中的批信95件，并附录批封5枚、相片1帧。

二、纸质文档，收藏经年，已难免日渐销损。为确保本书的可信性，保留文献原貌，批信原件均按原版缩小影印，附于各件过录、简释之前。

三、本书依辑录批信的书写时间按先后顺序排列。

四、书信识读按原来格式过录。因原文行草字形出现相当部分的民间“手头字”（即陈望道先生所总结的“笔画简单”“笔头顺便”“明白易认”的民间简化字，这是现代简体字“从俗从简，约定俗成”的社会源泉），为方便编辑与阅读，录文用简体字，加新式标点。

五、异体字、错讹字、通假字等之首见者，均按原状誊写，另在点注中加以注明，后见者在不致误解原文的前提下，一律径解为通用字。生僻字酌加拼音字母注音。

六、原文之缺字或漫漶字迹以空白“□”号标示；原文有衍误字，以（）标示；酌补文字以［］标示；原文夹注及本书编著者夹注，也用（）标明，以示区别。

七、本书词语的释义以《辞源》《辞海》《现代汉语词典》为基础，同时参考《实用汉语字典》《古汉语常用字字典》《新潮汕字典》的注解。一词多义的，取其本书涉及的义项。

八、批信中多次出现的需要注解的词语、地名等均于首见时出注。重见时，则注以“见某信某注”或用简略语加以概述，以省翻检之劳。

九、凡不明出处者，均实事求是注以“未详”，不敢强以为是。幸读者谅之。

晚清叶家三兄弟批信递寄情况一览表

序号	寄批时间	寄批人	寄批款	所托水客	各年遗存的批数（枚）	备注
引言〈一〉	早于光绪七年辛巳	（不详）		（不详）		附：嘉应州水客交“叶静珊批封”
引言〈二〉	光绪七年辛巳	叶和仁	（相片）	（不详）		附：叶和仁寄母亲钟氏的相片
1	光绪七年辛巳十一月廿一日	叶和仁	洋银三元	梁水兄	（1）	
2	光绪十七年辛卯七月十四日	叶和仁		（不详）	（1）	附托“宝源益记银店”转交银信之批封。使用“叶静珊书柬”印
3	光绪十九年癸巳十一月廿六日	叶和仁	洋银二元	叶仁兄	（1）	使用“嘉应叶静山书柬”印
4	光绪二十年甲午六月初八日	叶和仁	银五元	张谟兄	（1）	启用“叶宝源仁记金店”椭圆印、“叶宝源仁记”印
5	光绪二十一年乙未正月十九日	叶和仁	银五元	朱贵兄	（8）	
6	光绪二十一年乙未正月十九日	叶和仁（妾）	洋银三元	朱贵兄		首现“齐埠叶宝源”印
7	光绪二十一年乙未正月廿三日	叶和仁	银四元	张谟兄		首用“宝源图章”印
8	光绪二十一年乙未三月初十日	叶和仁	洋银四元、银十元	阿坤叔		
9	光绪二十一年乙未五月廿三日	叶清仁		（不详）		
10	光绪二十一年乙未六月初二日	叶清仁		（不详）		
11	光绪二十一年乙未七月	叶和仁	银六元	张信兄		
12	光绪二十一年乙未七月廿八日	叶清仁	边银五元、小边一只七分二	家祥叔		

（续上表）

序号	寄批时间	寄批人	寄批款	所托水客	各年遗存的批数（枚）	备注
13	光绪二十二年丙申正月廿二日	叶和仁、叶清仁	洋银三元	朱贵兄	(7)	
14	光绪二十二年丙申三月廿九日	叶和仁	洋银五元	张巫兄		
15	光绪二十二年丙申七月初一日	叶和仁、叶清仁	边银十元	朱贵兄		
16	光绪二十二年丙申七月初六日	叶和仁、叶清仁	洋银二大元	杨荣兄		
17	光绪二十二年丙申八月廿八日	（回批）				唯一可见的一枚回批
18	光绪二十二年丙申十月初九日	叶清仁	银三大元	温炳兄		
19	光绪二十二年丙申十月廿日	叶和仁	银三元	叶根兄		
20	光绪二十三年丁酉五月廿日	叶清仁	边银十大元	朱贵兄	(2)	
21	光绪二十三年丁酉十一月初八日	叶清仁	洋银二元	梁水兄		还托朱贵兄花边二元
22	光绪二十四年戊戌闰三月廿八日	叶和仁	英银二大元	坤叔	(4)	使用“嘉应叶静山书柬”条形章
23	光绪二十四年戊戌六月廿五日	叶清仁	洋银二元	张敦兄		
24	光绪二十四年戊戌九月十八日	叶清仁	洋边四大元	张宏兄		
25	光绪二十四年戊戌十月十八日	叶和仁	银五元	梁恒兄		首现“坝罗宝源仁记”印
26	光绪二十五年己亥三月十六日	叶和仁	边银五元	梁恒三兄	(9)	
27	光绪二十五年己亥四月廿七日	叶清仁	大银三元	梁水兄		
28	光绪二十五年己亥七月廿八日	叶和仁	/	（不详）		
29	光绪二十五年己亥九月初四日	叶礼仁	洋银四大元	梁水兄		
30	光绪二十五年己亥九月初六日	叶和仁	银五元	（不详）		
31	光绪二十五年己亥九月初六日	叶和仁	边银一元	（不详）		
32	光绪二十五年己亥九月初六日	叶和仁	/	（不详）		
33	光绪二十五年己亥九月	叶礼仁	二百文	（不详）		

（续上表）

序号	寄批时间	寄批人	寄批款	所托水客	各年遗存的批数（枚）	备注
34	光绪二十五年己亥十月廿九日	叶和仁	大银四元	（不详）		使用“叶静山”中英文椭圆印
35	光绪二十六年庚子正月廿五日	叶清仁	洋银三元	（不详）	（23）	附：红批封
36	光绪二十六年庚子二月十七日	叶和仁、叶礼仁	外银五大元	邓增兄		首现“坝罗叶宝源金店”印
37	光绪二十六年庚子三月廿六日	叶礼仁	洋银二大元	梁水伯		
38	光绪二十六年庚子四月十五日	叶和仁	英银十元	张柬生兄		启用“广加昌图章”中英文印、“广加昌金店”中英文椭圆印
39	光绪二十六年庚子四月廿二日	叶清仁	银三十六大元	朱桂兄		
40	光绪二十六年庚子五月初一日	叶和仁	英银十大元	（不详）		启用“新和昌图章”中英文印、“新和昌金店”中英文椭圆印
41	光绪二十六年庚子五月初一日	叶和仁		（不详）		
42	光绪二十六年庚子五月十六日	叶礼仁	洋银二大元	（不详）		
43	光绪二十六年庚子六月初九日	叶和仁	银四元	梁水伯		
44	光绪二十六年庚子六月十三日	叶和仁	洋银五大元	黄琏兄		
45	光绪二十六年庚子闰八月初一日	叶和仁	英银六大元	梁□□兄		
46	光绪二十六年庚子九月廿日	叶和仁、叶礼仁	英银十元二毫	李康六兄		使用“新和昌金店”中英文椭圆印
47	光绪二十六年庚子九月	叶和仁	银六元	黄琏兄		
48	光绪二十六年庚子十一月初六日	叶礼仁	银五元五毫	（不详）		

（续上表）

序号	寄批时间	寄批人	寄批款	所托水客	各年遗存的批数（枚）	备注
49	光绪二十六年庚子十一月初九日	叶和仁	洋银五大元	李永兄		
50	光绪二十六年庚子十一月初九日	叶和仁		李永兄		寄伯母等亲戚
51	光绪二十六年庚子十一月十七日	叶和仁	洋银四大元	梁恒三兄		使用“坝罗叶宝源金店”印
52	光绪二十六年庚子十一月廿日	叶和仁（妾黄氏）	英银四元	朱桂兄		
53	光绪二十六年庚子十一月廿三日	叶礼仁	英银五元	朱桂兄		启用“芬芃蓉广应昌金店”印
54	光绪二十六年庚子十一月廿五日	叶和仁	银七大元	梁辉兄		
55	光绪二十六年庚子十一月廿六日	叶和仁	英银八元	朱桂兄		附：同信批封。启用“芬乃容广嘉昌金店”印
56	光绪二十六年庚子十一月廿六日	叶和仁		朱桂兄		寄伯父等亲戚
57	光绪二十六年庚子十一月廿□日	叶和仁、叶清仁	四大元	朱贵兄		
58	光绪二十七年辛丑四月初五日	叶和仁	洋银二大元	李永兄	（8）	
59	光绪二十七年辛丑六月初二日	叶礼仁	洋银五大元	朱桂兄		
60	光绪二十七年辛丑六月初二日	叶清仁（妾）	洋银五元	廖云秀兄		
61	光绪二十七年辛丑六月	叶和仁	洋银五元	（梁恒三兄）		
62	光绪二十七年辛丑九月初五日	叶和仁	洋银二大元	李永兄		
63	光绪二十七年辛丑十一月十九日	叶和仁	洋银十五元	朱桂兄		
64	光绪二十七年辛丑十一月十九日	叶和仁	银五角	朱桂兄		寄家乡玉生弟
65	光绪二十七年辛丑十一月十九日	叶和仁	银五角	朱桂兄		寄家乡亚献哥
66	光绪二十八年壬寅二月初一日	叶和仁	银七元	梁水伯	（6）	
67	光绪二十八年壬寅二月十八日	叶和仁	洋银五元	叶阿云		
68	光绪二十八年壬寅四月初□日	叶礼仁	银半元	（不详）		使用“礼仁图章”

（续上表）

序号	寄批时间	寄批人	寄批款	所托水客	各年遗存的批数（枚）	备注
69	光绪二十八年壬寅	叶礼仁	／	（不详）		寄家乡荣章、阿达、玉生弟
70	光绪二十八年壬寅八月初十日	叶清仁、叶礼仁	银三十元	梁水伯黄琏兄		使用“礼仁图章”氏
71	光绪二十八年壬寅十月□日	叶和仁、叶清仁、叶礼仁	洋银十二元	黄链兄		使用“叶清仁书柬”“礼仁图章”
72	光绪二十九年癸卯二月初四日	叶清仁、叶礼仁	大银五大元	（不详）	（3）	附：同期水客林瑞庭红条封
73	光绪二十九年癸卯五月十四日	叶清仁、叶礼仁	（□□）	李登郎兄		
74	光绪二十九年癸卯闰五月初一日	叶清仁、叶礼仁	洋银十元	林瑞庭兄		启用“协泰打金店”印
75	光绪三十年甲辰二月初一日	叶清仁、叶礼仁	洋银四元	张德轩兄	（5）	
76	光绪三十年甲辰七月	叶和仁	洋银十元	（不详）		启用“大齐新和昌金店”印
77	光绪三十年甲辰八月十七日	叶清仁	洋银五元	廖云秀兄		
78	光绪三十年甲辰十月十三日	叶礼仁	银四元	张盘石兄		首见“芬芀蓉广应昌金店”条形章
79	光绪三十年甲辰十一月初三日	叶礼仁	银四元	钟鹤叔公		
80	光绪三十一年乙巳七月十八日	叶清仁	洋银五元	（不详）	（6）	
81	光绪三十一年乙巳十一月初四日	叶和仁	英银二元	朱桂兄		
82	光绪三十一年乙巳十一月初四日	黄氏（叶和仁妾）	洋银四元四毛	张姑丈		
83	光绪三十一年乙巳十一月初九日	叶和仁	银二元	张贤兄		
84	光绪三十一年乙巳十一月初九日	叶礼仁	洋银十一元	张贤兄		

（续上表）

序号	寄批时间	寄批人	寄批款	所托水客	各年遗存的批数（枚）	备注
85	光绪三十一年乙巳十一月	叶和仁	英银十元	张上兄		
86	光绪三十三年丁未二月廿六日	叶礼仁	洋银四元	叶焕文兄	（4）	
87	光绪三十三年丁未三月初五日	叶礼仁	十元	张柬星兄		
88	光绪三十三年丁未三月廿五日	叶礼仁	洋银五元二毫	秦庆兄		
89	光绪三十三年丁未十一月十八日	叶礼仁	银十元	朱桂兄		
90	宣统二年庚戌二月十八日	叶和仁	五元	朱桂兄	（6）	
91	宣统二年庚戌二月廿五日	叶和仁	银四元	叶焕文叔		
92	宣统二年庚戌四月廿六日	叶和仁	银十五元	张柬星兄		
93	宣统二年庚戌六月十四日	叶礼仁	五元	朱桂兄		
94	宣统二年庚戌六月十四日	叶礼仁	英银一元	朱桂兄		寄家乡肉店，店主为母取肉
95	宣统二年庚戌十一月廿日	叶礼仁	银五元	秦庆兄		附：叶清仁寄家乡的预印批封

注：（1）叶家三兄弟，有名号不同的，如：叶和仁又称叶静山、叶静珊。有同一人名字不同书写形式的，如：叶清仁、叶礼仁，在家书的书写形式上，又分别有叶亲仁、叶里仁交叉使用。为方便陈述，除批信中原字照录外，陈述部分统一书写形式为：叶和仁、叶清仁、叶礼仁。

（2）本目录所列为搜集到的叶和仁、叶清仁、叶礼仁三兄弟自清光绪七年辛巳（1881）起至清宣统二年庚戌（1910）期间遗存的批信95件，另附有特色的封皮5枚，共100件。其中，光绪八年至光绪十六年批信散佚；光绪十八年全年批信缺脱；光绪三十二年全年批信缺失；宣统一年全年批信缺失。涉及的人、事无从得知，对一些变故的前因后果、来龙去脉无法有个完整、准确的说明。

（3）由于部分原文缺失或漫漶，意思不连贯，或者因错讹字、通假字而致不明出处，未能注释，以“未详”敷衍之，乃学识不足，水平限制。

（4）从批信所述，叶氏三兄弟寄回家的书信远远不止搜集到的这些。除了全年缺脱外，各年份也大部分缺失。保存比较完整的只有清光绪二十六年庚子（1900）。全年寄批23次，洋银141元7毫。其中，十一月份就寄信10次，洋银42.5元。从中可粗略推算各年的数字。

（5）本表所列叶氏三兄弟的批信，除个别附带写给亲朋外，其余绝大部分均系寄给母亲钟氏的家书。

（6）本表所列全部为叶家三兄弟分别委托不同水客带送的侨批。水客姓名也依批信原文照录，不排除同一水客不同名号或不同书写形式。

叶家三兄弟在番记事
（光绪七年辛巳至宣统二年庚戌）

辛巳秋		叶和仁已随父亲在南洋
辛卯	七月	叶和仁回乡省亲
癸巳	十一月	叶和仁在槟城中建街金店做工
甲午	六月	叶和仁在亚齐承接家焕兄金店
乙未	正月	叶和仁娶妾陈氏
		叶和仁将“叶宝源仁记金店”迁移
		叶和仁要母亲在家乡为叶礼仁配亲（此时叶礼仁尚未过番）
	五月	叶清仁从家乡起程下南洋
	六月	叶清仁过番抵槟城
	七月	叶清仁抵亚齐叶和仁金店
丙申	二月	叶和仁金店火灾
	三月	叶和仁因火灾所累，被羁押月余后，无罪释放
		其间，叶清仁到他人金店打工
	十月	叶和仁、叶清仁合作经营仁记金店
戊戌	闰三月	叶清仁在亚齐四里汶开金店（仅开业3个月，遭火灾）
	五月	叶和仁到大吡叻坝罗开金店
己亥	四月	叶和仁回乡省亲
	八月	叶礼仁在叶和仁引领下离家过番
	十月	叶和仁在亚齐同新昌叔合开“新和昌”金店
	十一月	叶清仁依叶和仁交代在红毛丹开金店
		叶和仁娶妾廖氏
庚子	二月	叶和仁、叶礼仁在槟城打石街开金店一间
	四月	叶和仁开芬乃容“广加昌”金店
		（从信中得知）叶和仁妻已育有一儿，名“有德”，而南洋妾廖氏也生子，名“有福”
		叶清仁回乡省亲
		叶清仁在南洋有个名叫“锦伟”的儿子
		叶礼仁在南洋娶家室
	五月	叶和仁叫叶礼仁在石城小市镇另开一间小金店，独立经营，字号

		“芬艿蓉广应昌”
	六月	叶和仁岳母（廖氏母）回唐山省亲
	八月	叶清仁娶妇马氏。叶和仁再次要求母亲在家乡为礼仁定亲
	九月	叶和仁再纳妾黄氏
辛丑	六月	从信中得知叶清仁家乡妻吴氏亡故的消息
	九月	叶和仁已有两处吧叻
		叶清仁在侧莪营开金店和番衣店
		叶礼仁也有吧叻
	十一月	叶清仁有子鼎华，自三月与叶清仁同过
		叶清仁侧莪营店停业，夫妇在叶和仁店居住
壬寅	六月	叶清仁、叶礼仁在淡江板影合开“协泰打金店”
	九月	叶和仁妾黄氏之胞妹黄彩华入股叶和仁金店，换字号为“宝华”
		叶清仁娶“番婆”
	十月	叶和仁岳母黄阿婆回唐山
癸卯	四月	叶和仁将金店迁至暹罗，十月又迁回
	五月	叶和仁在亚齐开的裁缝店生意甚好
甲辰	三月	叶清仁到亚齐与叶和仁共事营谋
乙巳	七月	叶清仁在家乡立嗣交定金
	十月	叶和仁金店失火，损失惨重
	十一月	叶和仁重寻店一间，有十多名佣工
		叶礼仁在石城之店迁至芬乃容，有五六名佣工
丁未	十一月	叶清仁之子鼎华到亚齐读书
庚戌	正月	叶和仁妾黄氏生子，取名“有增”，至此，叶和仁已有三子：有德、有福、有增
		叶和仁当铺迁移，叶和仁芬乃容店开张

目　录

引言（一）

下图为早于清光绪七年辛巳（1881）秋从南洋寄嘉应州叶和仁的侨批封。

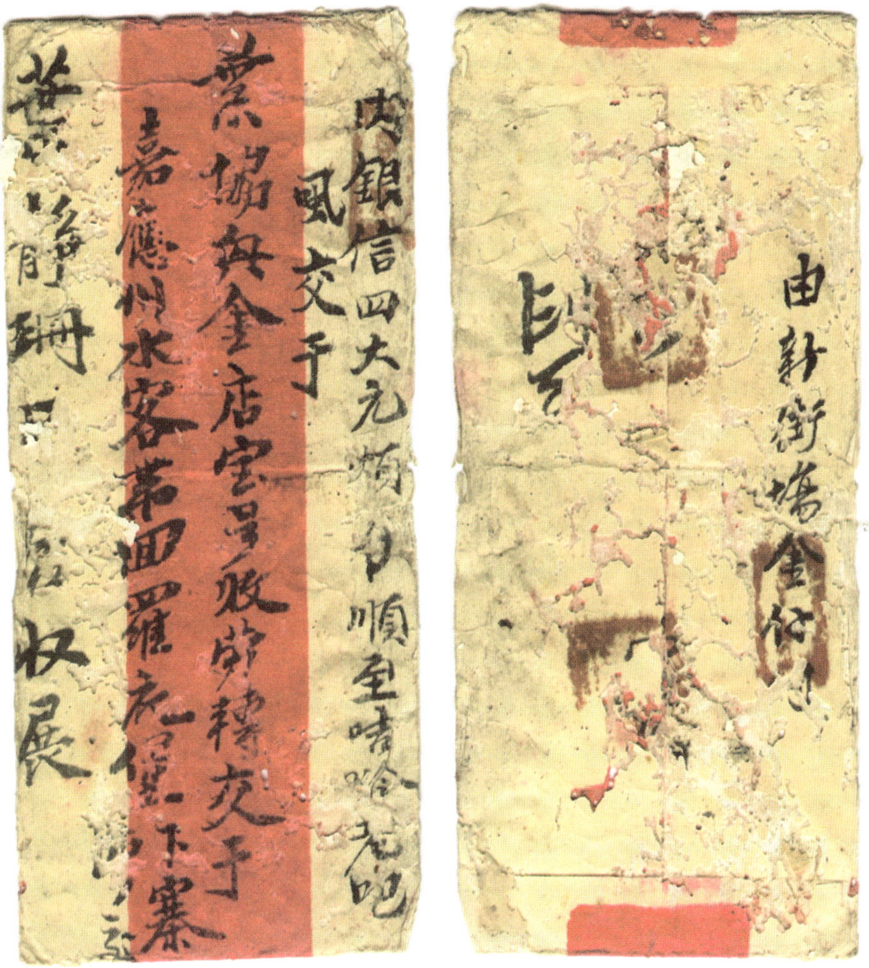

早于清光绪七年辛巳（1881）秋从南洋寄嘉应州叶和仁的侨批封

录文

内银信四大元烦台顺①至咭冷②老吧虱③交于

叶协兴金店宝号收劳转交于

---

① 顺：趁便；随便。如顺手牵羊。

② 咭冷：今马来西亚吉辇（Keridn），霹雳州的 10 个行政区或县之一。

③ 吧虱：巴刹。新加坡华语中“巴刹”一语，指的是市场或菜市场，音译自马来语“pasar”。

嘉应州[1]水客带回罗衣堡[2]下寨□□交
叶静珊□□收展

由新街场金仔内
□□□□

简释

叶和仁，又名叶静珊、叶静山。

叶和仁出国前，叶家在马来、石叻已有亲人。叶和仁过番后，于“光绪七年辛巳秋”托水客带回相片1帧予“母亲钟氏收”。相片的主角是一对中年夫妇，绝非叶和仁本人，估计系叶和仁之父亲在南洋再娶的妾侍。可惜中间有10年之久的批信散佚，无从得知叶家1882—1891年的详情。而叶和仁也一直到出洋多年后的1899年才与母亲提及“先父地坟”之事。

依照潮梅地区的传统，寄给妻子收的侨批，信封写的是儿子名字，内信才写“贤妻”“荆妻”收启。此批封应是叶和仁父亲从南洋寄回家乡的家书配套，但批信缺失。长子叶静珊乃一家之长，尔后出洋接班顺理成章。

批封字面显示的文字是“内银信四大元烦台顺至咭冷老吧虱交于叶协兴金店宝号收劳转交于嘉应州水客带回罗衣堡下寨□□交叶静珊□□收展”。寄批人托某水客→顺至咭冷老吧虱→交叶协兴金店宝号→劳转嘉应州水客→带回罗衣堡→交叶静珊，批信的整个托寄过程辗转烦琐。可知早年叶家在南洋某地递寄侨批的水客路径不甚成熟，也可说尚未步入正轨，与叶和仁下南洋后南洋一带水客的经营状况实在不可同日而语。因此，我们更能推断此批封为早于清光绪七年辛巳（1881）秋从南洋寄嘉应州。

而事实上，“昔年帆船渡洋一往复，辄须经岁，华侨信款率托寄于常川来往水客，……”（《潮州志·实业志·商业》）。潮梅一带把这种行业称为“溜粗水”“走水”“客头”。水客一般都在同乡、本家族的小天地里活动，很难逾越这个界限。水客在外洋原无住所，待至“轮船航行，交通既便”，情况方渐改观。水客根据收批时间有不同称谓，凡是在过端午节、中秋节、春节回乡的水客叫“走大帮”，因为节前侨眷需要的钱物较多，一般春节前返唐山的水客最多。其余时间回乡的则称为“走小帮”。信封上透露出来的信息是，“某水客”带信至马来亚咭冷，转交“嘉应州水客”带银信返回唐山。本书所涉及的，正是这一类往返于海内外的“嘉应州水客”。

引言〈一〉

① 嘉应州：今广东省梅县。本潮州府程乡县，清雍正十一年（1733）改为嘉应直隶州，嘉庆十一年（1806）改府，后又恢复州名。1912年改为梅县。

② 罗衣堡：清代嘉应州三十六堡之一。

引言〈二〉

这是清光绪七年辛巳（1881）叶和仁寄母亲钟氏的南洋家人相片。

清光绪七年辛巳（1881）叶和仁寄母亲钟氏的南洋家人相片

相片系一对中年夫妇在南洋的合影。相框后面垫板以墨字标注“母亲大人钟氏收　光绪辛巳秋托”。从汇集到的叶家清代批信可知，叶和仁母亲钟氏有三个儿子先后下南洋：叶和仁、叶清仁、叶礼仁。能托物而称收件人为“母亲大人钟氏”者，必为儿子无疑。

据此可知，“光绪辛巳秋”钟氏已有儿子在南洋。而依后期批信所述，叶清仁于清光绪二十一年乙未（1895）离家往南洋；叶礼仁也晚至光绪二十四年己亥（1898）才过番。托相片者名义上便只能是叶和仁了。

清光绪二十一年乙未（1895）叶和仁在给母亲钟氏的信中有“男之年已廿有余”一说（见信〈十一〉），汉语“余”表示成数后的不定零数，“廿九”也可说“廿有余”。姑且算叶和仁乙未年（1895）已经29岁，那么，辛巳年（1881）叶和仁充其量也只是15岁左右。因此，相片上的男主角绝非叶和仁本人。而作为长子的叶和仁将一对夫妇的相片托寄给母亲，相片中的主角最大的可能是叶和仁的父亲和庶母。

叶和仁的父亲在南洋已另安家。出于继承的需要，将叶和仁带至马来亚，于情于理均属正常。由此，也就开启了叶家“侨二代”远渡重洋，漂泊海外的艰辛历程。叶和仁到南洋，未及弱冠，似应在父亲的庇护下学工、学艺、学为人，逐步融入华侨社会。自信〈一〉往后十年的银信，虽然全部散佚，但也可以认定大部分乃是叶和仁父亲与妻子钟氏的“两地书”。叶家两代四位男子汉，历经数载，在南洋站稳脚跟，节衣缩食，逐渐有了积蓄。深受中华传统伦理道德熏陶的海外游子，便开始委托回国的亲友和同乡捎带银信，以尽赡养长辈妻儿的义务。一枚薄批，几句嘱言，再加上他们任劳任怨、克勤克俭、一分一厘累积起来的血汗钱，为家乡亲人送上深深思念和拳拳关爱。

叶家三兄弟数以百计的侨批，不仅是一张张汇款凭证，而且是侨胞家史的真实见证。它们蕴含着对故里的一片深情，昭示着对家中亲人的关爱和责任。

〈一〉 清光绪七年辛巳十一月廿一日（1882年1月10日）叶和仁致母亲钟氏书

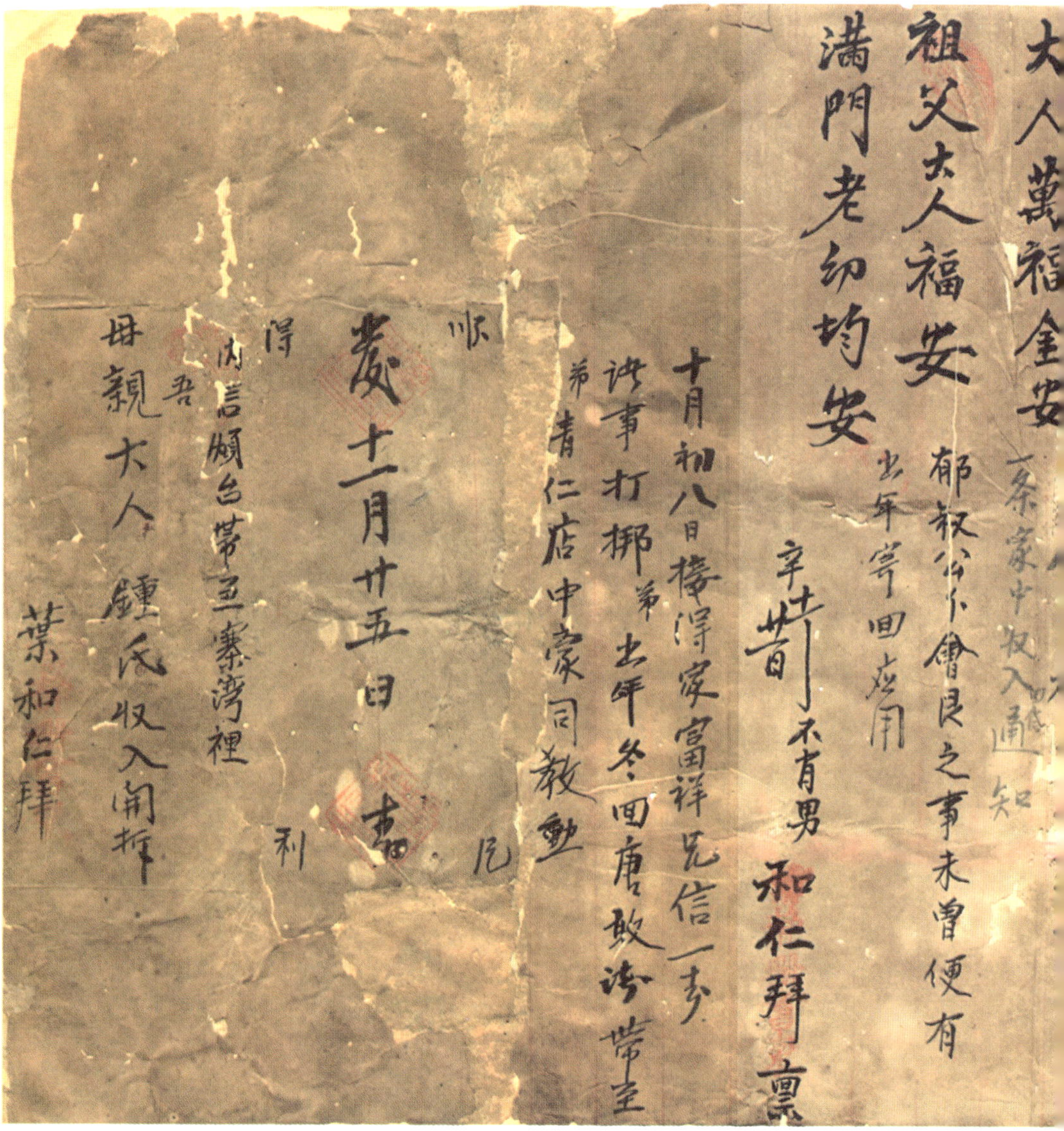
大人萬福金安　一条家中收入通知
祖父大人福安　郁叔公卜會艮之事未曾便有
滿門老幼均安　出年寄回应用
辛巳廿一日　不肖男　和仁拜禀
十月初八日接得家富祥兄信一封
訣事打掗　弟出年冬回唐敢請帶呈
弟　青仁店中蒙同敎勳

順　岁十一月廿五日寄　兄
浮　利
内言頭台第五寨灣裡
吾　母親大人　鍾氏收入開拆
葉和仁拜

录文

母亲大人膝下：

本月初接得阿坤兄带来书一封。捧读之下，诸事慨（概）悉。但读至亲病复发，儿不襟（禁）心动，自念不孝之罪重矣。及至调治略愈，方得稍宽。现儿既远出在外，徒劳无

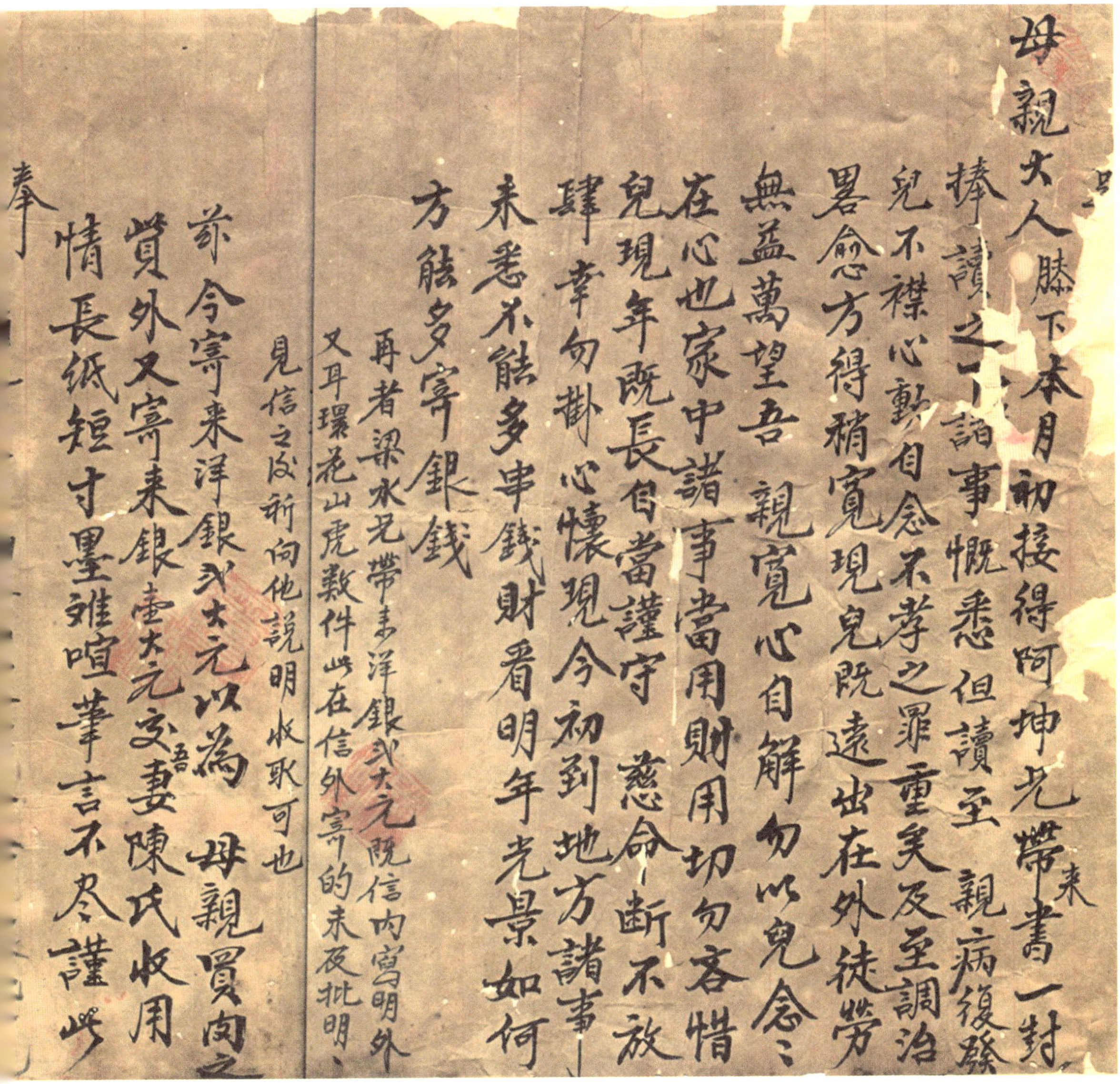
母親大人膝下 本月初接得阿坤兄帶來書一封
捧讀之下 諸事慨悉 但讀至 親病復發
兒不禁心動 自念不孝之罪重矣 及至調治
畧愈 方得稍寬 現兒既遠出在外 徒勞
無益 萬望吾 親寬心自解 勿以兒念念
在心也 家中諸事當用則用 切勿吝惜
兒現年既長 自當謹守 慈命 斷不放
肆 幸勿掛心懷 現今初到地方 諸事
未悉 不能多串錢財 看明年光景如何
方能多寄銀錢
再者梁水兄帶去洋銀弍大元 既信內寫明外
又耳環花山虎數件 此在信外寄的 未及批明
見信之後 祈向他說明收取可也
爺 今寄來洋銀弍大元 以為 母親買肉之
費 外又寄來銀壹大元 交吾妻陳氏收用
情長紙短 寸墨難喧 筆言不盡 謹此
奉

益，万望吾亲宽心自解，勿以儿念念在心也。家中诸事当用则用，切勿吝惜。儿现年既长，自当谨守慈命，断不放肆，幸勿挂心怀。现今初到地方，诸事未悉，不能多串（赚）钱财。看明年光景如何，方能多寄银钱。

再者，梁水兄带来洋银[①]二大元，既信内写明，外又耳环花山虎[②]数件。此在信外寄的，未及批[③]明。见信之后，祈向他说明，收取可也。

兹今寄来洋银二大元，以为母亲买肉之赀[④]。外又寄来银一大元，交吾妻陈氏收用。情长纸短，寸墨难喧，笔言不尽，谨此奉禀

大人万福金安

祖父大人福安

满门老幼均安

前九月廿日马桉（鞍）山家其文叔寄银二大元，又线钳[⑤]一支，衫三件，□□二支，洋巾一条。家中收入，回信通知。

郁叔公分会[⑥]艮（银）[⑦] 之事，未曾便有，出年寄回应用。

辛十一［月］廿一日　不肖男　和仁　拜禀

十月初八日接得家富祥兄信一封，诸事打揤[⑧]。弟出年[⑨]冬回唐，敢请带至弟清仁店中，豪司教勋[⑩]。

顺　风

发十一月廿五日封

得　利

内信烦台带至寨湾里

吾母亲大人钟氏收入开拆

叶和仁　拜

---

① 洋银：旧称银币为“洋钱”“洋银”，亦简称洋。如大洋、小洋。

② 花山虎：一种金首饰花色。

③ 批：批写，写。

④ 赀：“资”的异体字。财物、钱财，引申为钱、费用。

⑤ 线钳：钳子的一种。

⑥ 会：特指民间金融互助组织。如月兰会等。

⑦ 艮：“银”的错讹字，后凡见“艮”字均改为“银”字。

⑧ 打揤：客家“阿姆话”，意为“多谢”。

⑨ 出年：潮梅方言，过了年，明年。出：超过。

⑩ 豪司教勋：客家“阿姆话”。意思未详。

简释

此信是叶和仁初到南洋时的批信，未有自己名下的金店。使用“叶静珊书柬”印章。批信以“不肖男和仁”的名义及口气写，实际寄钱托物均应是没出面的“父亲”所为，毕竟叶和仁“现今初到地方，诸事未悉”。“本月（即十一月）初接得阿坤兄带来书一封”，又有“梁水兄带来洋银二大元”、金首饰数件，可知叶和仁父子在此之前已在南洋生活。家中已有“妻陈氏”，祖父健在。

将“引言〈一〉”所附之批封、“引言〈二〉”所展示的相片等汇集的零碎信息梳理一番，可以大胆推断信〈一〉形成的时间是辛巳年：

（1）信中提及的人、事，后期书信均未再提。包括：①母病复发；②郁叔公“分会银”；③托其文叔银二元、物一批。

（2）客家方言研究者认为：书中使用了客家方言中的“阿姆话”——“诸事打掷”“豪司教勋”。后期书信已未见此类“阿姆话”。

（3）从纸质看，因年代久远，信笺外观已老化，呈黑而干枯之色，毛边纸质地已明显别于后期书信。

（4）叶礼仁年幼，信中只字未提，不似后期每信必训。

（5）叶和仁出洋已有些时日了，不然，哪有不知清仁开店之地址，何来央求富祥兄“弟出年冬回唐，敢请带至弟清仁店中”一说？

〈一〉

〈二〉 清光绪十七年辛卯七月十四日（1891年8月18日）叶和仁寄母亲钟氏书

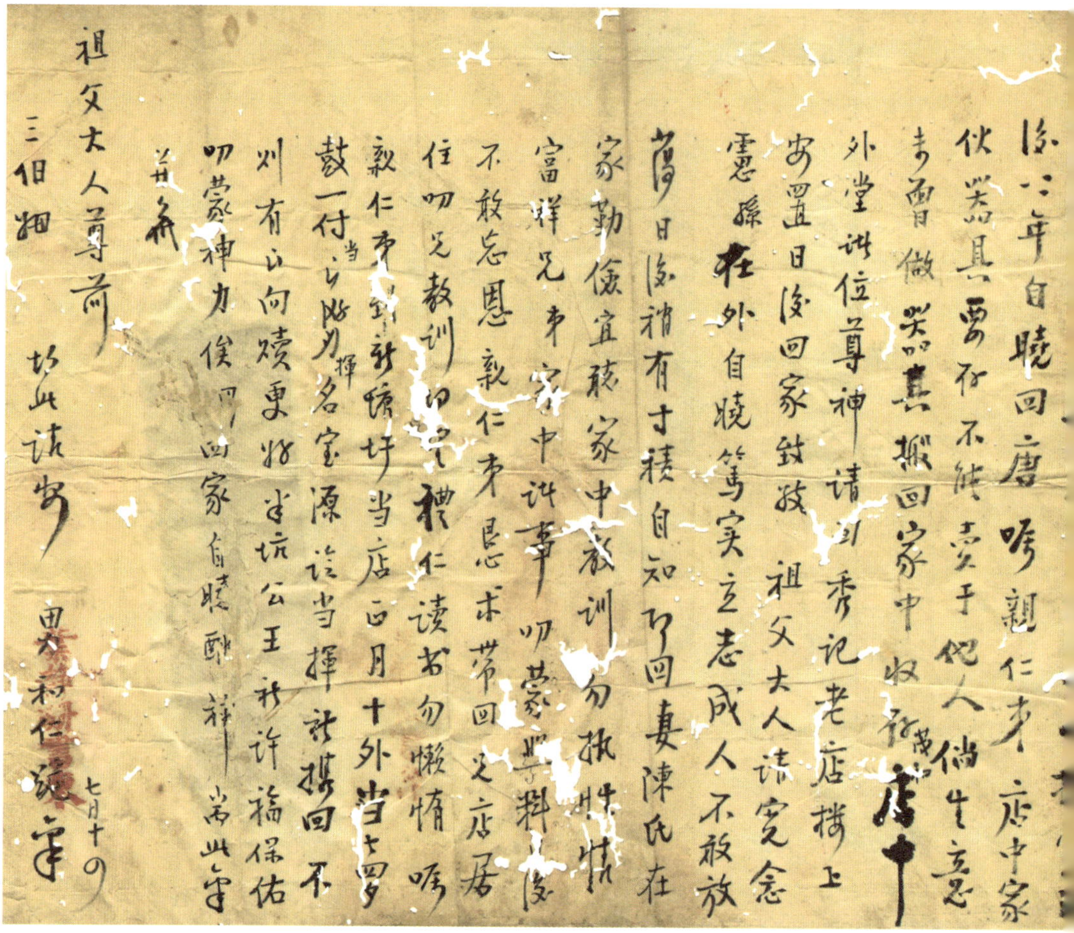

录文

谨禀

母亲大人膝下福安：

启者，男和仁在畲市[①]初四动身，初八抵汕，初十抵港，十五有船往喈叻[②]。想在振丰店居住，有信即寄喈叻振丰店转交为妥。本［月］初十由汕寄宝源益转交信，谅有收到可知。男身体安康，家中不必挂虑，随后一二年自晓回唐。嘱亲仁弟：店中家伙[③]器具要

---

① 畲市：畲坑。畲，shē。梅县畲江，梅县人喜欢称畲江为畲坑；也以曾为畲族的聚居地而得名。清代嘉应州三十六堡之一。

② 喈叻：石叻，马来文的译音，即新加坡。亦称叻埠。清李钟珏《新嘉坡风土记》：“旧名息力，又称石叻，华人或称新州府。”

③ 家伙：器具。《儒林外史》十五：“马二先生……又尽力的吃了一餐，撤下傢（家）伙去。”《红楼梦》三五：“凤姐先忙着要干净傢（家）伙来替宝玉捡菜。”

存，不能卖于他人。倘生意未曾做，器具搬回家中收存。茂和店中外堂诸位尊神，请①回秀记老店楼上安置，日后回家致敬。祖父大人请宽念虑，孙在外自晓笃实立志成人，不敢放荡，日后稍有寸积，自知即回。妻陈氏在家勤俭，宜听家中教训，勿执性情。富祥兄弟，家中诸事，叨蒙②照料，日后不敢忘恩。亲仁弟恳求带回兄店居住，叨兄教训。切望礼仁读书勿懒惰。嘱亲仁弟到新塘圩当店，正月十外③当大罗（锣）鼓一付，当银一两四钱五，挥名宝源讫④，当挥祈携回。不则，有银向赎更好。半坑公王⑤祈许福保佑，叨蒙神力。俟⑥男回家，自晓酬神，耑⑦此禀并候

祖父大人尊前、三伯姆　切此请安

男和仁　跪禀

七月十四

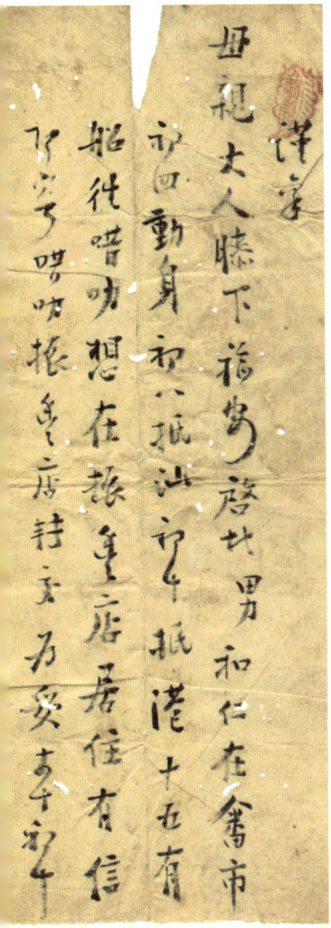
母親大人膝下福安啓者男和仁在畲市
初四動身初八抵汕初十抵港十五有
船往嗒叻想在

简释

这是叶和仁辛卯年（1891）回乡省亲后返南洋途经香港，七月十四日从香港托回家乡的家书。

此信未写干支年号，但与后信比照，应为叶和仁回乡省亲后重返南洋时在香港托水客带回的（外未附银项）。使用“叶静山书柬”印。

叶和仁“在畲市初四动身，初八抵汕，初十抵港，十五有船往嗒叻”，往嗒叻前一天，叶和仁先从香港托回家书。刚离开家乡，又有说不完的话，交代不完的事。背井离乡的游子，其心情不难想象。

由“本［月］初十由汕寄宝源益转交信”“挥名宝源讫”可知，叶和仁家族在家乡已设有“宝源”分号。叶和仁也已非十年前“初到地方，诸事未悉”的“菜鸟”，已是“笃实立志成人”的接班人。

〈二〉

① 请：买或端与祭祀有关的物品，如佛像、香烛、神主牌等，是一种尊敬的说法。

② 叨蒙：谦辞，如言叨蒙、叨承，表示承受的意思。叨：忝。

③ 外：超过某一数量；以外。潮梅方言表“多”，比一定的数目大。如五十外岁、两丈外、三年外、日外（一天多）。

④ 挥名宝源讫：意即写上“宝源号收讫”则可。挥：挥毫，运笔。指写字或作画。杜甫《饮中八仙歌》：“挥毫落纸如云烟。”

⑤ 半坑公王：半坑公王庙，在梅城附近。民间有“半坑公王保外乡”之说，香火颇旺。半坑：地名，公王是官的化身，不是鬼神。

⑥ 俟：等待。

⑦ 耑：“专”的异体字。

附：清光绪辛卯年叶和仁从汕头托“宝源益记银店”转交银信之批封

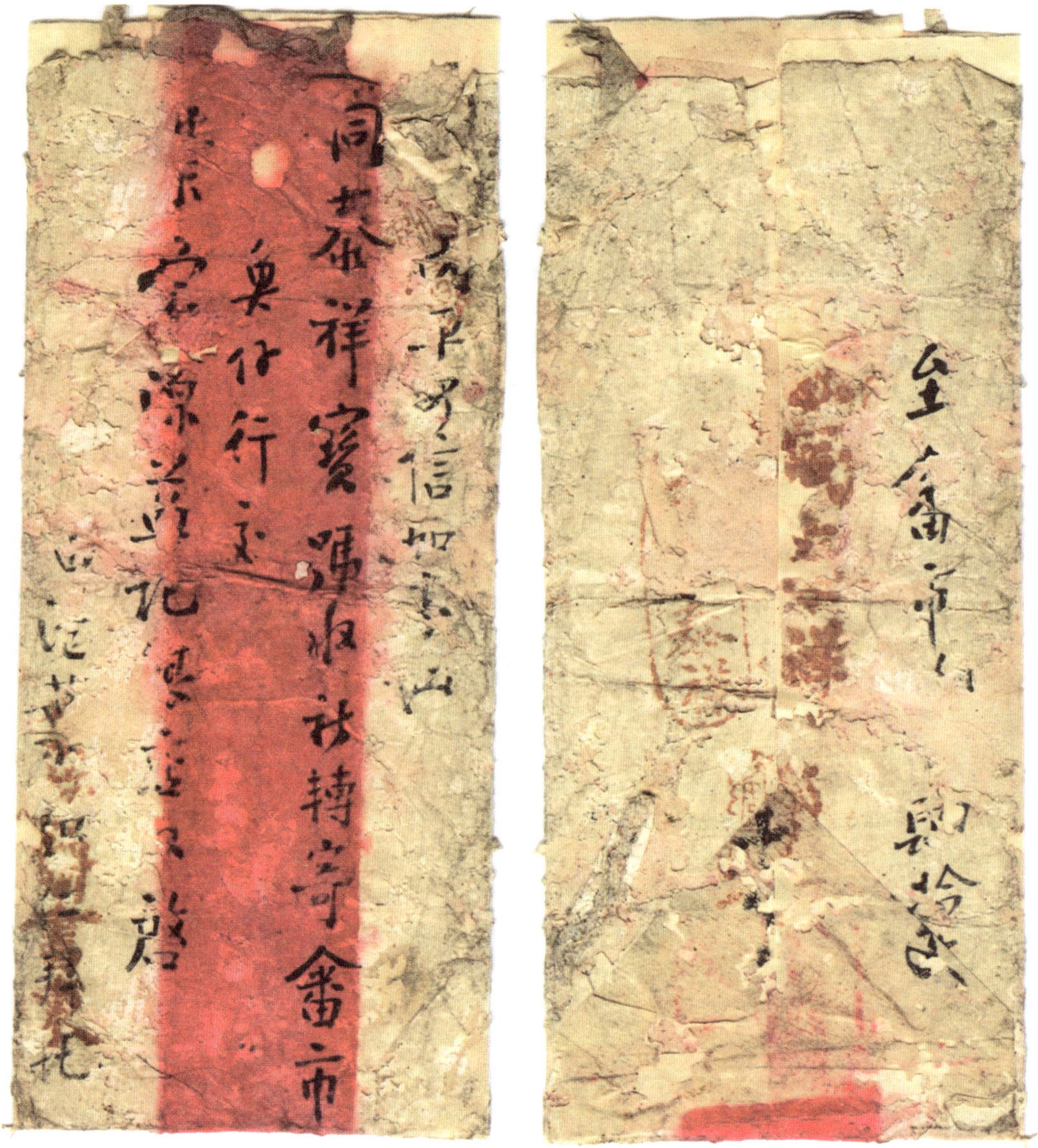

录文

内平安信□□汕同泰祥宝号收
祈　转寄　畲市鱼仔行　交
荣宝源益记银店收启
□□叶和仁　拜托

至畲市□□四十□

简释

该批封是叶和仁于清光绪十七年辛卯七月十四日回乡省亲后返南洋途经香港时寄回家乡的家书（信〈二〉）配套外封。“宝源益”在畲市鱼仔行，批封上有“宝源益记银店”印章、“同泰祥”印章。

〈三〉 清光绪十九年癸巳十一月廿六日（1894年1月2日）

叶和仁寄母亲钟氏书

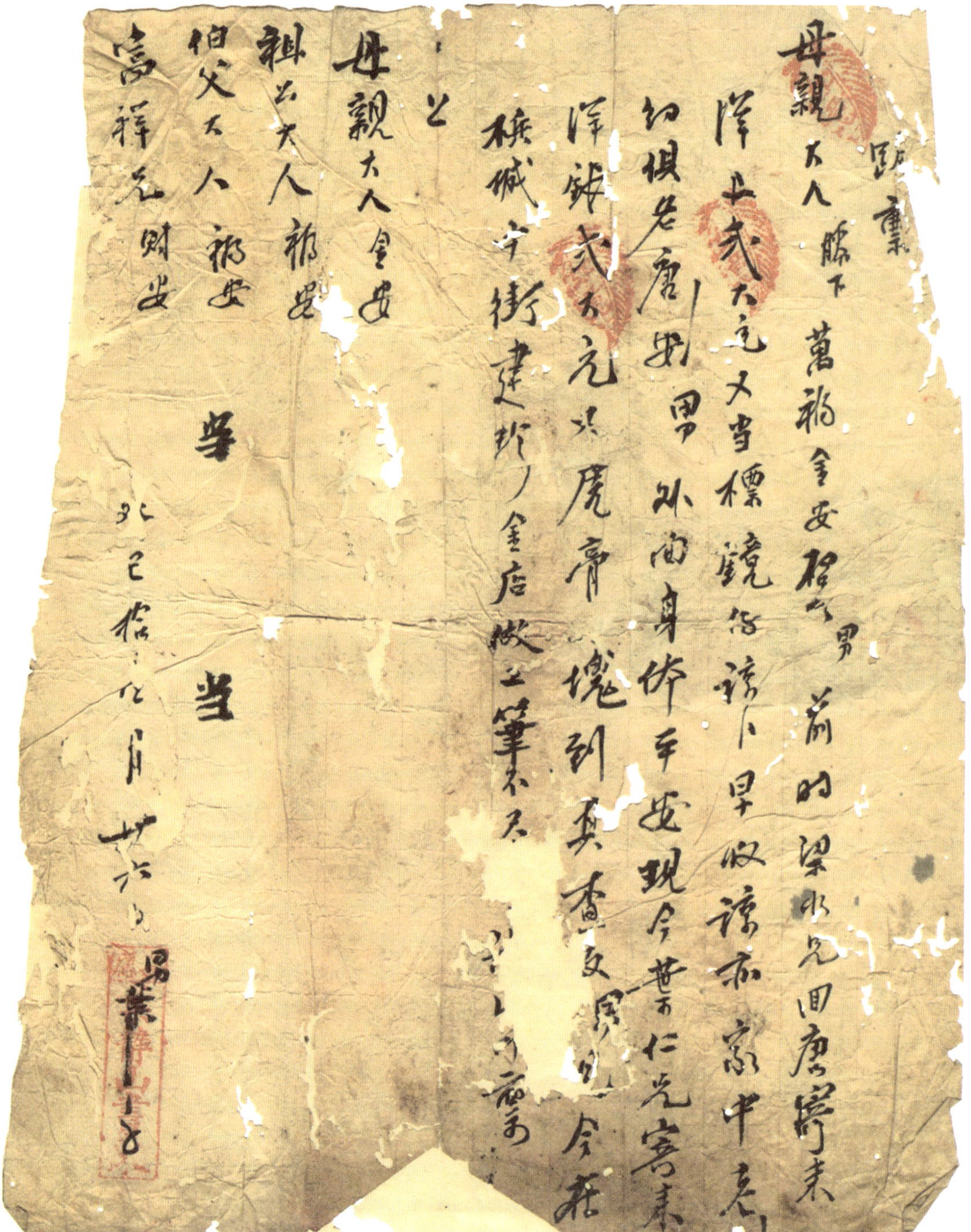
跪稟
母親大人 膝下 萬福金安 稟者男前時梁兆先回唐寄來
洋壹弍大元又寄標鏡 諒已早收 諒亦家中老幼
均俱在唐平安 男外面身体平安 現今艹仁兄寄來
洋銀弍大元以充 老膏 燭到其查收
又
母親大人金安
祖母大人福安
伯父大人福安
富祥兄財安
叩
上
癸巳拾一月廿六日
男 葉和仁

录文

跪禀

母亲大人膝下万福金安：

启者，男前时梁水兄回唐，寄来洋银二大元。又当标镜仔，谅卜早收。谅亦家中老幼俱各康安。男外面身体平安。现今叶仁兄寄来洋银二大元，又虎膏[1]□块，到具查收。男现今在梹（槟）城[2]中街建珍金店做工。笔不尽［言］，［余事后］禀。上

母亲大人金安

祖公大人福安

伯父大人福安

富祥兄财安

当　当

癸巳十［一］月廿六日

男叶　字

简释

叶和仁“在梹（槟）城中街建珍金店做工”，自己尚未有金店。叶和仁写银信仍使用私人旧印章“嘉应叶静山书柬”。

批信中有“前时梁水兄回唐，寄来洋银二大元”一说，但所提批信不在收集到的文物中。

从叶和仁信中的问候语可知，叶和仁祖父健在。

信笺中有两个醒目的“当”字，不知何意。

壬辰年全年批信缺失。癸巳年全年仅余此信。

〈三〉

---

① 虎膏：虎骨膏、虎骨胶，中药名，由虎的骨骼制成。性微温、味辛，功能祛风、强筋骨，主治筋骨屈伸不利、游走疼痛、足膝痿弱等症。

② 梹（槟）城：Pinang，也叫乔治市。马来西亚槟榔屿州首府。

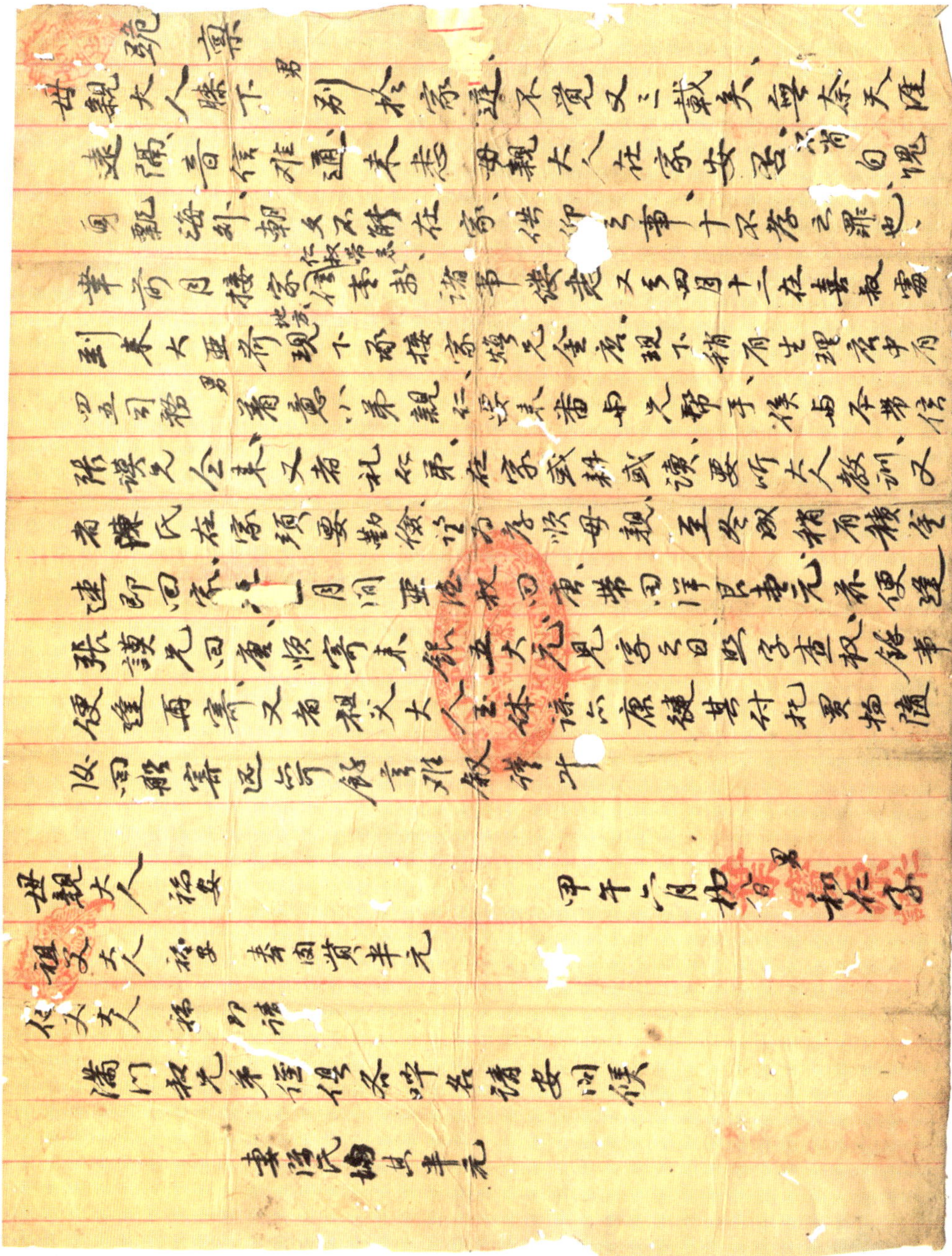

（四）清光绪二十年甲午六月初八日（1894年7月10日）叶和仁寄母亲钟氏书

录文

跪禀

母亲大人膝下：

男别于家庭不觉又三载矣。无奈天涯远隔，音信难通，未悉母亲大人在家安否？不肖自愧身飘海外，朝夕不能在家供仰之事，十不孝之罪也。幸前月接家仁叔带来信一封，诸事缕悉[①]。又者四月十二在喜叔处，到来大亚齐[②]地方。现下[③]承接家焕兄金店，现下稍有生理[④]，店中有四五司务[⑤]。男着意小弟亲仁要来番与兄帮手，候与本带信张谟兄仝[⑥]来。又者，礼仁弟在家或耕或读，要听大人教训。又者，陈氏在家须要勤俭，望为孝顺母亲。至冬成[⑦]稍有积金，速即回家。正二月间亚德叔回唐，带回洋银一元。兹便逢张谟兄回唐，顺寄来银五大元，见字之日，照字查收。余事便逢再寄。又者，祖父大人玉体谅亦康健，其付托买物随后回船寄还亦可。余言难叙。谨此

母亲大人福安

祖父大人福安　奉肉资半元

伯父大人福　即请

满门叔兄弟侄俱各呼名请安问候

妻陈氏均其半元

甲午六月初八日　男和仁　字

简释

“别于家庭不觉又三载”，“又”表示重复或继续。这个“又”，应是自回乡省亲重返马来之日计起。三年前，即1891年8月，叶和仁“初四动身，初八抵汕，初十抵港，十五有船往嗜叻”（信〈二〉），再次阔别家庭。这个“又”字，也道明叶和仁非初次“别于家庭”，更加印证信〈一〉之“辛”乃“辛巳”。

此时叶和仁已到亚齐“承接家焕兄金店”，而且“稍有生理，店中有四五司务。”

叶和仁启用“叶宝源仁记”条形章和“叶宝源仁记金店”中英文椭圆印。自此以后，叶和仁事业风生水起，虽中途偶有波折，但一路向好，连开了几间金店，后期批信加盖的“坝罗宝源仁记”“广加昌金店”“新和昌金店”印章就是明证。

光绪二十年甲午（1894），可以说是叶和仁过番生涯之转折点——从无店到有店，从打工到独立经营。

甲午“正二月间亚德叔回唐，带回洋银一元”，但未见该批信。

甲午年仅遗存此信。

〈四〉

---

① 缕悉：缕：详尽；细致。如，缕述；缕陈。悉：知道。

② 亚齐：班达亚齐（BandaAceh）。印度尼西亚苏门答腊岛西北端城市。

③ 现下：现今。

④ 生理：做买卖。《元曲选》中萧德祥《杀狗劝夫·楔子》：“我打你个游手好闲，不务生理的弟子孩儿。”

⑤ 司务：本义是官名，后借用作对手艺工匠的尊称。

⑥ 仝：“同”的异体字。

⑦ 冬成：年成。一年的收成。即收冬。冬：潮梅地区称农作物的收成为“冬”，如早冬、晚冬。

〈五〉 清光绪二十一年乙未正月十九日（1895年2月13日）

叶和仁寄母亲钟氏书

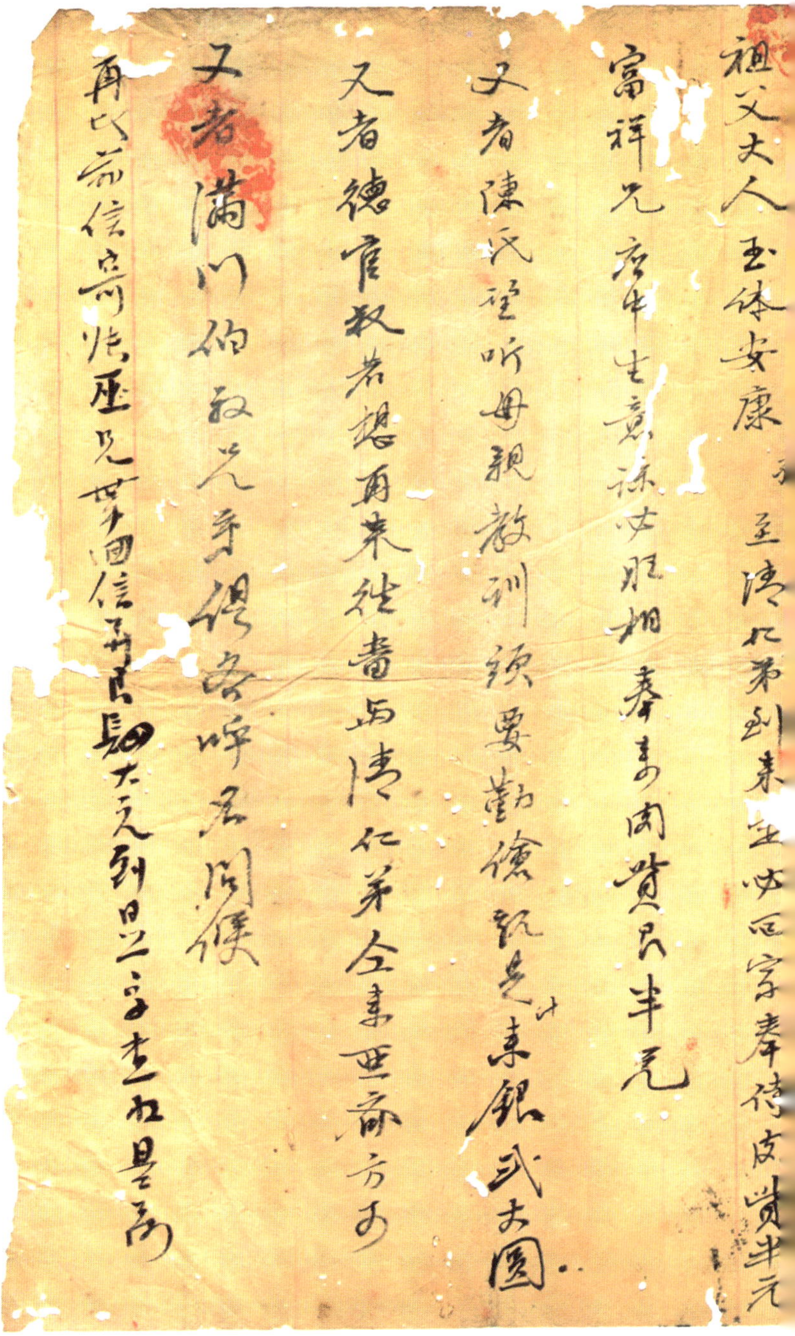

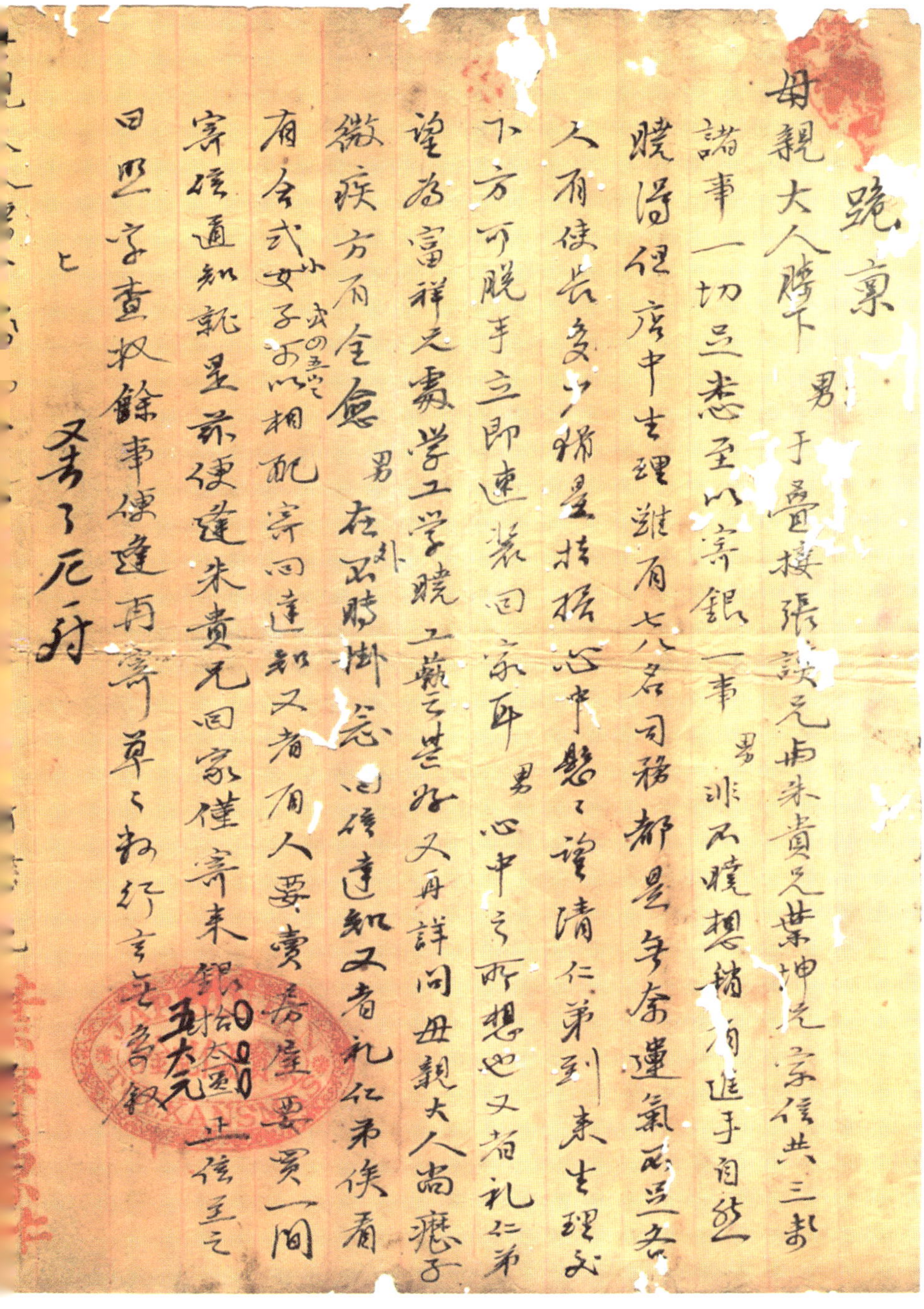

跪禀
母親大人膝下 男于叠接張讀元與朱貴兄葉坤元家信共三封
諸事一切並悉至以寄銀一事 男非不曉想諸有進手自然
曉得但店中生理雖有七八名司務都是無奈運氣不並合
人有使花多少賭呈指指心中懸懸望清仁弟到來生理或
下方可脫手立即速裝回家耳 男心中之所想也又若礼仁弟
望為富祥之處学工学曉工藝之甚好又再詳問母親大人尚瘛子
微疾方有全愈 男在外時掛念回信達知又者礼仁弟候看
有合式女子小武四五元足以相配寄回達知又者有人要賣房屋要買一間
寄信通知就是亦使逢朱貴兄回家僅寄來銀拾叁員正信並之
日照字查收餘事使逢再寄草草拙筆言無多叙
上
又書了尼舟
五大元

录文

跪禀

母亲大人膝下：

男于叠接[①]张谟兄与朱贵兄、叶坤兄家信共三封，诸事一切足悉[②]。至以（于）寄银一事，男非不晓想，稍有进手，自然晓得。但店中生理[③]虽有七八名司务[④]都是无奈运气不足，各人有使长多少[⑤]，犹（尤）是拮据。心中悬悬望清仁弟到来，生理交下方可脱手，立即速（束）装[⑥]回家耳。男心中之所想也。又者，礼仁弟望为富祥兄处学工，学晓工艺甚好。又再详问母亲大人，尚疬子[⑦]微疾方有全（痊）愈？男在外不时挂念，回信达知。又者，礼仁弟俟看有合式（适）小女子或四五岁可以相配，寄回达知。又者，有人要卖房屋，要买一间，寄信通知就是。兹便逢朱贵兄回家，仅寄来银［十大圆］五大元正，信至之日，照字查收。余事便逢再寄，草草数行，言无多叙。

上又［寄］去了厄（鈪）[⑧] 一对

母亲大人膝下万福金安

拜上

祖父大人玉体安康

孙至清仁弟到来定必回家奉侍肉赀半元

富祥兄店中生意谅必旺相奉来肉赀银半元

又者，陈氏望听母亲教训须要勤俭，同是付来银二大圆

又者，德官叔若想再来往番与清仁弟仝来亚齐[⑨]方可

又者，满门伯叔兄弟俱各呼名问候

再，前信寄张巫兄带回信并银四大元，到日照字查收是荷

新正十九日　男和仁　字

---

① 叠接：一次又一次接到。

② 足悉：足：充足；足够。悉：知道。

③ 生理：见信〈四〉注④。

④ 司务：见信〈四〉注⑤。

⑤ 使长多少：用钱稍微多了点。使：使用。《元曲选》："你当初有钱在刘桃花家使，须不曾我家使。"长：多。多少：稍微。

⑥ 束装：整理行装。如束装就道。

⑦ 疬子：病名，即淋巴结结核。俗名疬子颈。

⑧ 鈪：镯子。

⑨ 亚齐：见信〈四〉注②。

简释

批信落款处未写干支。但与信〈六〉同托朱贵兄，而信〈六〉落款为“乙未正月十九日　愚媳陈氏　书”，故判断叶和仁此信也为“乙未正月十九日”所写。

使用“叶宝源仁记”条形章和“叶宝源仁记金店”中英文椭圆印。此时，“叶宝源仁记金店”已有“七八名司务”，比甲午年六月“店中有四五司务”又稍有进步。

叶和仁希望“清仁弟到来，生理交下方可脱手”，束装回家。

叶和仁向母亲提出要在家乡为叶礼仁配妻：“有合式（适）小女子或四五岁可以相配。”叶和仁家乡有“童养媳”风俗，即领养人家的小女孩做儿媳妇，等儿子长大后再结婚。

信中，叶和仁托寄批银，写了两个款额：“寄银十大圆”，后又改为“五大元”，最终确定“银五大元”，但不涂去“十大圆”，仅在“银十大圆”边加注记号。连同日“愚媳陈氏”所寄洋银“三大元”（信〈六〉），合计八元。这与后信（信〈八〉）“新正月朱贵兄手带回洋银八大元”吻合。此次寄批银五元应该不会错。

而在前后信中间托张巫兄银四元的相关批信缺失。

〈五〉

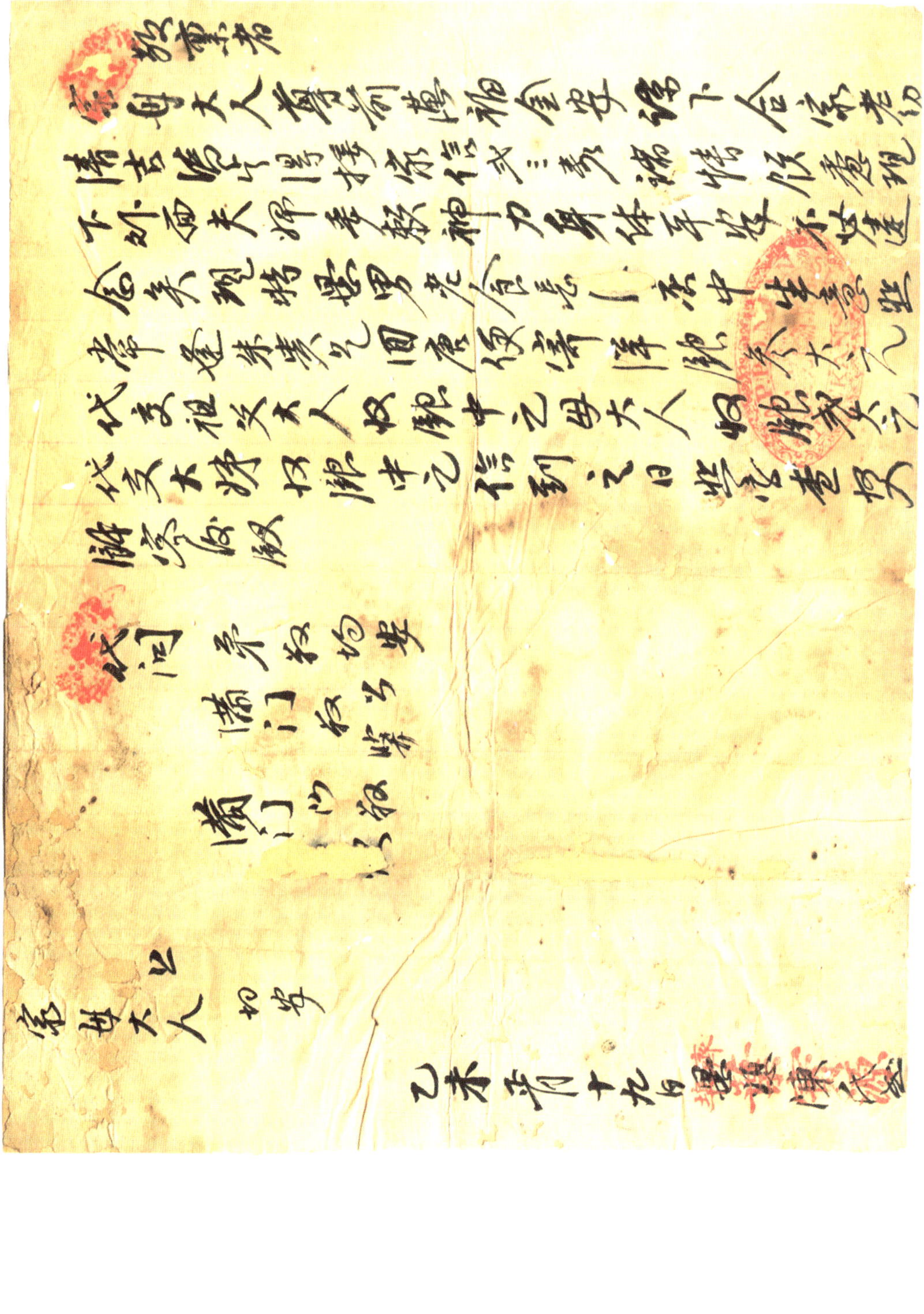

〈六〉清光绪二十一年乙未正月十九日（1895年2月13日）叶和仁妾陈氏寄家婆钟氏书

录文

敬禀者

家母大人尊前万福金安：

谅卜合家老幼清吉。旧岁得接家信二三封，诸情领悉①。现下外面夫妇多赖神力，身体平安，不必远念矣。现时愚男老食长□②，店中生意照常。逢朱贵兄回唐，便寄洋银③三大元，代交祖父大人收银半元，母大人收银二大元，代交大姊收银半元。信到之日，照字查收入。余容后叙。

代问

弟叔均安

满门叔公婆

满门阿叔□□

上

家母大人均安

乙未正月十九日　愚媳陈氏　书

简释

批信为叶和仁在南洋的侍妾陈氏寄给家婆的。由此可知，叶和仁在南洋已纳妾，也是陈姓女子。

信中有陈氏"现下外面夫妇多赖神力"之陈述，又以"愚媳"自称，与叶和仁的关系十分明确。

南洋陈氏称唐山陈氏为"大姊"，妻妾身份自明。

南洋陈氏同日托朱贵水客批信、批银，分发"祖父大人""母大人""大姐"。陈氏的批款分发，宗法血缘，嫡庶亲疏，尊卑长幼，所体现的其实是宗族的调谐，是以"礼"为规范的宗族社会观念。

此信落款首现"齐埠叶宝源"条形章，该印章在叶氏批信中只见过两次，而南洋陈氏的书信也仅此一封，或许该印章是叶和仁特为陈氏而设。

叶和仁在信〈八〉中托付批银有一句："交妾陈氏银一元，陈氏妻收入"，如未理清头绪，两位陈姓女子，一妻一妾，实在不明就里。只可惜"妾陈氏"寄"陈氏妻"批银这种温馨的情景再也没有出现。此后便一直没有陈氏妾的只言片语，似乎陈氏妾从叶和仁身边消失了。

〈六〉

---

① 领悉：领：了解，领略。悉：知道。

② 老食长□：因一字缺损，意思未明。

③ 洋银：见信〈一〉注①。

〈七〉 清光绪二十一年乙未正月廿三日（1895年2月17日）

叶和仁寄母亲钟氏书

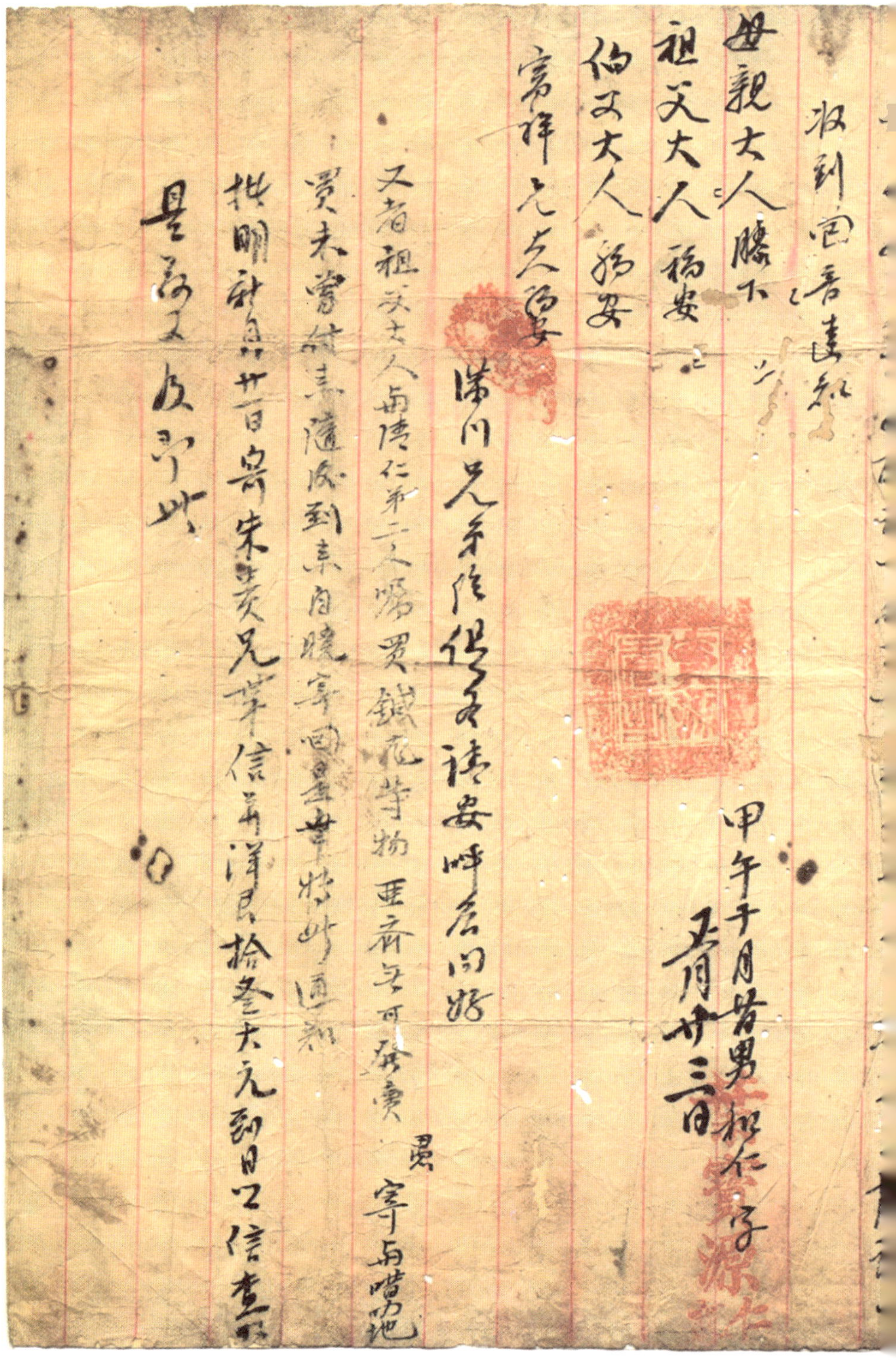
收到回音达知
母亲大人膝下
祖父大人福安
伯父大人福安
寄梓元大人福安
弟门兄弟俱各请安[illegible]
又看祖父大人面传仁弟二叔嘱买铁花等物，亚齐无可发卖，是寄与[illegible]地
买未尝能直达底到来，自晓寄回无要，特此通知
批明[illegible]月廿四日寄宋[illegible]兄等信，并洋银拾叁大元，到日以信查收
[illegible]
甲午十[illegible]月[illegible]男和仁字
正月廿三日

跪稟

母親大人膝下　男于□月间接得張謨兄寄來大人書信一封諸事并

悉更讀至諄諄慎行其行足見愛子之心無所不至哉　男久羈異

境前月廿日家薛煥叔到來店二又述與他因已另發過店

將至開張之晚被盜賊入店內偷去艮物百餘元心中本非

受寄回家現今不能多寄祈令便逢張謨兄回家寄來銀四元

信至之日照字查收並汝從容再寄兼之祖父年高愚之心

家室長成還有不想回家之理　愚亦心緒如麻並今懸望清仁弟

到來教下生理況外吧　再聞一店亦有生理可接亦少人幫手得

曉抽身回家再不致大人懸望也餘情懷之容當面述

再者里仁在家或讀書又或大伯店武富往兄處學習訓之有成

愚

录文

跪禀

母亲大人膝下：

男于本月间接得张谟兄寄来书信一封，诸事足悉。更读至谆谆慎行其行，足见爱子之心无所不至哉！男久羁[1]异境，兹前月卅日家焕叔到来，店交还与他，自己另移过店。将至开张之晚，被盗贼入店内偷去银物百余元。心中本虽（想）多寄回家，现今不能多寄。兹今便逢张谟兄回家，寄来银四元。信至之日交母亲大人照字查收，然后从容[2]再寄。兼之祖父年高，愚之心，家室长成，还有不想回家之理？愚亦心绪如麻。兹今悬望清仁弟到来，教下生理[3]。况外吧[4]再开一店，亦有生理可接，亦少人转手，自晓抽身回家，再不致大人悬望也。余情缕缕[5]，容当面述。

再者，里仁在家，或读书，又或大伯店，或富祥兄处学习，训之有成，免愚悬虑。专此。再者，畲市[6]圩内伯公神福并文祠内观音许有神福，望母亲大人亦一为酬谢，可保平安。又者，朱贵兄手寄来了十一元，谅亦收到。回言达知。

母亲大人膝下

祖父大人福安

伯父大人福安

富祥兄大人福安

满门兄弟侄俱各请安呼名问好

又者，祖父大人与清仁弟二人嘱买针花等物，亚齐[7]无可发卖。愚寄与喑叻[8]地买，未曾付来，随后到来自晓寄回是幸。特此通知。

批[9]明新月[10]廿一日寄朱贵兄带信并洋银十三大元，到日照信查收是荷。又及。即此。

甲午子月[11]廿日　男和仁　字

正月廿三日

---

① 羁：寄居，寄居做客的人；停留，使停留。如羁旅、羁留。

② 从容：（时间或经济）宽裕。如手头从容。

③ 生理：见信〈四〉注④。

④ 外吧：原所在市场以外的。

⑤ 缕缕：意谓头绪繁多，不能一一细述。

⑥ 畲市：见信〈二〉注①。

⑦ 亚齐：见信〈四〉注②。

⑧ 喑叻：见信〈二〉注②。

⑨ 批：见信〈一〉注③。

⑩ 新月：新年正月。

⑪ 子月：古有所谓“月建”的观念，就是把十二地支和十二个月份相配，以通常冬至所在的夏历十一月配子，称为子月；十二月为丑月，以此类推。

简释

此批信应是“甲午子月廿日”写就，待至“乙未正月廿三日”“便逢张谟兄回家”时托寄，并附银四元。一封书信从写到寄，时跨两年，绝无仅有。而下信乙未二月初十（信〈八〉）有正月“张谟兄手带回洋银四大元”一说，也确实印证了“甲午写乙未寄”这个推断。

叶和仁甲午六月左右“承接家焕兄金店”（信〈四〉），但“前月”（甲午子月之前月，即同年九月）“家焕叔到来，店交还与他，自己另移过店”。至此，叶和仁自己才有了自主经营的金店。“承接”→“交还”→“另移”，其中瓜葛，不得而知。

迁移店址后，叶和仁仍然使用“叶宝源仁记”条形章和“叶宝源仁记金店”中英文椭圆印。可见原金店名号的经营权还在叶和仁手上，只不过营业场所迁移而已。“亦有生理可接，亦少人转手”，这就是叶和仁在“外吧再开一店”的缘由。

“朱贵兄手寄来了十一元”，缺托朱贵兄十一元之批信。

“新月二十一日寄朱贵兄带信并洋银十三大元”，缺正月二十一日托朱贵兄十三元之批信。

〈七〉

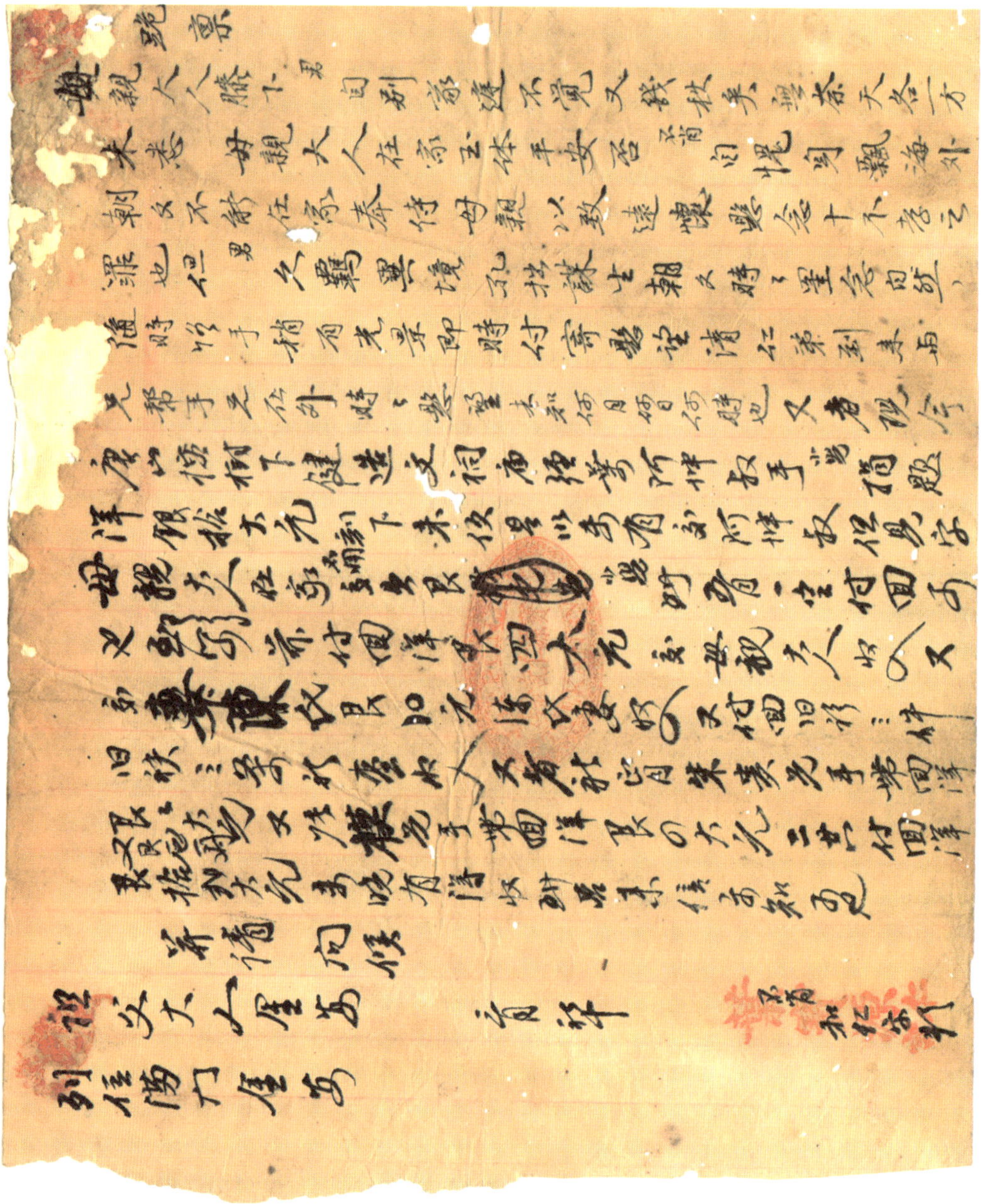

〈八〉清光绪二十一年乙未三月初十日（1895年4月4日）叶和仁寄母亲钟氏书

录文

跪禀

母亲大人膝下：

男自别家庭，不觉又几秋矣。无奈天各一方，未悉母亲大人在家玉体平安否？不肖自愧身飘（漂）海外，朝夕不能在家奉侍母亲，以致远怀悬念，十不孝之罪也。但男久羁异境，孔拙（倥偬）[①] 谋生，朝夕时时罣念[②]，自然随时恪手（守）[③]。稍有光景，即时付寄。悬望清仁弟到来与兄帮手，兄在外时时悬望，未知何月何日何时也。又者，现今唐山榕树下健（建）造文祠庙，经叶阿坤叔手小儿捐题[④]洋银十大元。刻下未便，是以未有交阿坤叔。但见字母亲大人在家不用交出银，小儿到五月一定付回可也。至紧[⑤]！兹付回洋银四大元，交母亲大人收入。又交妾陈氏银一元，陈氏妻收入。又付回旧衫三件，旧袂（裤）三条，祈查收入。又者，新正[⑥]月朱贵兄手带回洋银八大元。又张谟兄手带回洋银四大元，二共付回洋银十二大元。又银厄（鈪）[⑦] 一对，未晓有得收到否？来信示知可也。

并请问候

祖父大人金安

列位满门金安

三月初十　不肖和仁　字顿[⑧]

简释

“新正月朱贵兄手带回洋银八大元”，查信〈五〉、信〈六〉，乙未年正月十九日托朱贵兄五大元，又陈氏寄洋银三大元（“代交祖父大人收银半元，母大人收银二大元，代交大姐收银半元”，半元加二元加半元，合计三元），钱数吻合，更可断定前批（信〈五〉）叶和仁实际寄给母亲是“五大元”而不是“十大圆”。

“又张谟兄手带洋银四大元”，与信〈七〉所述一致，可知信〈七〉确实是“甲午写乙未寄”，乙未正月廿三日托水客张谟带的银信。

故此信虽未注明干支，我们也断定系同年即“乙未三月初十”书信连银五元托水客带回家乡。

使用“叶宝源仁记”条形章、“叶宝源仁记金店”中英文椭圆印。

〈八〉

---

① 倥偬：事多、繁忙。急迫匆忙。如戎马倥偬。

② 罣念：挂念。罣：“挂”的异体字。

③ 恪守：恪，谨慎而恭敬。如恪守、恪遵。

④ 捐题：捐钱。题：潮客方言谓捐的钱为题。

⑤ 至紧：最紧要。

⑥ 新正：新年正月。

⑦ 银鈪：银手镯。

⑧ 顿：顿首。以头叩地；磕头。

〈九〉 清光绪二十一年乙未五月廿三日（1895年6月15日）

叶清仁在汕头写与水客朱桂书

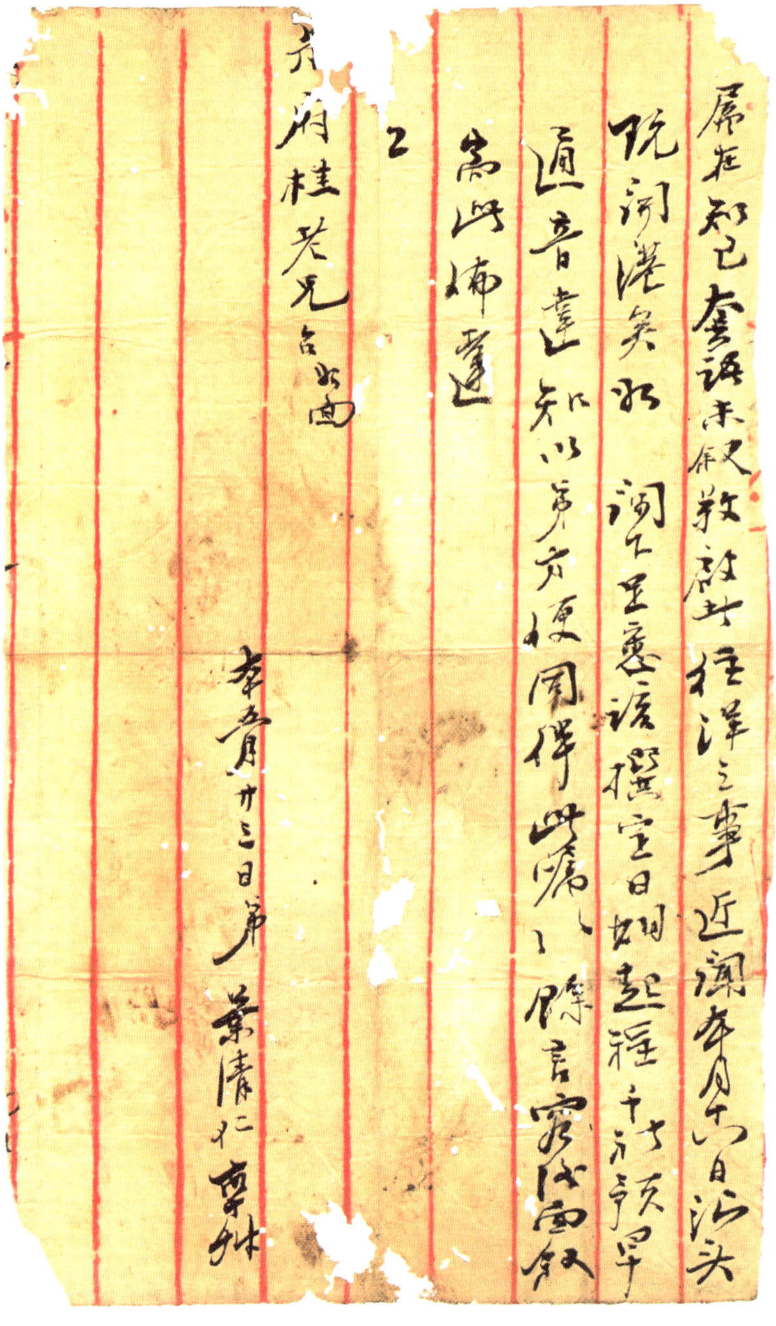
屡在知己奉讯未叙[illegible]歉[illegible]往洋之事近闻本月十八日汕头
[illegible]闻港矣兹闻足下[illegible]定日[illegible]起程[illegible]早
通音达知以弟方便同伴此[illegible]言[illegible]叙
[illegible]佈达
[illegible]府桂老兄台照
本五月廿三日弟叶清仁草[illegible]

录文

属在知己，套语[①]未叙。敬启者，往洋之事，近闻本月十八日汕头现开港[②]矣。如阁下足悉，该撰（选）定日期起程，千祈预早通音达知[③]，以弟方便同伴。此嘱。□余言容后面叙。专[④]此佈[⑤]达。

朱府桂老兄台如面

本［年］五月廿三日　弟　叶清仁　稟艸[⑥]

简释

落款处未标明该批信写于何年，但与信〈十〉、信〈十二〉连起来看，同是叶清仁所写的有关“起程”“抵汕头”和“到嗐叻”的时间比照，应是乙未年叶清仁离家出洋前写给水客朱桂的，希望“撰（选）定日期起程”结伴出洋。

故“五月廿三日”应是“乙未五月廿三日”。

虽然该信并非叶家兄弟寄给母亲的，只是叶清仁写给水客“朱府桂老兄台”的，但因同期几封信均未标注干支，又需搞清时间，收集在一起，相互佐证，还是有作用的。

〈九〉

---

① 套语：客套话。
② 开港：船起航。
③ 达知：传达告知。
④ 专：原件为“耑”，见信〈二〉注⑦。
⑤ 佈：“布”的异体字。
⑥ 艸：“草”的异体字。草拟。

〈十〉 清光绪二十一年乙未六月初二日（1895年7月23日）

叶清仁寄母亲钟氏书

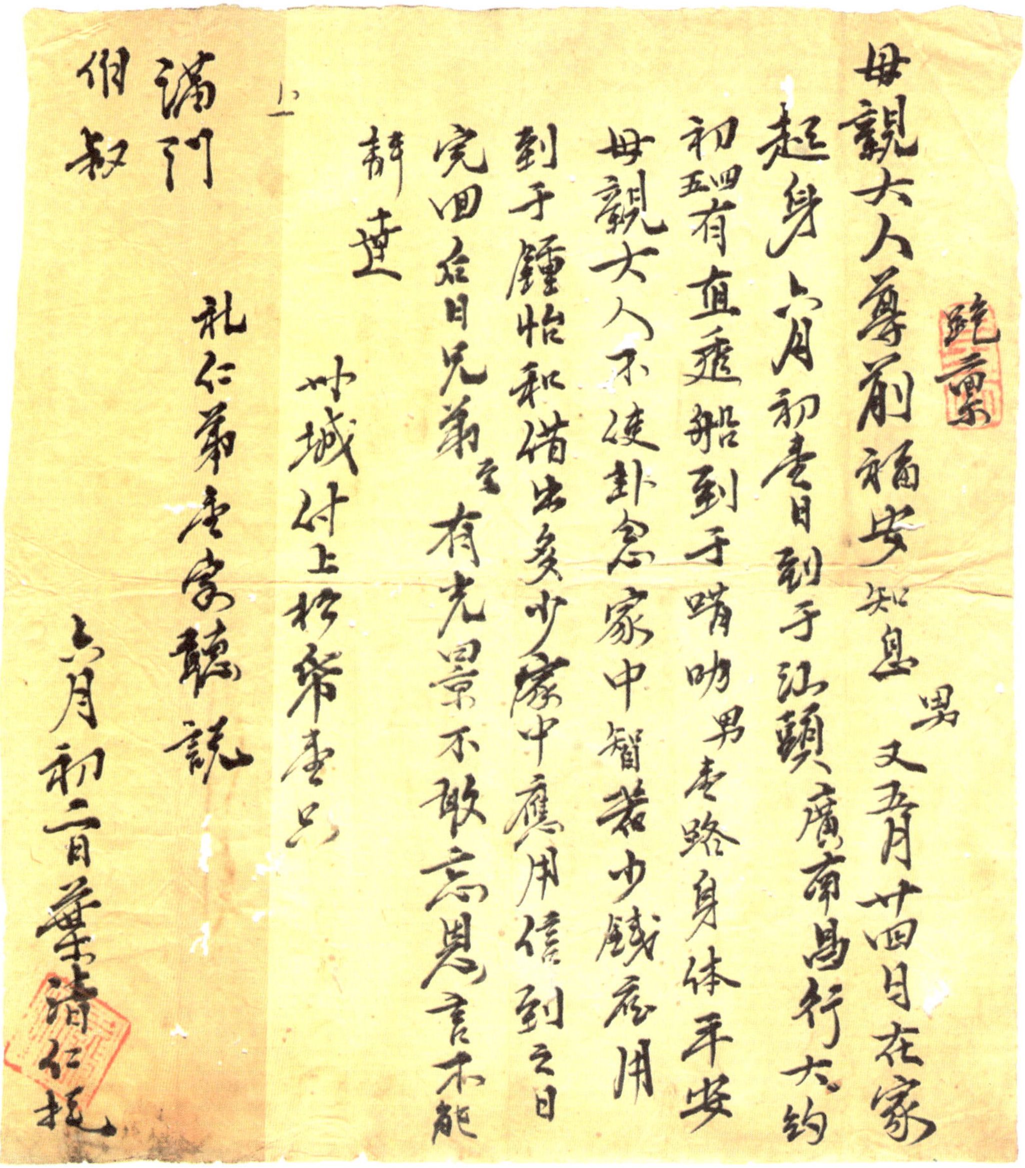
母親大人尊前福安知息 男文五月廿四日在家
起身六月初壹日到于汕頭廣南昌行大約
初四五有直透船到于暹叻 男壹路身体平安
母親大人不使掛念家中智若少錢應用
到于鍾怡和借出多少家中應用信到之日
完回后日兄弟之有光景不敢忘恩言不能
辭達
叻城付上柏帋壹只
礼仁弟壹家聽說
滿門
俱叔
六月初二日葉清仁托

录文

跪禀

母亲大人尊前福安知息（悉）：

男又五月廿四日在家起身，六月初一日到于汕头广南昌行，大约初四五有直透①船到于嗐叻②。男一路身体平安，母亲大人不使卦（挂）念。家中智（置）［办］③ 若少钱应用，到于钟怡和借出多少家中应用，信到之日完④回。后日兄弟至有光景，不敢忘恩。言不能静（尽）达。

州城付上松帋⑤一只

上

满门伯叔

礼仁弟一家听说

六月初二日　叶清仁　托

简释

与信〈九〉一样，此信为同年六月初二日，叶清仁在离开家乡后逗留“汕头广南昌行”，等待“直透船到于嗐叻”期间，托人捎回嘉应的家书。

依书信所述，叶清仁“五月廿四日在家起身，六月初一日到于汕头广南昌行，大约初四五有直透船到于嗐叻”。

叶清仁于五月廿四日在家动身，那么，信〈九〉便是动身前一日写给水客朱桂的。

〈十〉

---

① 直透：潮梅方言词，直通、直达的意思。

② 嗐叻：见信〈二〉注②。

③ 置办：采买；购置。

④ 完：缴纳。如完粮纳税。引申为交还。

⑤ 松帋：不知所付为何物，待考。帋：“纸”的异体字。

〈十一〉 清光绪二十一年乙未七月（1895年8月至9月间）叶和仁寄母亲钟氏书

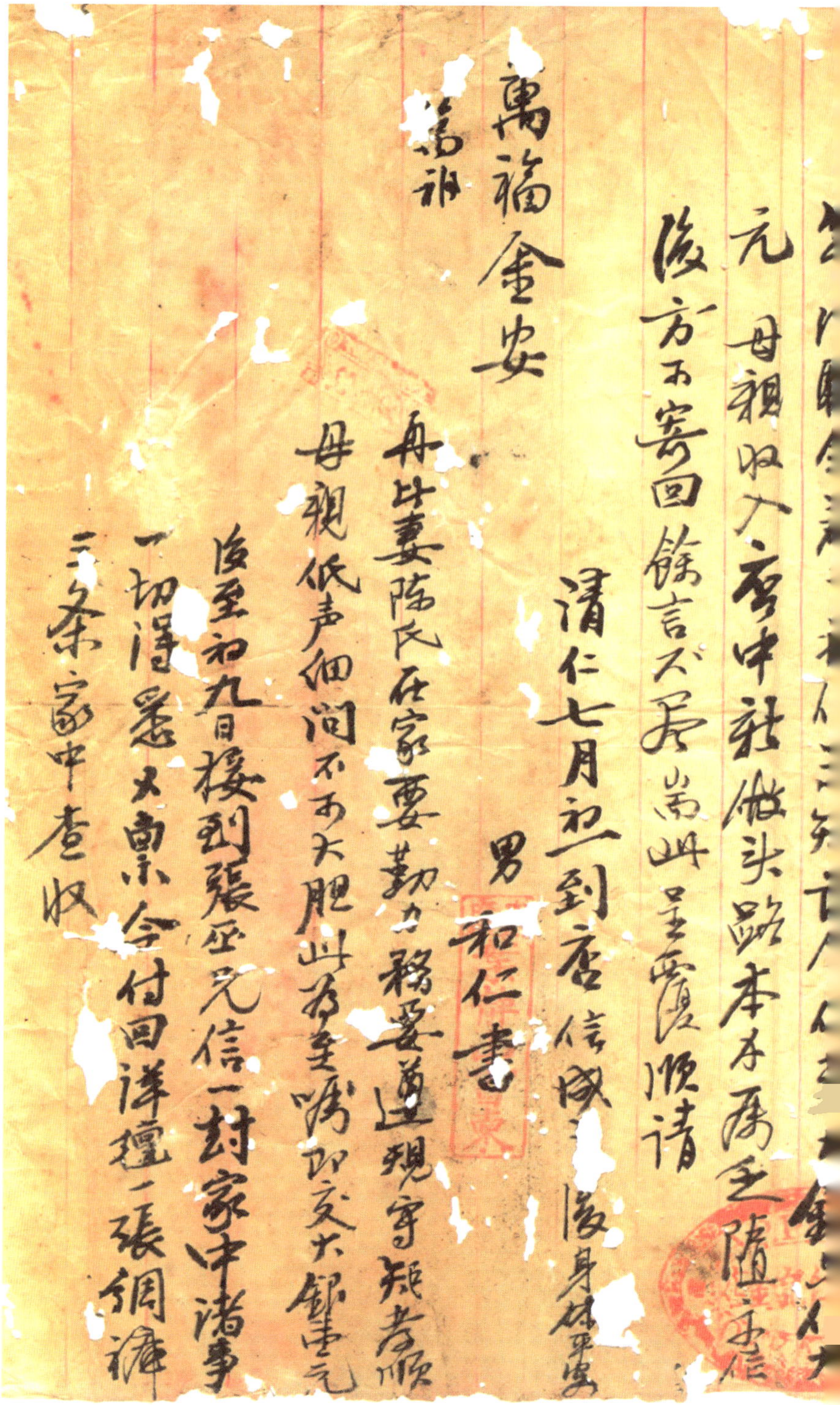
元母親收入唐中社做头路本本房全隨手信
後方可寄回餘言不盡尚此呈覆順請
萬福金安
清仁七月初三到唐信成 後身体平安
男 和仁書
再此妻陈氏在家要勤力務要尊遵規守矩孝順
母親低声细问不可大胆此为至嘱 即交大銀壹元
後至初九日接到張亞元信一封家中諸事
一切得悉又禀今付回洋檀一張綢褲
三條家中查收

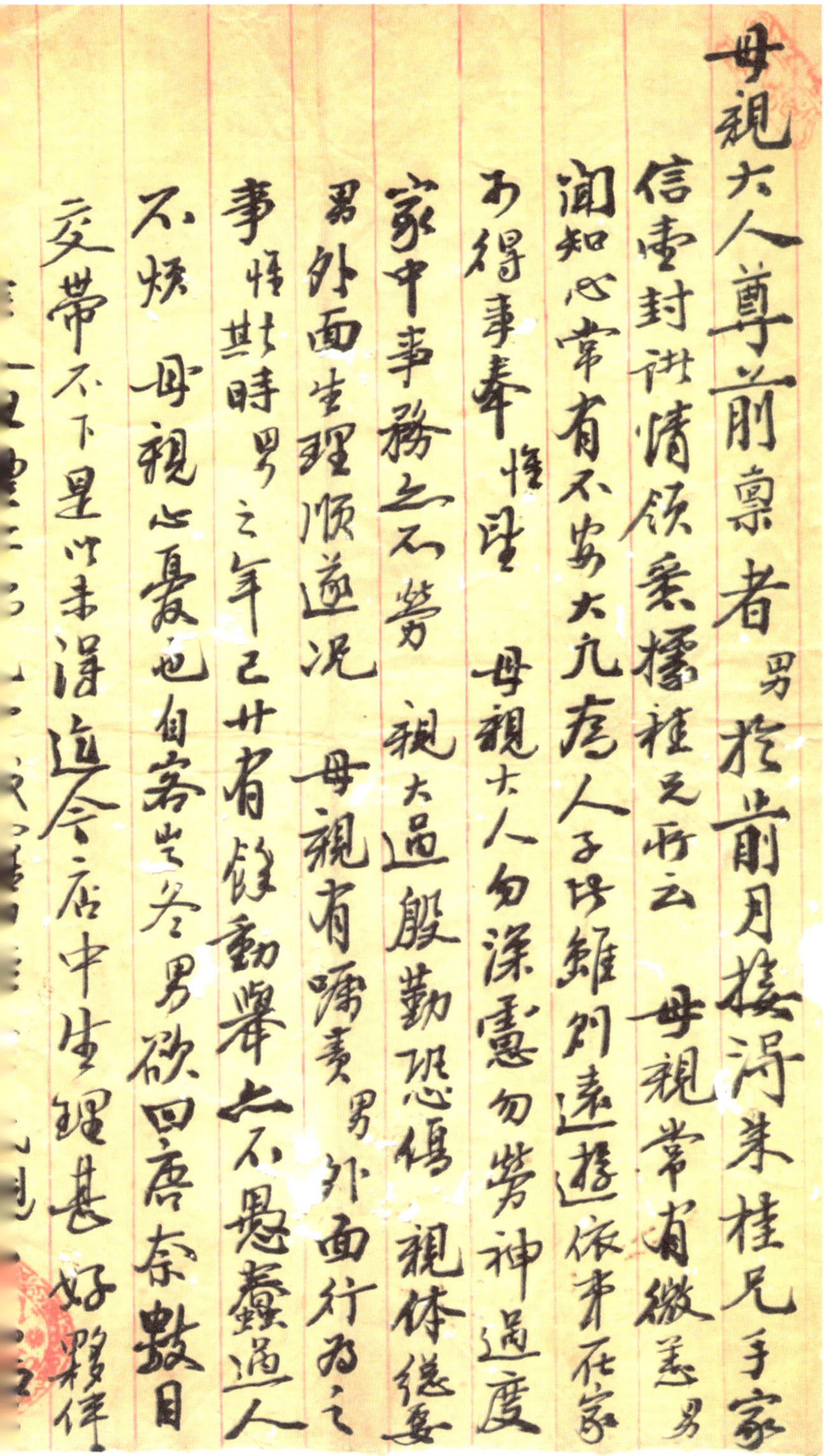
母親大人尊前稟者男於前月接得來桂兄手家
信壹封詳情領悉據桂兄所云 母親常有微恙男
聞知心常有不安大凡為人子者雖別遠遊依本在家
亦得事奉 惟望 母親大人勿深憂勿勞神過度
家中事務之不勞 親大過殷勤恐傷 親体總要
男外面生理順遂況 母親有囑責男外面行為之
事 惟斯時男之年已廿有餘勤舉亦不愚蠢過人
不煩 母親心憂也自客歲冬男欲回唐奈數目
交帶不下是以未得遂念之唐中生理甚好夥伴

录文

母亲大人尊前：

禀者，男于前月接得朱桂兄手家信一封，诸情领悉①。据桂兄所云，母亲常有微恙，男闻知心常有不安。大凡为人子者，虽则远游，依（已）弗②在家，可得事奉。惟（唯）望母亲大人勿深虑，勿劳神过度，家中事务亦不劳［母］亲大（太）过殷勤，恐伤亲体。总要男外面生理顺遂③。况母亲有嘱，责男外面行为之事。惟（唯）期（其）时男之年已廿有余，动举④亦不愚蠢过人⑤，不烦母亲心忧也。自客岁⑥冬，男欲回唐，［无］奈数目交带（代）不下，是以⑦未得⑧。迄今店中生理甚好，伙伴十余人。但礼仁弟已定成罗田径李氏亲事，未知多［大］年纪，聘金若干，祈信示知。兹令付来大银共五大元，母亲收入。店中新做头路⑨，本不属乏⑩，随示信后方可寄回。余言不尽，专此呈覆（复）。顺请

万福金安

万福

清仁七月初一到店，信咸（函）□后，身体平安

男和仁　书

再者，妻陈氏在家要勤力，务要遵规守矩，孝顺母亲，低声细问，不可大胆。此为至嘱。即交大银一元。

后至初九日接到张巫兄信一封，家中诸事一切得悉。又禀：今付回洋氈⑪一张、绸裤三条。家中查收。

简释

此信落款处无日期，只能依据信中涉及的人、事推算：

（1）“礼仁弟已定成罗田径李氏亲事”。乙未年正月，叶和仁曾在信中同母亲提及为礼仁配亲一事（见信〈五〉），现已定亲，故可推知，此信应写于乙未正月之后。

（2）叶和仁告知母亲“清仁七月初一到店”，而叶清仁于乙未七月八日已亲自向母亲禀告：“十一日搭轮舟（船）至槟（槟）埠，转轮船至亚齐系七月初一日。”（信〈十

---

① 领悉：见信〈六〉注①。

② 弗：义同“不。”

③ 总要男外面生理顺遂：全句的意思是“毕竟要靠儿子在外生意顺心顺意”。总：都，毕竟。

④ 动举：举动。

⑤ 愚蠢过人：比别人愚蠢。

⑥ 客岁：指去年。客：过去。如客秋，指去秋。

⑦ 是以：因此。《韩非子》：“是以圣人不期修古，不法常可。”

⑧ 得：完成。《红楼梦》：“已经传人画图样去了，明日就得。”

⑨ 头路：方言词，生意、经营。《闽南方言大辞典》释为：旧称职业，现也指工作；活儿。

⑩ 乏：义同“少”。

⑪ 氈：“毡”的异体字。

二〉）丙申年元月二十二日叶清仁已在亚齐仁记金店与叶和仁合写家书。故可推断此信应写于丙申元月二十二日之前。乙未七月初一之后、丙申元月二十二日之前，可大致认定为乙未年秋冬时节。

（3）叶和仁信末有一语："清仁七月初一到店，信咸（函）□后，身体平安。"如若缺损之字是"附""于"之类，那么，叶清仁的信（信〈十二〉）附在叶和仁银信之内，也无不可。这样，信〈十二〉叶清仁落款"乙七月廿八日"也可确定为信〈十一〉书写的大致时间了。

叶和仁在信中自叹"男之年已廿有余"，这可以作为推测叶和仁年龄的依据。引言部分已推算，若以乙未年叶和仁 29 岁计，那么，1881 年，叶和仁年仅 15 岁左右。

自这封信开始，叶和仁兄弟在信中再也没有问候"祖父大人"的祝词出现，或许"祖父大人"已经亡故。具体情况因相关书信缺失，无从考究。

使用"嘉应叶静山书柬"条形章、"叶宝源仁记金店"中英文椭圆印。

〈十一〉

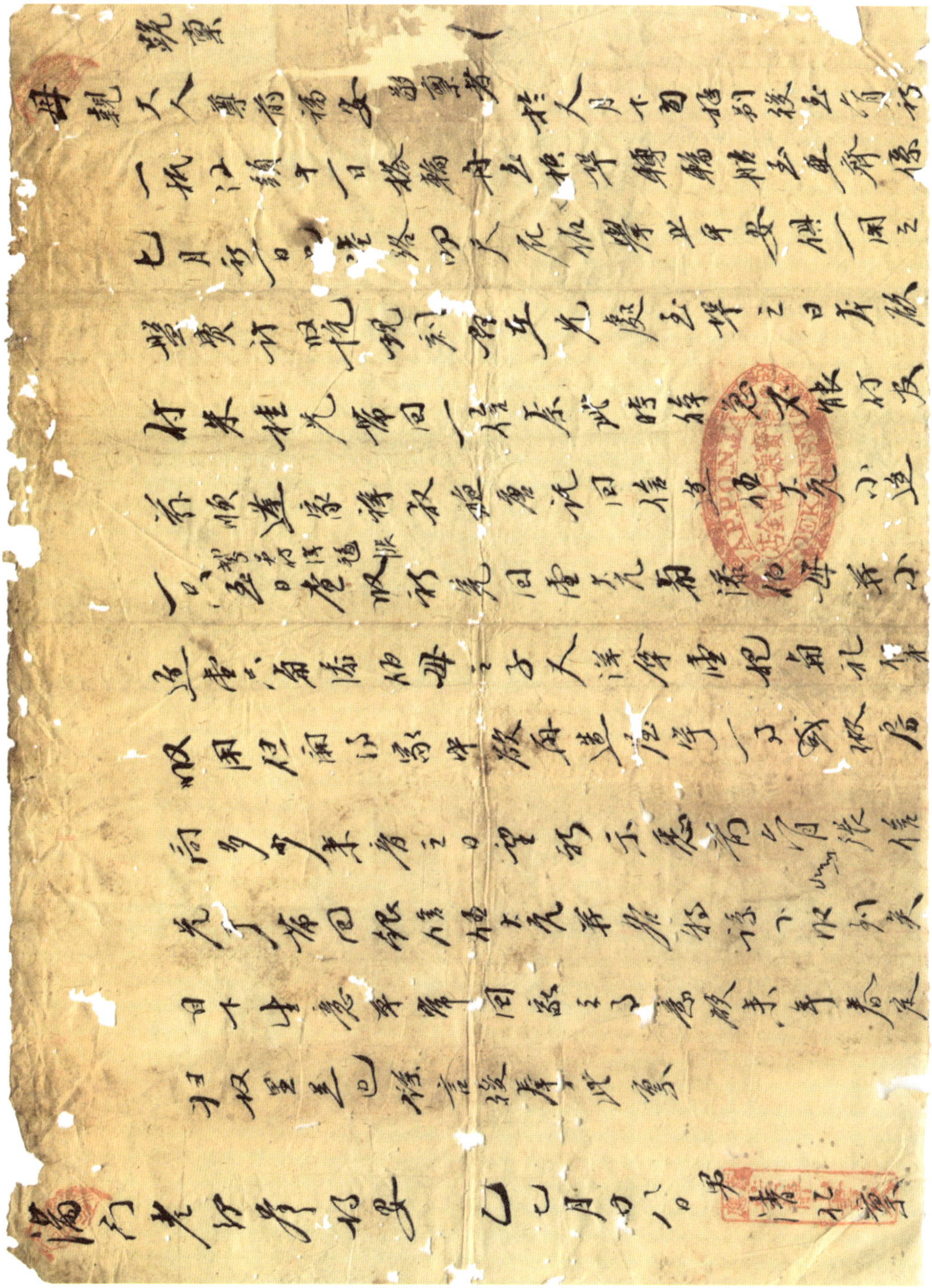

〈十二〉清光绪二十一年乙未七月廿八日（1895年9月16日）叶清仁寄母亲钟氏书

录文

跪禀

母亲大人尊前福安：

敬禀者，于人月[①]下旬拜别后，至六月初一抵汕头，十一日搭轮舟（船）至槟埠[②]，转轮船至亚齐[③]系七月初一日也。陆路叨天庇佑，举止平安，俱一用之盘费[④]计二十四元。现刻即在兄处。至埠之日，本欲付朱桂兄带回一信，奈此时猝急[⑤]不能付及。兹顺逢家祥叔旋唐[⑥]，讬[⑦]回信边[⑧]五大元，小边一只七分二。另付洋毡一张。至日查收。祈完回一大元与添伯母，并小边一只与添伯母之子。又洋伞一把与礼仁弟收用。但闻得家中欲再造屋宇一事，或做房高多少，来音之日望祈示悉。前六月张信兄手带回银信五大元并各物，谅卜收到矣。目下生意平常。回家之事，意欲来年春定归故里是也。余言后奉。此禀。

满门老幼尽均安

乙七月廿八日　男清仁　禀

简释

连续三封信（五月廿三日、六月初二日、七月廿八日）围绕同一件事：叶清仁平安抵达马来亚亚齐。而也只有到了“七月廿八日”的信方有落款处的干支“乙”。将叶清仁、叶和仁几封信串起来，叶清仁过番的旅程也就清楚了：

五月廿四日在家动身；

六月初一日抵汕头；

六月十一日搭轮船至槟城；

七月初一日转轮船至亚齐。

去头掐尾整整35天；“俱一用之盘费计二十四元”；抵马来亚后，七月廿八日托家祥叔带给母亲银信：“边伍大元，小边一只七分二。”

叶清仁未有自己的印鉴，批信落款使用大哥叶和仁私章“嘉应叶静山书柬”条形章和“叶宝源仁记金店”中英文椭圆印。而且，仔细分析信中内容：“前六月张信兄手带回银信伍大元并各物。”应是叶和仁在以叶清仁名义发出的信中询问母亲，因“六月”叶清仁尚在旅途，能托“张信兄手带回银信伍大元并各物”的只可能是叶和仁而非叶清仁。信末“目下生意平常”“意欲来年春定归故里”的说辞，更是叶和仁之口气无疑。

〈十二〉

---

① 人月：此处疑为“闰月”之音讹错字。乙未年五月后接着是闰五月，叶清仁乙未年闰五月下旬离家。

② 槟埠：槟城。见信〈三〉注②。

③ 亚齐：见信〈四〉注②。

④ 盘费：路费。

⑤ 猝急：突然；急促。

⑥ 旋唐：返回家乡。旋：归、还。如旋里；凯旋。唐：指中国。唐山：华侨、华裔对中国的一种习惯称呼。

⑦ 讬：“托”的异体字。

⑧ 边：清乾隆前便有不少来自外洋的银圆流入中国，统称洋银。后来又有来自墨西哥的“花边双柱地球”银圆，称为“花边”。花边银有两种，一称大花边，一称小花边，因银币之花边大小而得名。每枚重量皆七钱二分。因花边银交收时无须过秤，在市面流通，较其他杂银更受欢迎。

〈十三〉 清光绪二十二年丙申正月廿二日（1896年3月6日）

叶和仁、叶清仁寄母亲钟氏书

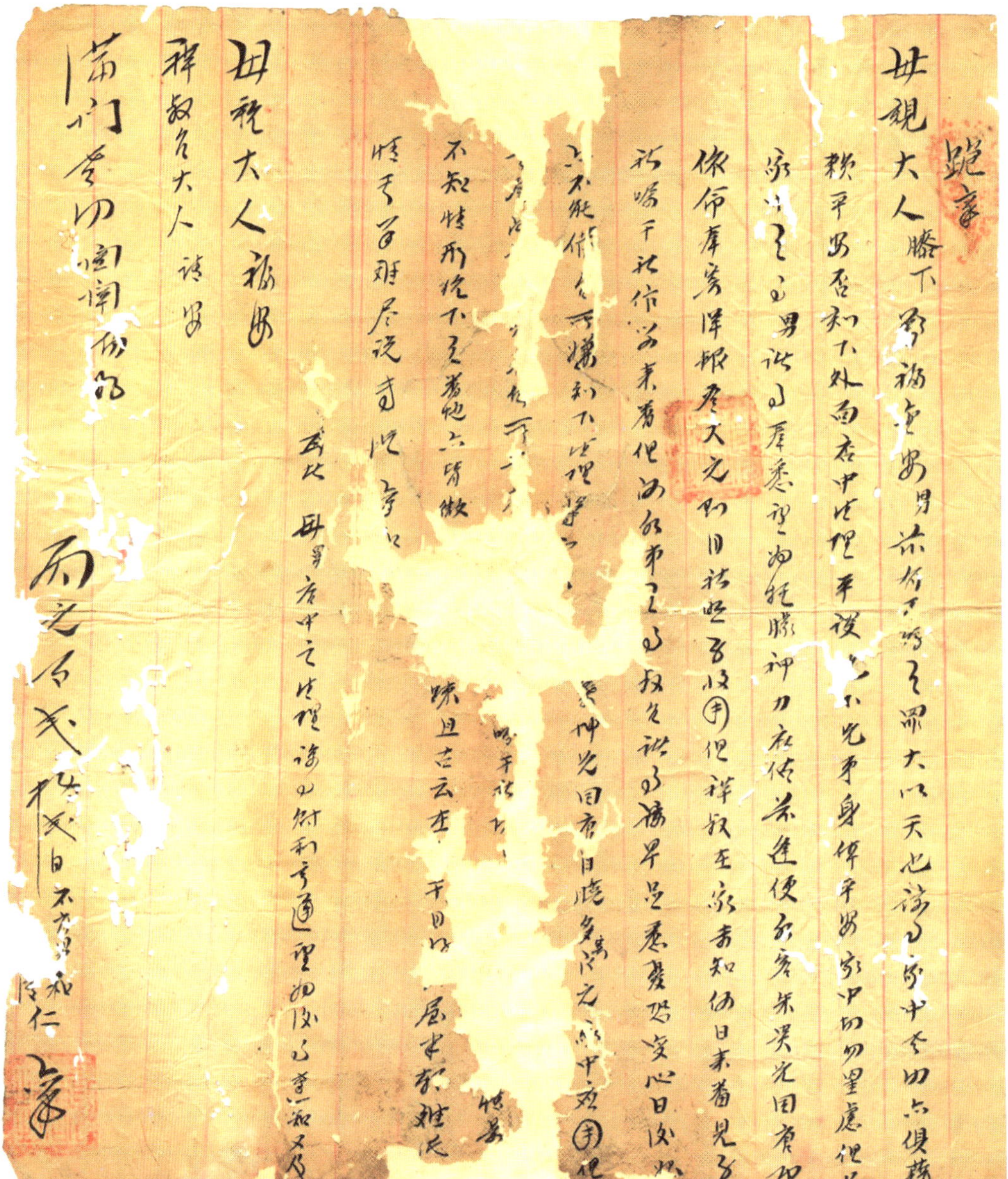

录文

跪禀

母亲大人膝下万福金安：

男兹有不孝之罪，大以（于）天也。谅卜家中老幼亦俱藉赖平安否？刻下外面店中生理[①]平淡□□，兄弟身体平安，家中切勿罣（挂）虑。但及家中之事，男诸事奉悉，望为托朦（蒙）神力庇佑。兹逢便水客朱贵兄回唐[②]，即依命奉寄洋银[③]三大元。到日祈照字收用。但祥叔在家，未知何日来番[④]？见字祈嘱，千祈作紧[⑤]来番。但阿水弟之事，叔台诸事，谅早足悉，忧恐变心，日后□□不能备（被）□所嫌。刻下[⑥]生理□□□□□□叶坤兄回唐自晓多寄艮（银）元（圆）家中应用，但□□□□□□□ □□□□□□□□□不知情形现下之番地亦皆□□□□□□□□且古云：在□千日好，□屋半朝难。纸□情长，□难尽说，专此禀□。

再者，母舅店中之生理，谅必财利享通，望为后事达知。又及。

母亲大人福安

祥叔台大人请安

满门老幼阖阐均好

丙元月二十二日　不肖男和仁、清仁　禀

简释

信由叶和仁、叶清仁兄弟二人合禀。可知叶清仁与大兄同处。正如叶清仁上信（信〈十二〉）所说“现刻即在兄处”。

兄弟合写之信，叶和仁不用“叶宝源仁记”印。

〈十三〉

---

① 生理：见信〈四〉注④。

② 唐：见信〈十二〉注⑥。

③ 洋银：见信〈一〉注①。

④ 番：旧时对西方边境各族的称呼，亦为外族的通称，如西番、番邦。又指来自外族或外国的事物，如番茄、番饼。

⑤ 作紧：抓紧，紧紧地把握住，不放松。

⑥ 刻下：目前；眼下。

〈十四〉 清光绪二十二年丙申三月廿九日（1896年5月11日）叶和仁寄母亲钟氏书

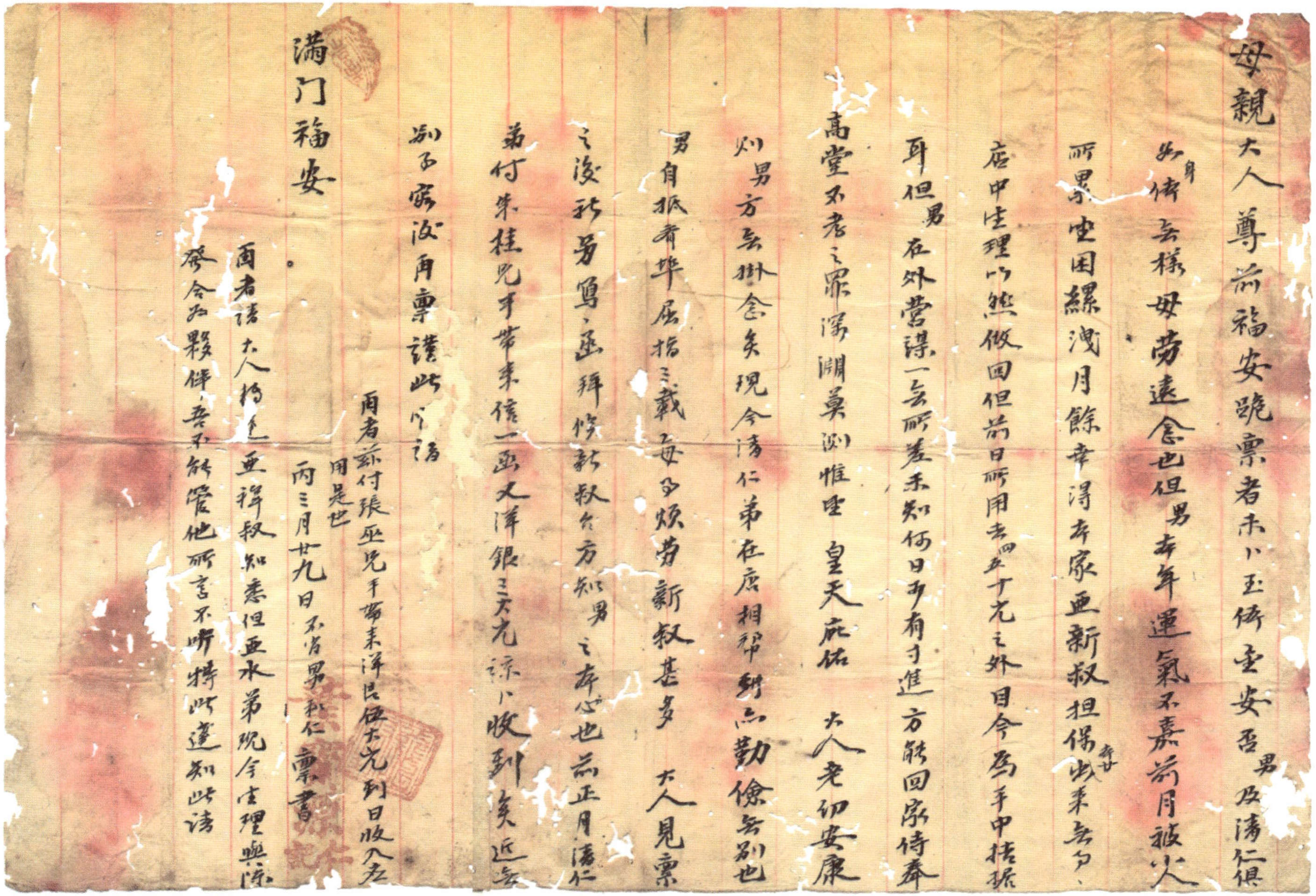
母親大人尊前福安跪稟者未卜玉体金安否男及濤仁俱
如常云係母勞遠念也但男本年運氣不嘉前月被小人
所累坐困縲洩月餘幸得本家亞新叔担保出來無事
店中生理亦無做回但前日所用去四五十元之外目今為手中拮据
耳但男在外營謀一无所差未知何日方有寸進方能回家侍奉
高堂不忘之衆深謝矣惟望 皇天庇佑 大人老幼安康
则男方無掛念矣現今濤仁弟在店相幫勤亦勤儉無別也
男自抵外華居指三載每多煩勞新叔甚多 大人見稟
之後務須備盛拜候新叔亦方知男之本心也前正月濤仁
弟付朱桂兒手帶來信一函大洋銀三大元諒已收到矣近無
别可稟後再稟謹此上請
滿門福安
再者茲付張亞兄手帶來洋銀伍大元到日收入左用是也
丙三月廿九日 不肖男和仁稟書
再者請大人將亞五祥叔知悉但亞水弟現今生理無除
參合不穀併無不能管他所言不肯將此達知此請

录文

母亲大人尊前福安：

跪禀者，未卜玉体金安否？男及清仁俱各身体无祥（恙），毋劳远念也。但男本年运气不嘉（佳），前月被火所累，坐困缧洩（绁）[①] 月余。幸得本家亚（阿）新叔担保，本［月］廿出来无事。店中生理以（依）然做回，但前日所用去四五十元之外，目今[②]为手中拮据耳。但男在外营谋一无所差，未知何日可有寸进，方能回家侍奉高堂。不孝之罪，深渊莫测。惟（唯）望皇天庇佑，大人老幼安康，则男方无挂念矣。现今清仁弟在店相帮，到（倒）亦勤俭无别也。男自抵齐埠[③]，屈指[④]三载，每事烦劳新叔甚多。大人见禀[⑤]之后，祈另写一函拜候新叔台，方知男之本心也。前正月清仁弟付、朱桂（贵）兄手带来信一函，又洋银三大元，谅卜收到矣。近无别事，容后再禀。谨此顺请

满门福安

再者，兹付张巫兄手带来洋银五大元，到日收入应用是也。

丙三月廿九日　不肖男和仁　禀书

再者：请大人转达亚（阿）祥叔知悉，但亚（阿）水弟现今生理与陈发合为伙伴，吾不能管他，所言不听。特此达知。此请。

简释

叶和仁因火灾所累，被羁押月余，三月廿日释放，三月廿九日便写下此信，虽厄运缠身，尚不忘“付张巫兄手带来洋银五大元”回家乡奉养老母。

叶和仁“自抵齐埠，屈指三载”。与叶和仁信〈四〉比照：甲午“四月十二在喜叔处，到来大亚齐地方”，即甲午年四月十二日至丙申年三月廿九日，叶和仁在亚齐已三个年头了。时运不济，天降横祸，不但金店遭火灾，且“坐困缧洩月余”，“幸得本家亚新叔担保”。“本家亚新叔”是早已在马来亚居住的叶氏本家亲戚，平素对叶和仁兄弟应是多有关照，故才有叶和仁“每事烦劳新叔甚多”之赞语。也正因有这种特殊关系，叶和仁祈望母亲“另写一函拜候新叔台，方知男之本心也”。

“前正月清仁弟付朱桂兄”洋银三大元，与信〈十三〉所述吻合。

〈十四〉

---

① 缧绁：léi xiè，捆绑犯人的绳索。引申为牢狱。

② 目今：现今。

③ 齐埠：亚齐埠，即亚齐。见信〈四〉注②。

④ 屈指：弯着手指头计算数目。

⑤ 禀：此处用如禀帖，即下对上的书信。《儒林外史》：“汤知县把这情由细细写个禀帖，禀知按察司。”

〈十五〉 清光绪二十二年丙申七月初一日（1896年8月9日）
叶和仁、叶清仁寄母亲钟氏书

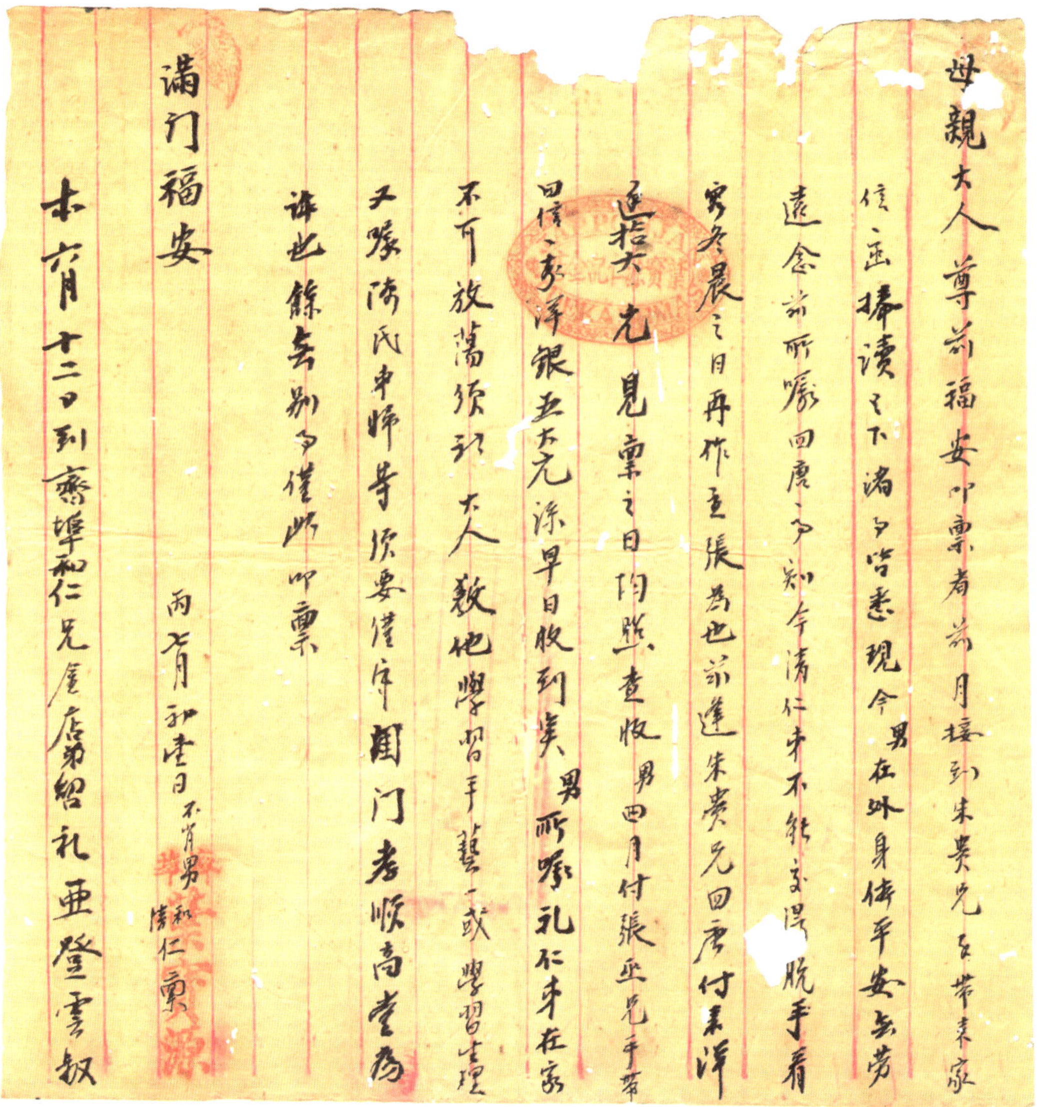

母親大人

尊前福安叩禀者前月接到朱貴兄手帶來家信一函捧讀之下諸事皆悉現今男在外身体平安無劳遠念前所囑回唐之事知今清仁未不能返里脱手看要冬晨之日再作主張為也前逢朱貴兄回唐付来洋銀拾大元見票之日均照查收男四月付張亞兄手帶回信一封洋銀五大元係早日收到矣男所囑孔仁未在家不可放蕩須聽大人教他學習手藝或學習生理又囑陳氏早歸母須要侍奉閨门孝順高堂為諱也餘無别事僅此叩禀

滿门福安

丙七月初壹日 不肖男 清和仁禀

本月十二日到齋埠和仁兄處店弟紹礼亞登雲叔

录文

母亲大人尊前福安：

叩禀者，前月接到朱贵兄手带来家信函，捧读之下，诸事皆悉。现今男在外身体平安，无劳远念。前所嘱回唐一事，刻今清仁弟不能交得脱手。看容冬晨（成）[1] 之日再作主张为也。兹逢朱贵兄回唐，付来洋边[2]十大元。见禀[3]之日，均照查收。男四月付张巫兄手带回信一封，洋银五大元，谅早日收到矣。男所嘱礼仁弟在家不可放荡，须祈大人教他学习手艺，一或学习生理[4]。又嘱陈氏弟妇等，须要谨守闺门，孝顺高堂为□也。余无别事。仅此叩禀。

满门福安

丙七月初一日　不肖男和仁、清仁　禀

本［年］六月十二日到齐埠和仁兄金店弟绍礼亚（阿）登云叔

简释

叶和仁嘱礼仁"在家不可放荡"，须"学习手艺"或"学习生理"，手足之情，跃然纸上。

叶和仁又嘱"陈氏弟妇等"谨守闺门、孝顺高堂。除了妻子陈氏，叶和仁尚有其他女性眷属可称"弟妇等"。由此可知，叶清仁出洋前也已娶下妻室，抑或包括叶礼仁所配"罗田径李氏"，也有可能。叶清仁辛丑年的家书（信〈六十〉）印证了此推断。

再同母亲提示："四月付张巫兄手带回信一封，洋银五大元"，钱款与信〈十四〉相合无误。

第二次使用"齐埠叶宝源"条形章。自此信之后，"齐埠叶宝源"印再也未见使用。信〈六〉的简释已对该印鉴有所说明。

〈十五〉

① 冬成：见信〈四〉注⑦。
② 洋边：洋银。见信〈十二〉注⑧。
③ 禀：见信〈十四〉注⑤。
④ 生理：见信〈四〉注④。

〈十六〉 清光绪二十二年丙申七月初六日（1896年8月14日）

叶和仁、叶清仁寄母亲钟氏书

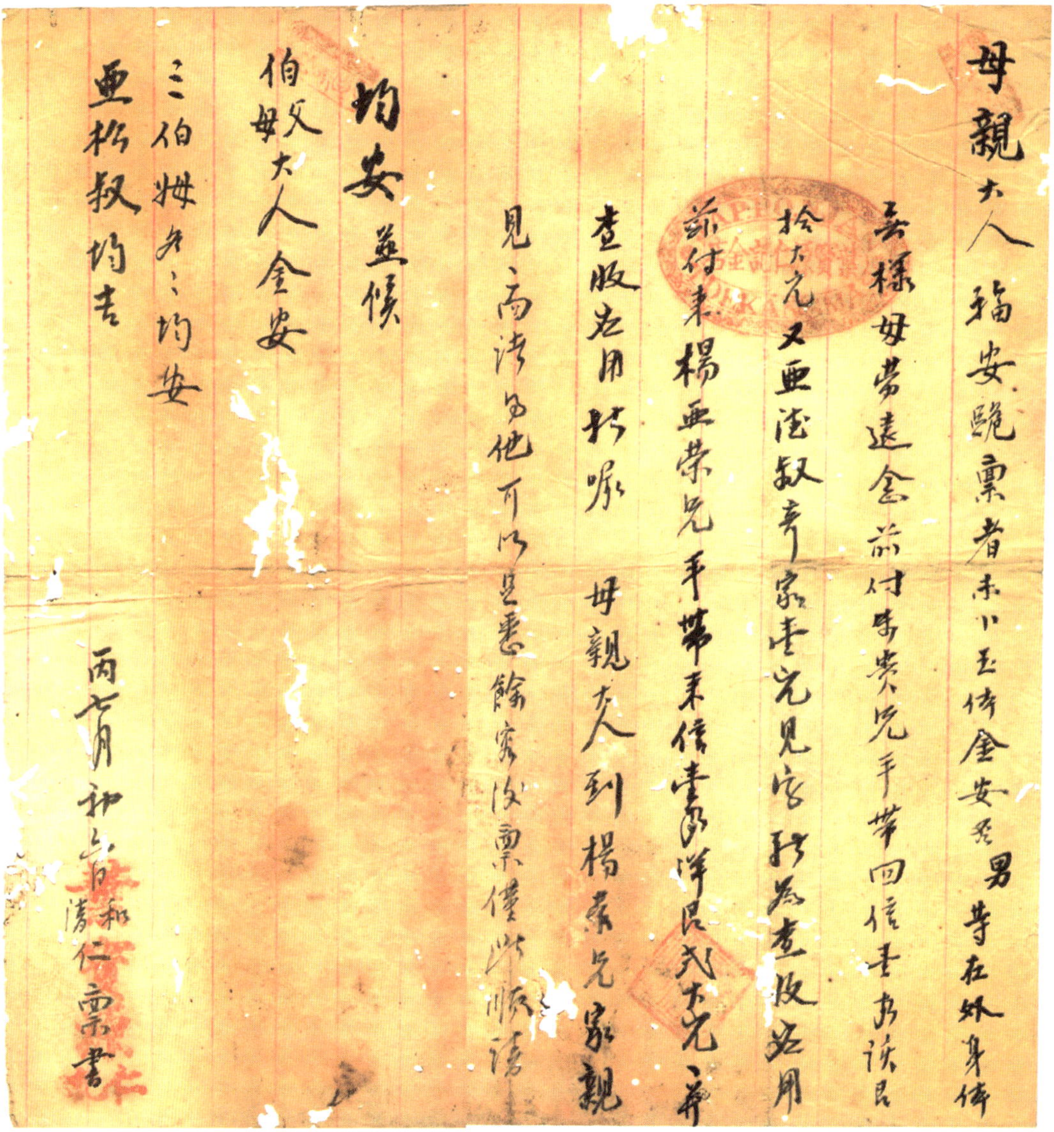

母親大人 福安，跪稟者：赤卜玉体金安，兒男等在外身体
無恙，母勿遠念。茲付唐貴兄手帶回信壹封，內談艮
拾大元，又亜德叔壹家壹元，見字轉為查收應用。
茲付來楊亜榮兄手帶來信壹封，洋艮弍大元，並
查收應用，祈照。 母親大人到楊榮兄家親
見面請他可以見惠，餘容後稟，僅此順請
均安 並候
伯父母大人金安
三伯嬸各各均安
亜松叔均吉
丙七月初六日 男和 清仁 稟書

录文

母亲大人福安：

跪禀者，未卜玉体金安否？男等在外身体无样（恙），毋劳远念。前付朱贵兄手带回信一封，该[①]艮（银）十大元。又亚（阿）德叔寄家一元。见字祈为查收应用。兹付来杨亚（阿）荣兄手带来信一封，洋银二大元。一并查收应用。切嘱，母亲大人到杨荣兄家亲见一面，诸事他可以足悉[②]。余容后禀。仅此顺请

均安　并候

伯父、伯母大人金安

三伯姆（母）各各均安

亚（阿）松叔均吉

丙七月初六日　和仁、清仁　禀书

简释

“前付朱贵兄手带回信一封，该艮（银）十大元”，与信〈十五〉所说银额相符。

嘱咐母亲到回乡的杨荣兄家“亲见一面”，亲耳听听兄弟二人在番邦的详细情况：“诸事他可以足悉。”

〈十六〉

---

① 该：指上文说过的人或事物。此指托朱贵的银信。

② 足悉：见信〈五〉注②。

〈十七〉 清光绪二十二年丙申八月廿八日（1896年10月4日）镕史叔代钟氏寄叶和仁、叶清仁回批

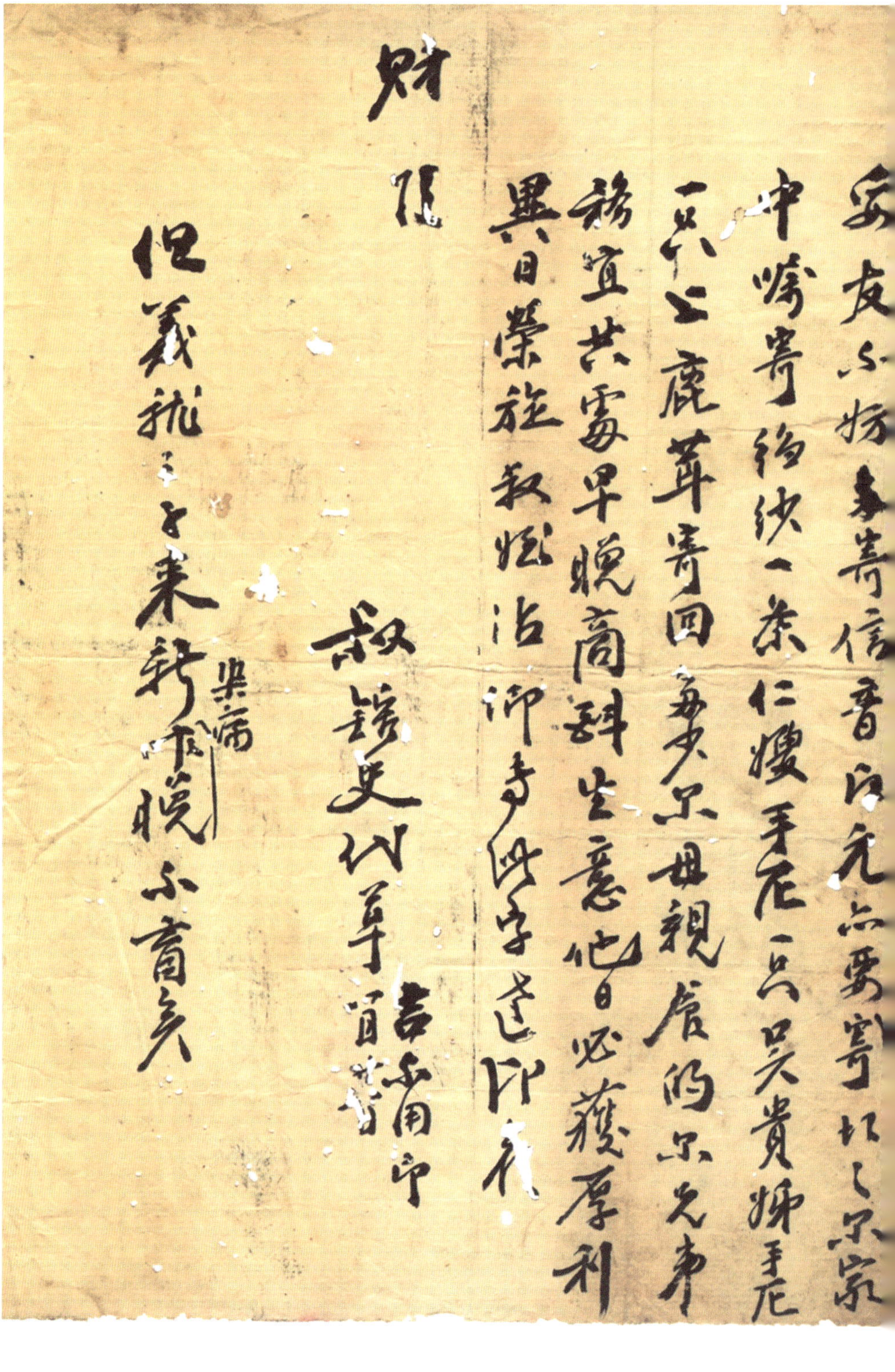

字达

知仁、炳煌廬知之：本八月间接朱賓兄带回信述计

清壹十壹元，照收到矣。又接杨業兄带回信並艮元，亦

已收到，勿介。内云尔兄本生分面经營，切囑

上天庇佑，身体平安不、家中酒歡名青但不、尔兄来生分

面總要手足同歡，切争吵小了，二叔尊卑不稱

清仁炳務要听兄教習，切不可听信他人，[illegible]

万顧来東兄面亦被外人目笑，好[illegible]

德安叔、兹侄收到之，自即交伊家。德叔公手收社

知之。[illegible]往生分面，道乃寸追量即速重書回

录文

字达

和仁、清仁两姪[①]台知之：

本［年］八月得接朱贵兄带回信函，计一十一元照收到矣。又接杨荣兄寄回信函，二元亦已收到，勿介。内云尔[②]兄弟在外面经营，叨蒙上天庇佑，身体平［安］，尔家中均各欢喜。但尔兄弟在外面，总要手足同欢，勿争些小事，□尊卑不穆（睦）。清仁侄务要听兄教习，切不可听信他人，手足分离，弟东兄西，亦被外人见笑。切嘱。

德官叔函一元，收到之日即交伊家德叔公手收，祈知之。但侄在外面稍得寸进，望即旋唐[③]。倘遇妥友[④]，不妨常寄信音，银元（圆）亦要多寄。切切！

尔家中嘱寄绉[⑤]纱一条，仁嫂手厄（鈪）[⑥] 一只，吴贵姊手厄（鈪）一只。上［等］鹿茸寄回多少，尔母亲食的。尔兄弟务宜共处，早晚商斟（酌）[⑦] 生意，他日必获厚利，异日荣旋，叔侄沾仰。专此字达。即祈

财佳

叔镕史代草　吉不用印　八月廿八日

但义龙之子来新染病昨晚不育[⑧]矣

简释

接朱贵兄银一十一元照收，与丙申年七月初一寄出的批银数额（信〈十五〉）吻合。其中一元系“亚德叔”所寄，也已交“伊家德叔公手收”，与丙申年七月初六寄出的信（信〈十六〉）所述相同。因此，虽然该回批未标明干支，也可断定是丙申年所写。

这是搜集到的叶氏兄弟全部批信中唯一可见的回批，内容较多：

（1）“兄弟在外面，总要手足同欢，勿争些小事，□尊卑不穆（睦）”；

（2）清仁“务要听兄教习，切不可听信他人，手足分离，弟东兄西，亦被外人见笑”；

（3）“在外稍得寸进，望即旋唐”；

（4）“兄弟务宜共处，早晚商斟（酌）生意”；

（5）嘱寄回家绉纱、手鈪、鹿茸等。

回批由“叔镕史代草”。

---

① 姪：“侄”的异体字。
② 尔：你。《孟子·公孙丑上》：“尔为尔，我为我。”
③ 旋唐：见信〈十二〉注⑥。
④ 妥友：妥当可靠的朋友。妥：妥靠，妥当可靠。
⑤ 绉：一种有皱纹的丝织品。
⑥ 鈪：见信〈五〉注⑧。
⑦ 商酌：商量斟酌。
⑧ 不育：未能存活。育：养活。

可以肯定，叶和仁母亲的回批可与叶家三兄弟的银信等量，可惜散佚于海外。而叶母钟氏的回批却是大部分由“铭叔”代笔。叶和仁于信〈六十三〉十分感谢“铭叔台”“累次代愚家回信”。

这一封由“叔镕史”代草的回批，也属罕见。应是叶家兄弟在海外带回的。

〈十七〉

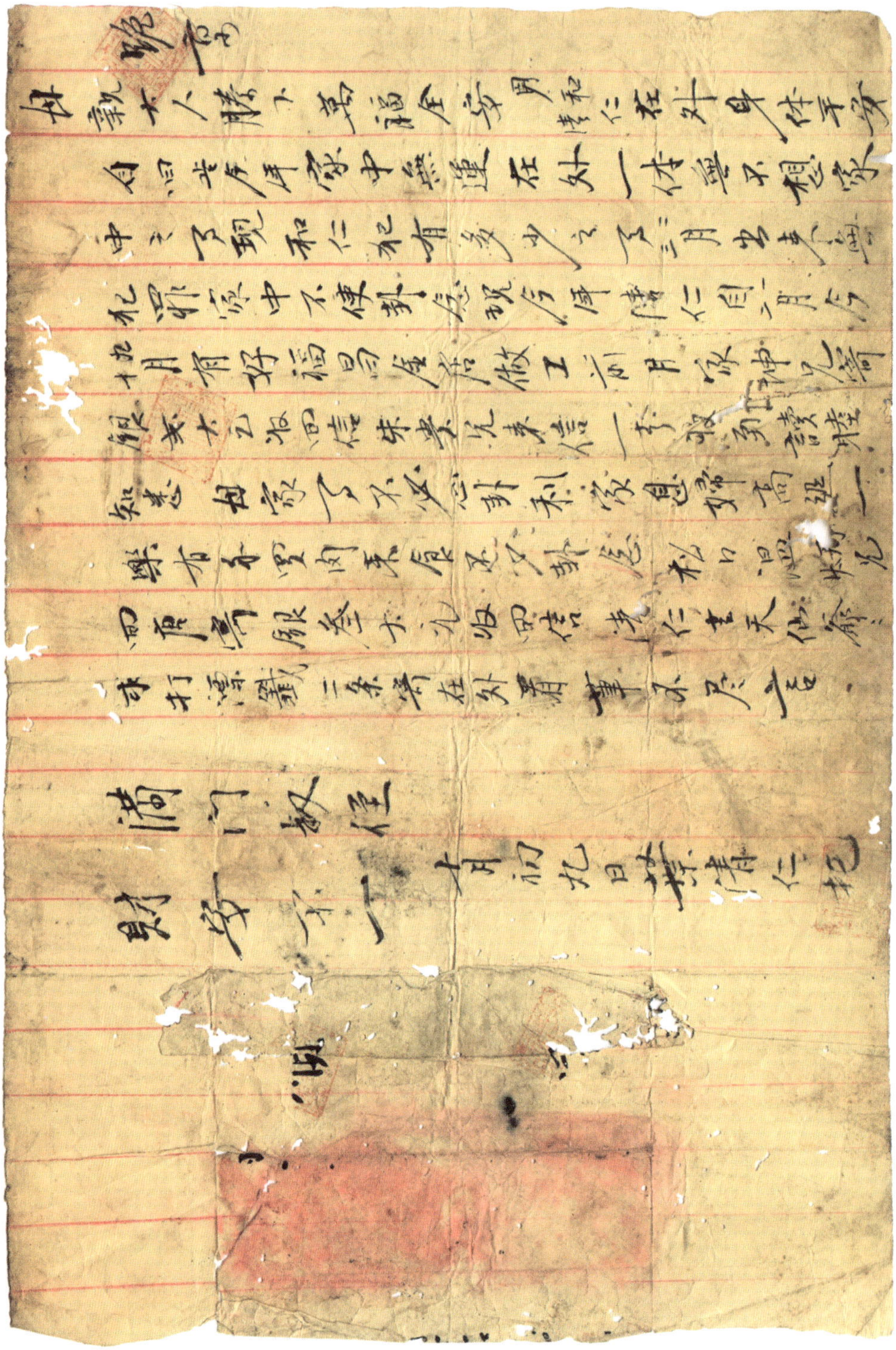

〈十八〉 清光绪二十二年丙申十月初九日（1896年11月13日）叶清仁寄母亲钟氏书

录文

跪禀

母亲大人膝下万福金安：

男和仁、清仁在外身体平安。自旧岁①今年家中无运，在外一体无不想家中之事。现和仁犯有多少之事，二三月出来无犯罪②，家中不使③卦（挂）念。现今年清仁自一二月至今九十月，有好［在］福昌金店做工。前月家坤兄寄银二大元，收［到请］回信。朱贵兄来信一封收到，读睦（末）④ 知悉，母家事不必心卦（挂）。利家息（媳）妇高□一乐，有□买肉来食，不必卦（挂）念。松口温炳兄回唐，寄银三大元，收［到请］回信。清仁去天仙爷爷求打漂（标）签⑤二条，寄在外看。笔不尽言

满门叔侄　财安不一

十月初九日　叶清仁　托

简释

信落款未写明干支年，但从信中所述："现和仁犯有多少之事，二三月出来无犯罪"，与上信叶和仁写于丙申三月廿九日的内容一致（信〈十四〉）。可见叶清仁的信也是写于同年，即丙申年。

叶清仁"自一二月"一直到"今九十月"在福昌金店做工，大概因叶和仁"犯事"，叶宝源仁记金店暂时关闭，不得已到他人金店打工。

缺"前月家坤兄寄银二大元"的相关批信。

〈十八〉

---

① 旧岁：方言，去年。

② 无犯罪：无罪释放。

③ 不使：不用。

④ 末：终了；末了。

⑤ 标签：签诗。旧时寺庙中的一种卜具。用竹削制而成，上编号数，贮于筒中，供信仰者向神佛问事吉凶之用。每签均有诗相配，谓之签诗或签语。

〈十九〉 清光绪二十二年丙申十月廿日（1896年11月24日）

叶和仁寄母亲钟氏书

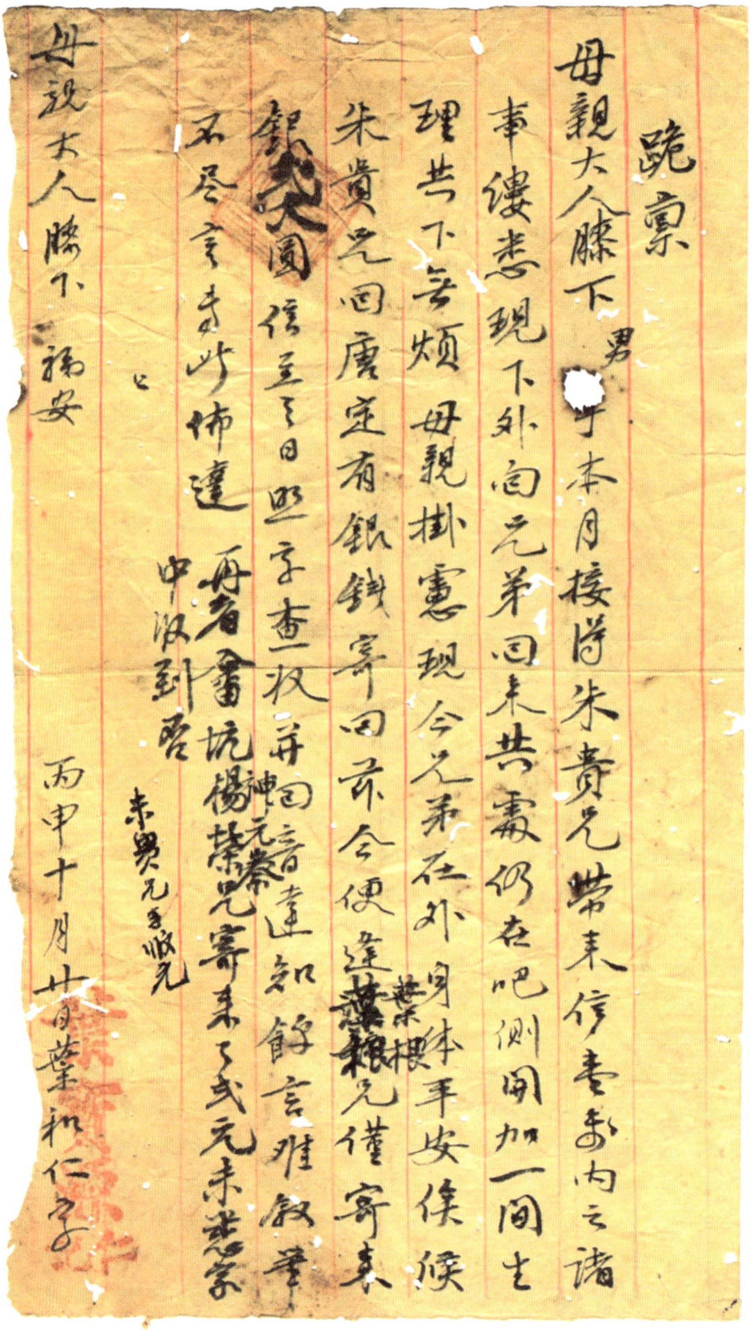
跪禀

母親大人膝下 男于本月接得朱貴兄帶來信壹封内云諸

事儘悉 現下外面兄弟回來甚霧仍在吧側聞加一間生

理甚下等煩 母親掛慮 現今兄弟在外身体平安 俟候

朱貴兄回唐 定有銀錢寄回 茲今便達葉根兄僅寄去

銀弍大圓 信至之日 照字查收 并回音達知 餘言難叙 筆

不尽言 此佈達 再者番坑楊榮兄寄來弍元未悉家

中收到否

母親大人膝下 福安

丙申十月廿日 葉和仁字

录文

跪禀

母亲大人膝下：

男于本月接得朱贵兄带来信一封，内云诸事缕悉[①]。现下外面兄弟回来共处，仍在吧侧[②]开加[③]一间，生理[④]共下[⑤]，无烦母亲挂虑。现今兄弟在外，身体平安。俟候[⑥]朱贵兄回唐，定有银钱寄回。兹今便逢叶根兄，仅寄来银二大圆（元）。信至之日照字查收，并回音达知。余言难叙，笔不尽言，专此布达。再者，畲坑神元峑[⑦]杨荣兄寄来了二元，未悉家中收到否？

朱贵兄手三元九

母亲大人膝下福安

丙申十月廿日　叶和仁　字

简释

叶和仁向母亲通报了兄弟二人在南洋的近况：叶清仁辞去福昌金店的工作，回叶和仁店帮忙。“现下外面兄弟回来共处，仍在吧侧开加一间，生理共下”，叶和仁、叶清仁合作经营，在市场侧边再开一间金店。

叶和仁的批银（特别是款额较多的），大部分都是托水客朱贵。从这封信中的一句话，可以看出叶和仁对朱贵另眼看待：“俟候朱贵兄回唐，定有银钱寄回。”而此次叶根回唐，只寄银二元。言下之意，要多寄还要朱贵经手最放心。

依然使用“叶宝源仁记”条形章。可见停业几个月的金店已正常复业。

叶和仁询问“畲坑神元峑杨荣兄寄来了二元”的批款，便是同年七月初六所托之银信（信〈十六〉）。当时，叶和仁还嘱母亲到杨荣家中面叙。

信末附上一句“朱贵兄手三元九”，叫人丈二金刚摸不着头脑。

〈十九〉

---

① 缕悉：见信〈四〉注①。

② 吧侧：市场的侧边。

③ 加：（潮梅方言）多，超出原有或应有数目，比原来的数目有所增加。

④ 生理：见信〈四〉注④。

⑤ 共下：在这里指一起经营。共：一同，一道。下：施；使用。

⑥ 俟候：等待，等候。

⑦ 畲坑神元峑：畲坑，清嘉应州地名。峑，同“畲”，多用于地名。参见信〈二〉注①。

〈二十〉 清光绪二十三年丁酉五月廿日（1897年6月19日）叶清仁寄母亲钟氏书

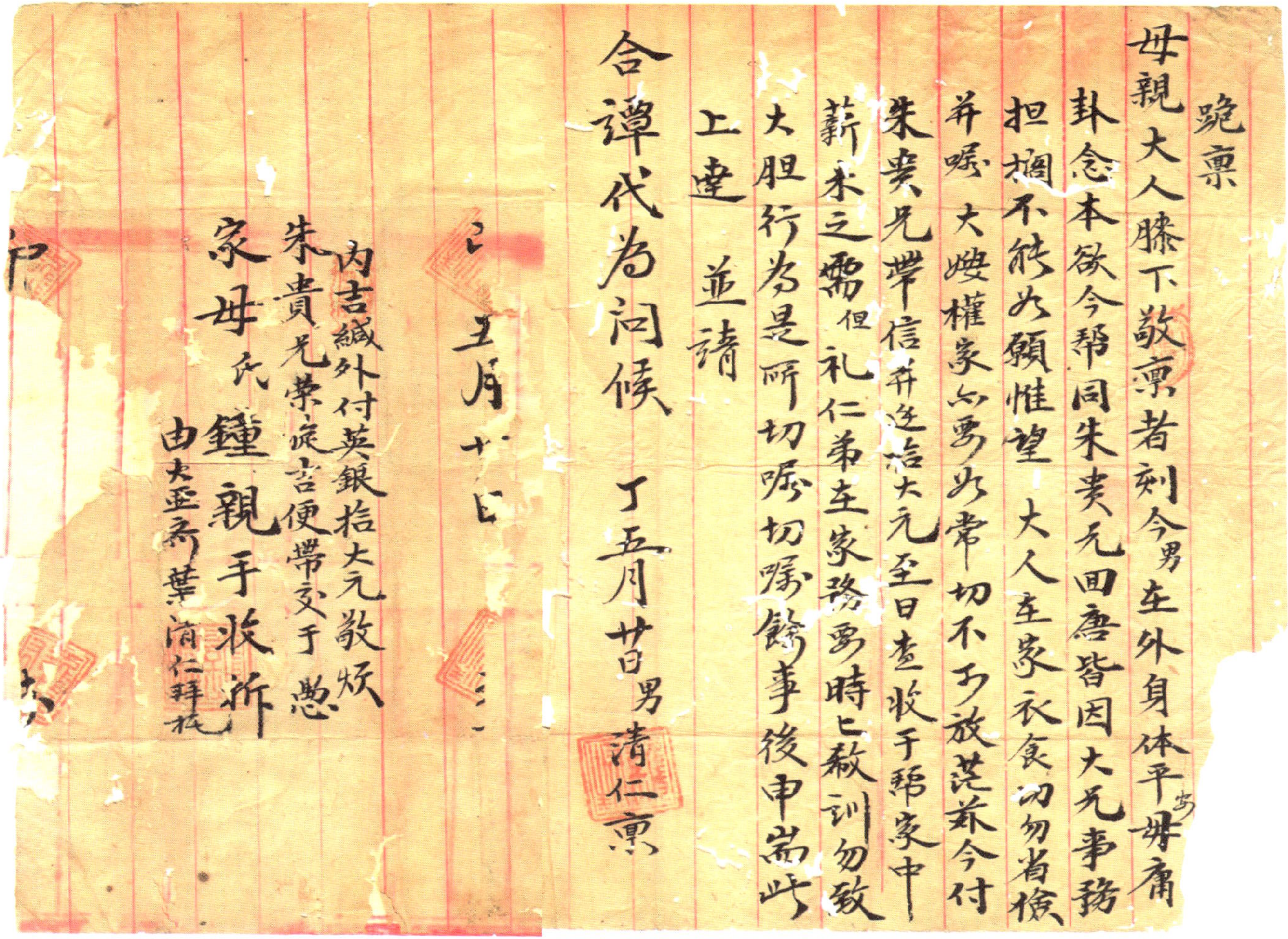

跪禀

母親大人膝下敬禀者刻今男在外身体平安毋庸

卦念本欲今帮同朱贵兄回唐皆因大兄事務

担擱不能如願惟望 大人在家衣食切勿省儉

并嘱 大嫂權家必要如常切不可放荒今付

朱贵兄帶信并送番大元至日查收于帮家中一

薪米之需但 礼仁弟在家務要時〻敬訓勿致

大胆行为是所切嘱切嘱餘事後申尚此

上達 並請

合譚代為问候 丁五月廿日男清仁禀

五月十七日

內吉緘外付英銀指大元敬烦

朱貴兄榮旋吉便帶交于愚

家母氏 鍾 親手收祈

由大巫斋葉清仁拜托

录文

跪禀

母亲大人膝下：

敬禀者，刻今[1]男在外身体平安，毋庸卦（挂）念。本欲今帮[2]同朱贵兄回唐，皆因大兄事务担（耽）搁，不能如愿。惟（唯）望大人在家衣食切勿省俭。并嘱大嫂权家[3]亦要如常，切不可放茫（命）[4]。兹今付朱贵兄带信并边[5]十大元，至日查收。于（以）帮家中薪米之需。但礼仁弟在家务要时时欷（教）训，勿致大胆行为。是所切嘱切嘱。余事后申[6]。专此上达。

并请

合谭（潭）[7] 代为问候

丁五月廿日　男清仁　禀

内吉缄[8]外付英银[9]十大元　敬烦

朱贵兄荣旋，吉（即）便带交于　愚

家母氏钟亲手收拆

由大亚齐　叶清仁　拜托

印　　五月廿日　　封

简释

此批仍为早期信笺折叠的形式。

由封面显示的寄批地可知叶清仁仍在大亚齐谋生。即叶清仁还是在叶和仁“齐埠叶宝源”店帮工。

叶清仁一直放心不下仍在家乡的叶礼仁，嘱母亲“务要时时欷训，勿致大胆行为”。

因叶清仁尚未有自己独立经营的金店，一直未有自己的印章，只用简单的护封印代替。

〈二十〉

---

① 刻今：刻下。目前；眼下。

② 帮：潮梅方言；相当于普通话的“批”“次”；车、船的班次；物品运送的批数。如下帮船、二帮车、来过三帮货。

③ 权家：比喻衡量、考虑，引申为管理、理家。权：权衡。

④ 放命：也作“方命”。抗命；违命。

⑤ 边：见信〈十二〉注⑧。

⑥ 申：申述。

⑦ 合谭（潭）：合府、阖府。潭：潭府。韩愈《符读书城南》诗：“一为公与相，潭潭府中居。”潭潭，深邃貌。后因此尊称他人的居宅为潭府。

⑧ 缄：书信。王禹偁《回襄阳周奉礼同年因题纸尾》诗：“两日劳君寄两缄。”

⑨ 英银：鹰洋，亦称“墨洋”或“墨银”。旧时墨西哥的银圆。汉语“鹰”与“英”同音，故一般亦写为“英洋”“英银”。

〈二十一〉 清光绪二十三年丁酉十一月初八日（1897年12月1日）

叶清仁寄母亲钟氏书

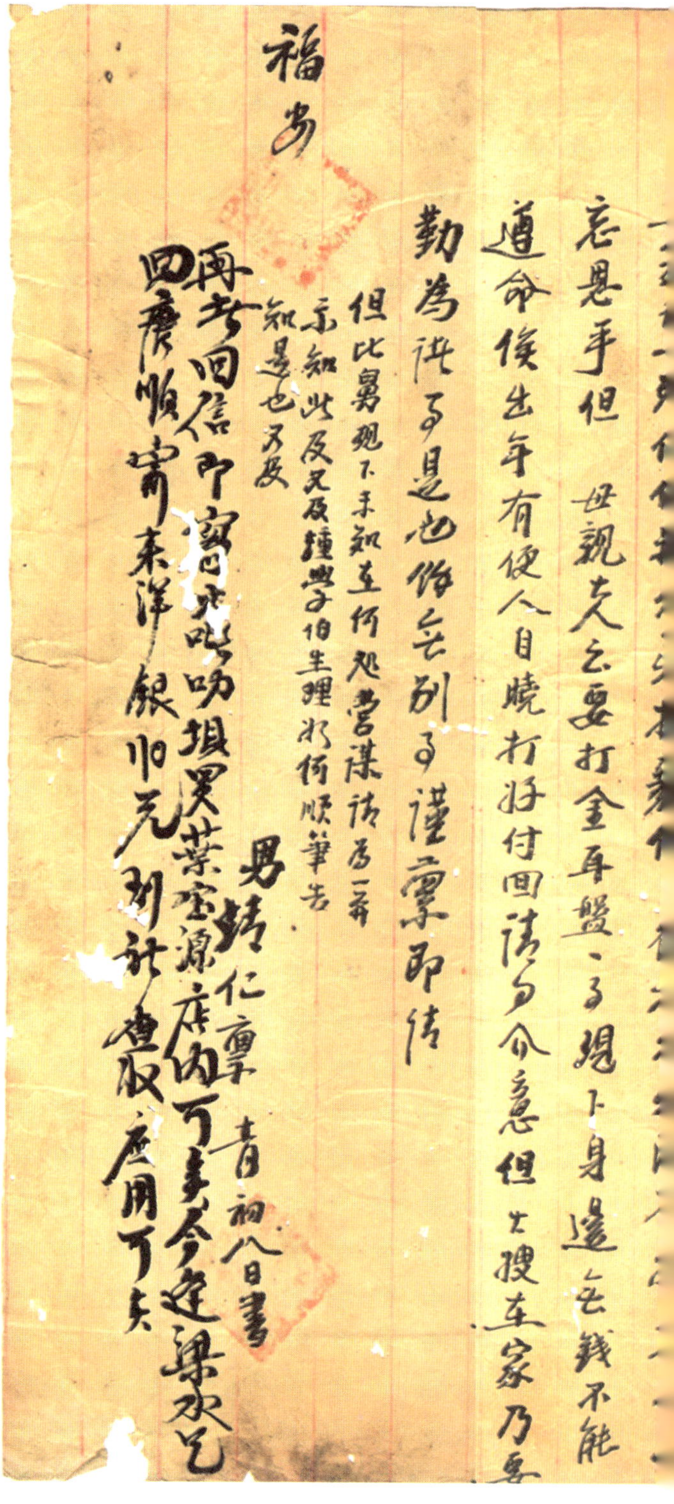
忘是手但 母親大人云要打金耳盤一子現下身邊無錢不能
遵命候出年有便人自曉打好付回請勿介意但出搜查家乃要
勤為作子是也修無別子謹稟即請
福安
但比舅現下未知在何處營謀請為一并
示知此及兄及鍾學伯生理如何順筆告
知是也可及
男 靖仁稟
青 初八日書
再者回信可寄實叻吻埧葉宝源店內可也今迭梁次兄
回唐順寄来洋銀中元列於查收應用可矣

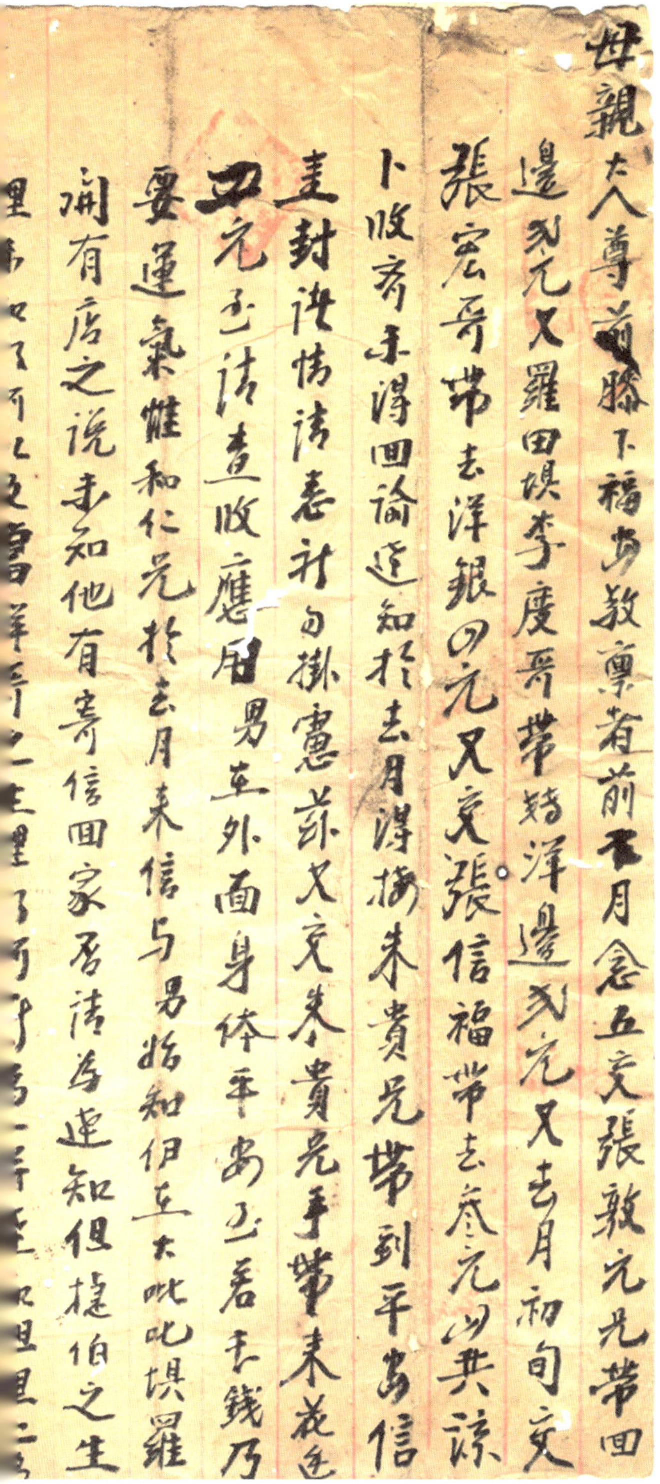
母親大人尊前膝下福安敬禀者前十月念五交張敦允兄帶回
邊弍元又羅田墘李度哥帶特洋邊弍元又去月初旬交
張宏哥帶去洋銀四元又交張信福帶去叁元以共諒
卜收齊未得回諭進知於去月得接朱貴兄帶到平安信
圭封並悉情諸悉計自掛憲蘇又交朱貴兄手帶來花邊
四元至請查收應用男在外面身体平安至若去錢乃
要運氣雖和仁兄於去月來信与男稱知伊在大吡叻墘羅
㘵有店之說未知他有寄信回家否請為達知但掟伯之生

录文

母亲大人尊前膝下福安：

敬禀者，前六月念[①]五交张敦元兄带回边[②]二元，又罗田坝李庆哥带转洋边[③]二元，又去月初旬交张宏哥带去洋银四元，又交张信福带去三元。四共谅卜收齐，未得回谕达知。于去月得接朱贵兄带到平安信一封，诸情清悉，祈勿挂虑。兹又交朱贵兄手带来花边[④]二元，至请查收应用。男在外面身体平安，至若□钱，乃要运气。惟（唯）和仁兄于去月来信与男，始知伊在大吡叱（叻）[⑤] 坝罗[⑥]开有店之说，未知他有寄信回家否？请为达知。但捷伯之生理未知如何？以及富祥哥之生理如何？祈为一并达知。但里仁弟在家，望列位伯叔兄弟指教。倘日后我兄弟消（稍）有如意，并无忘恩乎。但母亲大人云要打金耳盘[⑦]一事，现下身边无钱，不能遵命。俟[⑧]出年有便，人[⑨]自晓打好付回，请勿介意。但大嫂在家乃要勤为诸事是也。余无别事。谨禀。即请

福安

但比舅现下未知在何处营谋[⑩]？请为一并示知，此及。又及，钟学伯生理如何？顺笔告知是也，又及。

再者，回信即寄大吡叻坝罗叶宝源店内可矣。今逢梁水兄回唐，顺寄来洋银[⑪]二元，到祈查收应用可矣。

男清仁　禀　十一月初八日书

简释

又是落款未写明干支年，只能从后信印证推断。

叶清仁戊戌年九月十八日（信〈二十四〉）罗列的几次批款数额：张信兄三大元，朱桂兄二元，张敦元兄洋边二大元，李庆兄洋边二大元，水客姓名和托寄金额均与本信所述一一对应吻合。而从本信能知寄钱确切日期的只有张敦元兄“前六月念五”边银二元。故“十一月初八”书写的银信应早于戊戌年九月托寄的信〈二十四〉，因此，本信书写时间可断为丁酉年。

---

① 念：“廿”的大写。念五即二十五。

② 边：见信〈十二〉注⑧。

③ 洋边：见信〈十二〉注⑧。

④ 花边：见信〈十二〉注⑧。

⑤ 吡叻：霹雳（Perak）。当地亦作吡叻。马来西亚一州，在马来半岛西北部。

⑥ 坝罗：马来西亚怡保的旧称。怡保是霹雳州的首府。

⑦ 金耳盘：金耳环。

⑧ 俟：见信〈二〉注⑥。

⑨ 人：在潮梅方言中，第一人称“我”，用于与其他人称对举时。其本字是“侬（农）”。“人自晓打好付回”，意思是：我自晓打好付回。

⑩ 营谋：经营，谋划。

⑪ 洋银：见信〈一〉注①。

虽然叶清仁称叶和仁在大吡叻坝罗开金店是“去月来信与男，始知”。但叶和仁在丙申年十月（信〈十九〉）已告诉母亲：兄弟“生理共下”。事实上，叶清仁也已认定兄弟合作经营的事实，且将“坝罗叶宝源店”作为联络地址：“回信即寄大吡叻坝罗叶宝源店。”因此，所谓“去月来信与男，始知……”的说辞，话中有话，兄弟之间似乎有些许不愉快。

叶礼仁尚在家乡，叶清仁难免挂心，“望列位伯叔兄弟指教”。

〈二十一〉

〈二十二〉 清光绪二十四年戊戌闰三月廿八日（1898年5月18日）叶和仁致母亲钟氏书

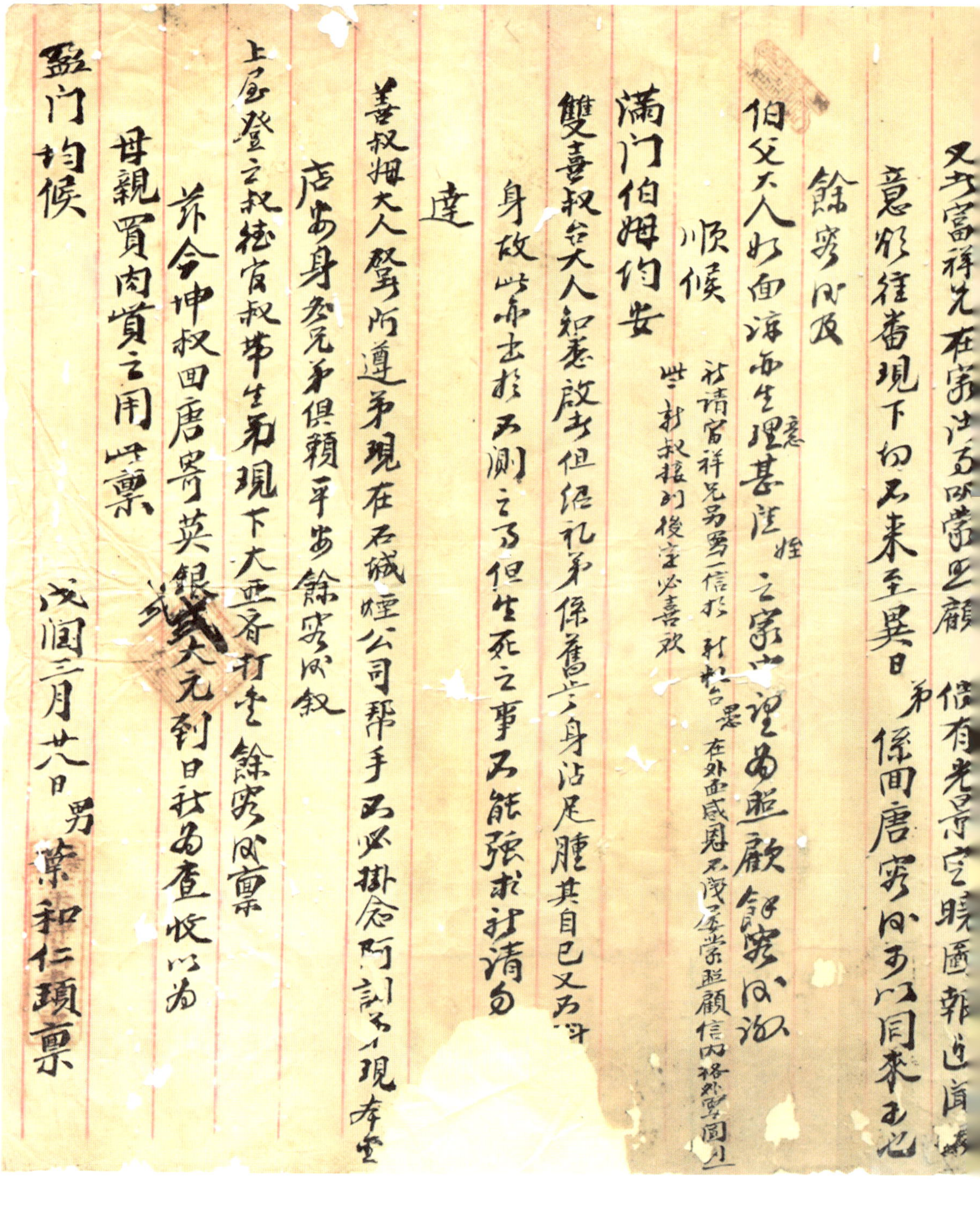
又函富祥兄在家[illegible]以當[illegible]顧
意欲往番現下切不來至異日 弟 信有光景[illegible] 保同唐寄回可以同來[illegible]也
餘容后及
伯父大人如面[illegible]生理甚[illegible]之家[illegible]望為照顧 餘容后叙
順候
祈請富祥兄另寄一信於[illegible]
此封叔接到後定必喜歡
滿门伯姆均安
雙喜叔台大人知悉啟者但侄[illegible]身沾足腫其自己又[illegible]
身故此亦出於不測之事但生死之事不能強求祈請[illegible]
達
善叔姆大人 鑒 所遵弟現在石城煙公司帮手不必掛念[illegible]
店安 身各兄弟俱賴平安 餘容后叙
上屋登之叔德官叔帶生弟現下大亞齊[illegible] 餘容后稟
并令坤叔回唐寄英銀貳大元到日祈為查收以為
母親買肉買之用此稟
盈门均候
戊閏三月廿八日 男 葉和仁頓稟

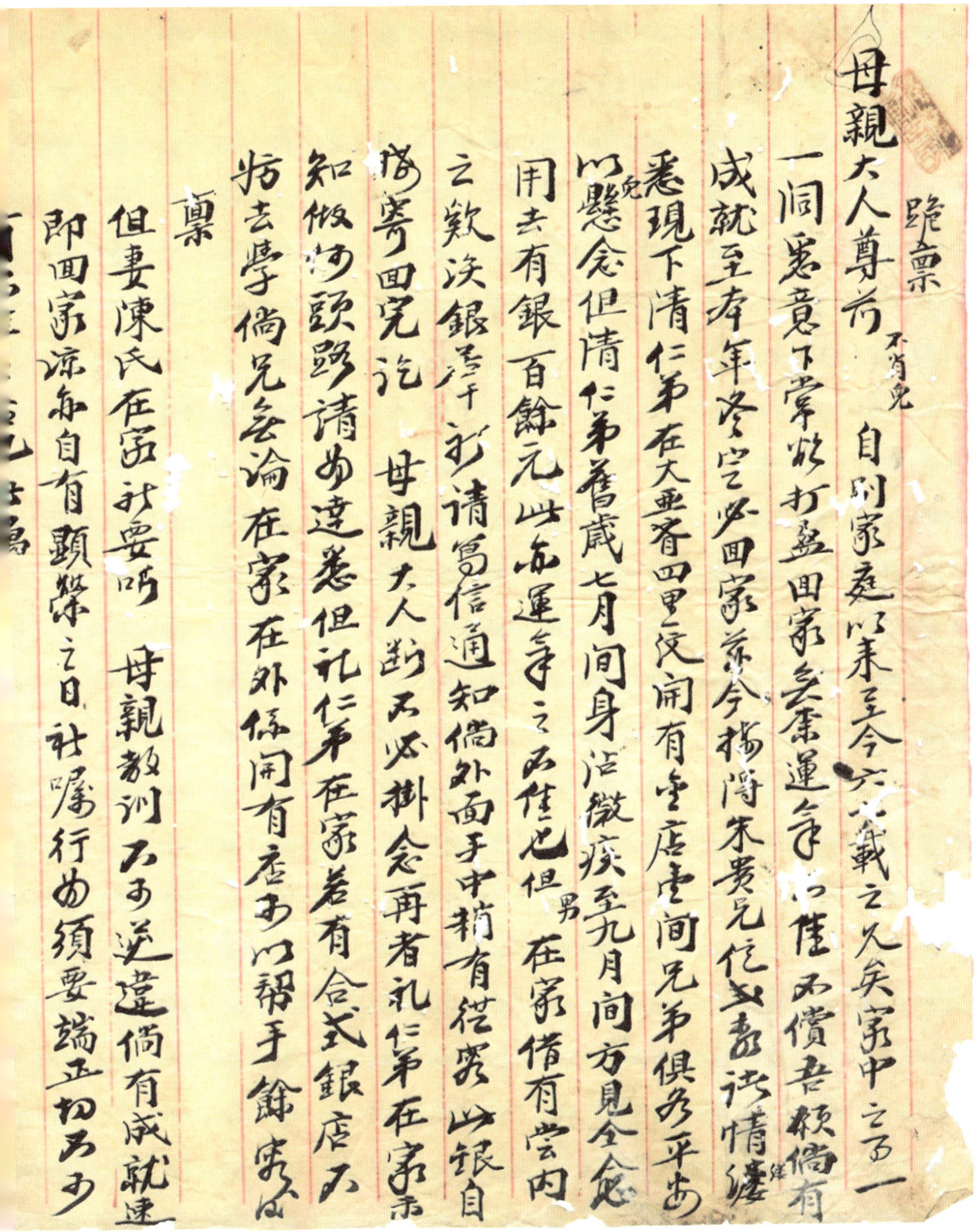

跪禀

母親大人尊前 不肖兒 自别家庭以來至今六七載之久矣家中之事一

一同悉意下常欲打算回家無奈運氣不佳不償吾願倘有

成就至本年冬定必回家茲今接得宋貴兄信云於諸情緣

悉現下清仁弟在大亞齊四里洑開有金店壹間兄弟俱各平安

以慰兒懸念但清仁弟舊歲七月間身沾微疾至九月間方見全愈

用去有銀百餘元此亦運氣之不佳也但男 在家倘有當內

之款淡銀若干我請寫信通知倘外面手中稍有從容此銀自

將寄回兒說 母親大人斷不必掛念再者礼仁弟在家未

知做何頭路請勿違悉但礼仁弟在家若有合式銀店不

妨去學倘兒無論在家在外係同有店可以帮手餘容后

禀

但妻陳氏在家我要吩 母親教訓不可逆違倘有成就速

即回家諒亦自有顯榮之日我叮囑行必須要端正切不可

[illegible]

录文

跪禀

母亲大人尊前：

不肖儿自别家庭以来，至今六七载之久矣，家中之事一一洞悉①。意下常欲打叠②回家，无奈运气不佳，不偿③吾愿。倘有成就，至本年冬定必回家。兹今接得朱贵兄信二封，诸情缕悉④。现下⑤清仁弟在大亚齐⑥四里汶⑦开有金店一间，兄弟俱各平安，以免悬念。但清仁弟旧岁⑧七月间身沾微疾，至九月间方见全（痊）愈，用去有银百余元，此亦运气之不佳也。但男在家借有尝内⑨之欵⑩，该银若干，祈请写信通知。倘外面手中稍有从容⑪，此银自晓寄回完⑫讫，母亲大人断不必挂念。再者，礼仁弟在家未知做何头路⑬，请为达悉⑭。但礼仁弟在家若有合式（适）银店，不妨去学。倘兄无论在家在外，系开有店可以帮手。余容后禀。

但妻陈氏在家祈要听母亲教训，不可逆违。倘有成就，速即回家，谅亦自有显荣⑮之日。祈嘱行为须要端正，切不可有不佳之名也。此嘱。又者，富祥兄在家，诸事叨蒙⑯照顾，弟倘有光景，定晓图（回）报。近闻哥意欲往番，现下切不［可］来。至异日，弟系回唐⑰，容后可以同来可也。余容后及。

伯父大人如面：谅亦生意甚佳。侄之家中望为照顾，余容后谢。顺候

满门伯姆（母）均安！

祈请富祥兄另写一信于新叔台。愚在外面感恩不浅，屡蒙照顾。信内格外写圆通⑱些，新叔接到后定必喜欢。

双喜叔台大人知悉：启者，但绍礼弟系旧岁身沾足肿。其自己又为□□□□身故，此亦出于不测之事。但生死之事，不能强求，祈请勿□□□□达。

---

① 洞悉：很清楚地知道。
② 打叠：收拾，安排。也作“打迭”，打迭行装。
③ 偿：实现。如得偿所愿；如愿以偿。
④ 缕悉：见信〈四〉注①。
⑤ 现下：现今。
⑥ 亚齐：见信〈四〉注②。
⑦ 四里汶：印度尼西亚地名。今通译为“泗水”或“苏腊巴亚”。
⑧ 旧岁：旧年。见信〈十八〉注①。
⑨ 有尝内：有尝家。潮梅方言称家庭为“内”。“尝”疑为“祥”之误。
⑩ 欵：“款”的异体字。
⑪ 从容：见信〈七〉注②。
⑫ 完：见信〈十〉注④。
⑬ 头路：见信〈十一〉注⑨。
⑭ 达悉：通晓；明白。
⑮ 显荣：显达荣耀。
⑯ 叨蒙：见信〈二〉注②。
⑰ 唐：见信〈十二〉注⑥。
⑱ 圆通：融会贯通而不偏执。

善叔姆（母）大人：启者，阿遵弟现在石城烟公司帮手，不必挂念。阿训弟现在本金店安身。各兄弟俱赖平安。余容后叙。

上屋登云叔：德官叔、带生弟现下大亚齐打金。余容后禀。

兹今坤叔回唐，寄英银[1]二大元，到日祈为查收。以为母亲买肉赀[2]之用。此禀
盈门均候

戊润（闰）三月廿八日　男叶和仁　顿禀

简释

叶和仁感慨："自别家庭以来，至今六七载之久矣"，这个"六七载之久"，应指距首次回乡省亲的辛卯年（1891）。从批信可知，叶和仁在这六七年间，未回家乡一聚，时常萌生能"打叠回家"的想法。"无奈运气不佳"，始终难偿心愿。

叶清仁已在亚齐四里汶开有金店一间，应是开始独立经营了。叶和仁又再叮嘱叶礼仁在家应到银店学习手艺，待兄"无论在家在外，系开有店可以帮手"，叶和仁意欲提携叶礼仁。

使用"嘉应叶静山书柬"条形章。

叶和仁曾于丙申年三月交代母亲"另写一函拜候新叔台"（信〈十四〉），事隔两年，又再祈请富祥兄另写一信于新叔台，可见叶和仁对"新叔台"确实"感恩不浅"。

〈二十二〉

① 英银：见信〈二十〉注⑨。
② 赀：见信〈一〉注④。

〈二十三〉 清光绪二十四年戊戌六月廿五日（1898年8月12日）

叶清仁寄母亲钟氏书

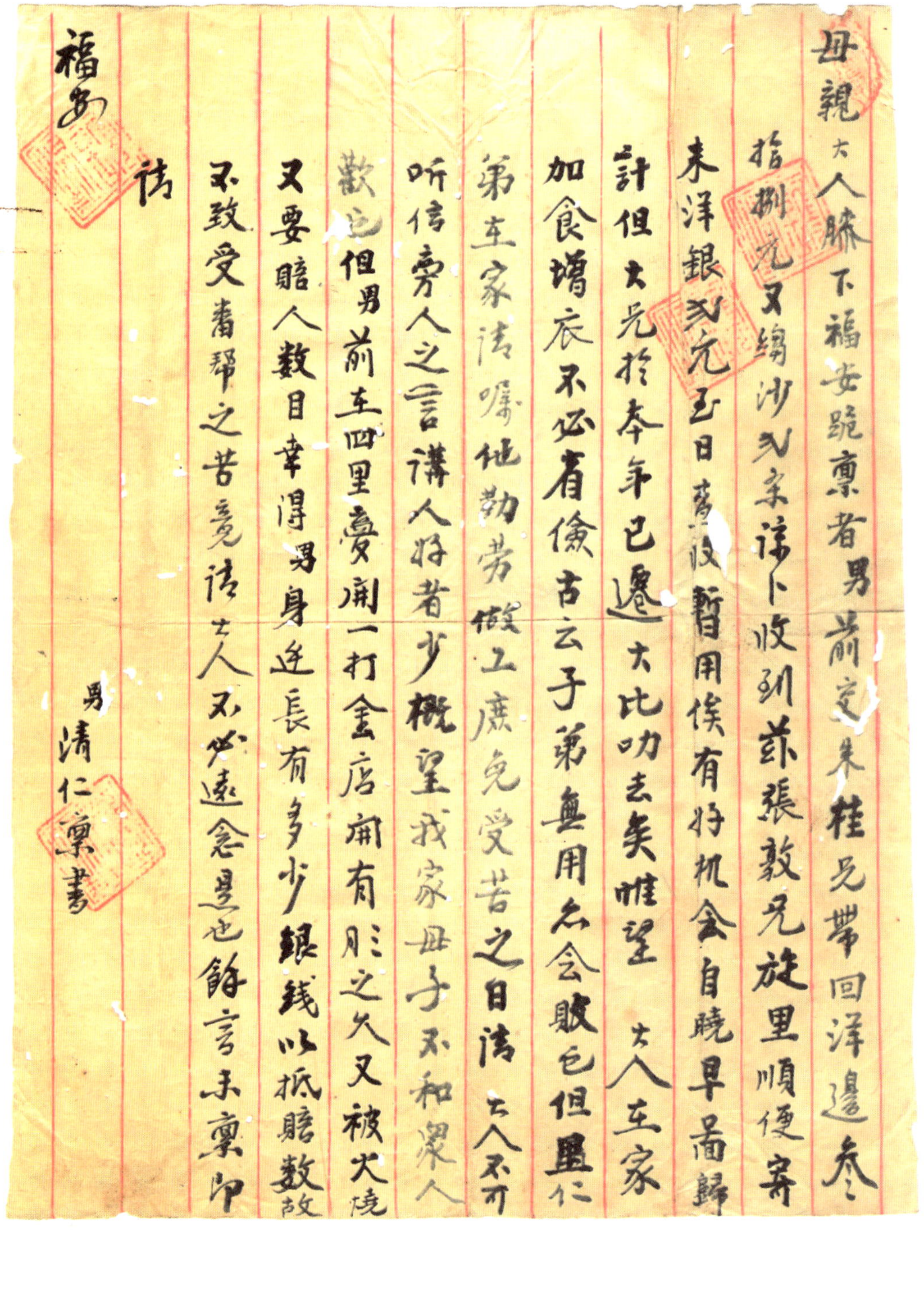

母親大人膝下福安跪禀者男前交朱桂兄帶回洋邊叁

拾捌元又鎢沙弍条請卜收到并張敦兄旋里順便寄

來洋銀弍元五日查收暫用俟有好机会自曉早當歸

計但大兄於本年已還大比叻去矣惟望大人在家

加食增衣不必有儉古云子弟無用名会敗色但畢仁

弟在家請囑他勤勞做工庶免受苦之日請大人不可

听信旁人之言講人將者少概望我家母子不和衆人

歡也但男前在四里叢開一打金店開有彤之欠又被火燒

又要賠人數目幸得男身延長有多少銀钱以抵賠數故

不致受耆帮之苦竟請大人不必遠念是也餘言未禀即

請

福安

男 清仁禀書

录文

母亲大人膝下福安：

跪禀者，男前交朱桂兄带回洋边[①]三十八元，又绉纱[②]二条，谅卜收到。兹张敦兄旋里，顺便寄来洋银[③]二元，至日查收暂用。俟[④]有好机会自晓早啚[⑤]归计。但大兄于本年已迁大比叻[⑥]去矣。惟（唯）望大人在家加食增衣，不必省俭。古云子弟无用，亦会败也。但里仁弟在家请嘱他勤劳做工，庶[⑦]免受苦之日。请大人不可听信旁人之言，讲人好者少，概[⑧]望我家母子不和，众人欢也。但男前在四里梦[⑨]，开一打金店，开有三月之久，又被火烧，要赔人数[⑩]目。幸得男身边长有多少银钱，以抵赔数，故不致受番帮（邦）[⑪] 之苦竟（境）。请大人不必远念是也，余言未禀。即请

福安

男清仁　禀书

简释

此批信落款未写年月日。只能从以下内容推算：叶清仁此信中之“大兄于本年已迁大比叻”，“本年”应是戊戌年，因为叶和仁是戊戌年“一路平安直到坝罗埠。多感神力扶持，开得一间打金店在坝罗吧虱口”（信〈二十五〉）。坝罗为怡保的旧称，是吡叻（霹雳州）的首府。

叶清仁在此信中简述自己的不幸遭遇：“男前在四里梦，开一打金店，开有三月之久，又被火烧。”对照叶和仁（信〈二十二〉）“现下清仁弟在大亚齐四里汶开有金店一间，兄弟俱各平安”。该信写于戊戌年闰三月，此时应该尚未“被火烧”。那么，叶清仁之信应写在戊戌年闰三月之后、己亥七月之前。因为七月礼仁已起程过洋，而叶清仁仍在信中嘱礼仁在家要“勤劳做工”。也即叶清仁此批信的书写时间应介乎戊戌闰三月至己亥七月之间。

而叶清仁戊戌九月十八日之信：“张敦元兄带回洋边二大元”（信〈二十四〉）又印证（信〈二十一〉）中所说“前六月念五交张敦元兄带回边二元”。所以，信〈二十三〉应是“戊戌年六月廿五”所书。

未见“前交朱桂兄带回洋边三十八元”的相关批信。

〈二十三〉

---

① 洋边：见信〈十二〉注⑧。
② 绉纱：见信〈十七〉注⑤。
③ 洋银：见信〈一〉注①。
④ 俟：见信〈二〉注⑥。
⑤ 啚：“图”的异体字。
⑥ 比叻：吡叻。见信〈二十一〉注⑤。
⑦ 庶：副词。表示可能或期望。《左传》：“君姑修政而亲兄弟之固，庶免于难。”
⑧ 概：副词。表示全部，没有例外。相当于“一律”。
⑨ 四里梦：四里汶，印度尼西亚地名。见信〈二十二〉注⑦。
⑩ 数：关于银钱财物出入的记载、记账、流水账。潮梅方言口语多说。“数”，这里引申指银钱。
⑪ 番邦：旧时对西方边境各族的称呼，也为外族的通称。

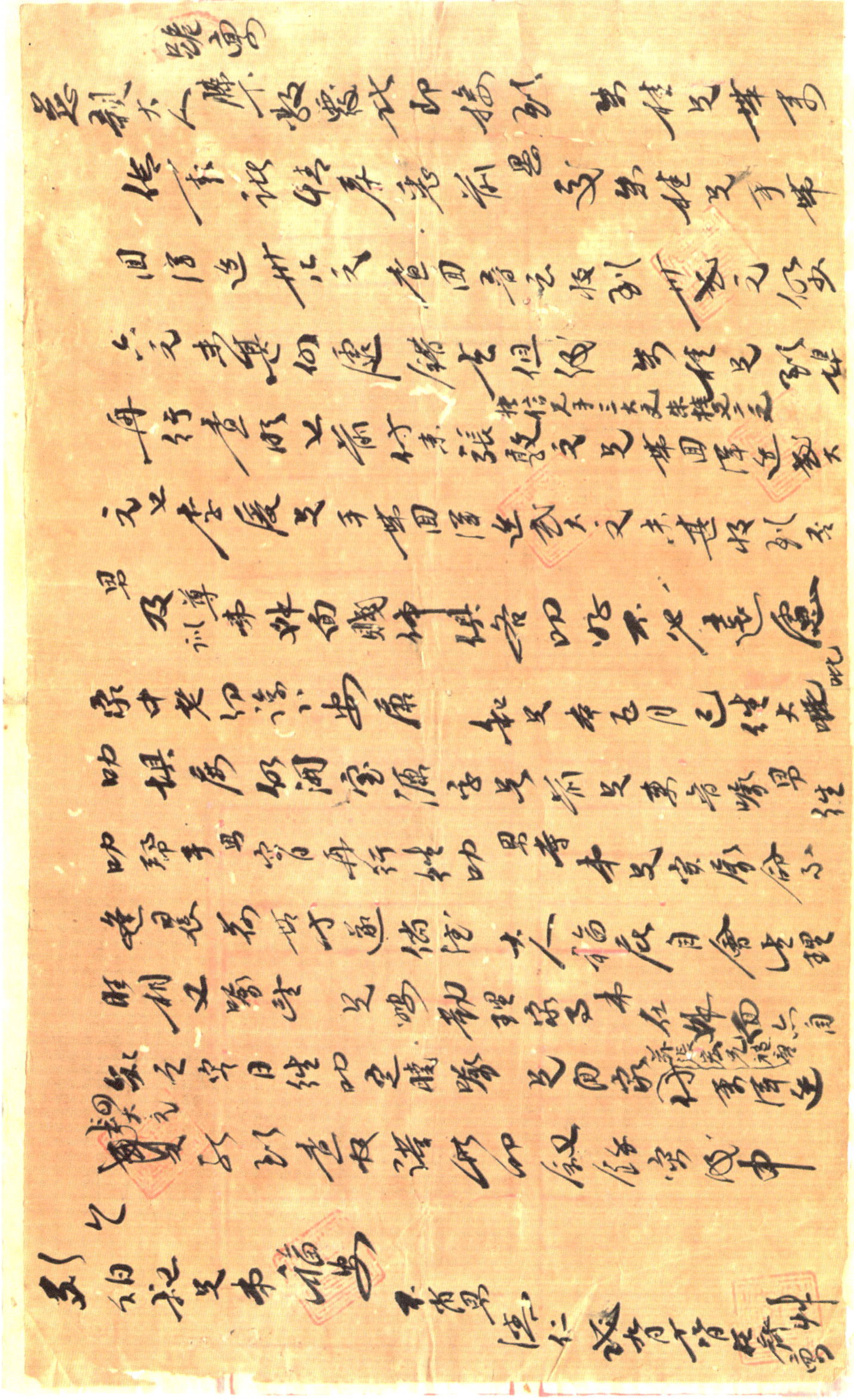

〈二十四〉 清光绪二十四年戊戌九月十八日（1898年11月1日）叶清仁寄母亲钟氏书

录文

跪禀

慈亲大人膝下：

敬覆（复），此即接到朱桂兄带来信一封，诸情奉悉。前愚交朱桂兄手带回洋边[①]卅八元，查回音云收到卅二元，仍少六元，未甚[②]何处错去？但后（候）朱桂兄到埠，再行查明。上前付来张信兄手三大元、朱桂兄二元、张敦元兄带回洋边二大元，又李庆兄手带回洋边二大元，未甚[③]收到否？男及尊弟、训弟外面贱体俱各叨[④]好，不必远虑。家中老幼谅卜安康。和兄本［年］五月已往大吡叻坝麻[⑤]，仍开宝源字号。前兄来音嘱男往叻[⑥]帮手，男容日再行往叻[⑦]。男等弟兄实属命不逢晨，荷无寸遂[⑧]。倘德（得）大人福庇，自会生理旺相，又嘱望兄嫂勤理家事，弟在外面亦自知之，容日往叻[⑨]，定晓嘱兄回家。兹张宏兄旋唐[⑩]，付来洋边四大元，祈到查收。谨即叨叙。余容后申[⑪]之

列伯叔兄弟福安

不肖男清仁　戊九月十八日　在齐草禀

简释

除“朱桂兄手带回洋边卅八元”之批信缺脱外，其余所列批银金额及水客姓名均在信〈二十一〉一一印证。但只有托“张敦元兄带回洋边二大元”的信可见（信〈二十三〉），其余相关批信也无法集齐过录。

叶和仁戊戌年五月“已往大吡叻坝麻，仍开宝源字号”，并寄信嘱咐叶清仁回到吡叻帮忙。这个消息，叶和仁也在下信（信〈二十六〉）道与母亲知。叶清仁打算“容日再行往叻”帮手，至于何日动身，尚未可知。

〈二十四〉

---

① 洋边：见信〈十二〉注⑧。
② 未甚：意思是“未知”，但为何写成“未甚”，未详。
③ 未甚：意思是“未知”，但为何写成“未甚”，未详。
④ 叨：谦辞。承受。
⑤ 坝麻：“坝罗”的另一叫法。见信〈二十一〉注⑥。
⑥ 叻：此处的“叻”，不是新加坡，而是“吡叻”。见信〈二十一〉注⑤。
⑦ 叻：此处的“叻”，不是新加坡，而是“吡叻”。见信〈二十一〉注⑤。
⑧ 荷无寸遂：自己肩负的责任没有一点顺利。荷：担任；担负。遂：成功；顺利。
⑨ 叻：此处的“叻”，不是新加坡，而是“吡叻”。见信〈二十一〉注⑤。
⑩ 旋唐：见信〈十二〉注⑥。
⑪ 申：申述。

〈二十五〉 清光绪二十四年戊戌十月十八日（1898年12月1日）

叶和仁寄母亲钟氏书

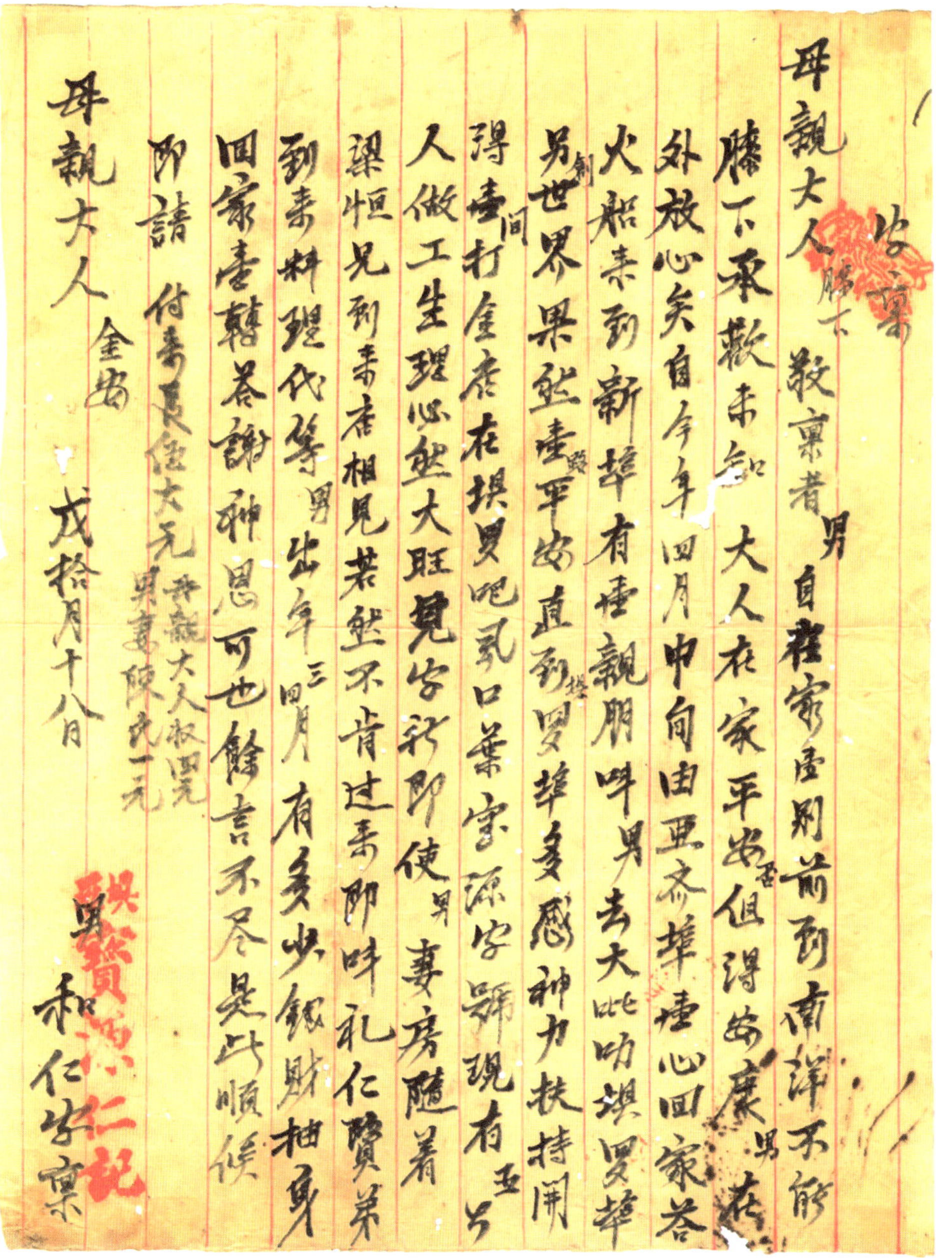
母親大人膝下 敬稟者 男自離家壹别前到南洋不能
膝下承歡 未知 大人在家平安否 但得安康 男在
外放心矣 自今年四月中向由亞齊埠壹心回家 奈
火船未到新埠 有壹親朋叫男去大吡叻埧罗埠
男創世界果然壹平安 直到埧罗埠 多感神力扶持開
得壹间打金店在埧罗吧刹口 葉宗源字號 現有五六
人做工 生理必然大旺 覓安移即使 男妻房隨着
梁恒兄到來店相見 其然不肯过來 即時礼仁賢弟
到來料理代等 男出年三四月 有多少銀財抽身
回家壹轉 叩謝神恩可也 餘言不尽 是此 順候
即請
母親大人金安
付來艮伍大元 母親大人收四元 男妻陳氏一元
戊拾月十八日 男和仁字稟

录文

字禀

母亲大人膝下：

敬禀者，男自在家一别前到南洋，不能膝下承欢[①]，未知大人在家平安否？但得安康，男在外放心矣！自今年四月中旬，由亚齐埠一心回家，荅（搭）火船来到新埠[②]。有一亲朋叫男去大吡叻[③]坝罗埠[④]另创世界。果然一路平安直到坝罗埠。多感神力扶持，开得一间打金店在坝罗吧虱[⑤]口。叶宝源字号现有五六人做工，生理必然大旺。见字祈即使男妻房随着梁恒兄到来店相见。若然不肯过来，即叫礼仁贤弟到来料理。代（待）等男出年[⑥]三四月有多少银财，抽身回家一转，答谢神恩可也。余言不尽，是此顺候。即请。付来艮（银）五大元。母亲大人收四元，男妻陈氏一元。

母亲大人金安

戊十月十八日　男和仁　字禀

简释

本来，叶和仁“自今年四月中旬，由亚齐埠一心回家”，但因一亲朋介绍，“荅（搭）火船来到新埠”，中途转坝罗“另创世界”，故此返乡只能后推。

叶和仁到“大吡叻坝罗埠”再开一金店，曰“叶宝源字号”。自此，叶和仁启用“坝罗宝源仁记”条形章。

叶宝源字号“现有五六人做工”，叶和仁对未来充满信心，向家乡亲人放言：“生理必然大旺。”

在信中，叶和仁希望妻房出洋：“见字祈即使男妻房随着梁恒兄到来店相见。”

计划“出年三四月”回家一转，答谢神恩。这个计划与后面信〈二十七〉〈二十八〉的说辞吻合。

〈二十五〉

---

① 承欢：旧时指侍奉父母，使欢喜：承欢膝下。

② 新埠：也叫布路槟榔（Pulau Pe-nang）或槟榔士。即今马来西亚西岸的槟榔屿。

③ 吡叻：见信〈二十一〉注⑤。

④ 坝罗埠：见信〈二十一〉注⑥。

⑤ 吧虱：见引言〈一〉注③。

⑥ 出年：见信〈一〉注⑨。

〈二十六〉 清光绪二十五年己亥三月十六日（1899年4月25日）

叶和仁寄母亲钟氏书

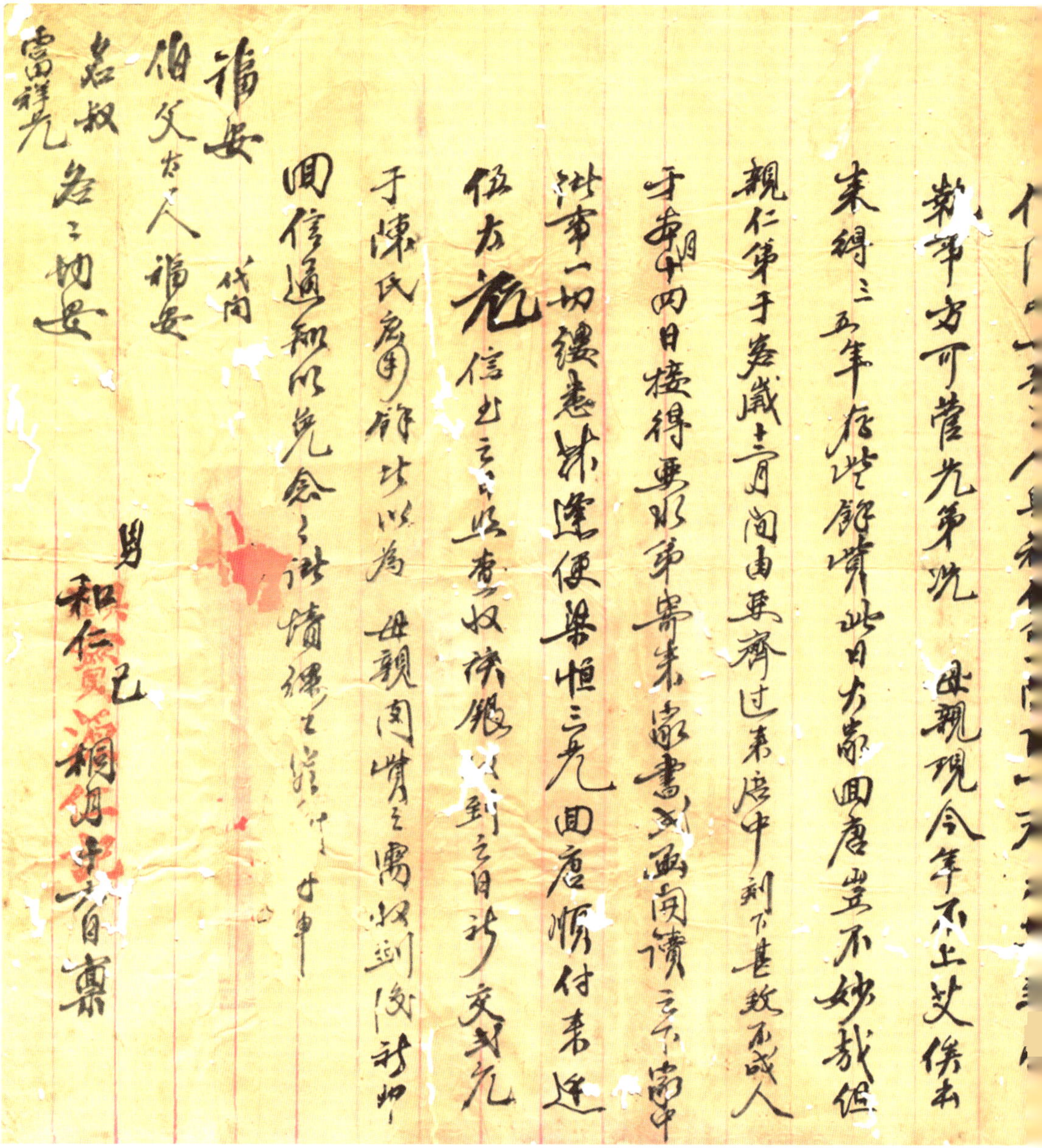

母親大人膝下敬稟者男 自家園叩别以來已經叠換星霜

跪稟

矣諒 慈母大人貴体平安否男 在外無日不

神馳罣念也但家中嫡妯娌未聽 太人教訓

居倘若不聽人教訓男望 太人細心訓教切不

可去其自然現男刻下在体平安無須 太人遠念

但男非不想回家抵因店中新岸小小之少者刻下尤

業乃常欲想回家無人可靠况親仁弟甚至不

成人只顧嫖賭不務正業將來此人要知如何

做人但月前添喜叔由造洛而來刻下仍在店中備

工欲想將此生意交于他打理他話語又不適全

录文

跪禀

母亲太（大）人膝下：

敬禀者，男自家园叩别以来，已经叠（迭）换星霜[1]矣。谅卜慈母大人贵体平安否？男在外无日不神驰挂念[2]也。但家中诸妯娌未卜听大人教训否？倘若不听人教训，万望大人细心训教，切不可尽其自然。现男刻下[3]在［外身］体平安，无烦大人远念。但男非不想回家，抵（只）因店中新□□□□□。刻下光景如常，欲想回家无人可靠。况亲仁弟甚至不成人，只顾嫖赌，不务正业，将来此人未知如何做人？但月前添喜叔由洁冷[4]而来，刻下仍在店中佣工[5]。欲想将此生意交于他打理，他话语又不周全[6]，实难以说。故此不能离身回家之故耳。但见此信后，望母亲大人与礼仁弟暨陈氏一齐来埠，到店中执事，方可管兄弟。况母亲现今年不上艾[7]，俟[8]出来得三五年，存些余赀[9]，此日大家回唐，岂不妙哉！但亲仁弟于客岁[10]十二月间由亚齐[11]过来店中，刻下甚□不成人。于本月十四日接得亚（阿）水弟寄来家书二函，开读之下，家中诸事一切缕悉[12]。兹逢便梁恒三兄回唐，顺付来边[13]五大元。信至之日照查收。该银收到之日，祈交二元于陈氏应用，余者以为母亲肉资之需，收到后祈即回信通知，以免念之。诸情缕缕[14]。容□□□

福安　代问

伯父大人福安

名叔、富祥兄各各均安

男和仁　己桐月[15]十六日　禀

---

① 迭换星霜：景物变化，星辰移动。形容时序世事的变化。

② 神驰挂念：意为身虽在而心已往，形容挂念之情不能自持。

③ 刻下：目前；眼下。

④ 洁冷：吉辇。见引言〈一〉注②。

⑤ 佣工：受雇于人、为人做工的人。此处当动词“雇用”。

⑥ 周全：周到；全面。

⑦ 艾：艾的颜色，即苍白色。古代用于对老年人的尊称。

⑧ 俟：见信〈二〉注⑥。

⑨ 赀：见信〈一〉注④。

⑩ 客岁：去年。

⑪ 亚齐：见信〈四〉注②。

⑫ 缕悉：见信〈四〉注①。

⑬ 边：见信〈十二〉注⑧。

⑭ 缕缕：见信〈七〉注⑤。

⑮ 桐月：农历三月的别称。农历十二个月的名称，在古籍中常常转换说法。三月，也称辰月、喜月、季月、蚕月等。

简释

叶和仁向母亲诉说过番后叶清仁的种种劣行："亲仁弟甚至不成人，只顾嫖赌，不务正业，将来此人未知如何做人?"兄弟矛盾渐现。

添喜叔从吉辇到叶和仁金店做工，叶和仁拟日后回唐探亲时，将"生意交于他打理"。

叶和仁希望母亲、弟礼仁、妻子陈氏出洋"到店中执事"。信中，叶和仁有"家中诸妯娌"一说。"妯娌"，哥哥和弟弟的妻子的合称；"诸"，意为"众；许多"。可见叶家几兄弟在家乡均已有妻室。

使用"坝罗宝源仁记"条形章。

叶清仁从乙未七月初一过洋后一直在叶和仁店，已有三年，中间，叶清仁在四里汶的打金店开张仅三个月，即被火烧（信〈二十三〉）。叶和仁提携其到坝罗帮手，但叶清仁"于客岁十二月间由亚齐过来店中，刻下甚□不成人"。兄弟矛盾显然已进一步加深。

〈二十六〉

〈二十七〉 清光绪二十五年己亥四月廿七日（1899年6月5日）

叶清仁寄母亲钟氏书

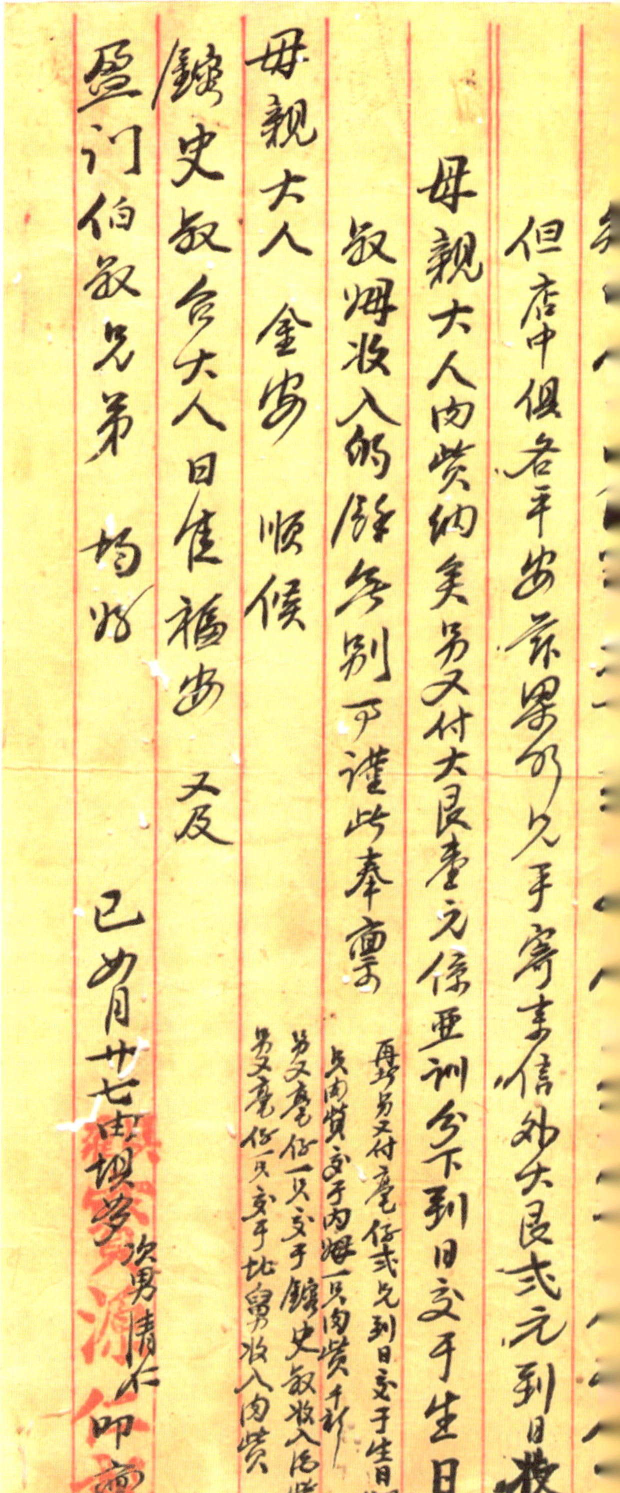
但店中俱各平安 亦望所见手寄书信外大银弍元 到日收入
母親大人內费納矣 男又付大银壹元 係亞訓分下 到日交手生日
叔姆收入的 餘無別事 謹此奉稟
再者男又付毫银弍元 到日交手生母姆一
只内费 交手内姆一只内费手折
男又毫银一只交手饒史叔收入作费
男又毫银一只交手比舅收入内费
母親大人 金安 順候
饒史叔台大人日佳福安 又及
合门伯叔兄弟 均好
己亥四月廿七日 頓首 次男清仁叩稟

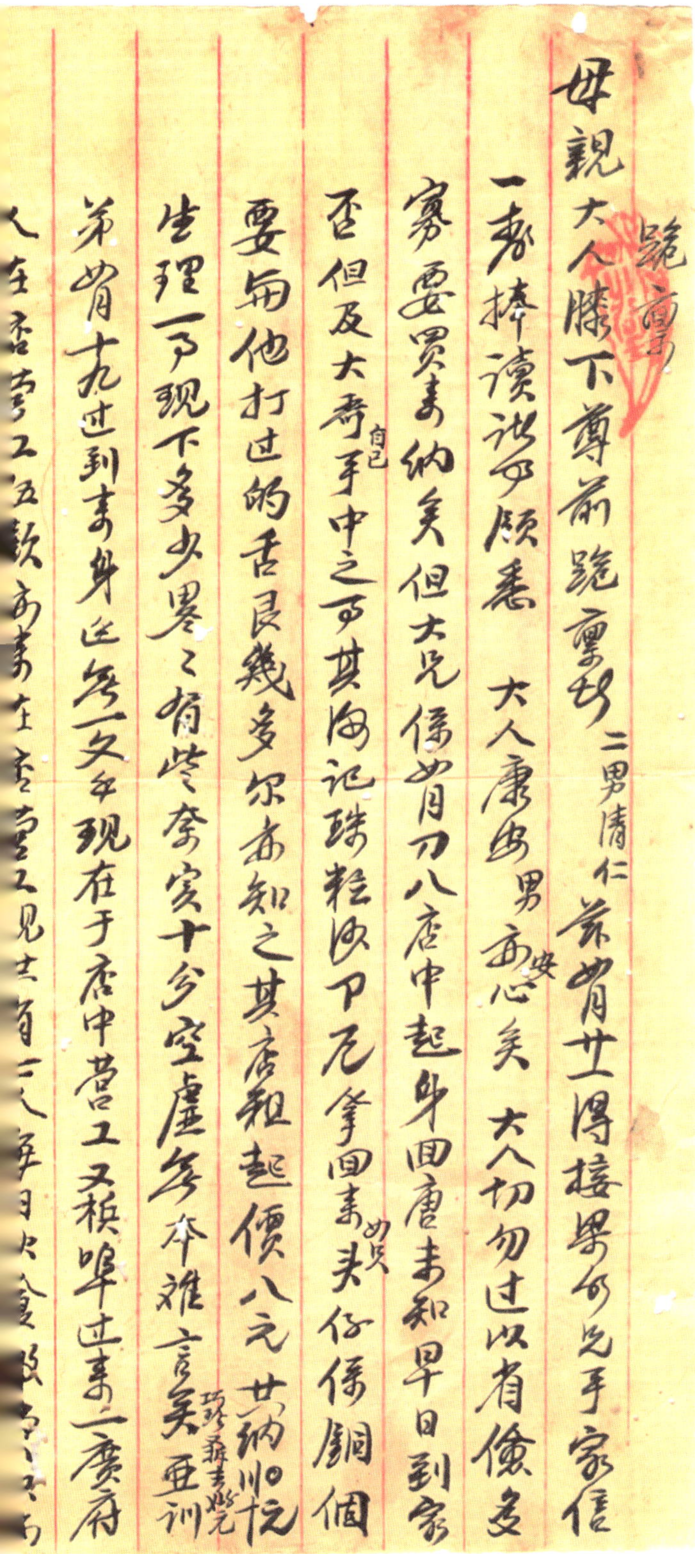
母親大人膝下尊前跪稟者 跪稟 二男清仁
茲本月廿得接男所兄手家信
一封捧讀詳知傾悉 大人康安男亦安心矣 大人切勿過以有憂多
慮要買來納矣但大兄係本月初八店中起身回唐來知早日到家
否但及大哥手中之可其海記珠粒收了乃拿回來如只仔係銅個
要向他打過的香艮幾多你亦知之其店租趣價八元廿納收訖
生理一了現下多少累之有些奈實十分空虛矣本難言矣 巧珍亞菊來兑 亞訓
弟本月十九過到來身邊無一文半現在于店中當工又被呼過來二廣府
人在番當工五款亦來在番當工見其有一人幸日只入

录文

跪禀

母亲大人膝下尊前：

跪禀者，二男清仁兹四月廿一得接梁水兄手家信一封，捧读诸事领悉[①]。大人康安，男亦安心矣。大人切勿过以省俭，多寡要买来纳[②]矣。但大兄系四月刀（初）八店中起身回唐，未知早日到家否？但及大哥自己手中之事，其□记珠粒沙刀尼拿回来四只，头仔系铜个，要与他打过的。舌（蚀）艮（银）几多尔亦知之。其店租起价八元，共纳[③]三十元。生理一事现下多少略略有些，奈实十分空虚。无本难言矣。巧珍又拆去四元六五。亚（阿）训弟四月十九过到来，身边无一文，□现在于店中营（佣）工[④]。又槟埠[⑤]过来一广府人在店营（佣）工，伍欢亦来在店营（佣）工。现共有七人，每日伙食缴费，尔亦知的。但去咕隆[⑥]［之］嫂嫂本（月）廿三到来有信［报］平安，店亦即回他有信去的。但店中俱各平安。兹梁水兄手寄来信，外大艮（银）二元，到日收入。母亲大人肉资纳[⑦]矣。另又付大艮（银）一元，系亚（阿）训分（份）下，到日交于生日叔姆（母）收入的。余无别事，谨此奉禀

母亲大人金安　顺候

镕史叔台大人日佳福安　又及

盈门伯叔兄弟均好

再者，另又付毫仔[⑧]二只，到日交于生日姆（母）一只肉资。交于内姆（母）一只肉资。千祈！

另又毫仔一只交于镕史叔收入酒资。另又毫仔一只交于比舅收入肉资。

己四月廿七　由坝罗[⑨]　次男清仁　叩禀

简释

叶和仁自从戊戌年言“四月中旬，由亚齐埠一心回家”，后因到坝罗“另创世界”而耽搁。戊戌年十月又计划“出年三四月”抽身回家（见信〈二十五〉），此次终于成行：“大兄系四月刀（初）八店中起身回唐。”叶和仁“自别家庭以来，至今六七载之久矣”（见信〈二十二〉），直到己亥年才能放心返乡。此时，距 1891 年回家省亲已近 8 年了。

---

① 领悉：见信〈六〉注①。

② 纳：收入；接受；享受。

③ 纳：交付。

④ 佣工：见信〈二十六〉注⑤。

⑤ 槟埠：槟城。见信〈三〉注②。

⑥ 咕隆：吉隆坡（Kuala Lumpur），今马来西亚首都。

⑦ 纳：收入；接受；享受。

⑧ 毫仔：此处指“毫洋”，旧时广东、广西等地区通行的本位货币。有双毫（二角银币）和单毫（一角银币）。

⑨ 坝罗：见信〈二十一〉注⑥。

叶清仁比较详细陈述金店的情况予母亲知。

叶清仁已立足安身，略有积蓄，除寄母亲外，也分发批银惠及老少：大银二元，母亲肉资；毫仔一只生日母肉资；毫仔一只内母肉资；毫仔一只镕史叔酒资；毫仔一只比舅肉资。

叶清仁也使用叶和仁金店“坝罗宝源仁记”印章。

信中的“去咕隆［之］嫂嫂”应指叶和仁原侍妾陈氏，估计已离开叶和仁，移居吉隆坡。叶和仁已回唐山，叶清仁接“嫂嫂”的平安信，即由“店”回信也自然。

〈二十七〉

〈二十八〉 清光绪二十五年己亥七月廿八日（1899年9月2日）

叶和仁寄母亲钟氏书

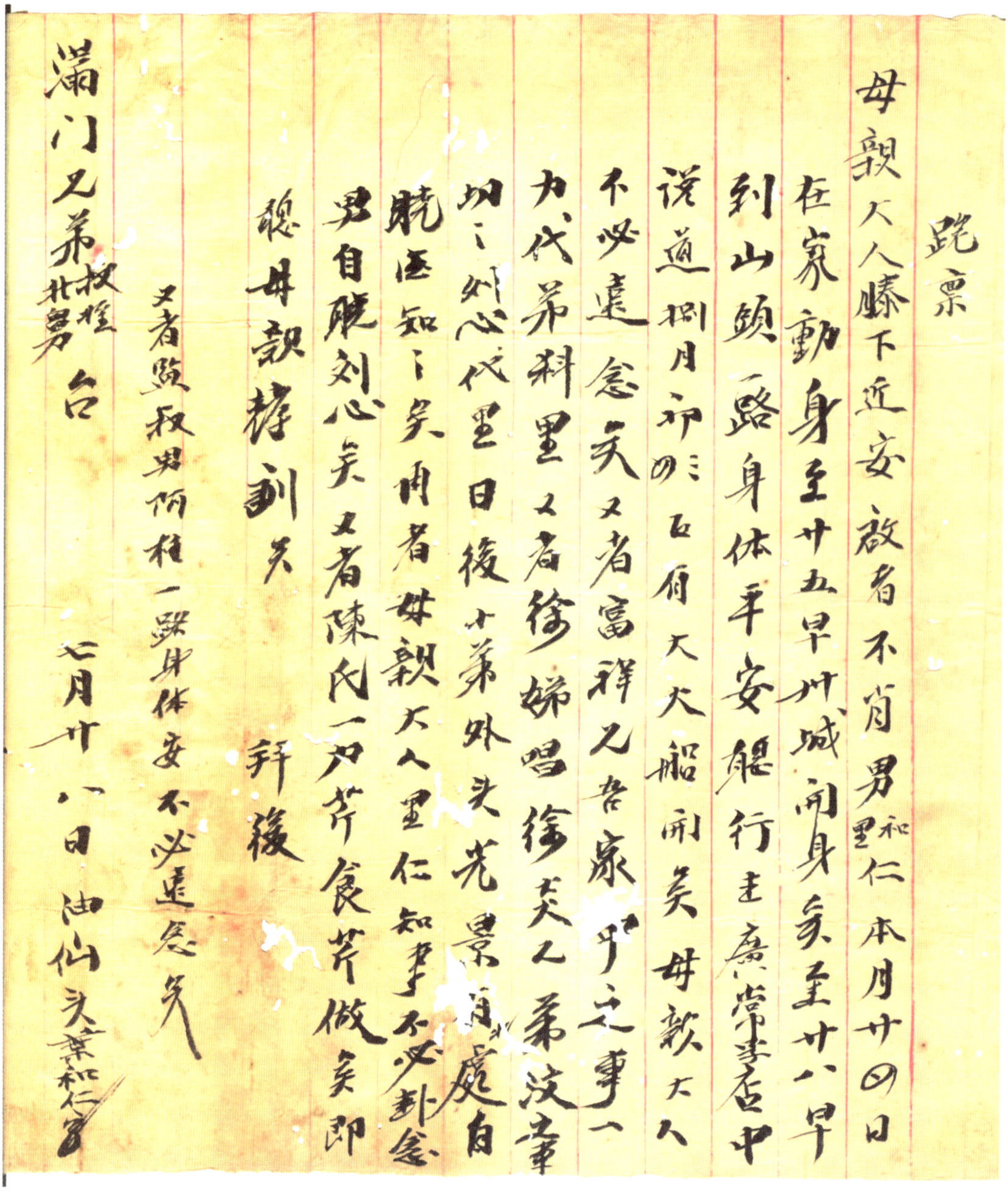

跪禀

母親大人膝下近安啟者不肖男和仁本月廿四日
在家動身至廿五早州城開身至廿八早
到山頭一路身体平安艇行至廣常春店中
說道捌月初三四五有大火船開矣 母親大人
不必遠念矣又者富祥兄各家所之事一
力代弟料理又者徐婦唱徐矣乙弟汶章
切切代心代理日後小弟外头光景有處自
曉通知下矣再者母親大人里仁知事不必掛念
男自服刻心矣又者陳氏一切等食等做矣即
稟母親榜訓矣 拜稟
又者賢叔男佰桂一路身体安不必遠念矣
湍門兄弟叔侄北男 台 七月廿八日汕頭葉和仁字

录文

跪禀

母亲大人膝下近安：

启者，不肖男和仁、里仁本月廿四日在家动身，至廿五早州城①开身，实至廿八早到山（汕）头，一路身体平安。听行走②广常孚③店中说道，八月初三四正④有大火船⑤开矣，母亲大人不必远念矣。又者：富祥兄，吾家中之事一力代弟料里（理）。又者：徐娣唱徐炎兄弟汶⑥之事，切切刘（留）心代里（理），日后小弟外头光景有好处，自晓感知之矣。再者：母亲大人，里仁知事，不必卦（挂）念，男自晓刘（留）心矣。又者：陈氏一力芹（勤）食芹（勤）做矣，即听母亲教训矣。拜后（候）

满门兄弟叔侄、比舅台

又者，监叔男阿桂一路身体［平］安，不必远念矣。

七月廿八日　油（由）仙（汕）头　叶和仁　字

简释

从往后的几封批信，可知此信为己亥年所写。

这是叶和仁回唐山省亲后，回南洋途中，在汕头寄出的信。无印章。

叶和仁、叶礼仁兄弟二人七月廿四日在家乡动身，廿八日到汕头等待乘船到南洋。因“八月初三四正有大火船开”，故暂在汕头逗留。

叶礼仁由叶和仁引领离家过番，准确时间为清光绪二十五年己亥（1899）八月。距叶清仁乙未年（1895）六月抵马来亚已 4 年。至此，叶和仁、叶清仁、叶礼仁三兄弟全部“下南洋”，家中的成年人就只有钟氏及“诸妯娌”了。

〈二十八〉

---

① 州城：嘉应州府所在地。
② 行走：走动。
③ 广常孚：店名。应类似现代供过往旅客住宿的招待所、旅社。
④ 正：潮梅方言，副词，才。
⑤ 火船：潮梅方言，轮船。
⑥ 徐娣唱徐炎兄弟汶：未详。

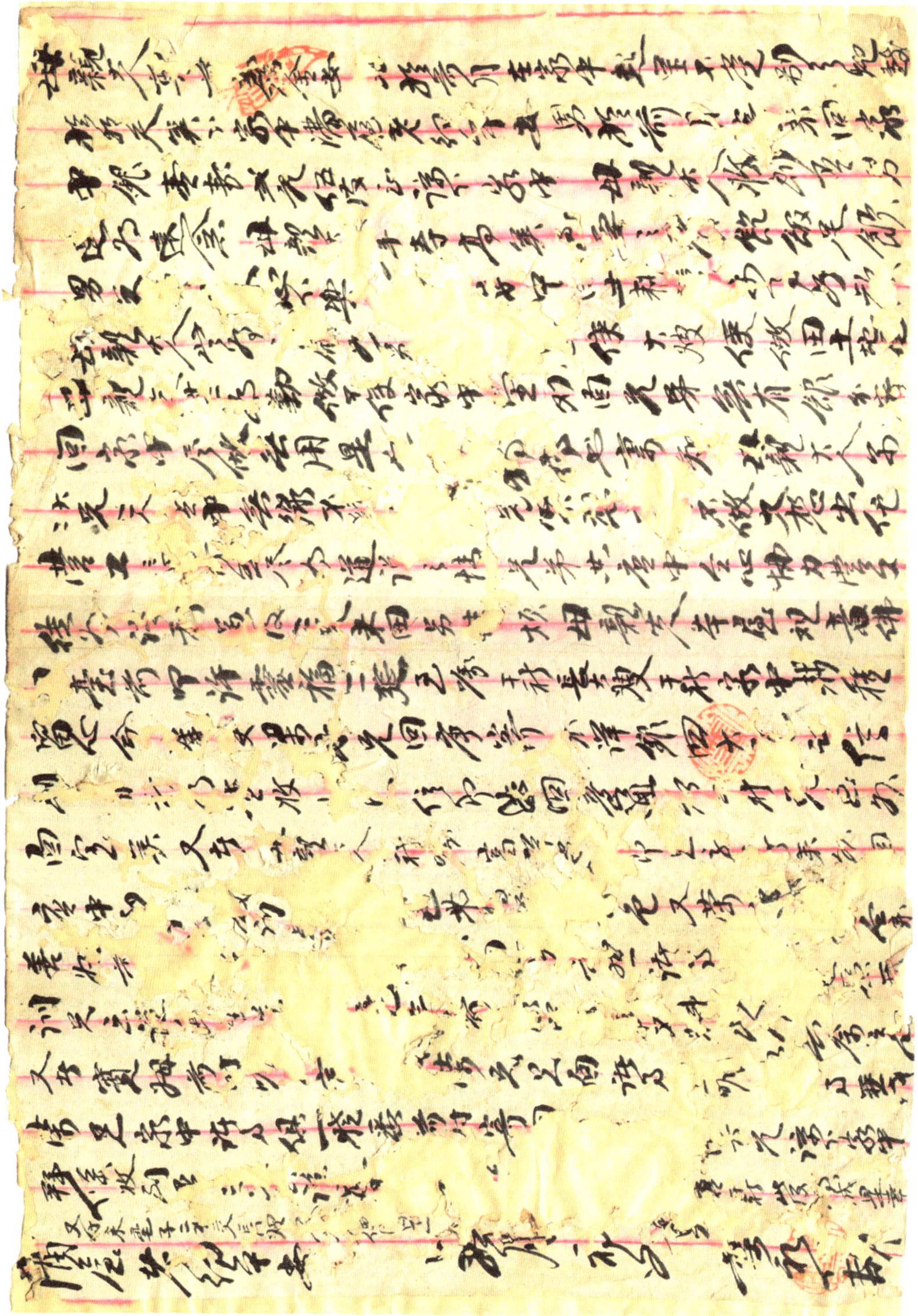

〈二十九〉清光绪二十五年己亥九月初四日（1899年10月8日）叶礼仁寄母亲钟氏书

录文

母亲大人尊前万福金安：

男于前月在家中起呈（程），不觉别了地数十多天矣，卜家中满屋老幼平安。男于前月寄来回家中银一封二元五角正，谅卜家中母亲大人收到否？男遥为远念。母亲大人年寿高矣，□要□□饱饭足饮。（以下字迹漫漶，意思不甚明了，无法准确句读。暂省）男□□□□不□□□□□□□□□□□□□□□□□□□□□母亲大人□□□□使大嫂使做田土地□母亲大人□□为勤做不使家中□□外面兄弟无有银□寄回家中尽做无用是□□□□书禀知母亲大人尔大兄二兄二人中无缘不□□□□□□□□□□不做又想出他营工□□□□□□□尽为道说之情兄弟共店中仝（同）心协力营工徒为□利道及二兄来田另请烦母亲大人本屋观音佛祖台前叩许灵福二张至嘱千祈长大嫂千祈家中□□留心今便逢梁水兄回唐寄来洋银四大元正信到之日祈乃查收□□□□□□□祈兑至外面□□又者□□□□□□□□□□□□□□□□□□□□□□□□□□□□□□□□□□□□□□又者宽姆前时□□□□□荣兄见面诸事□明□□□亚（阿）戊荣兄家中诸事俱一晓悉前时寄回 □□□ 大元谅卜家中收到□□□□□□□□□□□□□□

□□□□□□□□□□□拜候

满屋老幼平安

唐九月初四　男叶礼仁　顿

简释

此信字迹漫漶甚多，以致落款处仅剩依稀可见的“九月”，只能从内容进行推断。

“男于前月在家中起呈（程）”，银信为何时所写，说的是七月份的事。如叶和仁于信〈二十八〉所述：“和仁、里仁本月廿四日在家动身。”故此信应写于己亥年九月。

叶礼仁已于“前月寄来回家中银一封二元五角正”，可知他一到石叻即寄平安批。“前月”应写“上月”（八月）更为准确。

这一次，叶礼仁又托梁水兄寄洋银四大元。

〈二十九〉

〈三十〉 清光绪二十五年己亥九月初六日（1899年10月10日）
叶和仁寄母亲钟氏书

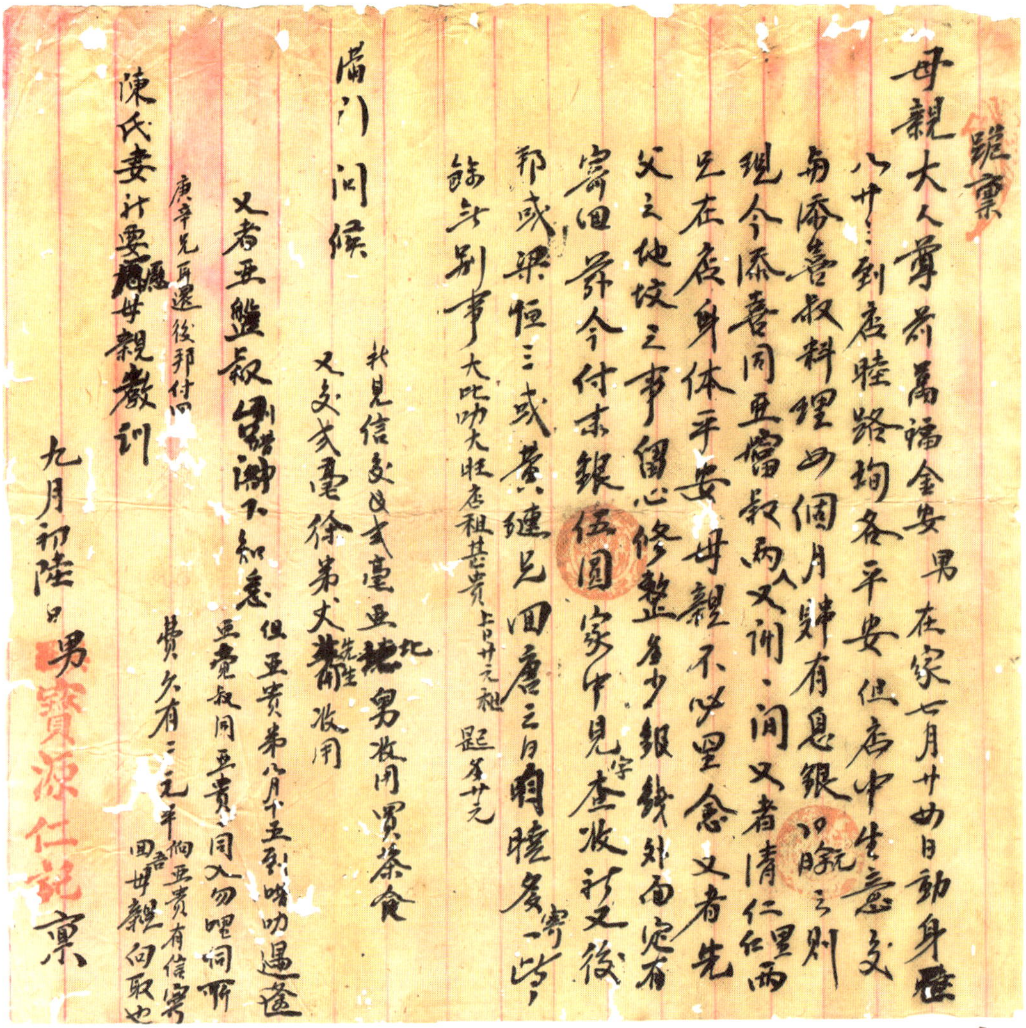

录文

跪禀

母亲大人尊前万福金安：

男在家七月廿四日动身，八［月］廿三到店，睦路①均各平安。但店中生意交与添喜

---

① 睦路：未详。

叔料理四个月，赚有息银一百余元之则[①]。现今添喜同亚（阿）富叔两人又开一间。又者：清仁、里仁两兄［弟］在店身体平安，母亲不必罣（挂）念。又者：先父之地坟之事，留心修整，多少银钱外面定有寄回。兹今付来银五圆（元），家中见字查收。祈又后邦（帮）[②] 或梁恒三，或黄琏兄回唐之日，自晓多寄一些。余无别事。

大比叻[③]大旺，店租甚贵，上月廿元租，已是多廿元。

满门问候。

祈见信交二毫[④]亚（阿）比舅收用买茶食。

又交二毫徐弟（娣）丈先生收用。

又者，亚（阿）监叔台阁下知悉：但亚（阿）贵弟八月十五到啫叻[⑤]，遇逢亚（阿）觉叔同亚（阿）贵一同入勿哩洞[⑥]，所费欠有二元半，倘亚（阿）贵有信寄回吾母亲，向取也。

庚辛兄耳还（环）后邦（帮）付回。

陈氏妻祈要听母亲教训。

九月初六日　男　禀

简释

信末落款未写干支。但书信内容十分明显，可作推算依据：

叶和仁托添喜叔“料理四个月”，即叶和仁四月份回唐，与前面戊戌年“出年三四月”“回家一转”的计划时间吻合（见信〈二十五〉）。也与叶清仁“大兄系四月刀（初）八店中起身回唐”之说一致（见信〈二十七〉）。叶和仁回乡省亲后于己亥年七月廿四日返番，八月廿三日到坝罗仁记金店。所以，此信应是己亥年九月六日托寄无疑。

该信未署名，直接使用“坝罗宝源仁记”印章，此乃叶和仁自己金店的名号，不会与其他混淆。

在叶和仁与母亲钟氏的批信中，第一次看到其提及“先父之地坟之事”。叶和仁先父何时作古？如何下葬？因相关批信缺脱，无从查考。

信中说明“七月廿四日动身，八月廿三到店”，由嘉应州至南洋途中用了一个月的时间，辗转跋涉，这也反映了当时交通落后的状况。

〈三十〉

① 之则：语气助词，表示判断或肯定。
② 后帮：见信〈二十〉注②。
③ 比叻：吡叻。见信〈二十一〉注⑤。
④ 毫：方言。货币单位，一元的十分之一；角。与信〈二十七〉注⑧的毫仔等同。
⑤ 啫叻：见信〈二〉注②。
⑥ 勿哩洞：勿里洞岛（Pulau/Belitung），印度尼西亚地名。

〈三十一〉 清光绪二十五年己亥九月初六日（1899年10月10日）
叶和仁寄富祥兄弟书

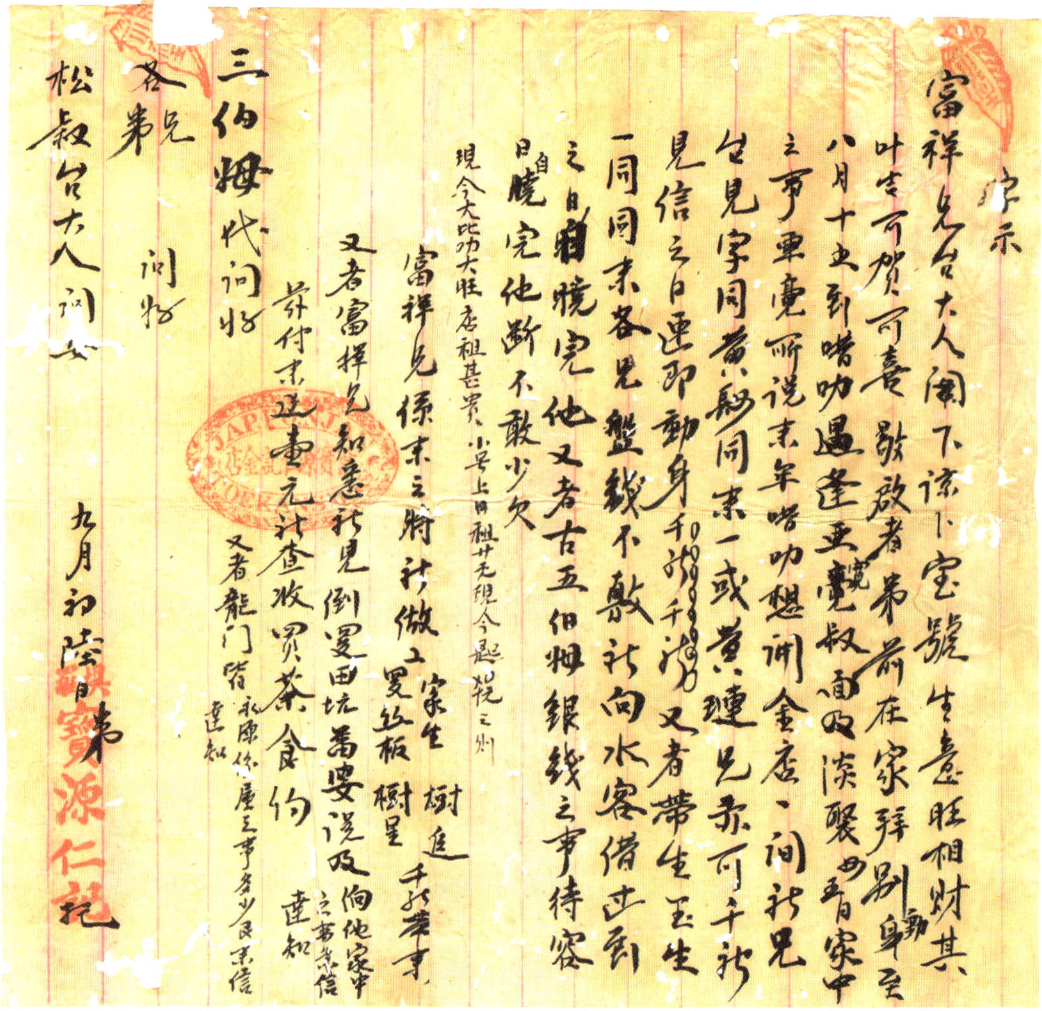

录文

字示

富祥兄台大人阁下：

谅卜宝号生意旺相，财其叶（业）吉，可贺可喜！敬启者：弟前在家拜别，动身至八月十五到嗜叻①，遇逢亚（阿）宽叔，面及谈聚四五日。家中之事，亚（阿）宽［叔］

---

① 嗜叻：见信〈二〉注②。

所说来年啱叻想开金店一间，祈兄台见字同黄四同来，一或黄琏兄亦可。千祈见信之日速即动身，千祈千祈！又者：带生、玉生一同同来。各兄盘钱[1]不敷[2]，祈向水客借，过到之日自晓完[3]他。又者：古五伯姆银钱之事，待容日自晓完他，断不敢少欠。

现今大比（吡）叻[4]大旺，店租甚贵。小号上月租廿元，现今已是四十元之则[5]。

富祥兄系来之，将祈（祈将）做工家生[6]，［如］树追（槌）、罗（螺）丝板（扳）、树呈［等］，千祈带来。

又者：富祥兄知悉，祈见倒（到）罗田坑[7]番婆[8]，说及佝（向）他家中之事，来信达知。

兹付来边[9]一元，祈查收买茶食物。

又者，龙门皆（街）永源份（分）屋之事，多少艮（银）来信达知。

三伯姆（母）代问好

各兄弟问好

松叔台大人问安

九月初六日　弟托

简释

信〈三十一〉为叶和仁与信〈三十〉同日托出，寄予关系特别密切的富祥兄。

叶和仁向富祥提议过洋谋生，“千祈见信之日速即动身，千祈千祈”，十分迫切。又提到“带生、玉生一同同来”，甚至建议“各兄盘钱不敷，祈向水客借，过到之日自晓完他”，而且要带齐一应“做工家生”，连树槌、螺丝扳等一应工具都详细交代。关于店租，信〈三十〉称：“上月廿元租，已是多廿元。”在给富祥兄的这封信中，叶和仁讲得更加清楚：“小号上月租廿元，现今已是四十元之则。”可见叶和仁发展事业的期许。当然，也包含了他提携家乡亲人之强烈意愿。

〈三十一〉

---

① 盘钱：旅费，亦作“盘缠”“盘川”。

② 敷：足够。

③ 完：见信〈十〉注④。

④ 吡叻：见信〈二十一〉注⑤。

⑤ 之则：见信〈三十〉注①。

⑥ 家生：家用杂物的总称；家具；用器，这里特指工具。

⑦ 罗田坑：清代嘉应州地名。

⑧ 番婆：南洋女子。番：见信〈十三〉注④。

⑨ 边：见信〈十二〉注⑧。

〈三十二〉 清光绪二十五年己亥九月初六日 （1899年10月10日）

叶和仁寄伯父书

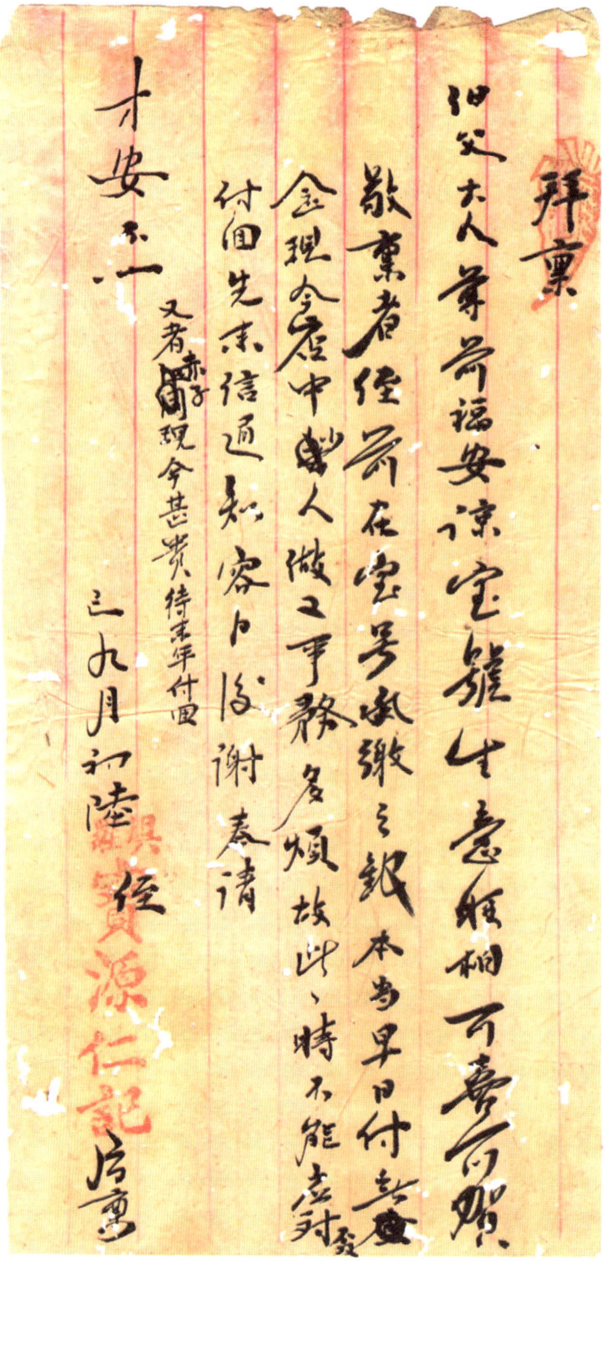
拜禀
伯父大人尊前福安，谅宅體生意順利，可喜可賀。
敬禀者，侄前在宅号欠缴之銀，本当早日付去交金發
金，現今在中與人做工，手務多煩，故此時不能應
付回，先來信通知，容日後謝。奉請
寸安不一
又者，赤子鬧現今甚貴，待來年付回
己九月初陸 侄
具賓源仁記
启禀

录文

拜禀

伯父大人尊前福安：

谅宝号①生意旺相，可喜可贺！敬禀者，侄前在宝号承缴之银，本当早日付去，念现今店中少人做工，事务多烦［繁］，故此此时不能应对，不及付回。先来信通知，容日后谢。奉请

才（财）安不一

又者，赤子②现今甚贵，待来年付回。

己九月初六　侄　启禀

简释

这是叶和仁与信〈三十〉〈三十一〉同日托寄写给大伯父的信。

叶和仁之伯父在嘉应州也开有“宝号”。而伯侄之间似有经济方面的瓜葛，存在账数赊欠（具体情况不明），方有日后叶清仁对叶和仁“现今身边都有千金都不寄回”之怨言。

〈三十二〉

① 宝号：敬辞。旧时用于称别人的铺子。称别人的家眷为“宝眷”。

② 赤子：赤金，黄金。

〈三十三〉 清光绪二十五年己亥九月（1899年10月至11月间）

叶礼仁寄母亲钟氏书

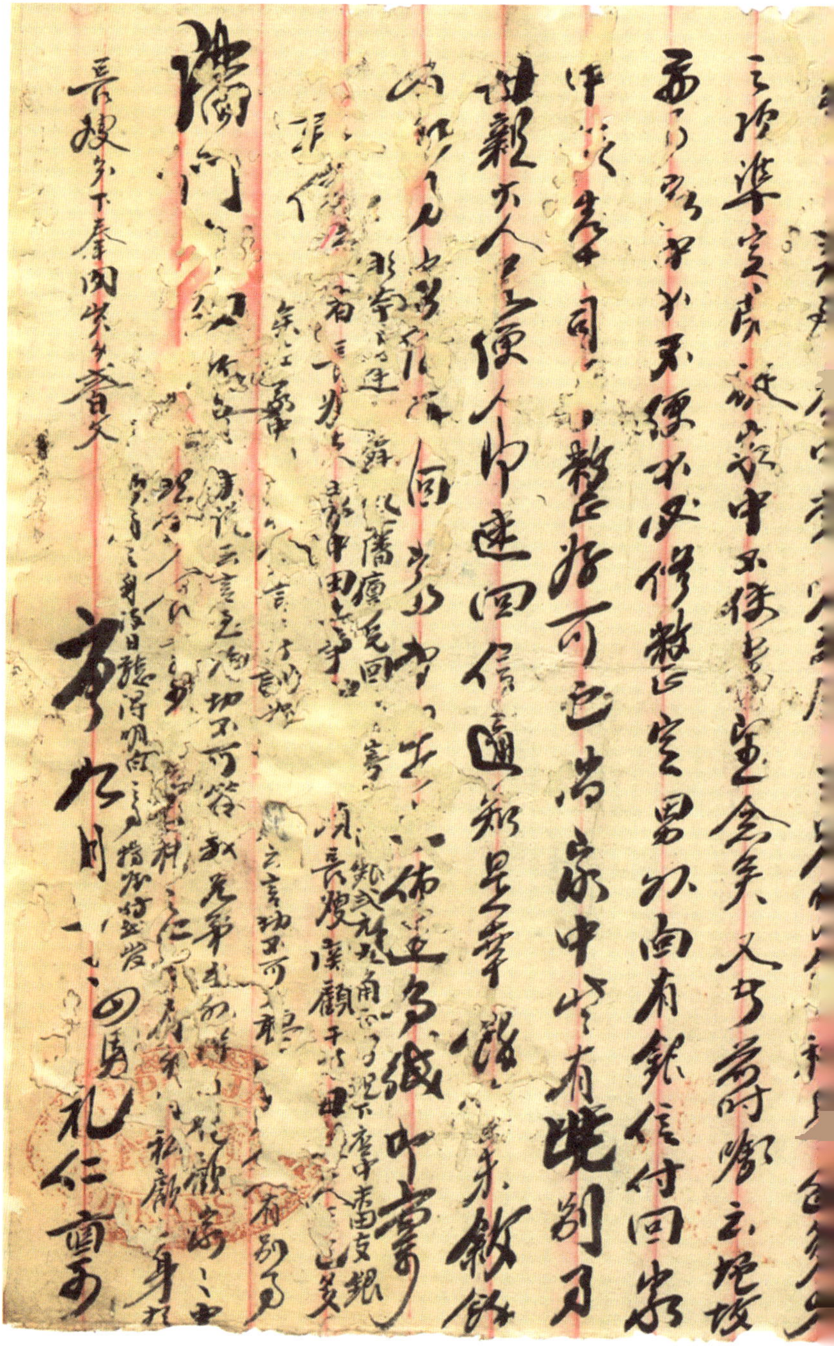

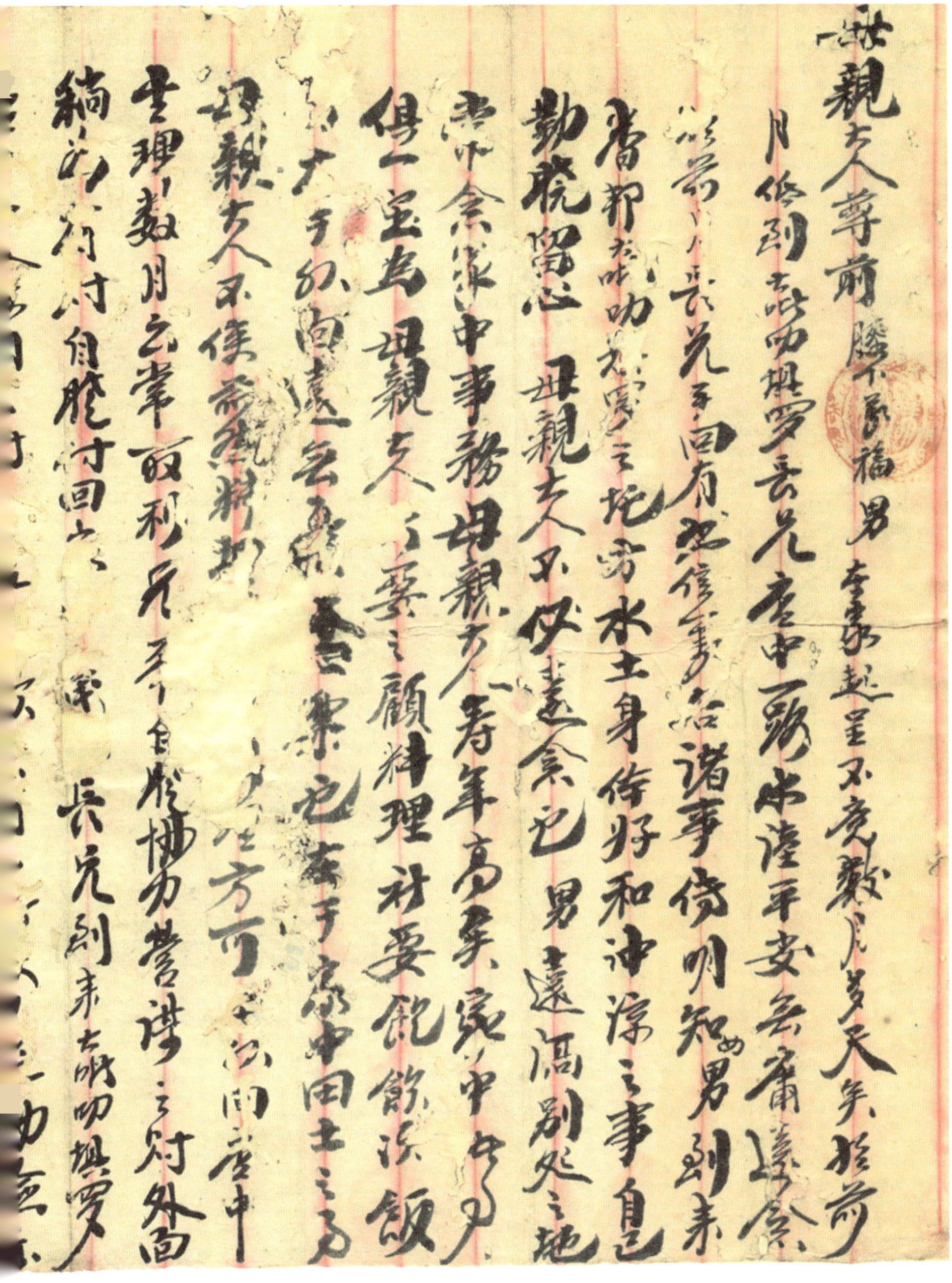

母親大人尊前膝下稟福 男李家起呈不覓數月多天矣於前
月修到吉叻埠罗吉兄店中一路平安無庸遠念
此係八月吉兄再回有托信來諸事修明知男到來
香郡去吔叻大霹之地實水土身体好和沖深之事自己
勤於留心 母親大人不必遠念也 男遠隔別處之地
家下全家中事務母親大人一年年高矣家中所有男
但一室無 母親大人要之顧料理材要飽飲頤飯
又大于幼向遠無奈豈常也丢于家中田土之事
母親大人不使廢料理[illegible]土方可 叮嘱園店中
管理數月之常取利兄不會於帮功營謀之付外面
總之均付自能付回[illegible] 長兄剔來吉叻埠罗人

录文

母亲大人尊前膝下万福：

男在家起呈（程），不觉数月多天矣。于前月低（底）到大吡叻[1]坝罗[2]长兄店中，一路水陆平安，无庯[3]远念。□前月长兄手回有书信一封，各诸事传明知。四男到来番邦[4]大吡叻坝罗之地方，水土身体好和。冲凉之事，自己勤晓留心，母亲大人不必远念也。男远隔别处之地，常念家中事务。母亲大人寿年高矣，家中诸事俱一□为，母亲大人□要之顾料理。祈要饱饮□饭，□□□外面远无□□□也。在（至）于家中田土之事，母亲大人不使前然□□□□□□方可。□外面店中生理数月正常取利，兄弟自晓协力营谋之财。外面稍为有财，自晓付回家□□□。长兄到来大吡叻坝罗，店中□□□□□□□□□□□□，又晓勤俭□□。来到店中常。□云及：三兄明年稍身边多少之项[5]，准定□旋[6]家中，不使远望念矣。又者，前时嘱云地坟，亦□家中□不便，不必修整，定男外面有银信付回家中，□□□□□整好可也。倘家中些有□别事，母亲大人□便人即速回信通知是幸。余□未叙，余□□□□□□□□□□。叩禀

□□□□□□□□□□□□□□□□□□□□□□□□□□□□□□□□

□□□

满门□□□□

长嫂分（份）下奉肉资银二百文。

唐[7]九月□□　四男礼仁　禀

简释

虽未能看清落款处的干支年号，但与前后联系一起，书信形成的时间也不难判断。

“在家起呈（程），不觉数月多天矣。于前月低（底）到大吡叻坝罗长兄店中”，叶礼仁还是讲过番后对母亲的思念。初到外洋，心情确实不平静，小至“冲凉之事”，也向母亲保证“勤晓留心……不必远念”。因此，该信应是己亥年九月写的。

叶礼仁也向母亲提出修整“地坟”之事。但与和仁的想法又略有不同。

叶和仁主张“先父之地坟之事，留心修整，多少银钱外面定有寄回。”（信〈三十〉）而叶礼仁却主张“不必修整，定男外面有银信付回家中”后再修整可也。一个是先修整后寄钱，一个是先寄钱后修整，各有想法。

---

① 大吡叻：见信〈二十一〉注⑤。
② 坝罗：见信〈二十一〉注⑥。
③ 无庯：亦作“毋庯”。无须，不必，如无庯讳言。
④ 番邦：见信〈十三〉注④。
⑤ 项：事物的款目。如款项。
⑥ 旋：见信〈十二〉注⑥。
⑦ 唐：唐历；中国农历。

寄回款额字迹已失，只见“长嫂分（份）下奉肉资银二百文”字样。

在此信中，叶礼仁自称“四男”，落款也为“四男礼仁”。但后面的批信，时而“三男”，时而“四男”，不知礼仁排行几何？

另外，叶礼仁时而称叶清仁为“三兄”，而信〈五十九〉又称其为“二哥”，实在费解。或许，叶和仁与叶清仁中间应有一个夭折之“兄”也未尝可知。

〈三十三〉

〈三十四〉 清光绪二十五年己亥十月廿九日（1899年12月1日）

叶和仁寄母亲钟氏书

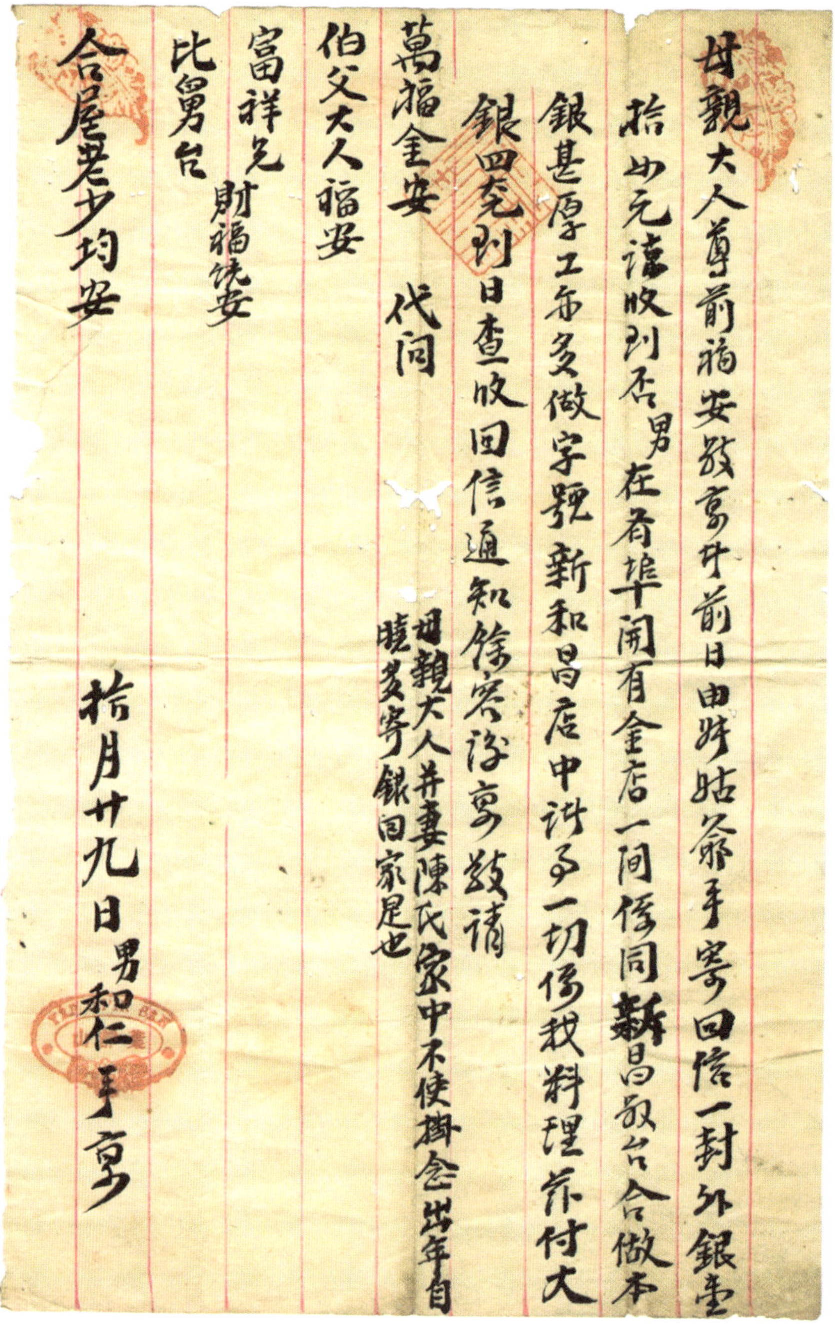
母親大人尊前福安敬禀者前日由財姑爺手寄回信一封外銀壹拾五元諒收到否 男在裔埠開有金店一間係同新昌叔台合做本銀甚厚工本多做字號新和昌店中許多一切係我料理并付大銀四元到日查收回信通知條寄洛稟 敬請
萬福金安
母親大人并妻陳氏家中不使掛念出年自曉多寄銀回家是也
代問
伯父大人福安
富祥兄 財福姪安
比舅台
合屋老少均安
拾月廿九日 男和仁手稟

录文

母亲大人尊前福安：

敬禀者，前日由张姑爷手寄回信一封，外银一十四元，谅收到否？男在齐埠[1]开有金店一间，系同新昌叔台合做。本银甚厚，工亦多，做字号新和昌。店中诸事一切系我料理。兹付大银四大元，到日查收，回信通知。余容后禀。敬请

万福金安　代问

伯父大人福安

富祥兄、比舅台财福统安

合屋老少均安

母亲大人并妻陈氏家中不使挂念，出年[2]自晓多寄银回家是也。

十月廿九日　男和仁　手禀

简释

未注干支年，难以断定为己亥年。但从后面“庚五月初一”之批信（信〈四十〉），叶和仁启用“新和昌金店”中英文方形印、椭圆形印，又可推定，在庚五月初一之前的“十月廿九日”，新和昌金店开张。叶和仁在亚齐同新昌叔合开金店一间，本银甚厚，工亦多，字号“新和昌”，即“己亥年”写此批信是准确的。

使用“叶静山”中英文椭圆印。

上几封信中叶和仁屡屡要求家人写信致谢的“新叔”，是否就是合伙人“新昌叔”？若是，知恩图报，也不啻为美德。

“前日由张姑爷手寄回信一封，外银一十四元”，未见此批信。

值得注意的是，叶和仁在信中用相当肯定的语气申明：“店中诸事一切系我料理。”可见叶和仁在与新昌叔合伙的“新和昌金店”中拥有绝对的经营权。

〈三十四〉

---

① 齐埠：见信〈十四〉注③。

② 出年：见信〈一〉注⑨。

〈三十五〉 清光绪二十六年庚子正月廿五日（1900年2月24日）

叶清仁寄母亲钟氏书

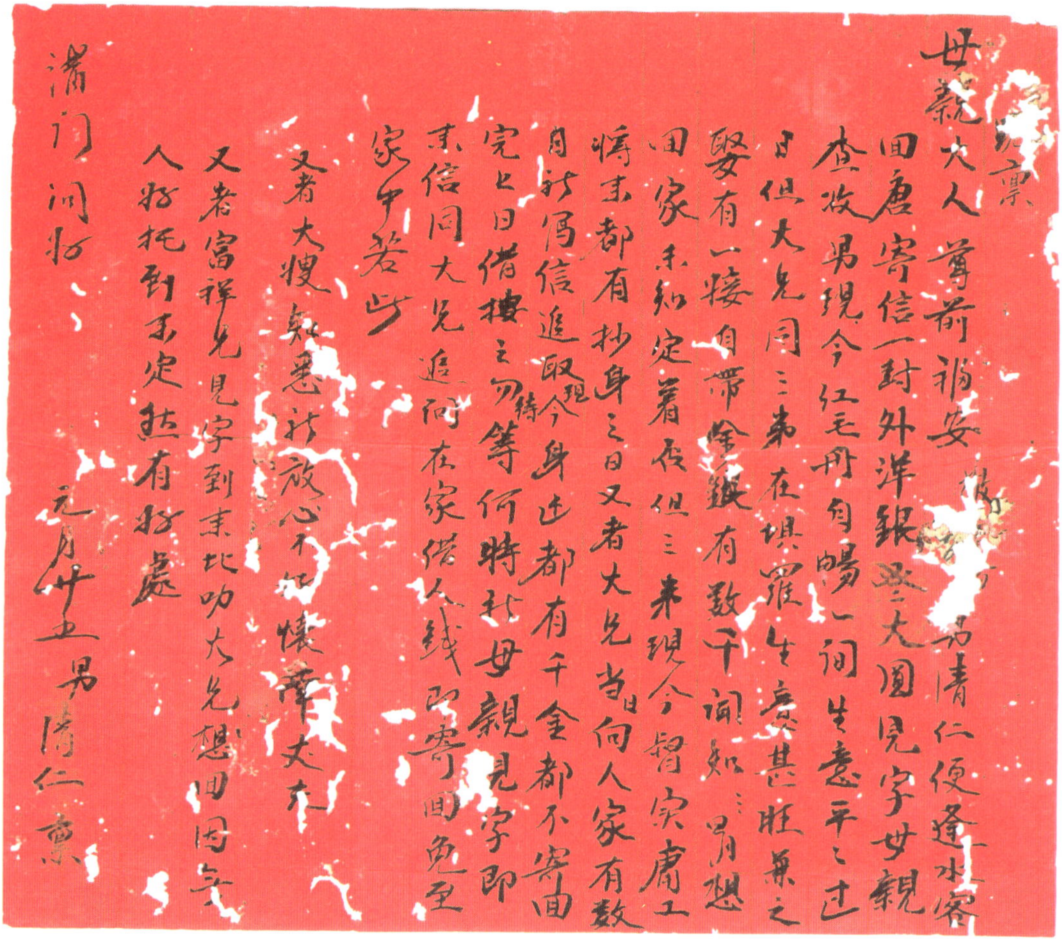

敬稟

母親大人 尊前福安 [illegible] 男清仁便逢水客

回唐寄信一封外洋銀叁大圓見字母親

查收男現今紅毛丹自暢一間生意平平过

日但大兄同三弟在坝羅生意甚旺兼之

娶有一接自帶金銀有數千詞知知男想

回家未知定着在但三弟現今留宋膚工

將来都有抄身之日又者大兄當日向人家有數

月私寫信追取現今身迭都有千金都不寄回

完之日借債之項待等何時私母親見字即

來信同大兄追回在家借人錢即寄回免至

家中苦此

又者大嫂知悉私放心不必懷掛丈夫

又者富祥兄見字到来比叻大兄想回因無

人私托到未定兹有私處

元月廿五 男清仁稟

潘門開拆

录文

跪禀

母亲大人尊前福安：

敬禀者，男清仁便逢水客回唐[①]，寄信一封，外洋银[②]叁大圆，见字母亲查收。男现今红毛丹[③]自畅（创）一间生意，平平过日。但大兄同三弟在坝罗[④]生意甚旺。兼之娶有一妾，自带金银有数千。闻知四月想回家，未知定着否？但三弟现今督（笃）实[⑤]庯（佣）工[⑥]，将来都有抄（操）身[⑦]之日。又者，大兄当日向人家有数目[⑧]，祈写信追取。现今身边都有千金都不寄回，完[⑨]上日借按之，勿待等何时？祈母亲见字即来信同大兄追问。在家借人钱，即寄回，免至家中若此。

又者，大嫂知悉，祈放心，不好怀□丈夫。

又者，富祥兄见字到来比叻[⑩]。大兄想回，因无人好托，到来定然有好处。

满门问好

元月廿五　男清仁　禀

简释

未署干支，但同是庚子年托寄的信〈三十六〉、信〈三十七〉，都提及叶清仁在红毛丹自创金店的内容。所以，信〈三十五〉必系庚子年元月所写。

从叶清仁此信可知，叶和仁、叶礼仁仍在坝罗，而且“生意甚旺”。

叶清仁似乎向母亲抱怨叶和仁赖账：“现今身边都有千金都不寄回，完上日借按之，勿待等何时？”

叶清仁谓大兄“娶有一妾，自带金银有数千”，如若所指系陈氏妾，已是乙未年正月之陈年旧事，清仁已然早知，也曾称之为“咭隆嫂嫂”，无理由再在此专门说破，为力诉大兄“赖账”作铺垫。

抑或指叶和仁新纳侍妾廖某，借题发挥？个中恩怨，外人鲜知。

“闻知”叶和仁“四月想回家”，“闻知”二字，可知兄弟已日渐疏远。

此信用红纸书写，海外华侨新春贺岁的批信一般也用潮梅人家新春户户皆见的红色，如红笺、红封，饱含对家人的良好祝愿。

〈三十五〉

---

① 唐：见信〈十二〉注⑥。
② 洋银：见信〈一〉注①。
③ 红毛丹：马来半岛地名。
④ 坝罗：见信〈二十一〉注⑥。
⑤ 笃实：实在。此处为认真之意。
⑥ 佣工：见信〈二十六〉注⑤。
⑦ 抄（操）身：意即傍身，可依靠、依附。操：拿着，握在手里。引申为掌握、控制、操作。
⑧ 数目：见信〈二十三〉注⑩。
⑨ 完：见信〈十〉注④。
⑩ 比叻：呲叻。见信〈二十一〉注⑤。

附： 清光绪年间叶清仁自马来亚吡叻寄母亲钟氏的批封

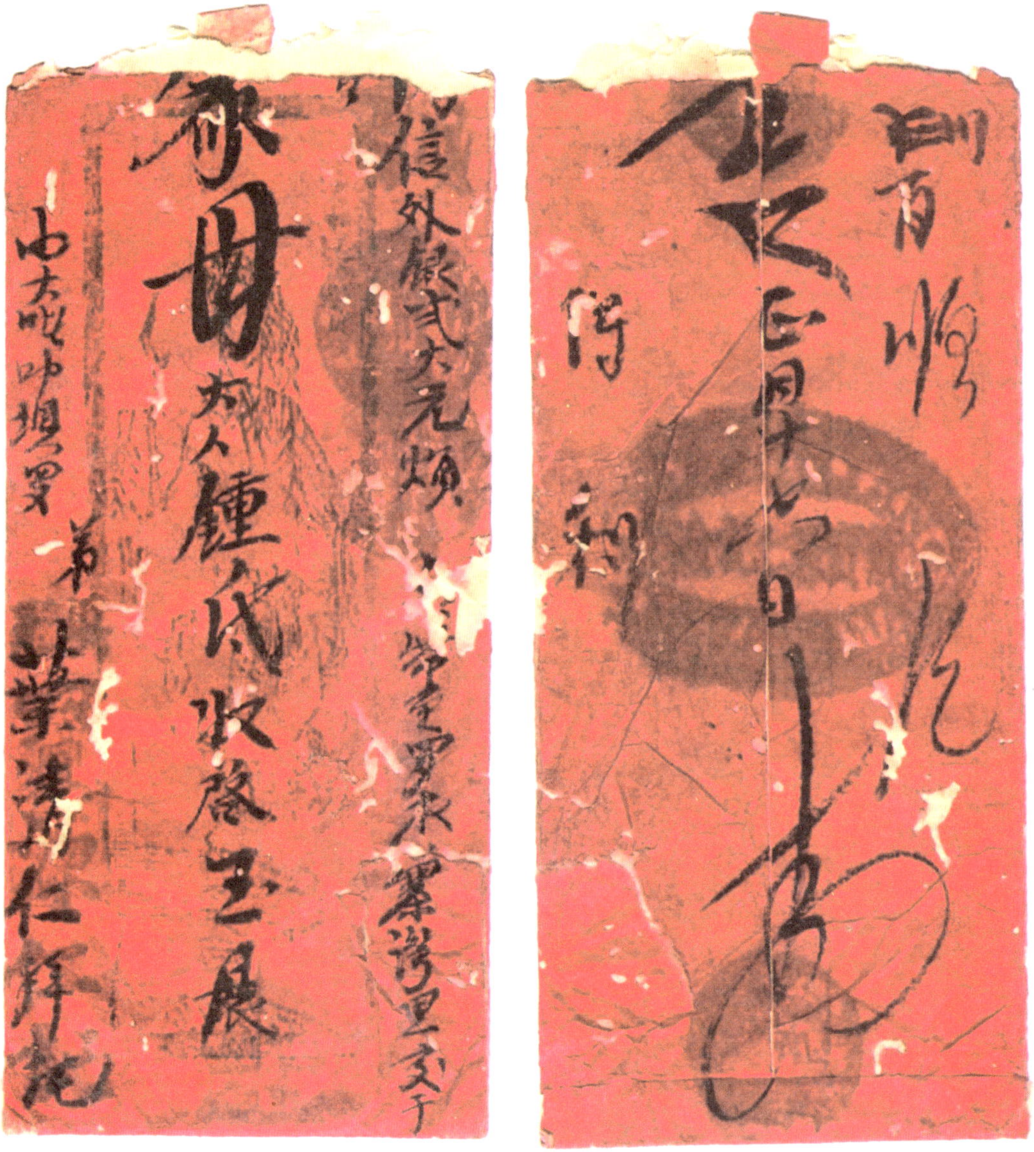

录文

内信外银二大元烦台带至罗衣寨湾里交于
家母大人钟氏收启玉展
由大吡叻坝罗　弟　叶清仁拜托
顺　　　　　　　　风
护　正月十六日　　封
得　　　　　　　　利

简释

每逢佳节倍思亲。春节是华侨华人最看重的传统节日，旅居海外的游子，总会在过年时给家乡亲人呈上一份吉利祝福。这一类的批封，特地用红纸制作，以表达“恭贺新禧”的传统礼仪。

上面所附叶清仁春节期间寄回嘉应州罗衣寨母亲的“贺年批”，虽然相关的批信散失，但与信〈三十五〉（无法找到能与之配对的红封）恰可相互补充。红色封皮、红色信笺，传递的就是浓浓的乡愁、深深的情意。

〈三十六〉 清光绪二十六年庚子二月十七日（1900年3月17日）
叶和仁、叶礼仁寄母亲钟氏书

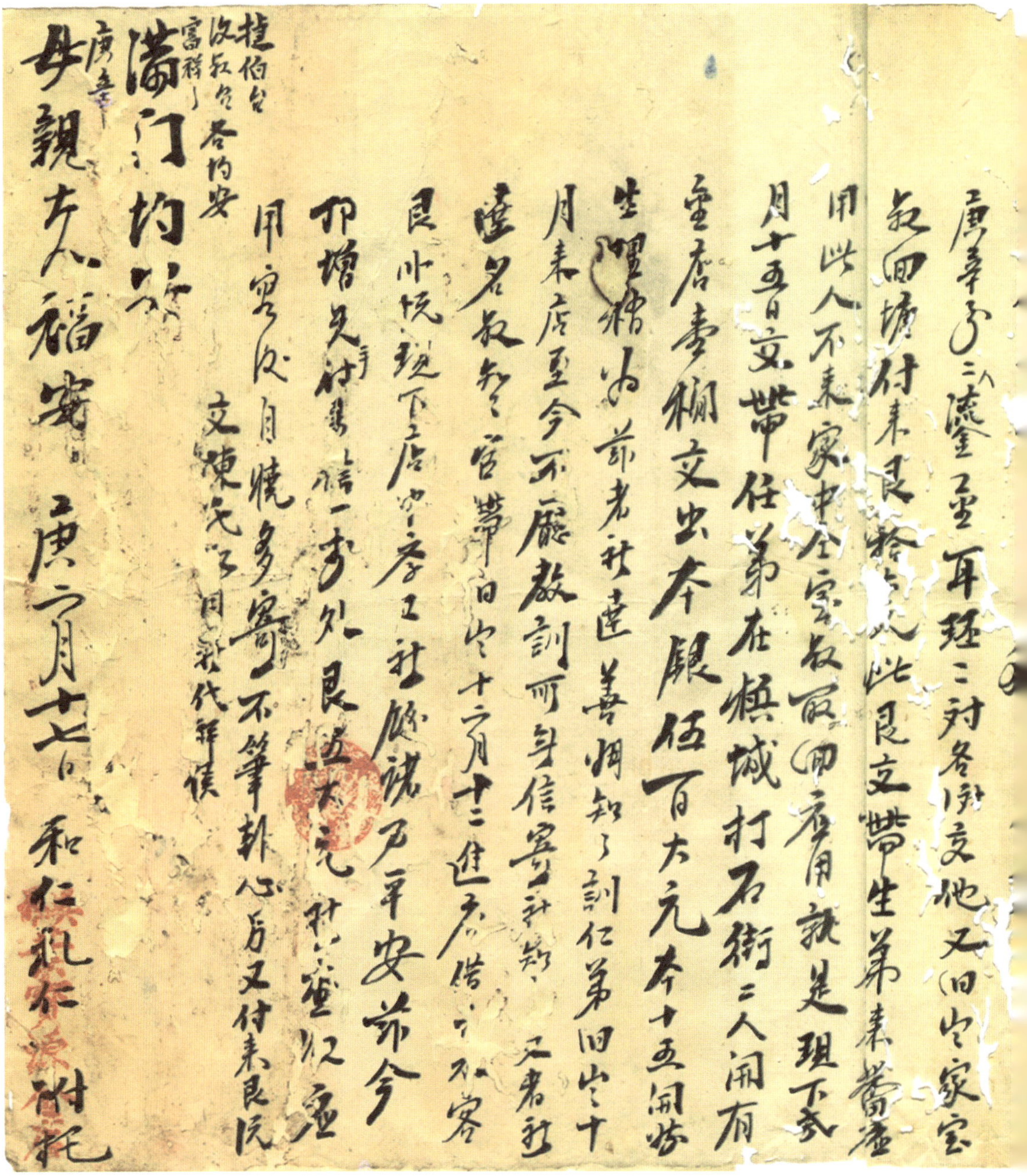
庚子二八 慈鑒 至 再接二封各[illegible]交他 又回[illegible]家室
叔回塘付来银拾元此银交带生弟来[illegible]
用此人不来家中全家叔回唐用就是现下[illegible]
月十五日交带任弟在樵城打石街二人开有
重唐李栅文出本银伍百大元本十五开张
生理糖行 节者秋边善[illegible]知了 训仁弟回唐十
月来店至今不听教训可身信寄[illegible] 又者秋
边名叔[illegible]带回唐十二月十二进店[illegible]不容
良心[illegible]现下店中[illegible]秋[illegible]诸乃平安节今
抑增又付[illegible]信一封外银五大元 秋边[illegible]
用[illegible]自[illegible]多寄不[illegible]另又付来银[illegible]
文[illegible]同[illegible]代笔[illegible]
提伯台 叔[illegible]各均安 富祥
满门均安
庚子 母亲大人福安
庚二月十七日 和仁 礼仁 附托

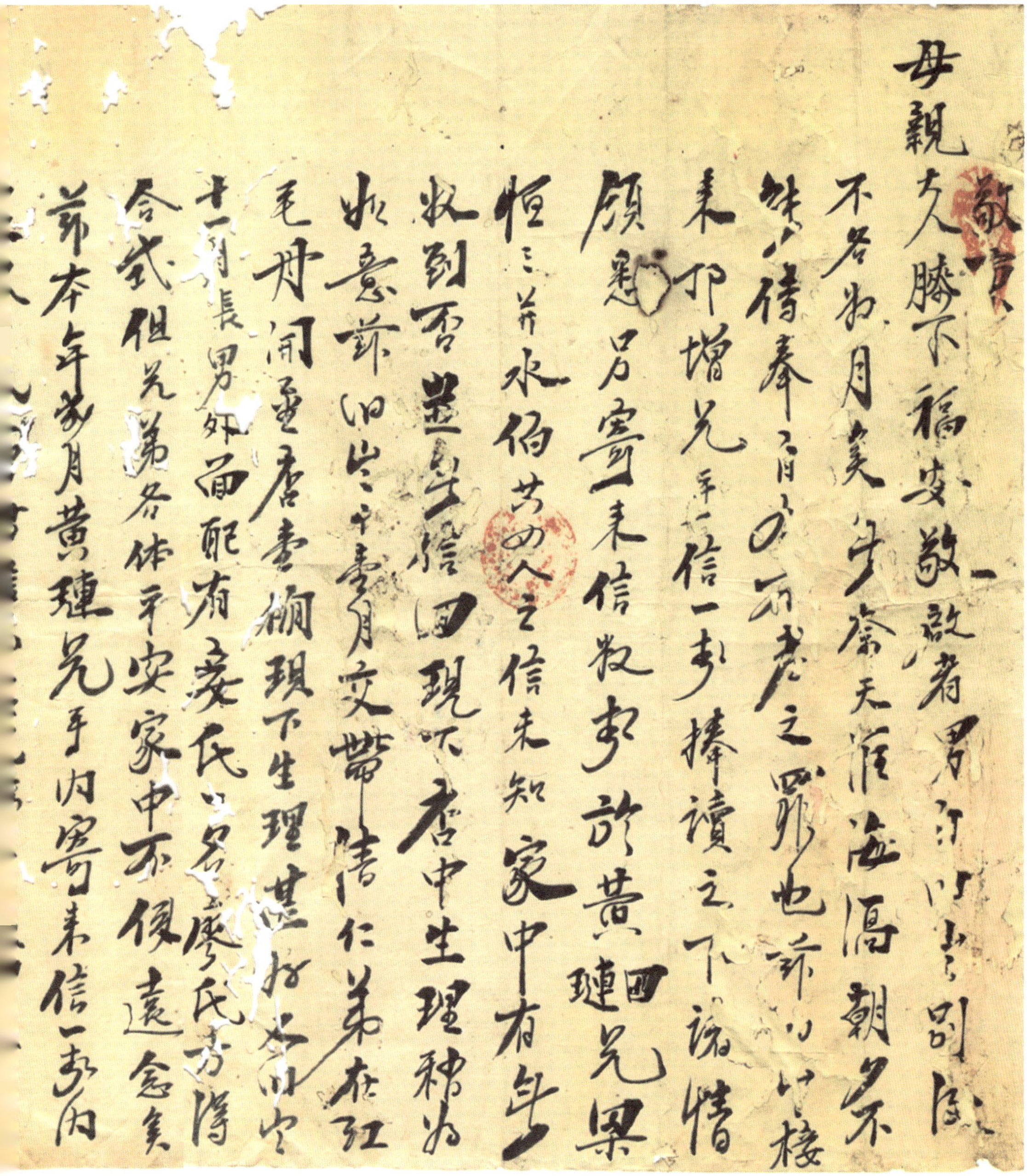

敬禀
母親大人膝下福安。敬啟者，男自□□別後
不覺歲月矣。身在天涯海隅，朝夕不
能侍奉于□□，為人子之罪也。茲□□接
來抑增兄手一信一封，捧讀之下，諸情
領悉。另寄來信叙封，茲黃璉兄果
恒三弟水伯共四人之信，未知家中有無
收到否。並寄信回，現下唐中生理稍為
如意。茲旧年十二月交帶情仁弟在紅
毛丹開張唐書舖，現下生理甚好，□□□
十一月長男外面配有妾氏，□名□廖氏方淳
合式。但兄弟各体平安，家中不須遠念矣。
節本年□月黃璉兄手內寄來信一封內

录文

敬禀

母亲大人膝下福安：

敬启者，男自旧岁[1]别后，不各（觉）数月矣。无奈天涯海隔，朝夕不能侍奉，自有不孝之罪也。兹旧岁接来邛（邓）增兄手信一封，捧读之下，诸情领悉[2]。另寄来信数封，于黄四兄、黄琏兄、梁恒三并水伯共四人之信，未知家中有无收到否？并无信回。现下店中生理稍为如意。兹旧岁十一月交带（代）清仁弟在红毛丹[3]开金店一间，现下生理甚好。又旧岁十一月长男外面配有妾氏（侍）一名廖氏，方得合式（适）。但兄弟各体平安，家中不使远念矣。兹本年二月黄琏兄手内寄来信一封，内银三大元。又官带信一封，银一元，谅交名叔早收矣。外又付来镜合[4]一只，内有阿胶鹿茸胶。又大祥嫂、庚辛分二八鎏金[5]耳环二对，各一对交他。又旧岁家宝叔回塘[6]，付来银十大元。此银交带（代）生弟来蕃（番）应用。此人不来，家中同宝叔取回应用就是。现下二月十五日交带（代）任（仁）弟，在槟城[7]打石街二人开有金店一间，交出本银五百大元。本［月］十五［日］开张，生理稍为[8]［好］。兹者祈达善姆知了，训仁弟旧岁十月来店，至今不听教训，所无信寄祈知□。又者，祈达名叔知之，官带旧岁十二月十二进店，借□□客银三十一元，现下店中学工。祈（其）余诸事平安。兹今邛（邓）增兄手付来信一封，外银五大元，祈查收应用。容后自晓多寄，不笔（必）卦（挂）心。另又付来银一元交陈氏收用。祈代拜候

满门均安

母亲大人福安

捷伯台　□叔台　富祥兄　庚辛　各均安

庚二月十七日　和仁、礼仁　付托

---

① 旧岁：见信〈十八〉注①。

② 领悉：见信〈六〉注①。

③ 红毛丹：见信〈三十五〉注③。

④ 合：通“盒”。乐史《杨太真外传》卷上：“授金钗钿合。”

⑤ 鎏金：成色好的金子。鎏：同“镏”。

⑥ 塘：唐。见信〈十二〉注⑥。

⑦ 槟城：见信〈三〉注②。

⑧ 稍为：稍微。

简释

“自旧岁别后，不各（觉）数月矣”之“旧岁”，即上一年“己亥年”。与信〈三十〉内容吻合：叶和仁是年回唐省亲，“在家七月廿四日动身”返外洋。此信有几点值得我们留意的陈述：

（1）叶清仁己亥年十一月在红毛丹开金店一间，信〈三十五〉叶清仁也已自诉此事。兄弟生意已分开。

（2）“旧岁十一月”，即己亥年十一月，“长男”和仁又配“妾氏（侍）一名廖氏”。继娶妾陈氏之后，叶和仁又娶妾廖氏。不过，陈氏妾如何，却未有只字交代。

（3）二月十五日，交代“仁弟”在槟城打石街二人开有金店一间，“仁弟”应是礼仁。

（4）“此银交带（代）生弟来蕃（番）应用”，叶和仁的信，第一次提到的“生弟”应是以后各信多次出现的“玉生”。

此外，首次使用“坝罗叶宝源金店”条形章。看来，叶和仁在坝罗的金店经营已相当稳定。

〈三十六〉

〈三十七〉 清光绪二十六年庚子三月廿六日（1900年4月25日）

叶礼仁寄母亲钟氏书

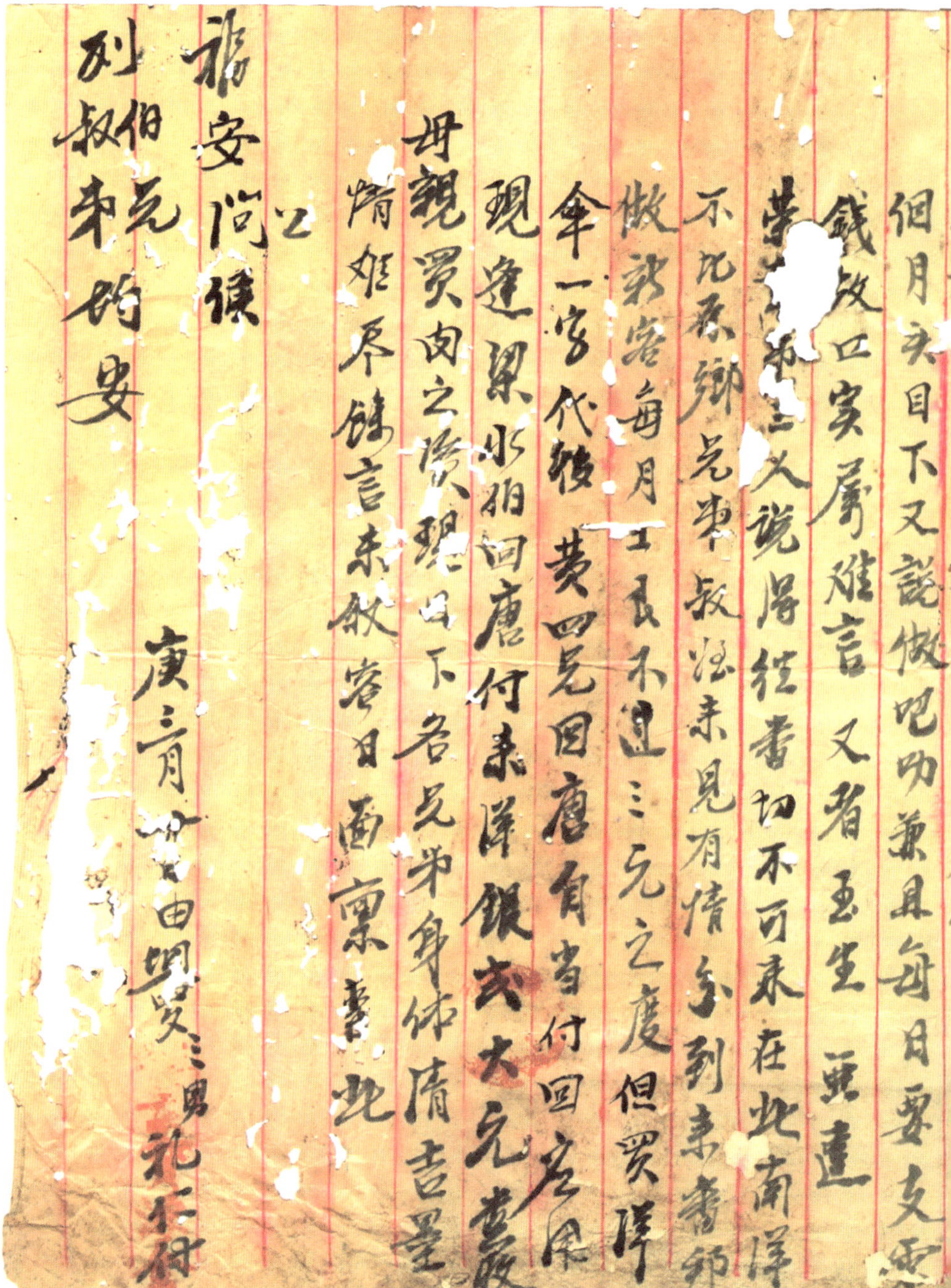

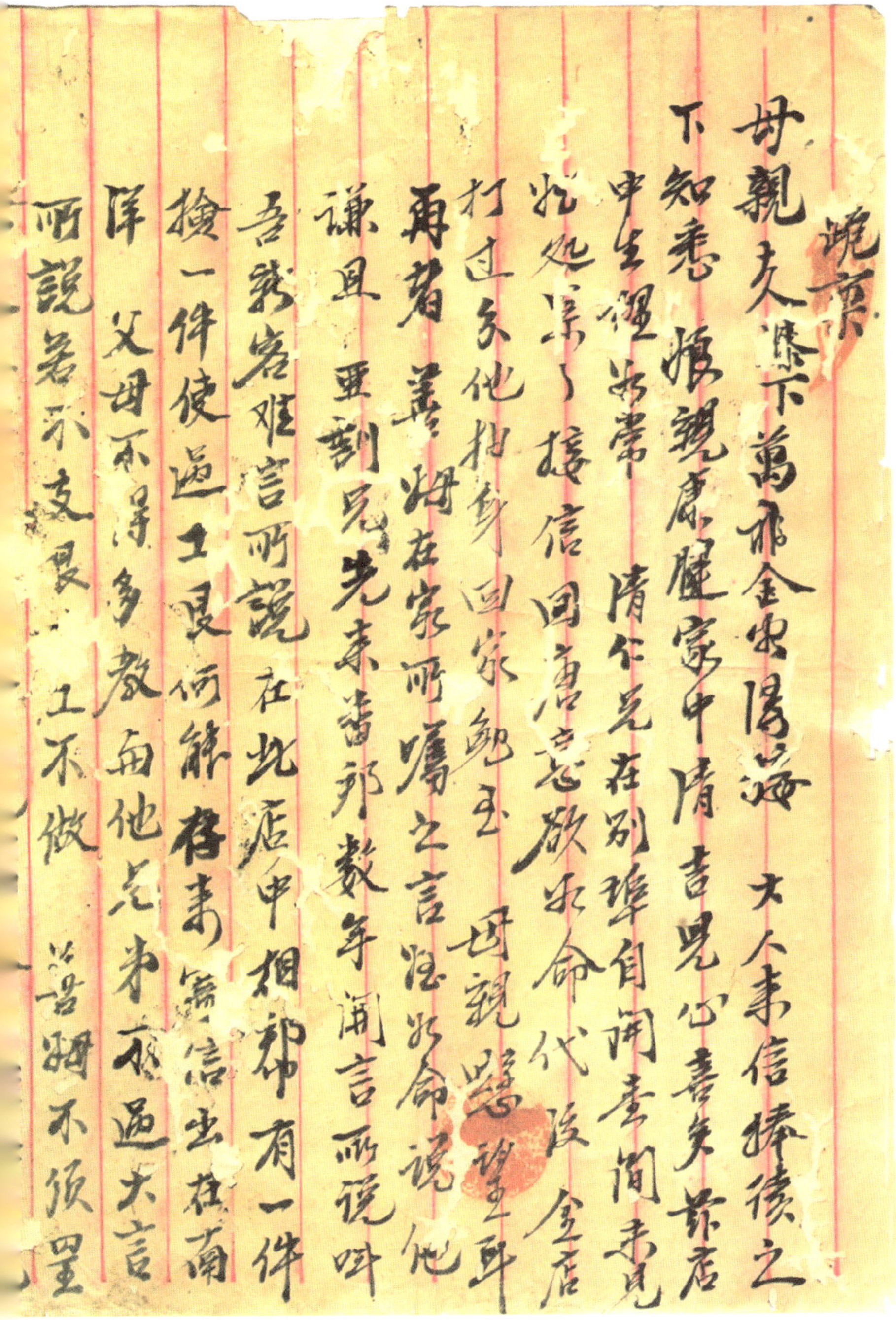

跪禀
母親大人膝下萬福金安得接 大人來信捧讀之
下知悉 娘親康健家中清吉兒心喜矣 蘇店
中生理如常 清竹兄在別埠自闲查問未見
此處深〻接信回唐立志欲求命代設金店
打过多他抽身回家鲍玉 母親照望耳
再着善將在家所囑之言性命說他
謙且要劃兄先來番邦數年閱言所說咁
音義客难言所說在此店中相邻有一件
撿一件使過工是何能存来寄信出在南
洋 父母不得多教由他兄弟不過大言
所說若不支畏 工不做 並語將不須望

录文

跪禀

母亲大人膝下万福金安：

得接大人来信，捧读之下，知悉娘亲康健，家中清吉，儿心喜矣。兹店中生理[①]如常，清仁兄在别埠自开一间，未见□处□了。接信回唐[②]，意欲如命，代（待）后金店打过，分他抽身回家，勉（免）至（致）母亲悬望耳。

再者，善姆在家所嘱之言，侄如命说他。谦（兼）且亚训兄先来番邦数年，开言所说叫吾新客，难言所说。在此店中相帮，有一件捡一件，使过工银，何能存来写信？出在南洋，父母不得多教，与他兄弟，不过大言所说。若不支银，□工不做。善姆不须挂念，随后时运亨通，自晓转致。另官带兄现在店中，不过开店扫地煮食而已。到来已个月头。目下又说做吧叻[③]，兼且每日要支零钱，故口实属难言。

又者，玉生、亚达、荣章弟三人说得往番[④]，切不可来。在此南洋不比原乡，兄弟、叔侄未见有情分。到来番邦做新客[⑤]，每月工银不过三元之度。但买洋伞一字（支），代（待）后黄四兄回唐自当付回应用。现逢梁水伯回唐，付来洋银[⑥]二大元，查收，母亲买肉之资。现目下各兄弟身体清吉，墨情难尽，余言未叙，容日面禀。专此。上

福安　问候

列伯叔、兄弟均安

庚三月廿六　由坝罗[⑦]　三男礼仁　付

简释

叶礼仁落款自称“三男”，而和仁在信〈七十六〉中称礼仁为“四弟”。

叶礼仁在壬寅年信〈七十〉中落款又写“四男”（且自盖“礼仁图章”），三兄弟除大兄叶和仁外，叶清仁、叶礼仁的长幼排序，不管自称、背称均混乱。这在前面信〈三十三〉中已略有分析。

叶礼仁言“清仁兄在别埠自开一间”，“别埠”应是信〈三十六〉中和仁提及的红毛丹。

叶礼仁嘱咐“玉生、亚达、荣章弟三人”切不可过番。礼仁与玉生等三人共同长大，交往时间较二位兄长久，与他们的感情好于二位兄长。所以，叶礼仁以自己的亲历，在写

---

① 生理：见信〈四〉注④。

② 唐：见信〈十二〉注⑥。

③ 吧叻：19 世纪南洋一带承包开发山地矿产、林木的经营模式。华侨与管辖地的酋长议定纳税数额后即可划地开采矿产。

④ 番：见信〈十三〉注④。

⑤ 新客：初到南洋的华侨。

⑥ 洋银：见信〈一〉注①。

⑦ 坝罗：见信〈二十一〉注⑥。

给家乡的信中多次劝说他们不可来番。

叶礼仁信中颇有“寄人篱下”之感慨，如“开言所说叫吾新客，难言所说。在此店中相帮，有一件捡一件，使过工银，何能存来写信”“在此南洋不比原乡，兄弟、叔侄未见有情分”等等。

〈三十七〉

〈三十八〉 清光绪二十六年庚子四月十五日（1900年5月13日）
叶和仁寄母亲钟氏书

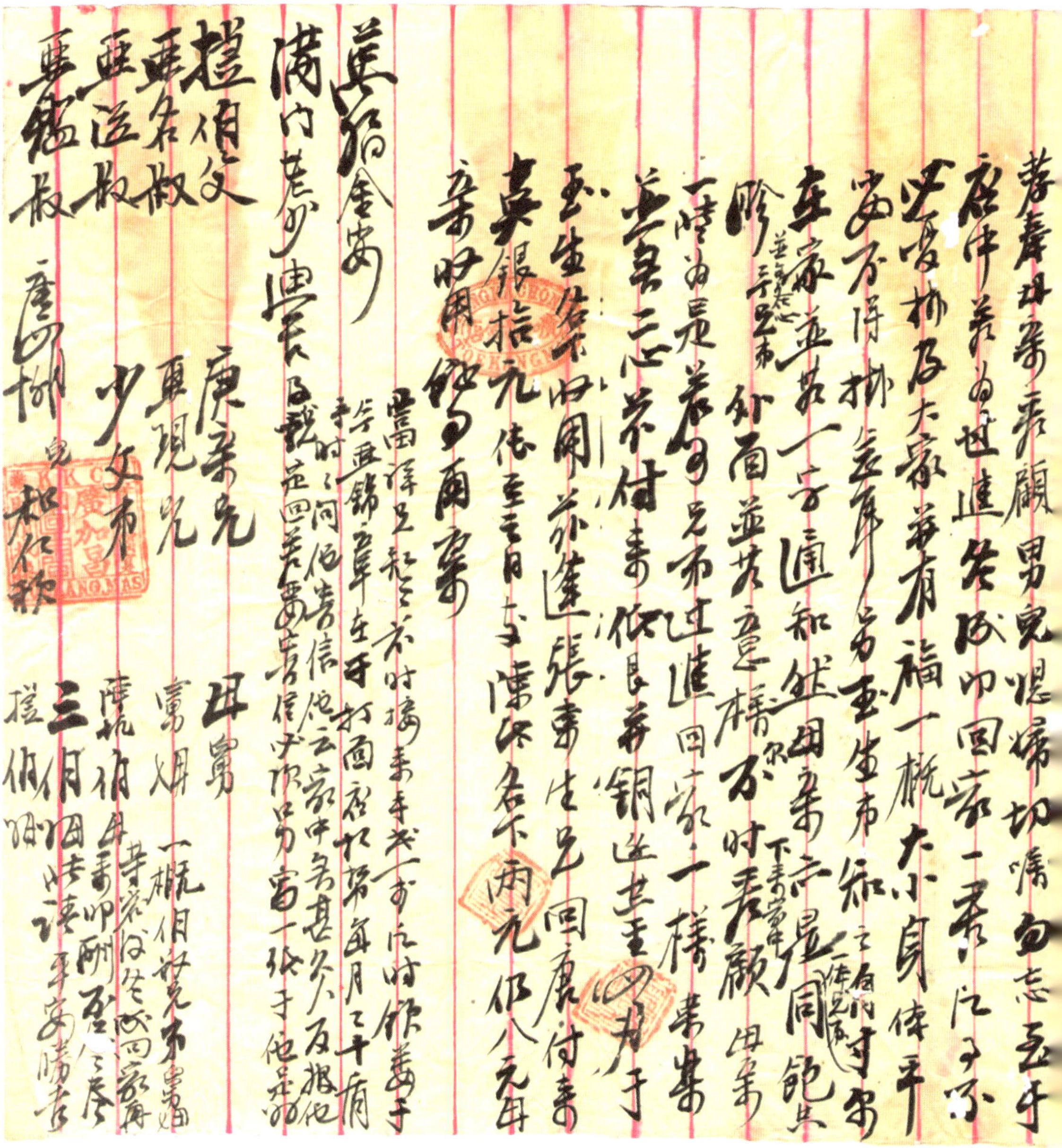

叩禀
母亲大人尊前膝下，敬启者：兹因万福降下，益家光幼
而长，皆托欣一家协力，丹面无恙。目今兒
兄弟三人，亦皆长大，但光景无好，羁留外面，不
得回家奉侍，母亲，自愧不孝，所会只望
母亲凡事不必烦劳，至于卫保下，亦藏归亦
万代劳，兄弟无虑，望母亲能加衣，家事放闲
宽兄弟之虑。于前回家未尝不少挂心，原天不从
人愿，兄为积得寸涯，以抽身暂不回家
一尽于慰，内弟书信门户，奈为谅下，小孙兒退安行
安，母亲老人家少出门，常将孙兒抱食饱夜暖
于望天公庇佑，兄弟甚长慰也，现在年年有
自家寿诞，宽寄十分为慰，兹欲栽椰，在是办一人
回家，在家时事不可不能成就，若得方能成
矣，再作计，只不会得寄，因旦之期，蒙主子牲
伸叩在天公庇佑，兄弟安也，请正位在弟人安劳
节月廿外寄仁币，过来并附再世常过细子一只
兄弟三人统共寄大小五圆
过来请收，兄弟三人，甫议，清仁币过寄一

录文

叩禀

母亲大人尊前膝下：

敬启者，万福。谅卜盒（合）家老幼通吉，为慰心欣。一凡家□□面足悉。目今儿兄弟三人亦无大甚光景，至此羁留外面，不得回家奉侍母亲，自愧不孝。如今只望母亲凡事不必烦务，至于上圩[1]下市，贱妇亦可代劳。儿今愿望母亲强饭加衣，家事放闲，儿兄弟之愿。于及回家，未尝不少念。奈天不从人愿，若为稍得寸进，即抽身整装回家一望，于（以）慰母亲倚门念耳。谅卜小孙儿媳定祈安妥孝道，老人家少出门常孙儿抱，食饱衣暖。于望天公庇佑，兄弟甚慰也。现本年三月母亲寿诞，儿兄弟十分喜慰。本欲裁挪[2]，意欲一人回家，奈大家时事不好，不能成就，容后可能收冬再作计之。前今系今母旦（诞）之期，买多少牲体，叩奉天公庇佑足妥，也请巳（几）位亲人是可。前月廿外[3]清仁弟过来亚齐[4]，再带过细子一只（个）过来读书，名叫锦伟，年方十五岁。予兄弟三人商议焕（唤）清仁弟过齐一议，现今清仁弟回家，于本月十二日由齐过叻[5]，速即返家，特付知之。再者：陈氏媳凡事必须孝奉母亲，看顾男儿。媳妇切嘱勿忘。至于店中，若为过进[6]冬成[7]即回家一看，凡事不必忧挂及。大家并有福，一概大小身体平安，不得（必）挂念耳。另玉生弟知之：自寸（忖）尔在家并无一字通知。然母亲亦是一体兄弟同饱（胞），只盼并无各心，予兄弟外面并无意（异）样，尔不时下来家中看顾母亲一些为是。若可兄弟过进，回家一样荣乐，并无二心。前付来□银并铜边[8]，共重四两，于玉生名下收用。兹逢张柬生兄回唐，付来英银十元，依（信）至之日，交陈氏名下两元，仍[9]八元母亲收用，余事再禀。

富祥兄知之：前时接来手书一封，凡时（事）领娄（悉）。于今亚锦章在于打［金］面店相帮，每月二十盾。予时时问他寄信，他云家中无甚久（故）人，反报他及后定回。若要寄信，必须另写一纸于他是好。

万福金安

满门老少迪均安

捷伯父　亚名叔　亚泣叔　亚鉴叔

庚亲兄　亚现兄　少文弟

母舅　舅姆　隆坑伯母（姆）　三伯姆　捷伯姆

一概伯叔兄弟舅姆等，容后冬成回家再来叩酬。不尽尽。此请平安胜吉

庚四月十五日　儿和仁　顿[10]

---

① 圩：闽粤等地区称集市。古书里作“虚”，潮梅地区也写作“墟”。

② 本欲裁挪：本来打算改动变通一下，安排一人回家。裁：裁断；裁决。挪：移动。

③ 外：见信〈二〉注③。

④ 亚齐：见信〈四〉注②。

⑤ 由齐过叻：由亚齐到叻叻。见信〈二十四〉注⑥。

⑥ 过进：长进；进展。

⑦ 冬成：见信〈四〉注⑦。

⑧ 铜边：见信〈十二〉注⑧。

⑨ 仍：还，依然。如：仍须努力。

⑩ 顿：见信〈八〉注⑧。

简释

叶和仁首次提到唐山有“小孙”。看来，家乡妻陈氏应已产下麟儿，使慈母“老人家少出门常孙儿抱”。

叶和仁首次正面提及“玉生弟”，“亦是一体兄弟同饱（胞）”，希望在家乡帮忙“看顾母亲”。

叶清仁有“细子一个”，“名叫锦伟，年方十五岁”。试想一下，叶清仁乙未年（1895）过番，庚子年（1900）娶马氏为妾，绝没“年方十五岁”的儿子。难道是马氏带着子女再嫁？叶清仁成为马氏原有子女的继父？这也不是不可能的事。不然，叶清仁哪会天上掉下个15岁的“细子”？

母亲钟氏“本年三月”寿诞，这也是叶家弟兄近百枚批信中唯一一次明确写出钟氏母亲的生辰月份，其余诸信，凡涉及钟氏年岁的，均语焉不详。

首次出现“广加昌”金店中英文方形印、椭圆形印。可见和仁又开有“广加昌”字号金店。不知是否庚子年二月同叶礼仁在槟城打石街合开的那间金店？

从信中可知，富祥兄之子“亚锦章”在叶和仁店中相帮。富祥与和仁相交甚深，几乎无信不问候。

〈三十八〉

〈三十九〉 清光绪二十六年庚子四月廿二日（1900年5月20日）

叶清仁寄母亲钟氏书

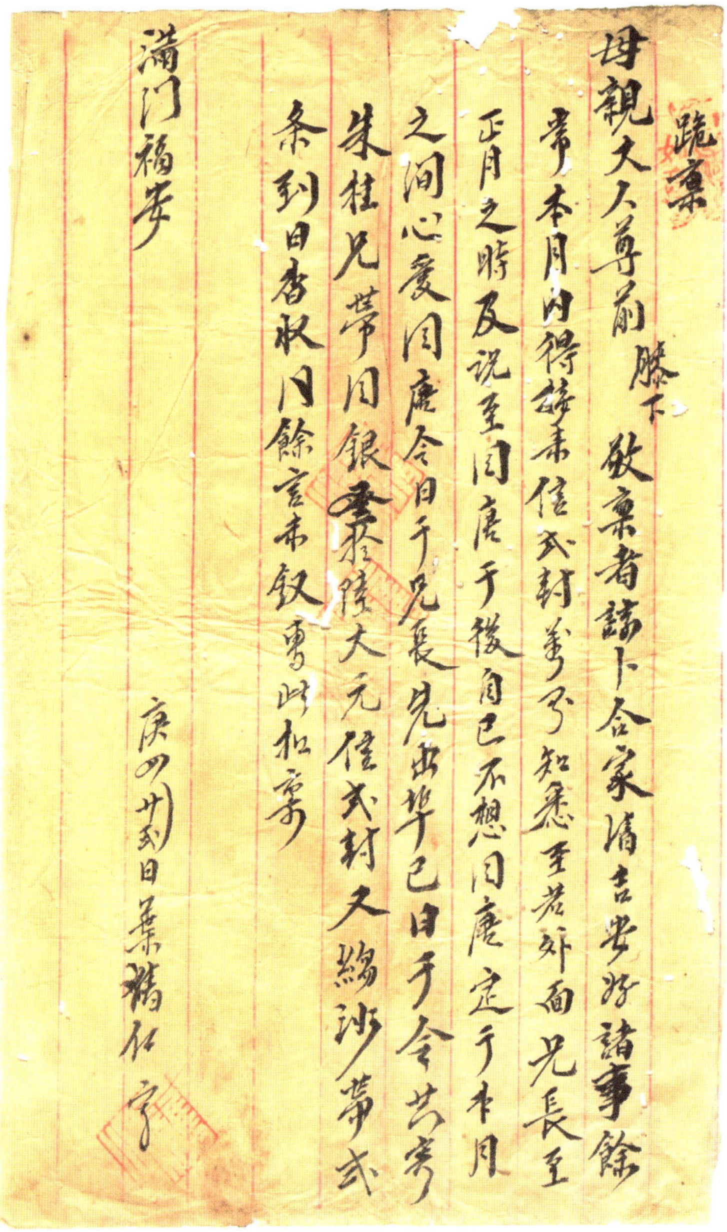
跪禀

母親大人尊前膝下　敬禀者　請卜合家清吉安好　諸事餘常　本月内得接来信弍封　並予知悉　至若外面　兄長至正月之時及說至同庚于後　自己不想同庚　定于本月之间心愛同庚　令日于兄長先出埠　已日于今茲寄朱桂兄帶回銀叁拾陸大元　信弍封　又縐沙帶弍条　到日查收門　餘言未叙　專此禀

庚四月廿二日　葉清仁字

滿門福安

录文

跪禀

母亲大人尊前膝下：

敬禀者，谅卜合家清吉安好，诸事余（如）常。本月内得接来信二封，万事知悉。至若外面兄长至正月之时，及说至回唐于后，自己不想回唐。定于本月之间，心爱（欲）回唐。今日于兄长先出埠。己日于今共寄朱桂兄带回银三十六大元，信二封，又绉[1]纱带二条，到日查收。余言未叙。专此扣（叩）禀

满门福安

庚四月廿二日　叶清仁　字

简释

叶清仁寄朱桂兄三十六大元、信二封、绉纱带二条回乡。既然四月十五日叶和仁在信中已明确叶清仁“速即返家”，又何必于四月廿二日托银托信托物？

与上信联系起来看，“现今清仁弟回家，于本月十二日由齐过叻，速即返家，特付知之”（信〈三十八〉）。本来三兄弟已商定，叶清仁回乡省亲。而叶清仁仅仅表示“心欲回唐”而已。究竟有否返家？何时返家？何时回南洋？庚子年四月后整整半年多无人提及。庚子年是叶家三兄弟遗存批信最多的一年，全年有银信 23 封，寄款 140 元 7 毫，没有理由半句话不提叶清仁此次回乡之事。除非相关批信已散佚。如此看来，庚子年的银信还远不止我们看到的这 23 封。也或许叶清仁此次回唐并未成行。

〈三十九〉

① 绉：见信〈十七〉注⑤。

〈四十〉 清光绪二十六年庚子五月初一日（1900年5月28日）
叶和仁寄母亲钟氏书

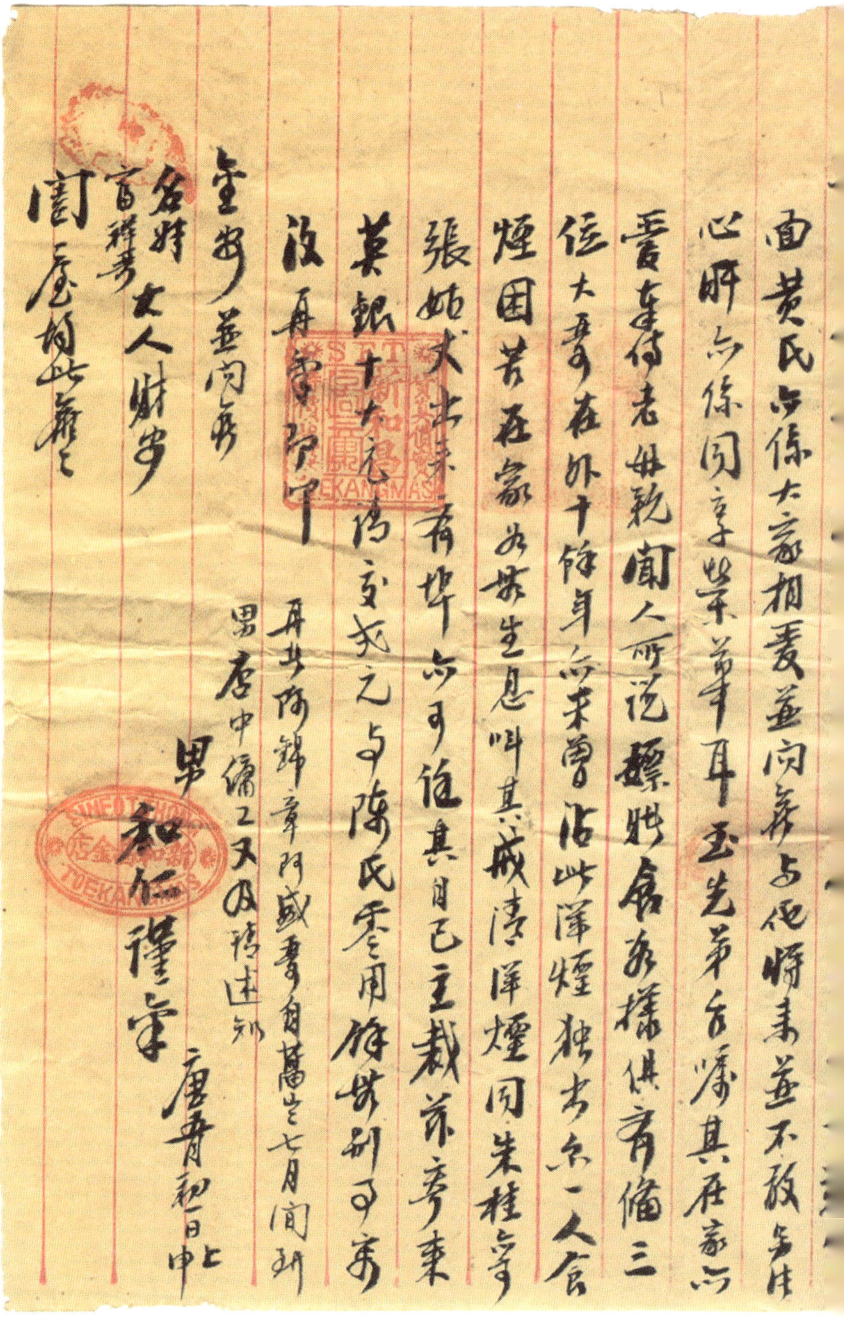
由黄氏亦係大家相爱並問候与他将来並不致失往
心腑亦係同享此業第耳玉先弟有孝其在家亦
贤妻侍老母亲闻人所说点纵倉家操供育備三
位大哥在外十餘年亦未曾沾此洋煙独去係一人食
煙因黄在家為娱生息叫其戒清洋煙同朱桂亭
張姑丈出来有些亦可隨其自己主裁茲寄來
英銀十大元係交丈之与陈氏零用餘欸到可查
收再寄即
再此間錦章阿盛寄自萬岂七月间到
男居中編工又及請述知
男 和仁 謹字
庚五月初一日申上
金安 並問候
合府大人財安
百祥壽
闔屋均此爲禱

母
親大人尊前福安敬稟者　男于正月初外接到張姑丈
帶來信一封捧讀之下許多讀悉玉以前寄處
膠一包內男有一小包与　梁三伯姆必覓賞然收到
交妥否請來信示知捷莊之子任從
刻下外面生理冷淡年中結採但事無成自曉多
寄回家　母親大人現今年已將近半百有餘無人所
靠十分省儉常時只想要買田宗我兄弟三人在外
未曾有一人在家孝侍十分慚愧至極大凡買田亦
係子孫受用請　大人保重身体為此家上天被祐
常時要買肉來食可以養氣血　男隨後果有些晏
自曉回家佈置家中田產但求　大人勿省儉為是
秋仁弟現在男叫其在石城小市鎮另開一間小金

录文

母亲大人尊前福安：

敬禀者，男于正月初外接到张姑丈带来信一封，捧读之下，诸事读悉。至以前寄虎胶①一包，内另有一小包与梁三伯姆，必觅有无收到？交妥否？请来信示知。捷叔之子任从母亲大人主意。刻下外面生理②冷淡③，手中拮据，但看冬成④自晓多寄回家。母亲大人现今年已将近半百有余，举（据）人所言十分省俭，常时只想要买田。尔我兄弟三人在外，未曾有一人在家奉侍，十分惭愧至极。大凡买田亦系子孙受用，请大人保重身体，得蒙上天被（庇）佑，常时要买肉来食，可以养气血。男随后略有光景，自晓回家布置家中田产，但求大人勿省俭为是。礼仁弟现在［齐埠］。男叫其在石城⑤小市镇另开一间小金店，任其自爱自把乾坤。陈氏在家，嘱其要奉侍母亲大人，以和顺为是，将来自晓挷（帮）补与（于）劳苦。就此外面黄氏亦系大家相爱，并问无（无问）与他将来，并不放另片心肝，亦系同享荣华耳。玉先（生）弟台嘱其在家亦爱（欲）奉侍老母亲。闻人所说嫖赌食各样俱齐备。三位大哥在外十余年，亦未曾沾此洋烟，独出尔一人食烟困苦在家。如无生息，叫其戒清洋烟，同朱桂亦可，张姑丈出来齐埠亦可，任其自己主裁⑥。兹寄来英银⑦十大元，请交二元与陈氏零用。余无别事，容后再禀。即叩

金安并问矦⑧

名叔富祥哥大人财安

阖屋均此候候

再者，阿锦章、阿盛哥自旧岁⑨七月间到男店中佣工，又及，请述知。

男和仁　谨禀　庚五月初一日　上申

简释

首次提到母亲钟氏“将近半百有余”，年纪已五十出头了。

叶礼仁在石城小市镇另开一间小金店，“任其自爱自把乾坤”，独立经营。

叶和仁在信中将“黄氏”摊到纸面上：“外面黄氏亦系大家相爱。”可见叶和仁为下一步纳妾黄氏，须同妻子说好话：“并不放另片心肝，亦系同享荣华耳。”叶和仁如果纳妾黄氏，至此已是一妻三妾。

---

① 虎胶：见信〈三〉注①。
② 生理：见信〈四〉注④。
③ 冷淡：不热闹；不兴盛。
④ 冬成：见信〈四〉注⑦。
⑤ 石城：马来亚旧地名。位置不明。
⑥ 主裁：自主裁定。
⑦ 英银：见信〈二十〉注⑨。
⑧ 矦：“候”的异体字。
⑨ 旧岁：见信〈十八〉注①。

向母亲责怪玉生弟在家“嫖赌食各样俱齐备”，令其“戒清洋烟”，随同水客出洋。至于与哪位水客前来，“任其自己主裁”。

叶和仁第一次在银信上使用“新和昌图章”中英文方形印、“新和昌金店”椭圆形印。该店已于己亥年（1899）十月开张。

锦章（富祥子）、阿盛在叶和仁店中打工。看来，叶和仁对家乡亲友甚是关照。

叶和仁教训玉生戒清鸦片毒瘾，嗟叹“三位大哥在外十余年”。从庚子年（1900）上推“十余年”，这个时日与叶和仁过番已 18 年时间大体吻合。

〈四十〉

〈四十一〉 清光绪二十六年庚子五月初一日（1900年5月28日）

叶和仁寄家乡大伯书

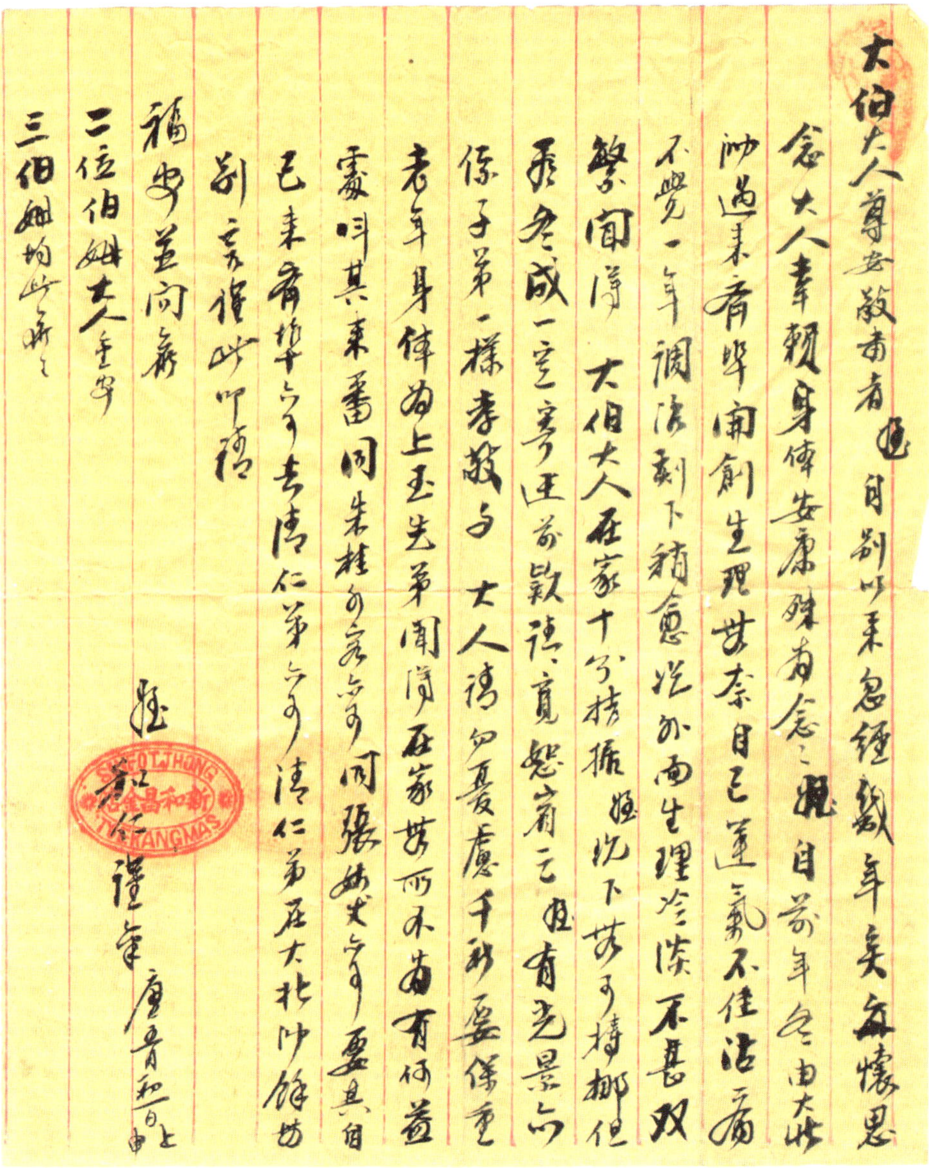

大伯大人尊安敬肃者 侄 自别以来忽经数年矣每怀思
念大人素頼身体安康殊有念念 况 自前年冬由大叻
沙过来省卑開創生理苦奈自己運氣不佳諸偏
不覺一年調淡到下稍愈從外面生理冷淡不甚双
繁聞得 大伯大人在家十分拮据 侄 况下苦于持挪但
要各成一室亦还前欠請寬恕有之 侄 有光景亦
係子弟一樣孝敬与 大人請勿憂慮千祈要保重
老年身体為上 玉先弟聞得在家苦所不為有何益
處叫其來番同朱桂分家分同張姑丈分要其自
己來省挣十分去清仁弟分清仁弟在大北叻謀幹
別言復此叩請
福安並問嫂
二位伯姆大人金安
三伯姆均此請之
侄 和仁 謹笔
庚五月初一日上

录文

大伯大人尊安：

敬禀者，侄自别以来，忽经几年矣。每怀思念大人，幸赖身体安康，殊为念念。侄自前年冬由大比沕（吡叻）[1] 过来齐埠[2]开创生理，无奈自己运气不佳，沾病不觉一年调治，刻下稍愈。况外面生理冷淡[3]，不甚双繁[4]。闻得大伯大人在家十分拮据，侄现下无可梼（筹）挪[5]，但看冬成[6]一定寄还前款，请宽恕宥[7]之。侄有光景亦系子弟一样孝敬与（于）大人，请勿忧虑，千祈要保重老年身体为上。玉先弟闻得在家无所不为，有何益处？叫其来番同朱桂水客亦可，同张姑丈亦可，要其自己来齐埠亦可，去清仁弟亦可。清仁弟在大北（吡）叻，余无别言。谨此。叩请

福安并问候

二位伯姆大人金安

三伯姆均此候候

侄和仁谨禀　庚五月初一日　上申[8]

简释

这是叶和仁与信〈四十〉同托水客带给大伯父的书信。

“自前年冬由大比沕（吡叻）过来齐埠开创生理。”叶和仁向大伯通报的这一动态，已是己亥年的事。叶和仁己亥年十月到亚齐同新叔合开“新和”金店。（见信〈三十四〉。）欠大伯的款项因染病调治、因“生理冷淡”暂时无法还。显然是婉转的托词，叔侄之间在经济上肯定有外人不得而知的纠纷，不然，明知“大伯大人在家十分拮据”，仍拒还欠款，表面上看，也确实有点于理不合。玉生“来番同朱桂水客亦可”“同张姑丈亦可”“自己来齐埠亦可”“去清仁弟亦可”，多项选择，不只因玉生在家“无所不为”，还因“嫖赌食各样俱齐备”。（信〈四十〉）

叶和仁多次叫玉生“来番”，而叶礼仁却屡屡劝说玉生“至切不可来番”。（见信〈三十七〉、信〈四十二〉、信〈六十八〉）甚至是用“千祈千祈”之恳切语气。在这个问题上，和仁、礼仁兄弟俩的想法大相径庭。

从这枚批信，我们已略见端倪：玉生过房大伯。（过房：过继。）

〈四十一〉

---

① 吡叻：见信〈二十一〉注⑤。

② 齐埠：见信〈十四〉注③。

③ 冷淡：不热闹；不兴盛。

④ 双繁：未详。

⑤ 筹挪：筹措，设法弄到。挪：移动，变通。

⑥ 冬成：见信〈四〉注⑦。

⑦ 宥：宽免，赦罪。

⑧ 申：陈述。

〈四十二〉 清光绪二十六年庚子五月十六日（1900年6月12日）

叶礼仁寄母亲钟氏书

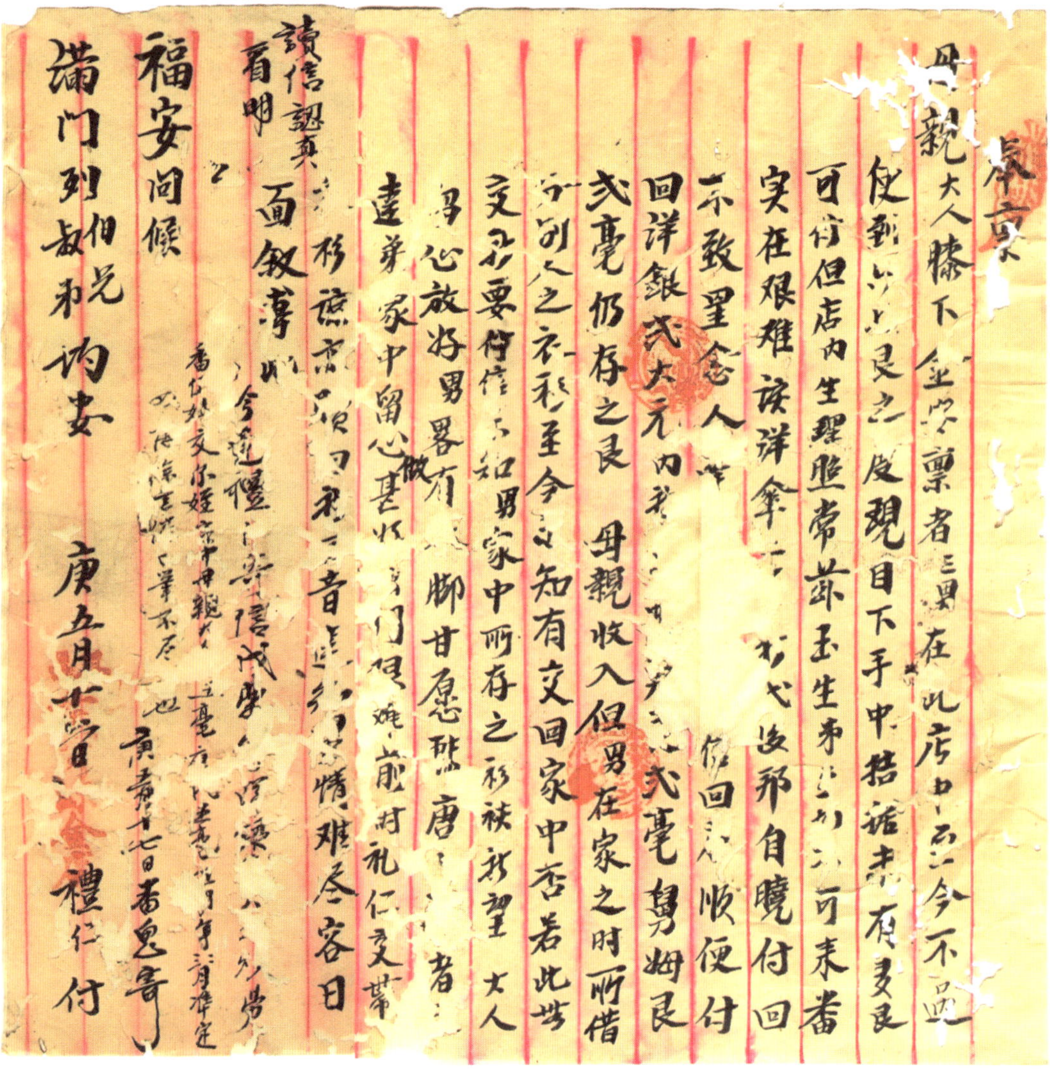
叩稟
母親大人膝下 金安 稟者三男在此店中[illegible]今不[illegible]
便到[illegible]艮之[illegible]度 現目下手中拮据未有多艮
可付 但店內生理照常 蘇玉生弟[illegible]可來番
實在艰难 該洋傘[illegible]後邪自覽付回
不致罣念人[illegible] 候回[illegible]順便付
回洋銀弍大元 內[illegible]弍毫舅姆艮
弍毫仍存之艮 母親收入 但男在家之时所借
[illegible]別人之衣衫至今[illegible]知有交回家中否 若此些
交[illegible]要付信[illegible]知男家中所存之衫袂新望 大人
[illegible]心放好 男[illegible]有[illegible] 脚甘愿[illegible]唐[illegible]者
達弟家中留心甚[illegible] [illegible]门[illegible]前 禮仁[illegible]
移[illegible]音[illegible]情難尽容日
讀信翘真 面叙 尊[illegible]
看明
今[illegible]信[illegible]
番右好文尔娃[illegible]中母親大人 五毫[illegible]月[illegible]定
[illegible]也
庚[illegible]十七日番[illegible]寄
福安问候
满门列伯兄叔和均安
庚五月廿[illegible]日 禮仁付

录文

奉禀

母亲大人膝下金安：

禀者，三男在此店中至今不过使[1]到六七艮（银）之度，现目下手中拮据，未有多艮（银）可付但店内生理照常。兹玉生弟至切不可来番，实在艰难。该洋伞□□□代（待）后邦（帮）[2] 自晓付回，不致挂念。人□□□□□信回唐，顺便付回洋银二大元。内□□□□□□二毫[3]，舅姆（母）艮（银）二毫，仍存之艮（银）母亲收入。但男在家之时所借与别人之衣衫，至今未知有交回家中否？若此无交，祈要□信示知。男家中所存之衫裤，祈望大人留心放好。男略有□脚，甘愿转唐。□□□者□。达弟家中留心做甚好，出门艰难。前时礼仁交带（代）衣衫，谅亦□□□□音达知。墨情难尽，容日面叙。专此。读信认真看明。

上

福安　问候

满门列伯叔、兄弟　均安！

庚五月十六日　礼仁　付

今逢礼仁寄信，戊荣□□□□□□□□，劳番仔妹交尔侄。家中母亲大人□五毫，唐氏五毫，明年二三月准定□□□□□□□不尽□也

庚五月十七日　番鬼　寄

简释

叶礼仁自称“三男”而非哥哥们口中的“四弟”。寄居大哥店中，难免有不如人愿的感叹：“三男在此店中至今不过使到六七银之度，现目下手中拮据，未有多银可付……”

叶礼仁又千叮咛万嘱咐“玉生弟至切不可来番，实在艰难”。自己如若“略有□脚，甘愿转唐”。看来，叶礼仁十分后悔过番。

同样，对儿时好伙伴达荣也表示关切之情：“达弟家中留心做甚好，出门艰难。”

“番鬼”附寄银信于礼仁批信中。“番鬼”不知何许人也？还有“番仔妹”“唐氏”等，无从查考。

使用“坝罗叶宝源金店”条印，可见叶礼仁依然未有自己名号的经营实体。

〈四十二〉

---

① 使：见信〈五〉注⑤。

② 帮：见信〈二十〉注②。

③ 毫：见信〈三十〉注④。

〈四十三〉 清光绪二十六年庚子六月初九日（1900年7月5日）

叶和仁寄母亲钟氏书

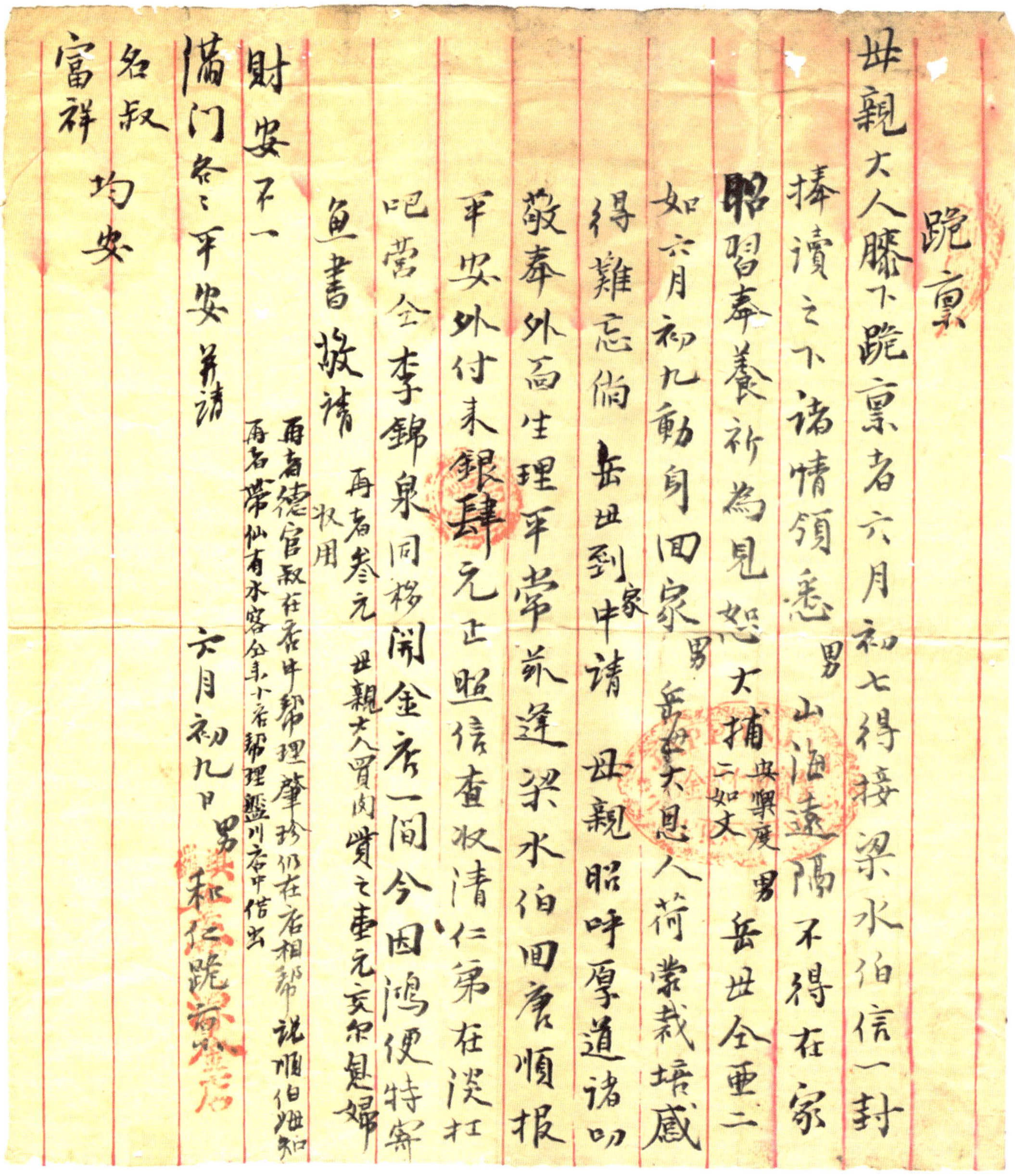

跪禀

母親大人膝下跪禀者六月初七得接梁水伯信一封

捧讀之下諸情領悉 男山海遠隔不得在家

照習奉養祈為見恕 大捕與興度二如文 男岳母仝西二

如六月初九動身回家 男岳母大恩人荷蒙栽培感

得難忘倘 岳母到家中請 母親照呼厚道諸叨

敬奉外面生理平常茲逢梁水伯回唐順報

平安外付來銀肆元正照信查收清仁弟在淡杜

吧嘮仝李錦泉同移開金店一間今因鴻便特寄

魚書撥請 再者叁元 母親大人買肉 貫之壹元交尔媳婦收用

再者德官叔在店中幫理肇珍仍在店相幫 諾順伯妣知

再者常仙有水客仝來小店幫理鑑川店中信出

財安不一

滿门各〻平安 并請

名叔

富祥 均安

六月初九日 男和仁跪禀

录文

跪禀
母亲大人膝下：

跪禀者，六月初七得接梁水伯信一封，捧读之下，诸情领悉[①]。男山海远隔，不得在家，昭（朝）习（夕）奉养，祈为见恕。大捕（埔）安乐度（渡）二如丈、男岳母同亚二如，六月初九动身回家。男岳母大恩人，荷蒙裁（栽）培，感得（德）难忘。倘岳母到家中，请母亲昭（招）呼厚道[②]，诸叨敬奉。外面生理平常。兹逢梁水伯回唐，顺报平安。外付来银四元正，照信查收。清仁弟在淡扛（江）吧营[③]，同李锦泉同栘[④]开金店一间。今因鸿[⑤]便，特寄鱼书[⑥]。

敬请
财安不一
满门各各平安　并请
名叔、富祥均安

再者三元，母亲大人买肉资之，一元交尔息（媳）妇收用。

再者，德官叔在店中帮理，肇珍仍在店相帮，说顺伯姆（母）知。

再者，带仙有水客同来小店帮理，盘川[⑦]店中借出。

六月初九日　男和仁　跪禀

简释

信末落款未写明干支。

叶和仁信中说清仁在淡江开金店，叶清仁自己于庚年元月告知母亲“男现今红毛丹自创一间”（信〈三十五〉）。叶礼仁又于庚三月廿六日（信〈三十七〉）提及“清仁兄在别埠自开一间”。故叶和仁此信也应是“庚年”所写。叶清仁事业有发展，三兄弟均先后与母亲分享喜讯。

六月初九叶和仁岳母回唐山，望母亲“招呼厚道”。叶和仁在南洋先后纳妾三人，陈氏、廖氏、黄氏。陈氏已断音讯，黄氏尚未迎娶，此岳母应是廖氏之母。“大恩人”“荷蒙栽培，感得（德）难忘”，溢美之词，确实异于常人。联想叶清仁信〈三十五〉中所言，大兄“兼之娶有一妾，自带金银有数千”，即可体会叶和仁如此看重岳母的心情。

使用“坝罗叶宝源金店”条形章。

〈四十三〉

---

① 领悉：见信〈六〉注①。
② 厚道：宽厚，不刻薄。
③ 淡江吧营：马来亚旧地名。
④ 栘：加。
⑤ 鸿：指书信。
⑥ 鱼书：《古乐府》：“呼儿烹鲤鱼，中有尺素书。”后因此称书信为“鱼书”。
⑦ 盘川：旅费，亦作“盘缠”。

〈四十四〉 清光绪二十六年庚子六月十三日（1900年7月9日）

叶和仁寄母亲钟氏书

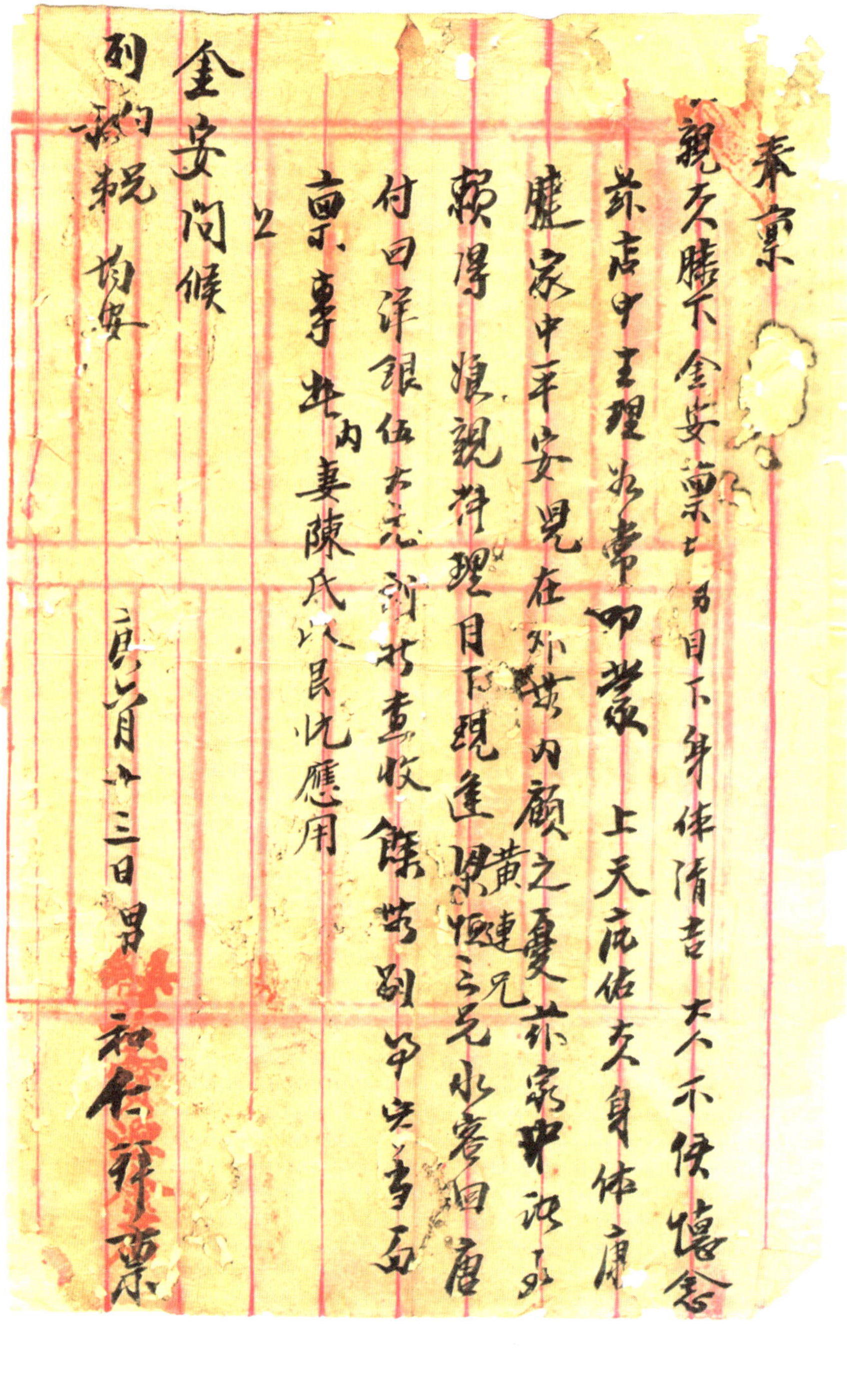

奉禀
母亲大人膝下：金安禀上，男目下身体清吉，大人不便忆念。
兹店中生理如常，叨蒙上天庇佑，大人身体康
健，家中平安，男在外安，内顾之忧亦宽，家中诸事
频得娘亲料理，目下现逢黄连兄、恒之兄水客回唐，
付回洋银伍大元，到祈查收，余些别事，容后再
禀。专此，内妻陈氏以银作应用
之
金安问候
列[illegible]均安
庚六月十三日男
和仁拜禀

录文

奉禀

母亲大人膝下金安：

禀者，男目下①身体清吉，大人不使②怀念。兹店中生理如常。叩蒙上天庇佑，大人身体康腱（健），家中平安，儿在外无内顾之忧。兹家中诸事赖得娘亲料理。目下现逢黄连（琏）兄、梁恒三兄水客回唐③，付回洋银五大元，到祈查收。余无别事，容当面禀。专此。内妻陈氏收艮（银）二元应用。

上

金安　问候

列伯叔、兄弟均安

庚六月十三日　男和仁　拜禀

简释

使用“坝罗叶宝源金店”条印。

该信内容简单，仅报平安、禀问候、托批银、表怀念。

〈四十四〉

① 目下：目前；眼下。

② 不使：见信〈十八〉注③。

③ 回唐：见信〈十二〉注⑥。

〈四十五〉 清光绪二十六年庚子闰八月初一日（1900年9月24日）叶和仁寄母亲钟氏书

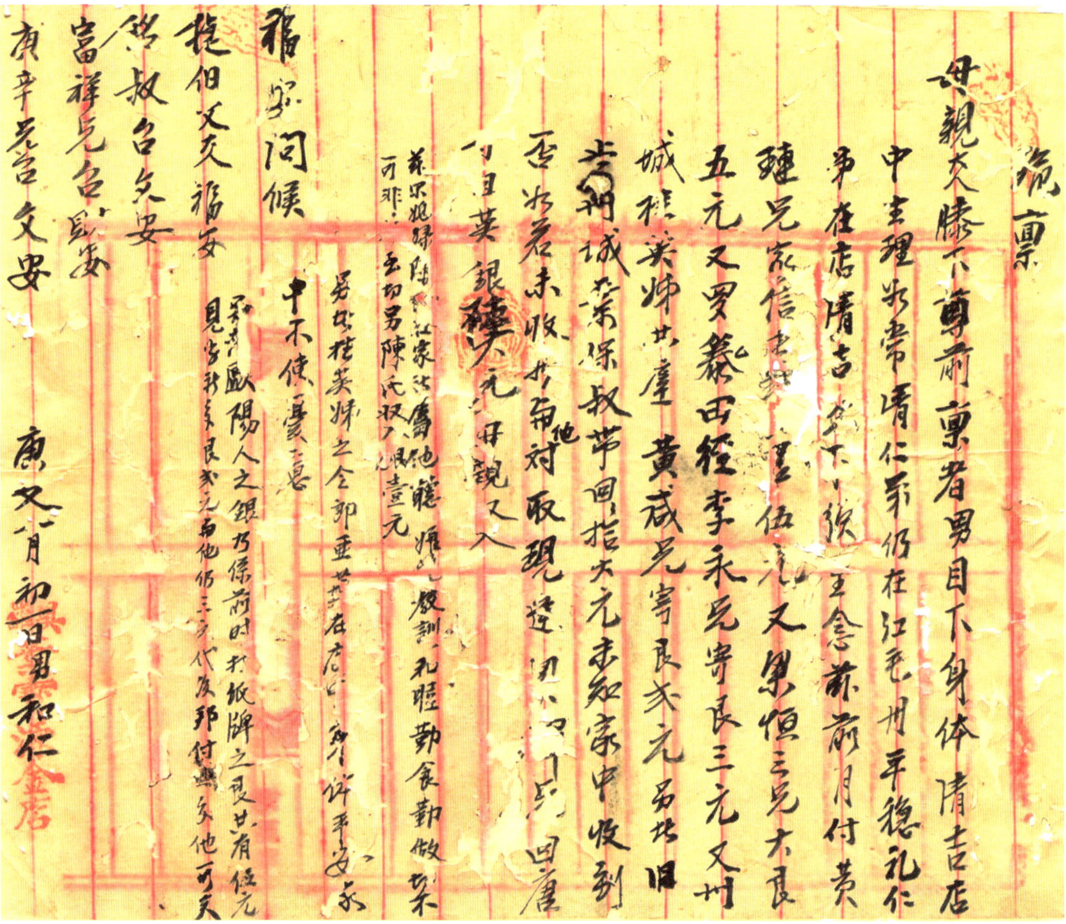

录文

跪禀

母亲大人膝下尊前：

禀者，男目下身体清吉，店中生理如常。清仁弟仍在红毛丹①平稳，礼仁弟在店清吉，各不须挂念。兹前月付黄琏兄家信一封，大艮（银）五元，又梁恒三兄大艮（银）五元，又罗藤田经李永兄寄艮（银）三元，又州城桂英姊共□，黄咸兄寄艮（银）二元。另者，

① 红毛丹：见信〈三十五〉注③。

旧岁[1]州城[2]叶保叔带回十大元，未知家中收到否？如若未收，祈与他对取。现逢梁□□兄回唐[3]，付回英银[4]五大元，母亲收入。

兹尔媳妇陈氏在家，祈嘱他（地）听娘亲教训，和睦、勤食、勤做，切不可非□，至切！另陈氏收入银一元。

另者，桂英姊之令郎亚□□在店中身体平安，家中不使[5]忧虑。

另者，欧阳人之银，乃系前时打纸牌之艮（银），共有五元，见字祈交艮（银）二元与他。仍[6]三元代（待）后邦（帮）[7] 付回交他可矣。

福安问候

捷伯父大人福安

铭叔台文安

富祥兄台财安

庚辛兄台文安

庚又[8]八月初一日　男和仁

简释

叶和仁自己的金店经营如常。

叶清仁仍在红毛丹经营金店，生活平稳。

而叶礼仁在石城小市镇的金店也是平安无事。

前月（即六月）托黄琏兄五元，与信〈四十四〉所述吻合。但“又梁恒三兄大银五元”“又罗藤田经李永兄寄银三元”“黄咸兄寄银二元”未见相关批信。“旧岁州城叶保叔带回十大元”同样未见相关批信。可以肯定，叶和仁自六月十三至闰八月初一，中间至少还有三次托寄不同水客的银信。这也证明庚子年批信的密度，确实远远不止 23 次（见《晚清叶家三兄弟批信递寄情况一览表》之备注）。

使用“坝罗叶和仁金店”印章。

〈四十五〉

---

① 旧岁：见信〈十八〉注①。
② 州城：见信〈二十八〉注①。
③ 回唐：见信〈十二〉注⑥。
④ 英银：见信〈二十〉注⑨。
⑤ 不使：见信〈十八〉注③。
⑥ 仍：还有。
⑦ 帮：见信〈二十〉注②。
⑧ 又：“又八月”即“闰八月”。庚又八月初一日，是庚子年的闰八月初一日，即 1900 年 9 月 24 日。

〈四十六〉 清光绪二十六年庚子九月廿日（1900年11月11日）叶和仁、叶礼仁寄母亲钟氏书

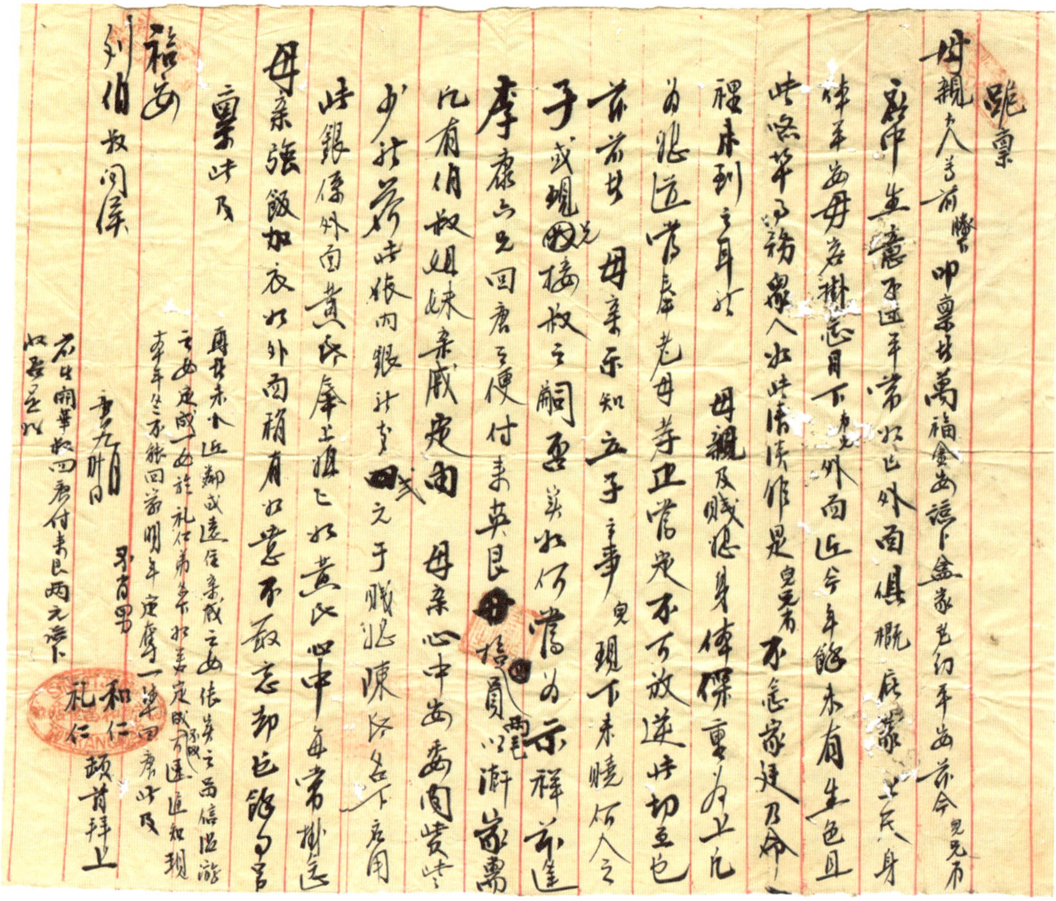

录文

跪禀

母亲大人尊前膝下：

叩禀者，万福金安。谅卜盒（阖）家老幼平安。兹今儿兄弟店中生意不过平常如（而）已，外面俱概庇蒙上天，身体平安，毋若挂念。目下弟兄外面近今年余，未有生色[①]。且此齐埠[②]事务众人如此清淡[③]，非是儿兄弟不念家廷（庭），乃命里未到之耳。祈

---

① 生色：此处应为“起色”更妥。起色：情况好转。

② 齐埠：见信〈十四〉注③。

③ 清淡：营业数额少。

母亲及贱媳身体保重为上。凡为媳道，当奉老母孝正，当定不可放逆，此切至也！兹前者母亲示知立子之事，儿现下未晓何人之子，或现兄接叔之嗣否？实如何，当为示祥（详）。兹逢李康六兄回唐之便，付来英艮（银）① 十员②两毛，以□家需。凡有伯叔姐妹亲戚，定由母亲心中安委③肉资些少（小）。祈荷此伥（信）内银，祈交二元于贱媳陈氏名下应用，此银系外面黄氏奉上姐姐。如④黄氏心中每常挂念母亲强饭加衣，如外面稍有如意，不敢忘却也。余事另禀。此及

再者，未卜近邻或远住亲戚之女伥（信）实之品信（行）、温游（柔）之女，定成一女于礼仁弟名下。如若定成不成，可速通知。现本年冬不能回家，明年定夺⑤一准回唐⑥。此及

福安

列伯叔问候

庚九月二十日　不肖男和仁、礼仁　顿首拜上

前者，开华叔回唐，付来银两元，谅卜收否是好。

简释

钟氏示知叶和仁抓紧“立子之事”，叶和仁家中已有儿子，未知钟氏为何还要叶和仁接他人之嗣？其实，叶和仁自己也不明就里，方有“未晓何人之子，或现兄接叔之嗣否？”等发问，要求母亲“示祥（详）”。此话的确难以理解，不知是否指叶和仁或其兄弟，抑或其兄弟之子过继接上一辈某人的香火，因其弟玉生就是过继给其大伯的。

在本帮批款中，叶和仁的“外面黄氏”奉上二元给“姐姐”陈氏。从上信可知，叶和仁九月十七日迎娶黄氏，这是婚后三天黄氏妾奉送给陈氏妻的。

叶和仁要母亲为礼仁名下“定成一女”。条件有三：一是“近邻或远住亲戚之女”；二是“伥（信）实之品信（行）”；三是“温游（柔）”之女。叶和仁对叶礼仁确实关怀备至，直接操心其婚事。

使用“新和昌金店”中英文椭圆印。

叶和仁问及前“开华叔回唐，付来银两元”，但未见相关批信。

〈四十六〉

① 英银：见信〈二十〉注⑨。
② 员：通“圆”。
③ 安委：安排。
④ 如：“如君”“如夫人”之简称，妾的别称。
⑤ 定夺：原义是“对事情做可否或取舍的决定”，这里应是潮梅方言的“定着”，表肯定。
⑥ 回唐：见信〈十二〉注⑥。

〈四十七〉 清光绪二十六年庚子九月（1900年10月至11月间）

叶和仁寄母亲钟氏书

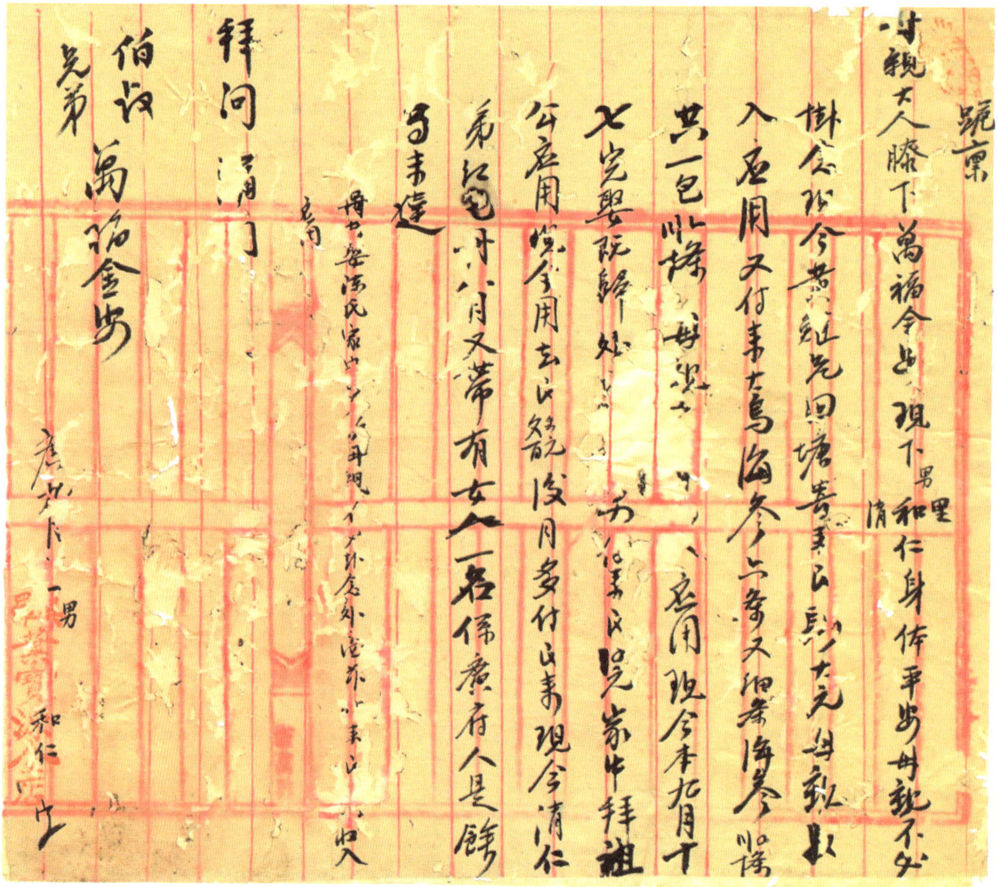

录文

跪禀

母亲大人膝下万福金安：

现下[①]男和仁、里仁、清仁身体平安，母亲不必挂念。现今黄鲢（琏）兄回塘（唐）[②]，寄来艮（银）四大元，母亲收入应用。又付来大乌海参六条，又细条海参三十条，共一包三十六条，母亲大人□□应用。现今本［年］九月十七完娶既（即）归[③]。外□□□另付来艮（银）一元，家中拜祖公应用。现今用去艮（银）九百九元，后月多付银来。现今清仁弟［在］红毛丹八月又带有女人一名，系广府人是（氏）。余事未达。

另者，娶陈氏家中□□□，母亲不必卦（挂）念外面。兹付来艮（银）□□，收入应用。

拜问满门

伯叔　兄弟　万福金安

庚　九月□□　男和仁　字

简释

落款日期漫漶。而从内信看，叶和仁"九月十七完娶即归"，又纳妾黄氏。因此，该信应写于"九月十七"或之后一两天。因为"二十日"即黄氏过门后第三天，黄氏已经奉银给叶和仁之妻陈氏了。不然，岂不是有先斩后奏之嫌？尽管信〈四十〉已就"外面黄氏"向妻子说了一番好话，但毕竟仍未"礼成"。这一次，"完娶既（即）归"，名正言顺。

叶清仁在红毛丹又带有一广府女子。叶和仁先给母亲打招呼清仁弟在红毛丹带有一广府女子。费解的是那个"又"字。

叶和仁特意另付银一元，"家中拜祖公应用"。可见叶和仁十分重视家乡拜祖公之事。

信中"娶陈氏"应指信〈六〉之"愚媳陈氏"和信〈八〉中"妾陈氏银一元陈氏妻收入"中之"妾陈氏"。但后面原字缺，不知所述何事。加之后期一直未有叶和仁谈及陈氏妾，情况不明。

〈四十七〉

① 现下：现今；现在。

② 回唐：见信〈十二〉注⑥。

③ 归：归宁。旧谓已嫁的女子回娘家省视父母。《诗·周南·葛覃》："归宁父母。"也指男子归省父母。

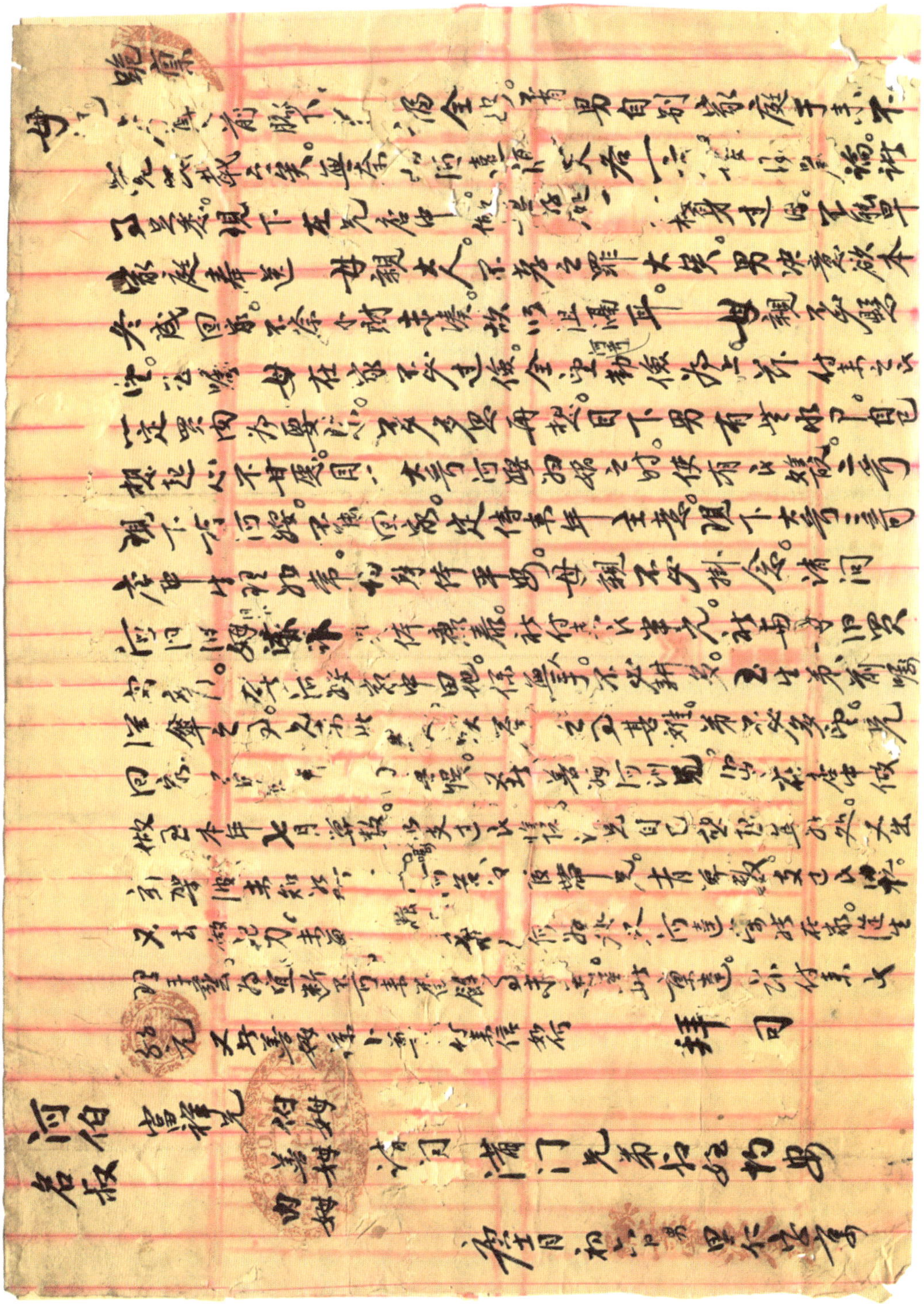

〈四十八〉 清光绪二十六年庚子十一月初六日（1900年12月27日）叶礼仁寄母亲钟氏书

录文

跪禀

母亲大人尊前膝下万福全（金）安：

不肖男自别家庭于（以）来，不觉二载之矣。无奈山河远隔，天各一方。接得□论，诸事足悉。现下在兄店中，做□好处，□□栖身过日，不能早［晚］家庭奉送母亲大人，不孝之罪大矣。男决意欲本冬成回家，不奈小财未凑，故以阻隔耳，母亲不必悬望，至嘱。母在家不必过俭，全望阿哥勤俭为上。兹付来之艮（银）一定买肉为要紧，不必多思再想。目下[①]男有些水□，自己想起心不甘愿。目下大哥阿嫂归婚之时，使有艮（银）九百余元。二哥现下有阿嫂，不能回家，定侍（待）来年主意。现下大哥二哥店中生理如常，均身体平安，母亲不必挂念。请问阿伯伯姆（母），目下谅卜身体康泰。祈付来艮（银）半元，祈与母臼（舅）买肉应用。另者，阿嫂家中田地，系无人手，不必耕多。玉生弟前嘱洋伞之事，兄来此□□□□之事甚难，弟不必多望，兄回家□□□□□□无悮（误）。又者，善姆阿（亚）训兄旧岁在店中做，做至本年七月算数，以（已）支过艮（银）二十余元。训兄自己想起无好处，又出新架波[②]，未知如何，此嘱。阿名叔官带兄十一月算数，支过艮（银）一十元，又去做把力[③]，未算□□□□□□何好处。又阿达荣能在家从生理手艺为宜，断不可来番！余事未述，谨此禀达。兹付来艮（银）五元五。又者，善姆谅卜尊□□付来信如何。拜问

阿伯名叔富祥兄伯姆（母）　善姆　内姆

请问满门兄弟叔侄均安

庚十一月初六日　男里仁　字禀

简释

“不肖男自别家庭于（以）来，不觉二载之矣。”叶礼仁过番已两年。自1899年随和仁离家，至1900年，算头算尾有两年。现在仍在和仁店中做工。“大哥阿嫂归婚之时”，应指九月十七叶和仁娶黄氏，用银九百余元。“二哥现有阿嫂”，应指信〈四十七〉叶和仁所言：“清仁弟［在］红毛丹八月又带有女人一名，系广府人是（氏）。”

善姆之子亚训兄出新加坡。名叔之子官带兄又去做吧叻。叶家的几位亲戚，几年来一直以叶和仁的金店为“基地”，进进出出，流动性很大。

叶礼仁又再次强调“阿达荣能在家从生理手艺为宜，断不可来番！”阿达荣极可能系叶和仁等同父同母之弟。因叶礼仁在信〈六十八〉曾有一声感叹：“况母亲生我兄弟五六，至今家中仍然寂寞无聊。”叶礼仁的多封批信，字里行间都流露出与玉生、达荣非同寻常的关怀。

〈四十八〉

---

① 目下：见信〈四十四〉注①。

② 新架波：即新加坡。

③ 把力：“吧叻”，见信〈三十七〉注③。

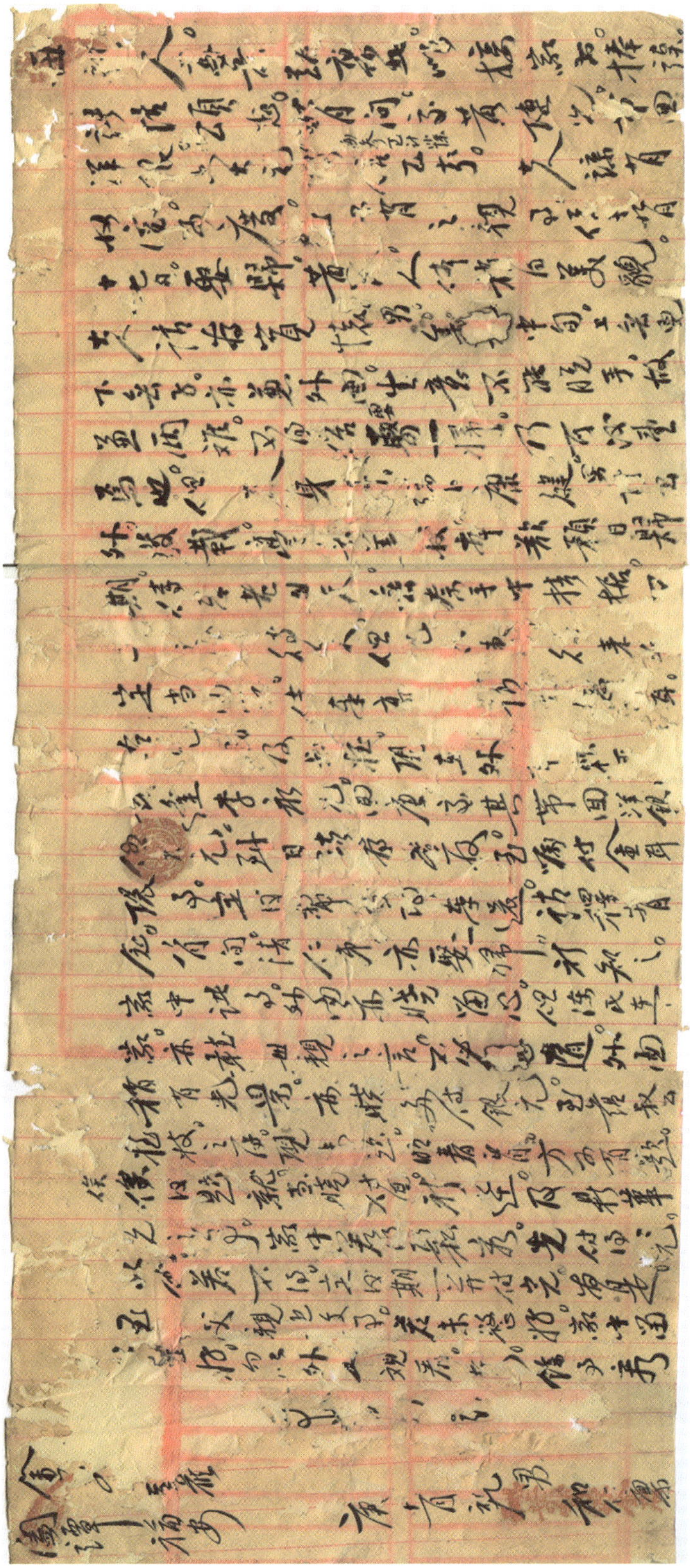

〈四十九〉 清光绪二十六年庚子十一月初九日（1900年12月30日）叶和仁寄母亲钟氏书

录文

母亲大人尊前：

敬禀者，□接家书捧读，诸情颂悉。此月间，交黄琏兄带回洋银六大元，海参一包计三十条，□信乙（一）封，大人谅有收阅，可庆。另不肖之亲事系于九月十七日娶归黄氏，人体稍得美貌，大人请存宽怀。男年□中旬，上无儿，下无子。亦兼外面生意不能脱手，故兼两难，不得□娶一妇，乃可后望焉也。但大人身体谅卜康健。男□出外数载，□□□□。本欲预日归期，侍奉老母大人，无奈手中拮据。□□□□□大人，但□□□□来□，定当□□侍奉□□□□□□□□□□□□□及叔侄现在外□□□。兹逢李永兄回唐，交其带回洋银五大元，到日请存查收。至［于］嘱付金耳环事，定后帮当面奉还，请释宥念[①]。八月间，清仁弟亦娶妇，祈知之。家中诸事，外面亦晓留心。但陈氏在家，亦听母亲之言，不必□□。外面稍有光景，亦晓多付银元。至［于］蕰叔公□□之嘱，现未题[②]，明春正月方可有题。俟日题就[③]，当晓付回。祈达及鼎华兄之事，家中若得松（从）容[④]，先付得二元以（予）他。若不得，定日期一并付完为是。至［于］父亲地坟事，若未整好，家中留心整好，勿以外人观看□□。余事容□□□□□

金□□□

阖潭[⑤]福安

庚十一月初九　男和仁　禀

简释

叶和仁一直到十一月才正式向母亲详述再纳妾之事："不肖之亲事系于九月十七日娶归黄氏。人体稍得美貌，大人请存宽怀。"

叶和仁至此时仍感叹"上无儿，下无子"，何也？其于信〈三十八〉不是讲明在唐山已有儿子了？想必其极希望能在安身立命的南洋有后继之人。

叶清仁"八月间"亦娶妇，这与叶礼仁上信（信〈四十八〉）的说法相符。

提及父亲："至父亲地坟事。"此可见的全部批信唯有的三次提到"父亲"二字，且仅是在说修整地坟之事。

〈四十九〉

---

① 释宥念：释，放开；放下。宥，宽，宏深。

② 题：见信〈八〉注④。

③ 俟日题就：等哪一天捐题完成。就：完成；确定。

④ 从容：见信〈七〉注②。

⑤ 阖潭：见信〈二十〉注⑦。

〈五十〉 清光绪二十六年庚子十一月初九日（1900年12月30日）叶和仁寄家乡亲戚书

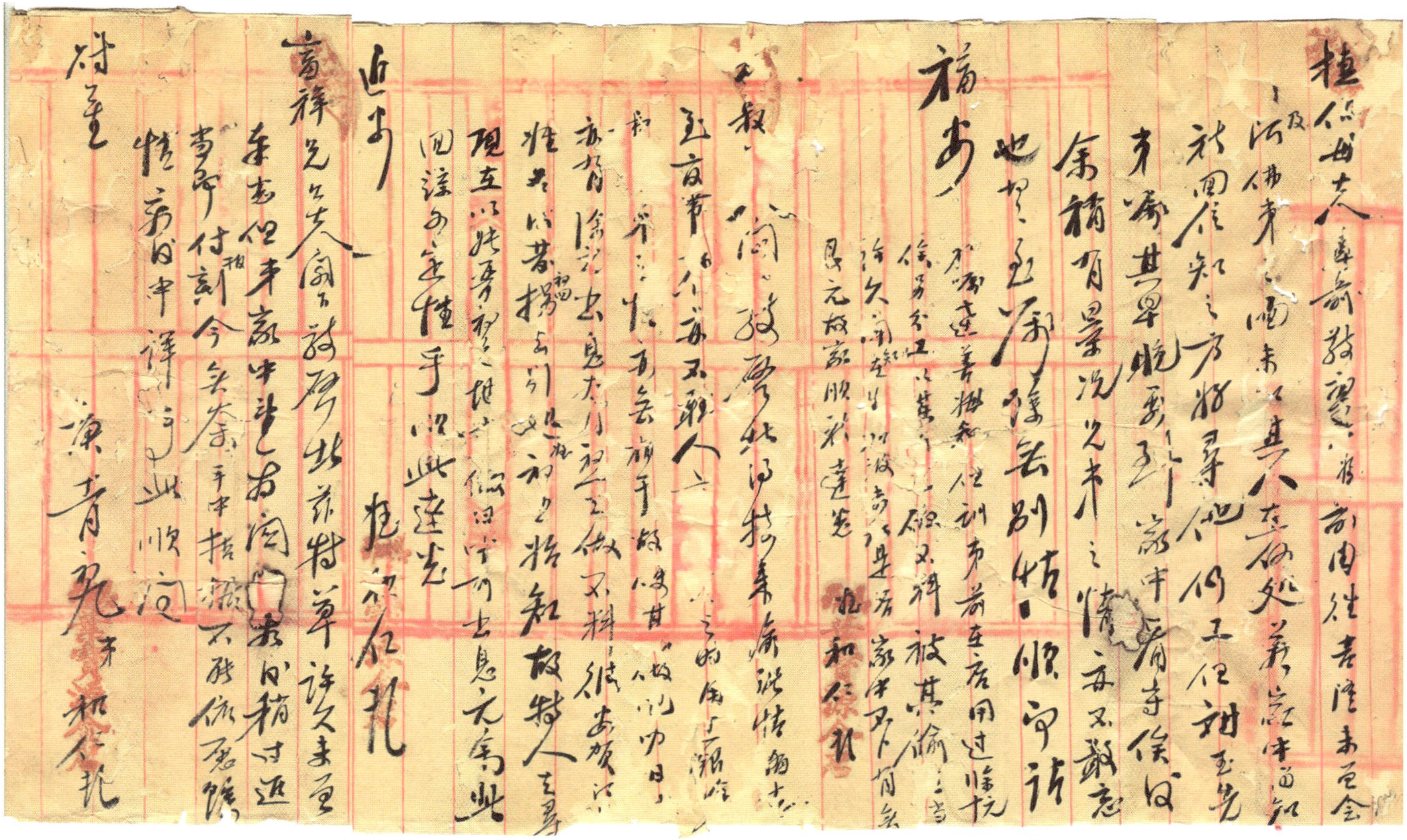

录文

捷伯母大人尊前：

敬禀者，前由往吉隆[1]，未曾会及阿佛弟之面，未知其人在何处。若家中得知，祈回信知之，方好寻他佣工[2]。但对玉先（生）弟，嘱其早晚要到家中看守，俟后余稍有景况，兄弟之情亦不敢忘也。切切至嘱。余无别情。顺叩请

福安

祈嘱达善姆知，但训弟前在店用过二十余元，俟另分工□□□□，不料被其偷□□□。久闻知在新加坡，未□是否？家中不卜有无艮（银）元故（顾）家。顺祈达悉。

侄和仁　顿

名叔大人□□：

敬启者[3]，得接来谕，诸情□□。至官带□□，亦不听人言，□□之内，用□□□□□□□□□□，亦无相干。故使其做吧叻[4]，日亦有一元余出息[5]。本月初一二做，不料彼安贺□。侄□□□，初四拐去别处，侄初五始知。故特［托］人去寻，现在以（于）张晋□□地方做，日中可出息元余。此回谅可定性乎？顺此达悉。

近安

侄和仁　顿

富祥兄台大人阁下：

敬启者，兹特草。许久未曾奉悉，但弟家中望为关□。若后稍寸进，当即付报。刻今无奈手中拮据，不能依愿，余情容后申祥。专此顺问

财望

庚十一月初九　弟和仁　顿

简释

叶和仁与上信同日托水客李永兄寄予“捷伯母”“善姆”“名叔大人”“富祥兄”。

从内容可以推断，玉生弟即叶和仁之四弟是过继到“捷伯母”家的，叶和仁“嘱其早晚要到家中看守”。后面叶和仁信〈五十四〉〈五十六〉已点明。

〈五十〉

---

① 吉隆：吉隆坡，今马来西亚首都。19 世纪随华工开发锡矿形成城市。

② 佣工：见信〈二十六〉注⑤。

③ 敬启者：意思是“我恭敬地报告的事情如下”，过去写信，在开头处常用“敬启者”字样，这是一般用法。“启”者，白也，告也，上面加“敬”字，则更是表示对收信人的尊重、敬意。这是信函内“启”字的含义。如果写在信封上，过去也常用“启”字，则是开拆、启封的意思，与前一种讲法完全不同。写在信封上的“启”字是请收信人拆开信封的意思。

④ 吧叻：见信〈三十七〉注③。

⑤ 出息：这里引申为工钱。息：利息。

〈五十一〉 清光绪二十六年庚子十一月十七日（1901年1月7日）

叶和仁寄母亲钟氏书

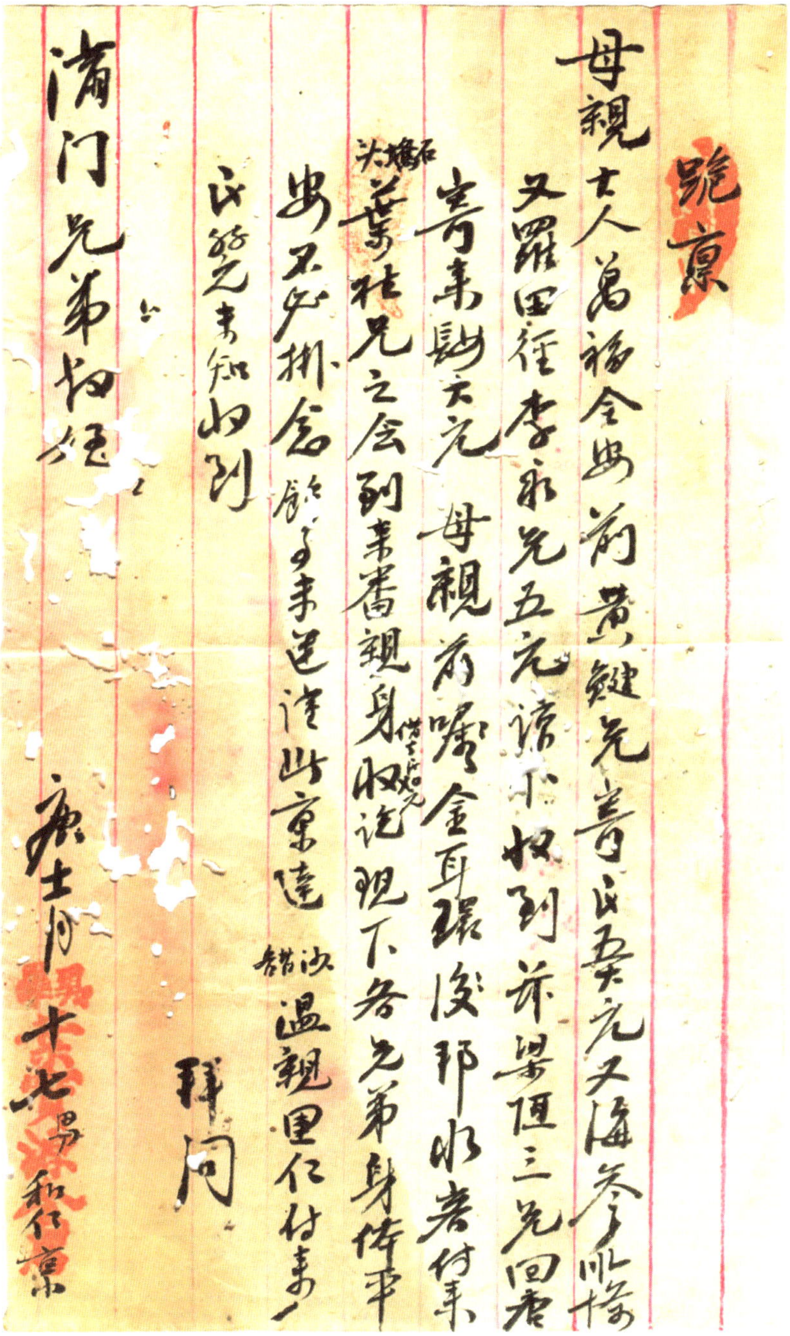

跪禀

母親大人萬福金安 前黃鍵兄寄信五英元又海參一小樁

又羅田往李永先五元諒亦收到並另匯三元回唐

寄來銀六元 母親前囑金耳環後邵收齊付來

葉桂兄之会到来舊親身收訖現下各兄弟身体平

安不必掛念 餘多未逆 謹此稟達 溫親里仁付來一

此銀之事知收到

拜同

浦門兄弟均好

庚十一月十七 男 和仁禀

录文

跪禀

母亲大人万福全（金）安：

前黄鲢（琏）兄寄艮（银）五大元，又海参三十六条；又罗田径[1]李永兄五元，谅卜收到。兹梁恒三兄回唐，寄来四大元。母亲前嘱［之］金耳环，后邦（帮）[2] 水客付来。石鹅头[3]叶桂兄之会到来番，亲身借去银四元，收讫。现下[4]各兄弟身体平安，不必挂念。余事未述。谨此禀达。沙昔□[5]温（姻）亲[6]里仁付来艮（银）五元五，未知收到［否］？

拜问

满门兄弟叔侄

庚十一月十七　男和仁　禀

简释

“银五大元，又海参三十六条”与信〈四十七〉中数额相证：庚九月，叶和仁托黄琏兄回塘“银四大元，母亲收入应用，又付来大乌海参六条，又细条海参三十条”，“另付来银一元，家中拜祖公应用”。叶礼仁于信〈四十八〉中所言及的托水客回乡的五元五，也相符。叶和仁在此信中讲得更为明白，是叶礼仁在“沙昔□温（姻）亲”处寄出的。“姻亲”者，由婚姻关系形成的亲属。包括：①血亲的配偶；②配偶的血亲；③配偶的血亲的配偶。不管是何种关系，叶礼仁在南洋已有“姻亲”。从另一侧面反映了叶礼仁的婚姻状况。

使用“坝罗叶宝源金店”印。

〈五十一〉

---

① 罗田径：清代嘉应州地名。
② 帮：见信〈二十〉注②。
③ 石鹅头：清代嘉应州地名。
④ 现下：现今。
⑤ 沙昔□：马来亚地名，未详。
⑥ 姻亲：由婚姻关系形成的亲属。

（五十二） 清光绪二十六年庚子十一月廿日（1901年1月10日）

叶和仁妾黄氏寄家婆钟氏书

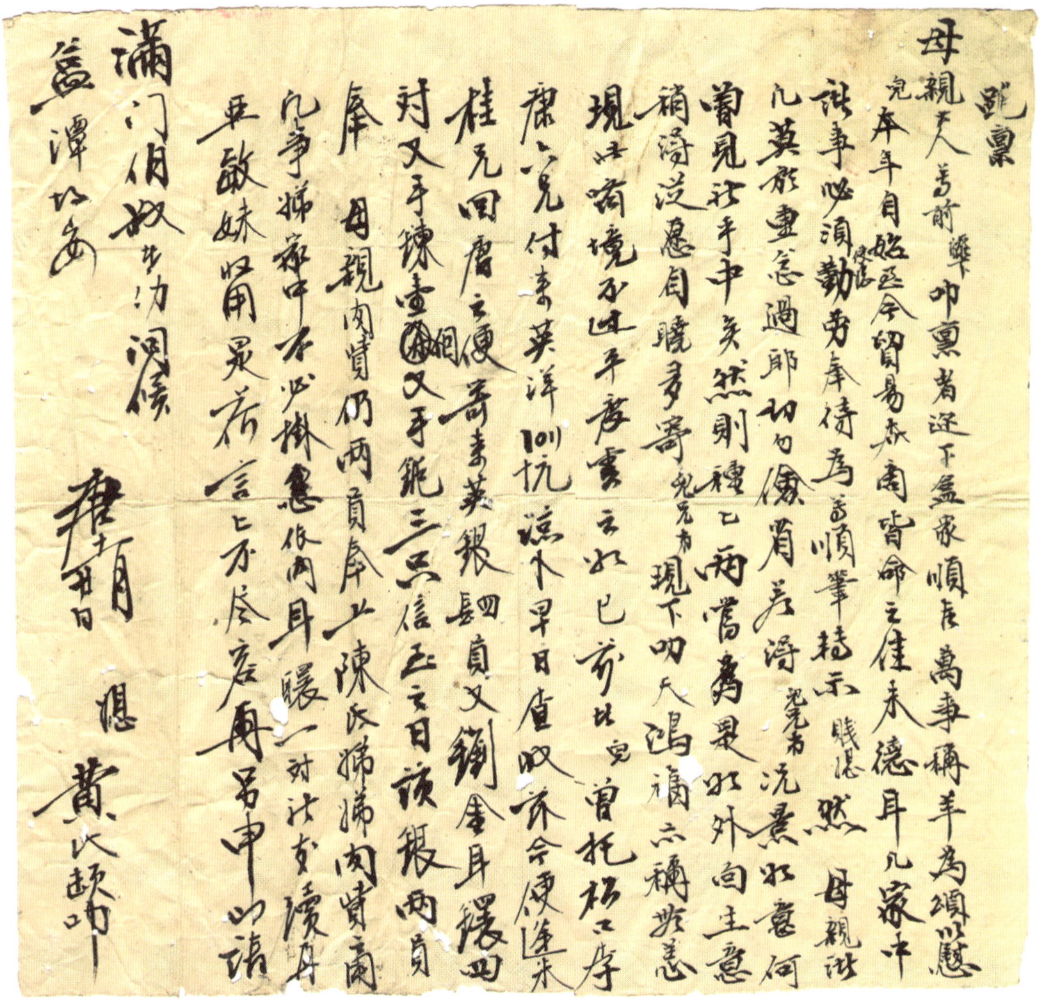

录文

跪禀

母亲大人尊前膝下：

叩禀者，迩下[①]盒（阖）家顺吉，万事称羊[②]，为颂以慰。儿本年自始至今贸易□商，皆命之佳未德（得）耳。凡家中诸事，必须使媳勤劳奉侍为尊。顺笔转示贱媳。然母亲诸凡[③]莫于重念过耶，切勿俭省。若得儿兄弟况景如意，何曾见祈乎中矣。然则种种，两当为是。如外面生意稍得从愿，自晓多寄。儿兄弟现下叨天鸿福，亦称无恙，现此齐[④]境，不过平度虚云如（而）已。前者儿曾托松口[⑤]李康六兄付来英洋[⑥]一十二元，谅卜早日查收。兹今便逢朱桂兄回唐之便，寄来英银[⑦]肆员[⑧]，又鋈金[⑨]耳环四对，又手链一个，又手鈪（镯）三只。信至之日，该银两员奉母亲肉资，仍[⑩]两员奉上陈氏娣娣（姊姊）肉资之用。凡事娣（姊）家中不必挂念，依（信）内耳环一对，祈交读□[⑪]亚敏妹收用是荷。言言不尽，容再另申。叩请

满门伯叔老幼问候

盒（合）潭[⑫]均安！

庚十一月廿日　媳黄氏　顿叩

简释

全信以“媳黄氏”的名义写，其实只有最后几句话才是黄氏的口气：托寄英银四元，“该银两员奉母亲肉资，仍两员奉上陈氏娣娣肉资之用”，金首饰计鋈金耳环四对、手链一个、手镯三只，其中包括耳环一对交叶和仁妹亚敏。

叶和仁嘱母亲凡事莫“重念”，“切勿俭省”，儿兄弟“若得从愿，自晓多寄”。

缺松口李康六带去十二元的银信。同年九月二十日的信〈四十七〉，叶和仁、叶礼仁托李康六带的是“英银十员两毛”。而这里记的是“英银一十二元”，不知是否笔误？

〈五十二〉

---

① 迩下：近下；近日。迩：近。
② 羊：通“阳”，也通“祥”。古“吉祥”多作“吉羊”。
③ 诸凡：此处写信人将“诸事”“凡事”合成而省去“事”字。诸：众多；凡。凡：一切。
④ 齐：指亚齐。见信〈四〉注②。
⑤ 松口：地名。清代嘉应州三十六堡之一。
⑥ 英洋：见信〈二十〉注⑨。
⑦ 英银：见信〈二十〉注⑨。
⑧ 员：见信〈四十六〉注②。
⑨ 鋈金：见信〈三十六〉注⑤。
⑩ 仍：还有。
⑪ 读□：未详。
⑫ 盒（合）潭：见信〈二十〉注⑦。

〈五十三〉 清光绪二十六年庚子十一月廿三日（1901年1月13日）

叶礼仁寄母亲钟氏书

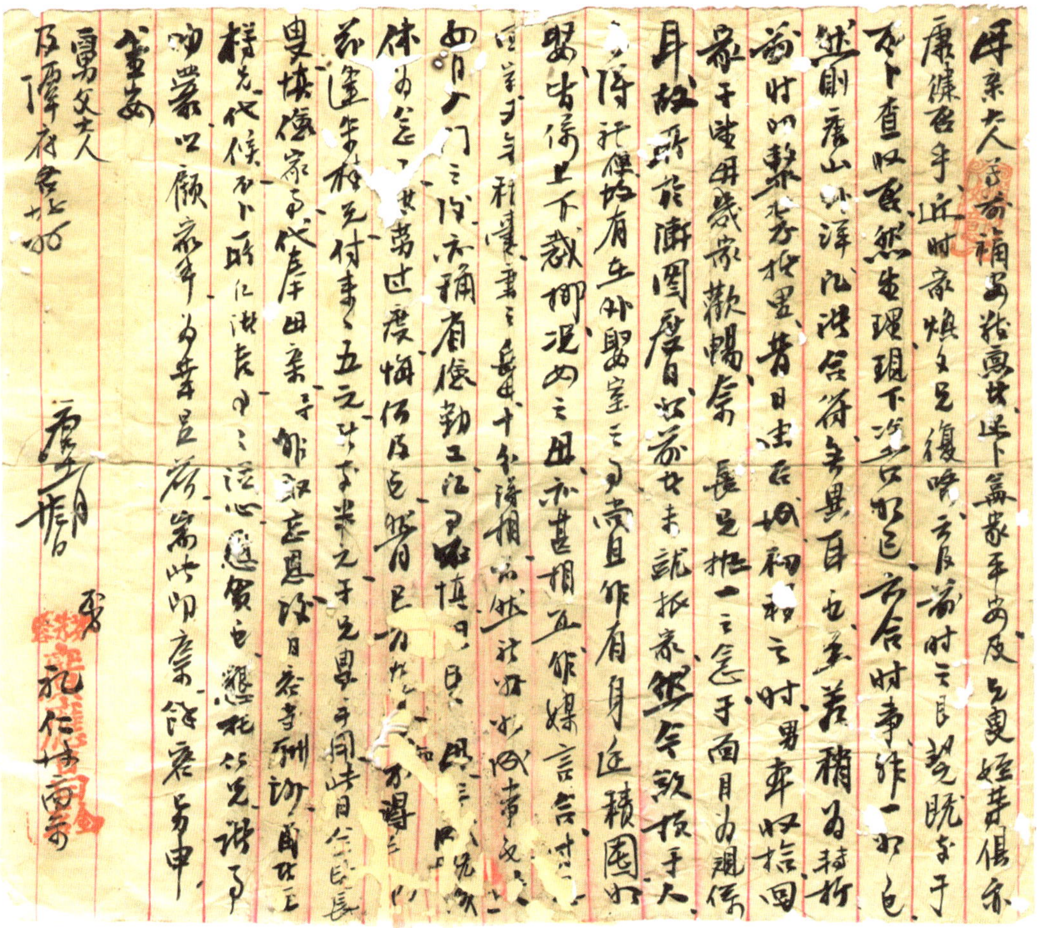

录文

母亲大人尊前福安：

敬禀者，谅卜盒（阖）家平安，及兄叟（嫂）侄等俱亦康健否乎？近时家焕文兄复齐[①]，云及前时之艮（银）八元四，既交于［手］，不卜查收否。然生理现下涂口如（而）已，亦合时事，非一如（而）已。然则唐山外洋凡诸[②]合符，无异耳也。至若稍为转折，前时叨整装抵里，昔日由后城初移之时，男本收拾回家，于（以）望母儿家欢畅。

① 齐：见信〈五十二〉注④。

② 凡诸：见信〈五十二〉注③。

奈长兄执一之念，于面目为观（关）系耳。故所于（以）渐图度日。如前者未就抵家，然今欲顶于人不得祈（其）便，故有在外娶室之事。尚且非有身边积囤为娶，皆系上下裁挪[1]。况女之母亦甚相宜，非媒言合。□□回家又无积囊[2]，妻之岳母十分得相，□然祈好，如成事□□。四月入门之后，亦称省俭勤工，凡事必慎。□□□□□□□□休为念，□□劳过度，悔何及也。然日已□□□□□，不得□□。兹逢朱桂兄付来五元，祈交半元于兄叟（嫂）手用。此日全望长叟（嫂）慎俭家事，代奉母亲，予非敢忘恩，后日容当酬谢。再者，□樽兄代候，不卜所凡诸吉，事事从心，□贺也。恳托仁兄诸事叨蒙照顾家中，为幸是荷。耑此叩禀。余容另申。

金安

舅父大人及潭府[3]各均好

庚十一月廿三日　不肖　礼仁草禀

简释

从叶和仁信〈五十一〉提示的“沙昔□姻亲里仁付来银五元五”，已经大略可知叶礼仁已在南洋娶有家室，但未正式告知母亲并获“父母之命”。这一次，叶礼仁为说服母亲同意，大谈“在外娶室”的理由，对岳母及妻室赞美之词溢于言表——“女之母亦甚相宜”“妻之岳母十分得相”“四月入门之后亦称省俭勤工，凡事必慎”。

“四月入门”，可知叶礼仁娶外室是在庚子年四月。事隔逾半年，才道与母亲知，可以设想钟氏在回批中的反应了。

叶礼仁的批信首次使用“芬芳蓉广应昌金店”印，证明礼仁应该已有自己的金店了。

未见焕文所言之“银八元四”相关批信。

〈五十三〉

① 裁挪：见信〈三十八〉注②。

② 积囊：积，聚。指有积蓄。囊：口袋。

③ 潭府：见信〈二十〉注⑦。

〈五十四〉 清光绪二十六年庚子十一月廿五日（1901年1月15日）

叶和仁寄母亲钟氏书

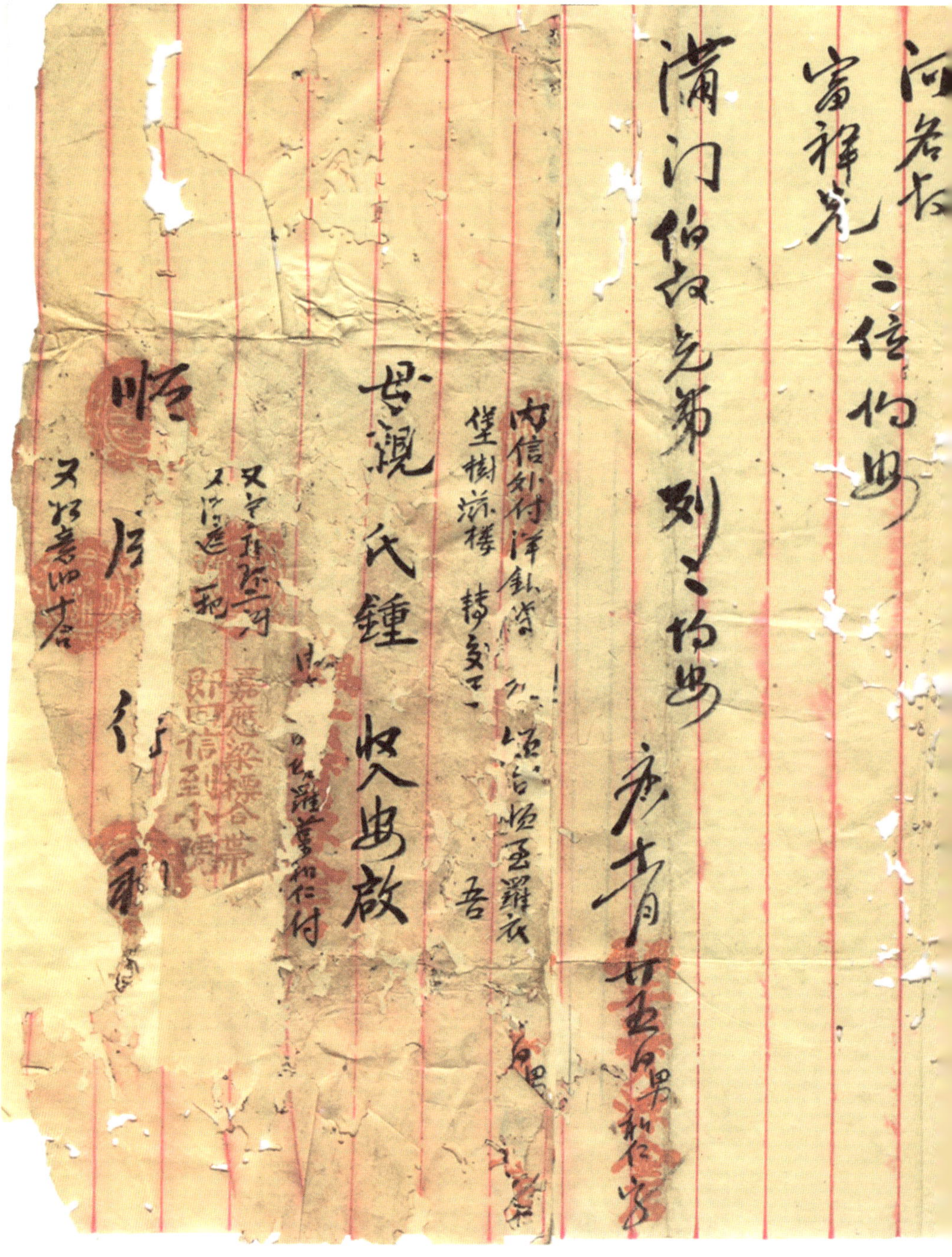
富祥兄 二位均安
浦门伯叔兄弟列之均安
庚十一月廿五日男和仁字

内信列付洋銀
母親鍾氏收入安啟

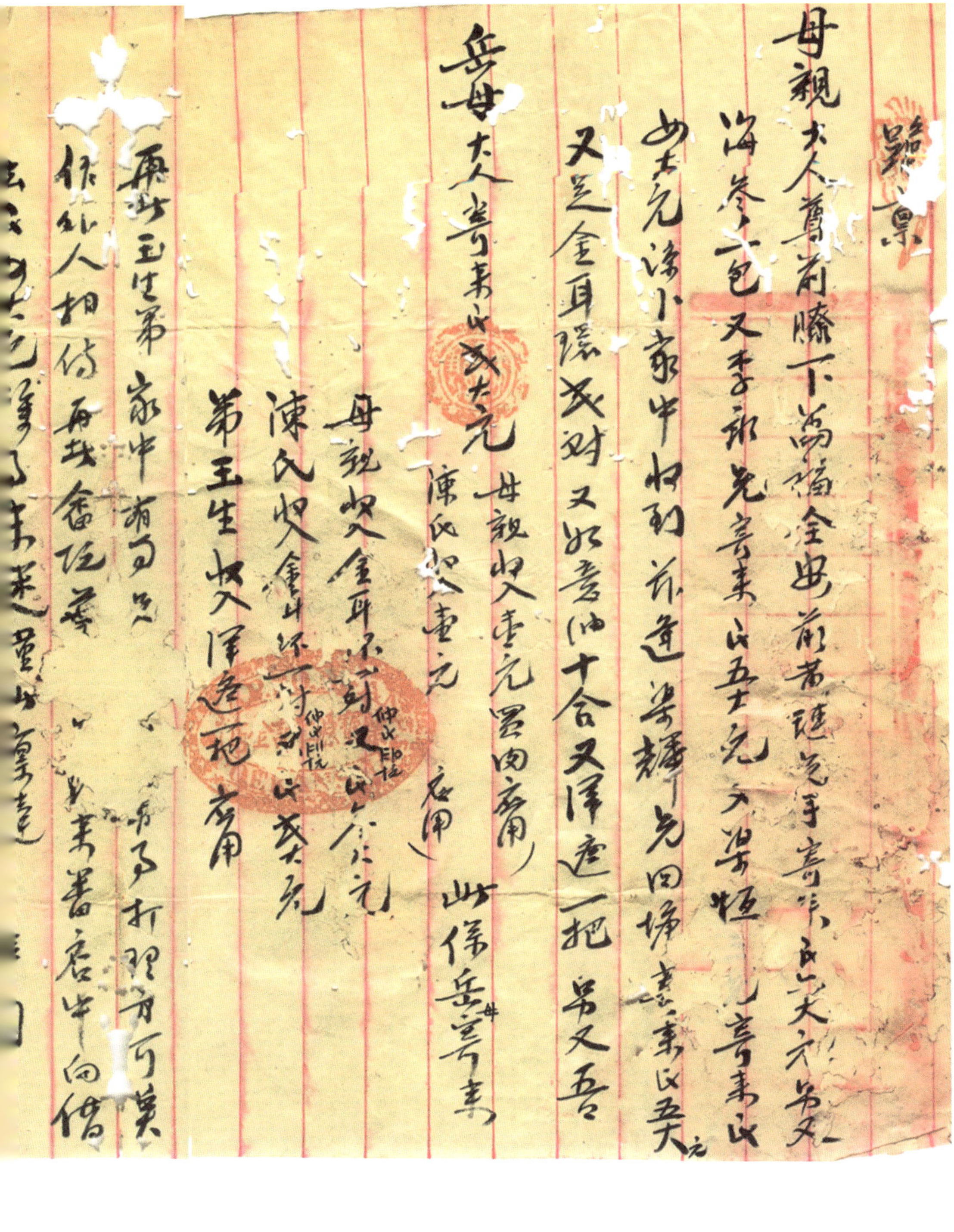

啟稟
母親大人尊前膝下萬福金安前者隨兄手寄[illegible]大元弟又
海參一包又李郎兄寄來銀五大元又寄[illegible]寄來銀
五大元諒小家中收到並逢[illegible]兄回塘寄來銀五大元
又送金耳環貳對又[illegible]十合又洋遮一把弟又吾
岳母大人寄來銀貳大元 母親收入壹元留回應用
陳氏收入壹元應用 此係岳母寄來
母親收入金耳環一對又銀壹大元
陳氏收入金耳環一對又銀貳大元
弟玉生收入洋遮一把應用
再者玉生弟家中諸事弟可打理方可莫
依外人相待再我[illegible]等[illegible]寄來[illegible]向借

录文

跪禀

母亲大人尊前膝下万福全（金）安：

前黄琏兄手寄来艮（银）五大元，另又海参一包；又李永兄寄来艮（银）五大元；又梁恒三兄寄来艮（银）四大元。谅卜家中收到。兹逢梁辉兄回塘（唐）①，寄来艮（银）五大元；又足金耳环二对，又如意油十合（盒），又洋遮一把。另又吾岳母大人寄来艮（银）二大元，母亲收入一元买肉应用，陈氏收入一元应用。此系岳母寄来。

母亲收入金耳环一对，仲（伸）[或为"升"②] 艮（银）一十三一，又艮（银）三大元。

陈氏收入金耳环一对，仲艮（银）一十二二，又艮（银）二大元。

弟玉生收入洋遮③一把应用。

再者，玉生弟家中有事□□□□□事打理方可，莫作外人相侍（待）。再者，畲坑叶□□□□来番④店中，向借去艮（银）四大元。余事未述，谨此禀达。拜问

阿名叔、富祥兄二位均安

满门伯叔兄弟列列均安

庚十一月廿五　男和仁　字

内信外付洋银七大元　　烦台顺至

罗衣堡树滋楼　转交于吾

母亲　氏钟　收入安启

□□□□□□□罗叶和仁付

又□耳环二对又洋遮一把

顺　风　得　利

又如意油十合（盒）

简释

与后信仅一天之差。

叶和仁托寄金首饰回乡，并将金耳环的价值分别标明，以示"差别化对待"。这也是叶和仁兑现信〈五十一〉中对母亲的承诺："母亲前嘱［之］金耳环，后邦（帮）水客付来。"

叶和仁在南洋之岳母也寄钱给钟氏、陈氏，关系熟络。不过，未知此"岳母"是哪位

---

① 回唐：见信〈十二〉注⑥。

② 升：旧时调换票据或兑换货币，称为升。旧时批局、银庄间货币兑换，票据上也写"伸"。如"××寄唐山批一封×元价伸暹银××照信面投唐山×邑×乡××收"。

③ 洋遮：雨伞，潮梅地区称为雨遮。产自南洋的雨伞，民间称为洋遮。

④ 番：见信〈十三〉注④。

妾侍的母亲。

封皮加盖“嘉应梁标合带，即回信到小号”戳记，有水客的明显标识。

批信中罗列了近期几次寄批的情况，一并询问。前黄琏兄五大元、海参一包（庚九月信〈四十七〉）、“李永兄银五元”（庚十一月九日信〈四十九〉）

在托梁恒三于庚十一月十七日带回的信〈五十一〉中，叶和仁已对“银五元，海参三十六条”作了咨询。

祈望母亲对玉生弟“莫作外人相待”。玉生实为钟氏之骨肉，只不过服从家族长辈的安排，自小过房大伯父而已。打断骨头连着筋，叶和仁提出这个要求，并不过分。

〈五十四〉

〈五十五〉 清光绪二十六年庚子十一月廿六日（1901年1月16日）

叶和仁寄母亲钟氏书

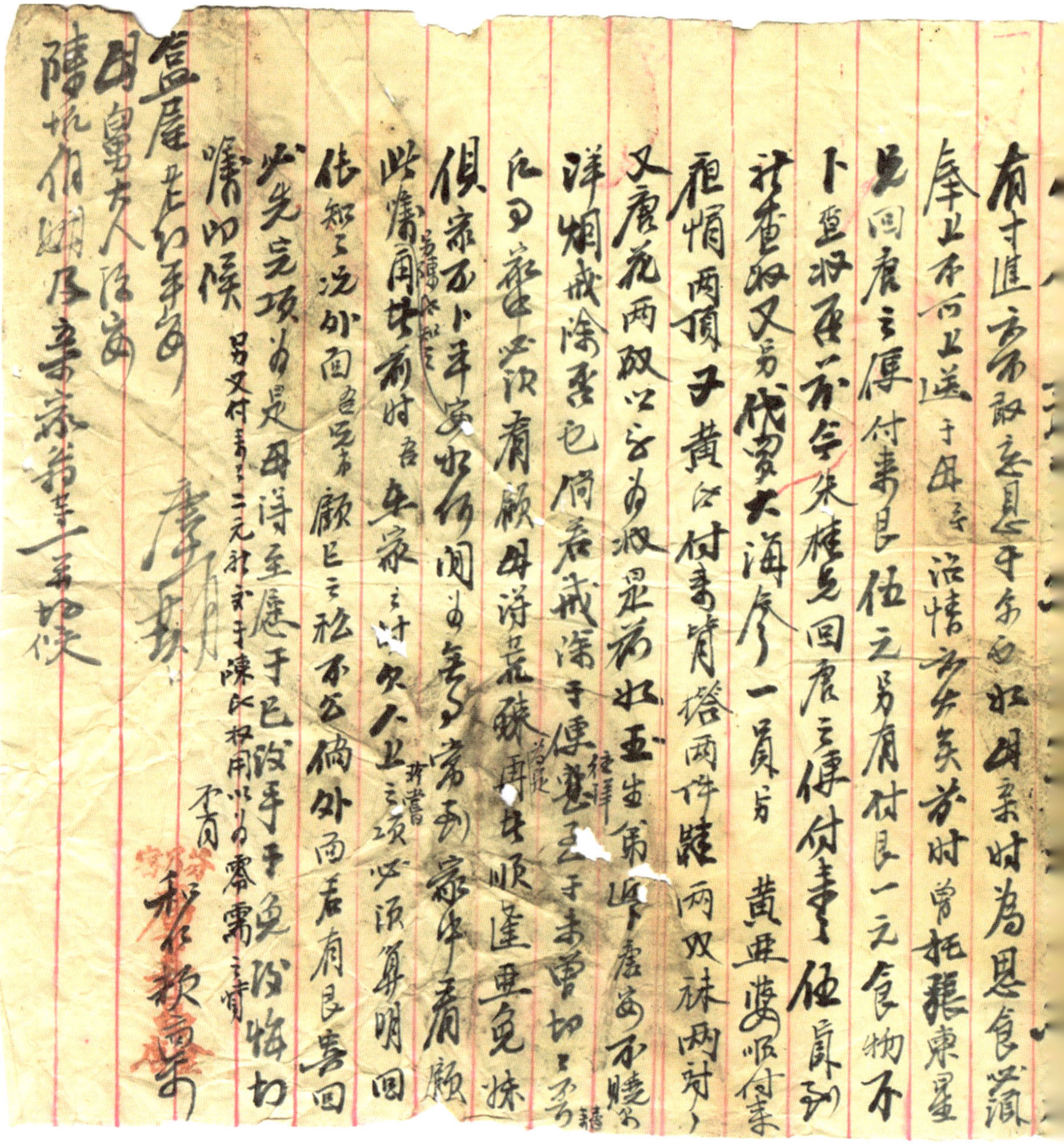

有寸進亦未敢[illegible]于今[illegible]母亲时為恩食必[illegible]
奉上不可上送于母之沾情亦矣前时曾托張東星
兄回唐之便付來艮伍元另有付艮一元食物不
卜查收否亦今朱桂兄回唐之便付來伍員到
祈查收又另代買大海參一員另黃番薯順付來
毡帽两頂子黃以付來背搭两件鞋两双袜两对
又唐花两双以与弟妹[illegible]收玉出弟婦下唐安不曉得
洋烟戒除否也倘若戒除于便寄五子来曾切切不可
以母家中必須有顧母得最喜再此順逢要免妹
俱家下平安如何阿母無需常到家中看顧
此儘用其前时者来家之时其人来之項必須算明回
信知之汝外面之事顧已之私不公倘外面若有艮寄回
必先完項為是母得至居于巳沒手手免沒悔切
囑叩候
另又付来艮一二元祈交于陳氏収用以為零需之費
萱座老大人手安
母舅大人注安
陳伉儷及亲家弟等一并均候
庚子
十一月
秋和仁稟

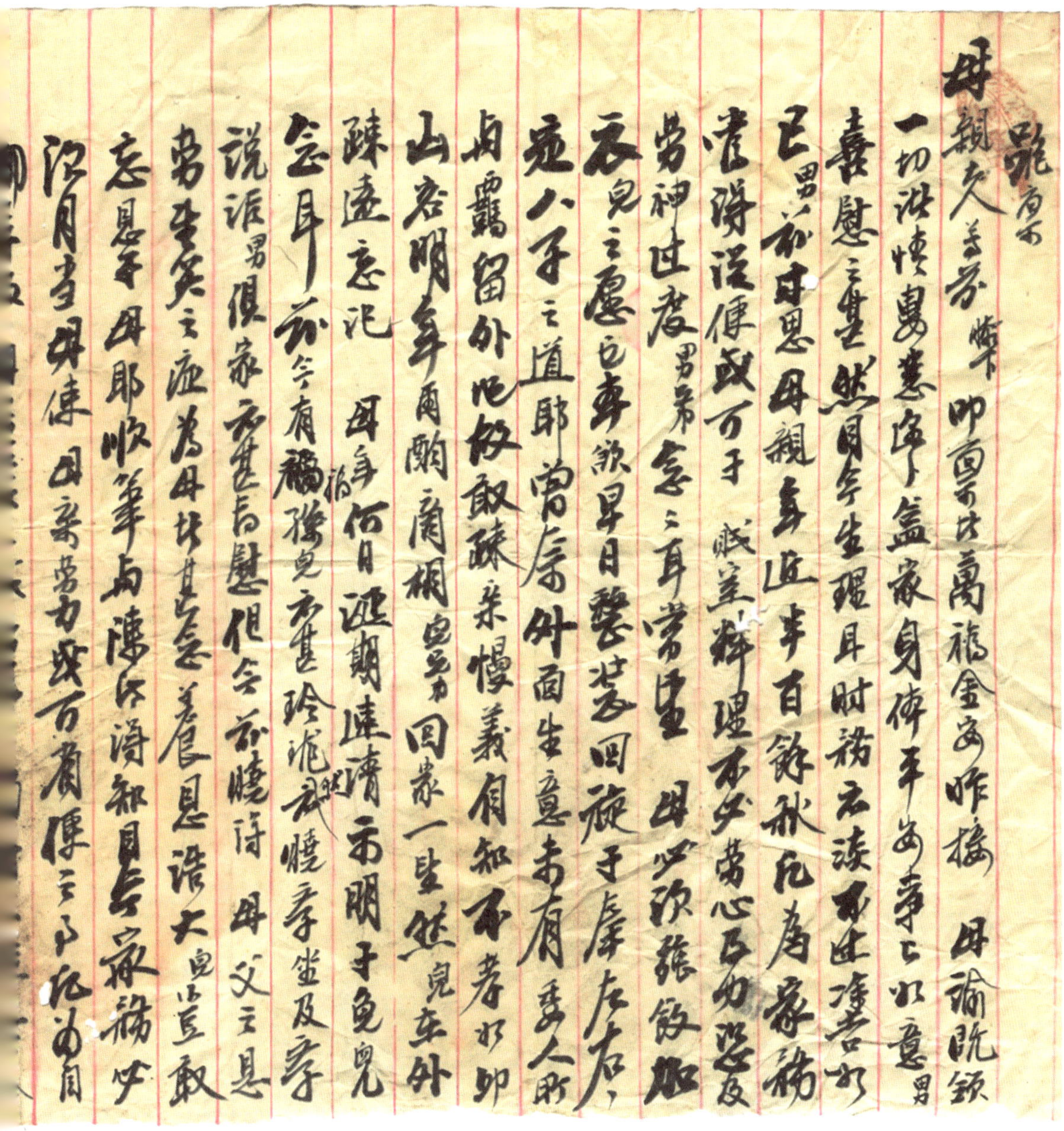

跪啟
母親大人 尊前 膝下 叩[illegible]萬福金安 昨接 母諭 既[illegible]
一切[illegible]懷[illegible]益家身體平安 幸幸以慰 男
喜慰之至 然男今生理且財務亦淡 不比從前[illegible]
已[illegible]思 母親身[illegible]百歲 秋[illegible]為家務
[illegible]或可[illegible] 賤室料理不必勞心[illegible]
勞神[illegible] 男弟念之耳常望 母必須[illegible]
養 兒之[illegible]已事[illegible]早日[illegible]回旋子孫左右
盡人子之道 即當[illegible]外面生意未有[illegible]人所
自[illegible]留外[illegible]取[illegible]義自知不孝[illegible]
山[illegible]明年[illegible]回家一[illegible]然兒在外
[illegible]遠[illegible] 母年何日[illegible]未明子兒兒
念耳[illegible]今有福[illegible]兒亦甚[illegible]孝[illegible]及孝
說[illegible]男很家亦甚[illegible]慰 但今[illegible]曉得 母父之[illegible]
男[illegible]之[illegible]為母[illegible]大[illegible]
意[illegible] 母即收筆[illegible]家務[illegible]
[illegible]月[illegible]母使 母[illegible]

录文

跪禀

母亲大人尊前膝下：

叩禀者，万福金安。昨接母谕既领[①]，一切诸情娄（缕）悉[②]。谅卜盒（阖）家身体平安，事事如意，男喜慰之甚。然目今[③]生理耳，时务亦淡，不过涂口如（而）已。男前自思母亲年近半百余秋，凡为家务，当得从便。或可于贱室料理，不必劳心及力，恐及劳神过度。男弟念念耳，常望母必须强饭加衣，儿之愿也。本欲早日整装回旋于（以）奉左右，是人子之道耶。曾（怎）奈外面生意未有委人所与，羁留外地。故敢疏亲慢义，自知不孝如卯山[④]。容明年再酌商相，儿兄弟回家一望。然儿在外疏远，忘记母年何日诞期，速请示明，于（以）免儿念耳。兹今有福孙儿亦甚玲珑，然亦晓学坐及学说话，男俱家亦甚喜慰。但今兹晓得母父之恩劳，□□之症，为母者甚念养恩浩大，儿岂敢忘恩于母耶。顺笔与陈氏得知，目今家务必须自当，毋使母亲劳力。或可省便之事，凡为自□，孝顺母亲左右于（以）代劳耳。倘得□从善奉侍，苍天岂敢□尔。然尔儿媳亦孝于尔，然吾稍有寸进，亦不敢忘恩于尔也。如母亲时为思食，必须奉上，不可上逆于母，予沾情亦大矣。前时曾托张柬星兄回唐之便，付来银五元，另有付艮（银）一元食物，不卜查收否？前今朱桂兄回唐之便，付来了五员（元）[⑤]，到祈查收。又另代买大海参一员（元）。另黄亚（阿）婆顺付来夜帽两顶。又黄氏付来背搭两件、鞋两双、袜两对，又唐（糖）花[⑥]两罐，照字为收是荷。如玉生弟近下康安，不晓尔洋烟戒除否也？倘若戒除，于便往拜望。至于未曾，切切不可来番。凡事家中必须看顾，毋得荒疏为是。再者，顺逢亚免（敏）妹俱家不卜平安如何？闲如无事，常到家中看顾。此嘱。另陈氏知之，再者，前时吾在家之时，欠人上珍尝[⑦]之项[⑧]，必须算明回依（信）知之。况外面吾兄弟顾己之私不公，倘外面若有艮（银）寄回，必先完项[⑨]为是，毋得至愿于巳，后手于（以）免后悔。切嘱。叩候

盒（阖）屋老幼平安

母舅大人福安

陈坑伯姆（母）及亲家翁等一并均候

另又付来了二元，祈交于陈氏收用，以为零需之资。

庚十一月廿六日　不肖和仁　顿禀

---

① 领：领会。如：心领神会。

② 缕悉：见信〈四〉注①。

③ 目今：眼下；现今。

④ 卯山：未详。

⑤ 员：见信〈四十六〉注②。

⑥ 唐（糖）花：米、麦、甘蔗、甜菜等提制成的甜膏。方言十三：“饧谓之糖。”见“糖”“饧”。

⑦ 人上珍尝：未详。信〈二十二〉言及欠“有尝内之款”，此处是否也是“欠人上［地名］珍尝（祥）之项”？

⑧ 项：见信〈三十三〉注⑤。

⑨ 完项：还清款项。完：见信〈十〉注④。

简释

叶和仁谓母钟氏“年近半百余秋”，与同年光绪二十六年庚子五月初一信〈四十〉所说“将近半百有余”似乎并不矛盾，但具体年龄却未详示。

同一年光绪二十六年庚子四月十五日信〈三十八〉叶和仁已知“三月”是钟氏寿诞，时隔半年，又说“忘记母年何日诞期，速请示明”，怪哉！也有可能信〈三十八〉之“三月”是讹传误记。

提及“有福孙儿亦甚玲珑，然亦晓学坐及学说话”，四月十五日的信〈三十八〉才第一次提及儿子，十一月已是学坐。俗曰：“七坐八爬九发牙”，算来有福亦有七八个月大了。黄亚婆及黄氏寄物一批，此黄阿婆便是黄氏之母、叶和仁之岳母无疑。

从问候语可知妻陈氏为嘉应陈坑人：“陈家伯姆及亲家翁等一并均候。”

此次托物较多，也列于信封之上（见附件）批封。

首次启用“芬乃容广嘉昌金店”印章。

缺“前时曾托张柬星兄……银五元……银一元食物”相关银信。

〈五十五〉

附：与信〈五十五〉配套的批封

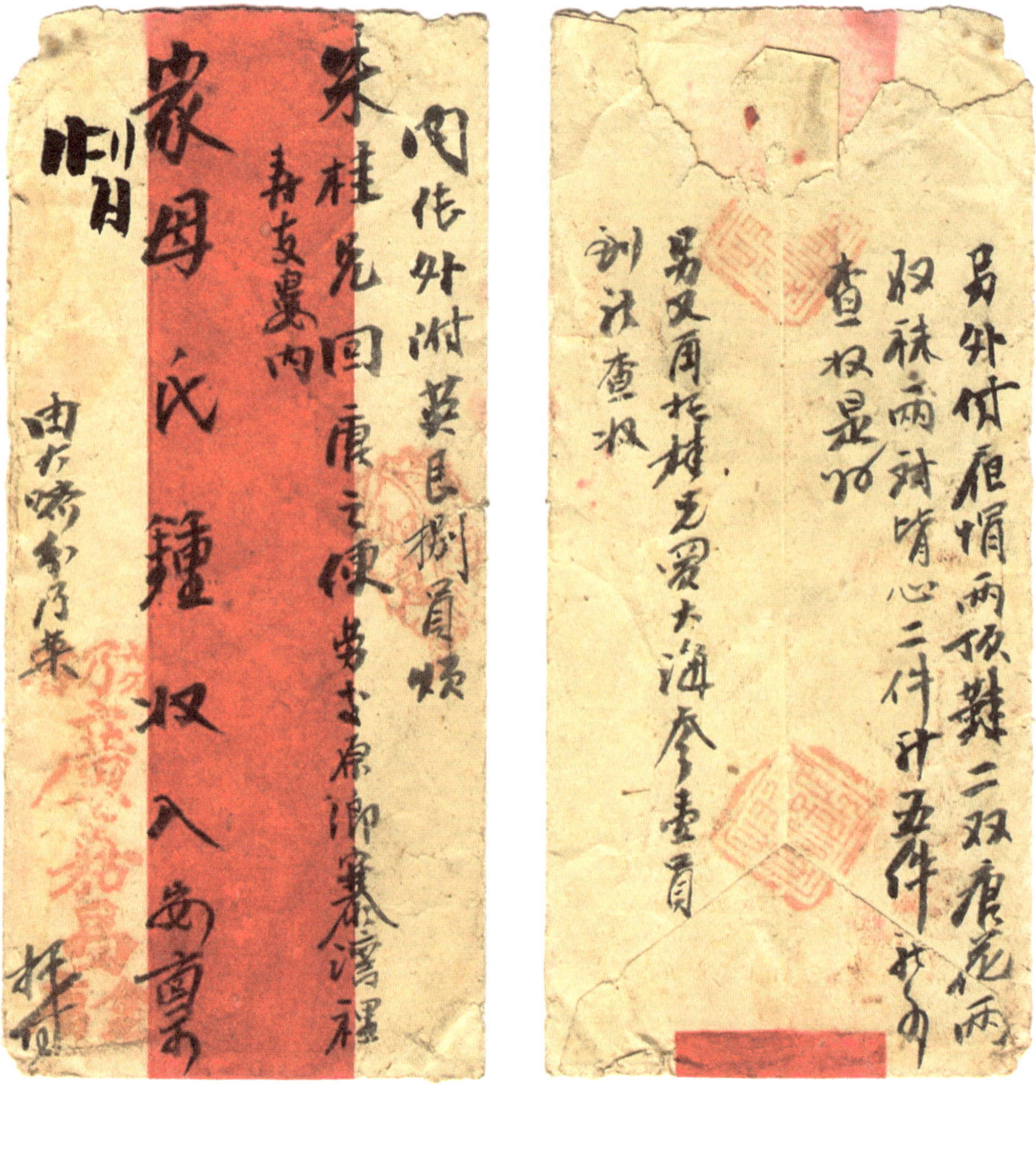

录文

内依（信）外附英艮（银）八员（元）　烦朱桂兄

回唐之便　带交原乡寨湾里寿支娄（楼）内

家　母　氏　钟　收入安禀

由大哜（齐）[①] 分（芬）乃荣（容）[②] 广嘉昌金店托付
另外付（附）夜帽两顶　鞋二双　唐（糖）花两罐　袜两对　背心二件
计五件　祈到查收是好
另又再托桂兄买大海参一员（元）　到祈查收

简释

这是与信〈五十五〉配套的批封。
封面、封背包含丰富的信息：
（1）内有批信。
（2）外附英银八员（元）。
（3）水客朱桂兄回唐之便。
（4）收批人地址，烦交原乡（嘉应州罗衣堡）寨湾里寿支楼（树滋楼）内。
（5）收批人：家母氏钟。
（6）寄批地：大齐分（芬）乃荣（容）。
（7）寄批人：分（芬）乃荣（容）广嘉昌金店（叶和仁之金店）。
（8）外附夜帽两顶、鞋二双、唐（馎）花两罐、袜两对、背心二件。
（9）再托朱桂兄代买一元大海参。
（10）护封章封口，如意印确认批款额。

① 大齐：亚齐。见信〈四〉注②。
② 芬乃容：印度尼西亚亚齐地区的一个城镇。

（五十六） 清光绪二十六年庚子十一月廿六日（1901年1月16日）叶和仁附家乡亲友书

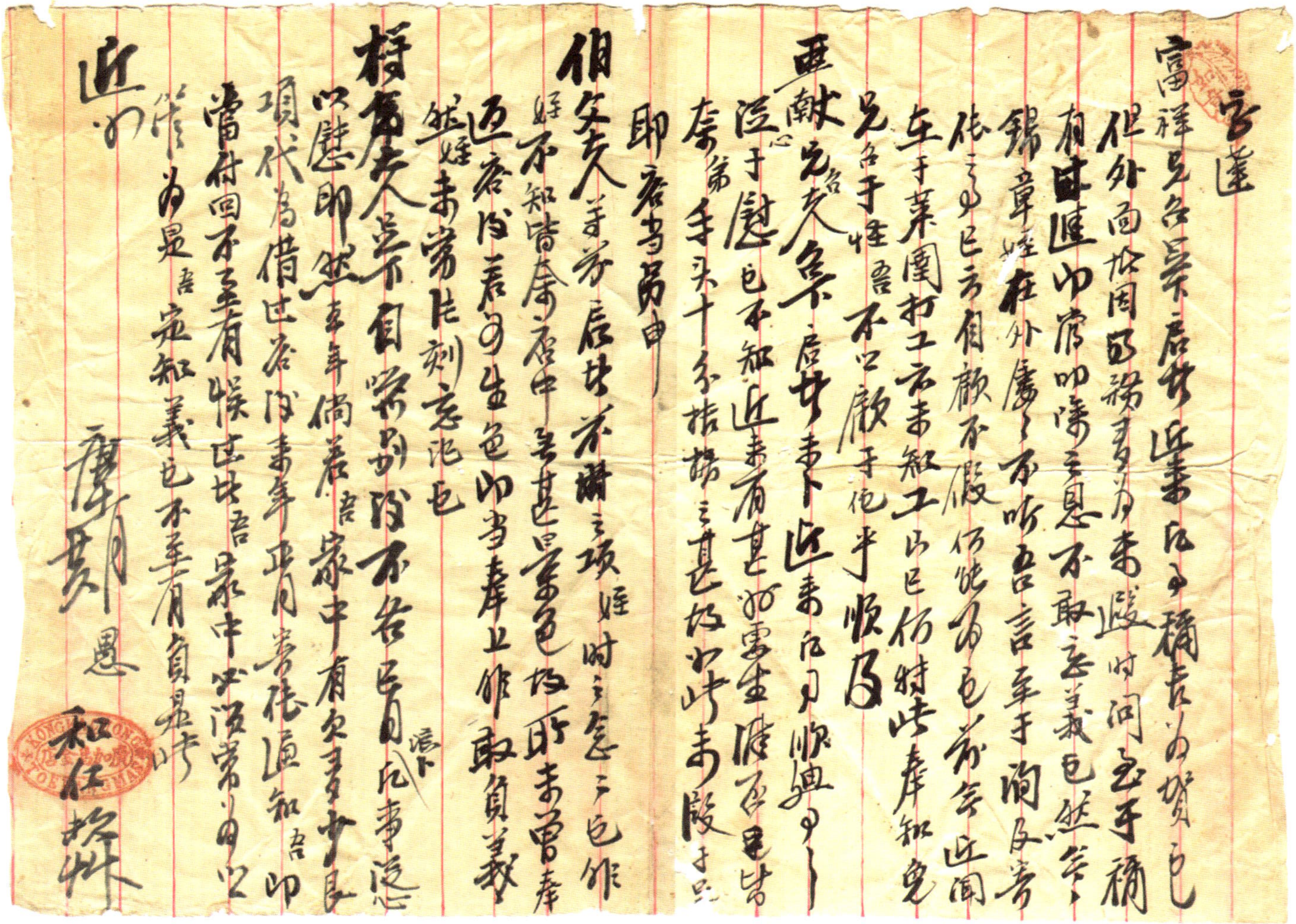

录文

字达

富祥兄台足下：

启者，近来凡事称吉为贺也。但外面只因事务多为，未遐（暇）时问。至于称有寸进，即当叩除之恩，不敢忘义也。然今锦章侄在外屡屡不听吾言，至于询及寄依（信）之事，已云自顾不假（暇），何能为也。前今近闻在于菜園（园）打工，亦未知工银巳（几）何，特此奉知，免兄台于怪吾不照顾于他乎。顺及。

亚（阿）献兄台大人台下：启者，未卜近来凡事顺迪[①]，事事从心于慰也，不知近来有甚好处生涯否乎？皆奈弟手头十分拮据之甚，故为此未叚（暇）于兄耶，容当另申。

伯父大人尊前：启者，前时之项[②]，侄时时念念也。非侄不知，皆奈店中无甚景色，故所未曾奉返。容后若有生色[③]，即当奉上，非敢负义。然侄未常片刻忘记也。

□□大人足下：自嘱别后，不各（觉）巳（几）月，谅卜凡事从心以慰耶。然本年倘若吾家中有欠多少艮（银）项，代为借过，容后来年正月寄依（信）通知，吾即当付回，不至有悮（误）过者。吾家中必须常为照管为是，吾定知义也，不至有负。是此

近好

庚十一月廿六日　愚和仁　顿草

简释

叶和仁欠大伯银项迟迟未还，“皆奈店中无甚景色”，“容后若有生色，即当奉上，非敢负义。然侄未常片刻忘记也”。

叶和仁在不断寄钱回家、寄钱返乡祭拜公祖、妾侍一娶再娶、金店连开几间的光景下尚不归还伯父的欠账，且仅三言两语一笔带过，其中必有外人所不知的隐情。是父辈之间的恩怨，还是伯侄原有可以相互制约的承诺？谁是谁非，难以断清。

〈五十六〉

---

① 顺迪：吉祥语。顺，顺遂；迪，道理。《尚书·大禹谟》：“惠迪吉，从道凶。”

② 项：见信〈三十三〉注⑤。

③ 生色：原义是色彩鲜明，形象如生。此处作“起色”用，即情况好转。

〈五十七〉 清光绪二十六年庚子十一月廿□日（1901年1月中下旬）

叶和仁、叶清仁寄母亲钟氏书

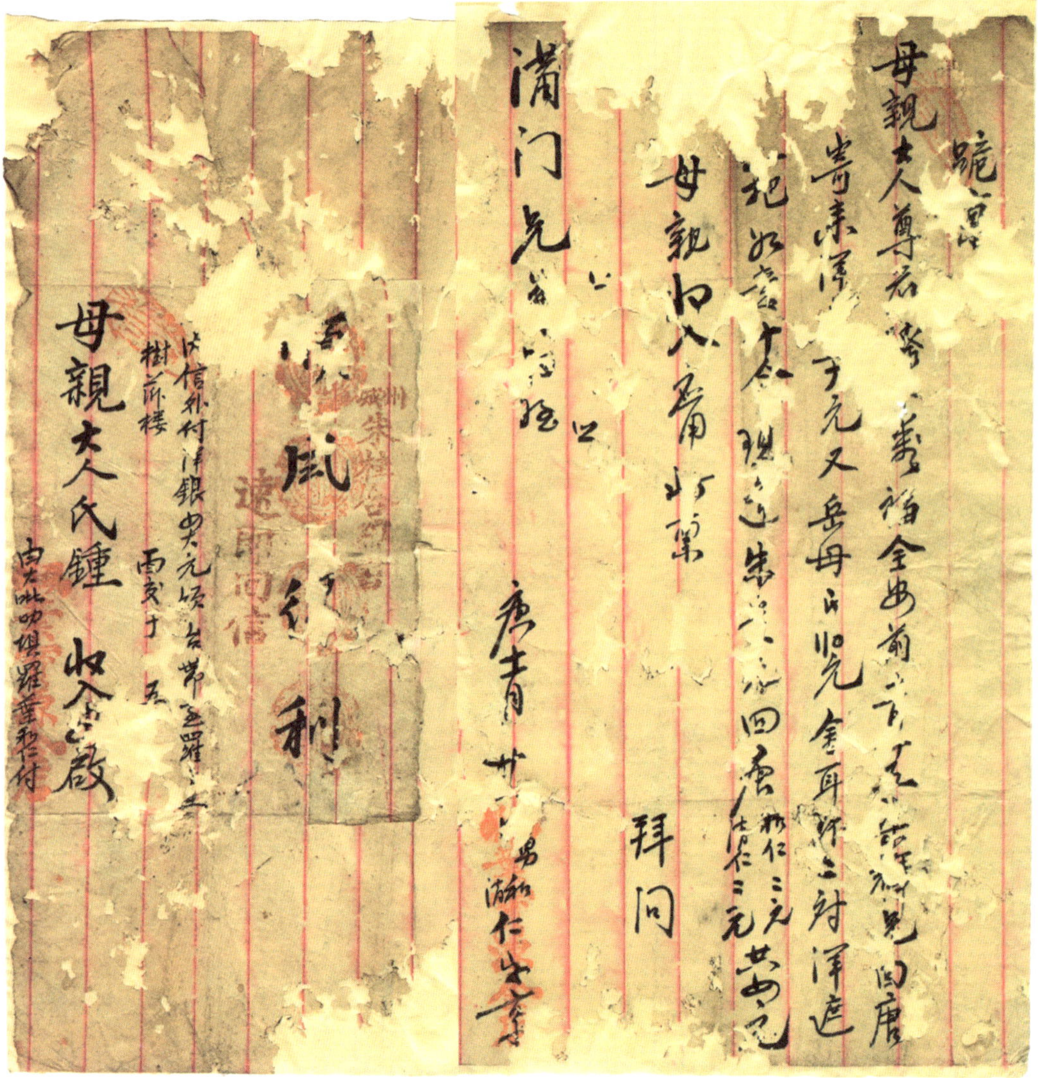

录文

跪禀

母亲大人尊前膝下万福全（金）安：

前寄来梁辉兄回唐[1]，寄来洋□□大元。又岳母艮（银）二元，金耳环二对，洋遮一把，如意油十合（盒）。现逢朱贵兄回唐，和仁二元，清仁二元，共四元，母亲收入应用。此禀

拜问　上　上

满门兄弟叔侄

庚十一月廿□　男和仁、清仁　字禀

顺　风　得　利

内信外付洋银[2]四大元烦台带至

罗衣堡[3]树滋楼　面交于　吾

母亲大人氏钟　收入安启

由大吡叻[4]坝罗[5]叶和仁（付）

简释

此信再提庚十一月二十五日（信〈五十四〉）寄钱托物，由梁辉兄带回罗衣堡树滋楼，款物数额吻合。“二十六日”水客朱贵回唐，叶和仁再寄钱托物。今日又托朱贵：“和仁二元，清仁二元，共四元，母亲收入应用。”虽“十一月廿□”日期不清，但我们至少可知十一月最后几天叶和仁连寄三次。合计：银 7 元再 7 元又 4 元；物大海参一元、夜帽两顶、背搭二件、鞋二双、袜二对、糖花二罐、金耳环二对、洋遮一把、如意油十盒。

仅庚子年十一月，叶家三兄弟连寄 10 信，洋银 42.5 元：李永（5 元）、梁恒三（5 元）、朱贵（4 元）、朱贵（5 元）、梁辉（7 元）、朱桂（7 元）、朱贵（4 元），以及某水客（5.5 元）。

这样密集的寄银寄信寄物，在侨批文物馆收藏的数以万计的侨批中是绝无仅有的。

〈五十七〉

---

① 回唐：见信〈十二〉注⑥。
② 洋银：见信〈一〉注①。
③ 罗衣堡：见引言〈一〉注②。
④ 吡叻：见信〈二十一〉注⑤。
⑤ 坝罗：见信〈二十一〉注⑥。

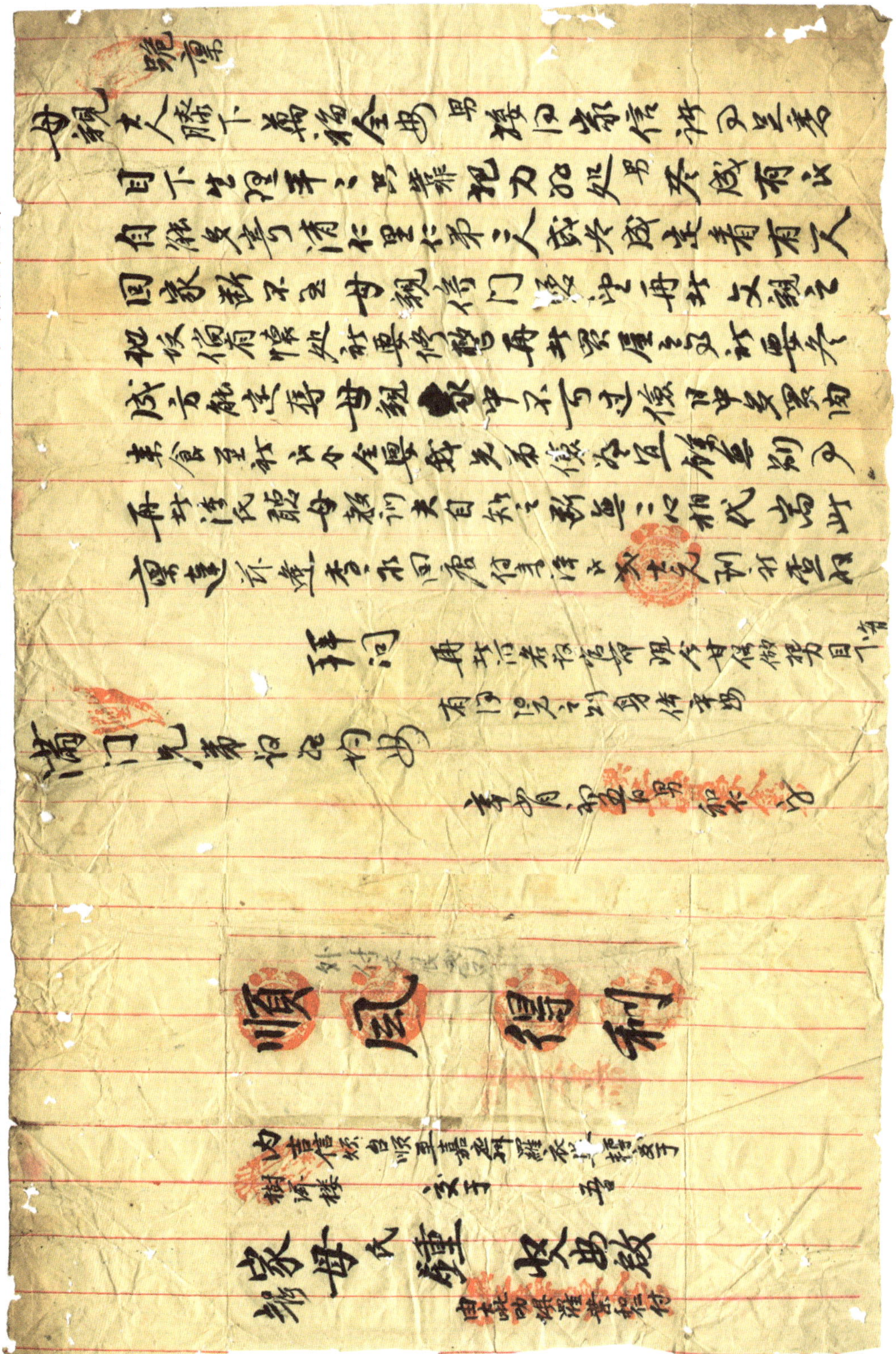

（五十八） 清光绪二十七年辛丑四月初五日（1901年5月22日）叶和仁寄母亲钟氏书

录文

跪禀

母亲大人膝下万福全（金）安：

男接得家信，诸事足悉。目下生理平平，只靠把力（吧叻）[1] 好处。男冬成[2]有艮（银）自能多寄。清仁、里仁弟二人或冬成定着[3]有一人回家，断不至（致）母亲倚门悬望。再者，父亲之地坟倘有怀（坏）处，祈要修整。再者，买屋之事，祈要冬成方能定夺。母亲家中不可过俭，日中多买肉来食，至祈，银不全要我兄弟俭为宜。余无别事。

再者，陈氏听母教训，夫自知之，断无二心相代（待）。专此禀达。兹逢李永回唐，付来洋银二大元，到祈查收。

拜问

满门兄弟叔侄均安

再者，阿名叔，官带现今甘保[4]做把力（吧叻），目下每日有得一元之则。身体平安。

辛四月初五日　男和仁　字

外付大银二元

顺　风　得　利

内吉信烦台顺至嘉应州罗衣堡

转交于树滋楼　交于　吾

家母氏钟　收入安启

由大吡叻坝罗叶和仁　付

简释

三提父亲地坟修整。这一次比较明确“倘有怀（坏）处，祈要修整”。

买屋之事，“冬成方能定夺”。

向妻表明“断无二心相代”，一个在外娶了几房妾侍、几年不回家的番客，确实需要安抚“草头”安心在家代几兄弟尽孝。

使用“坝罗叶宝源金店”条章。

〈五十八〉

---

① 吧叻：见信〈三十七〉注③。

② 冬成：见信〈四〉注⑦。

③ 定着：潮梅方言。一定；肯定。

④ 甘保：金保，怡保。怡保，今马来西亚霹雳州首府。19 世纪末因开采锡矿兴起，有“锡都”之称。

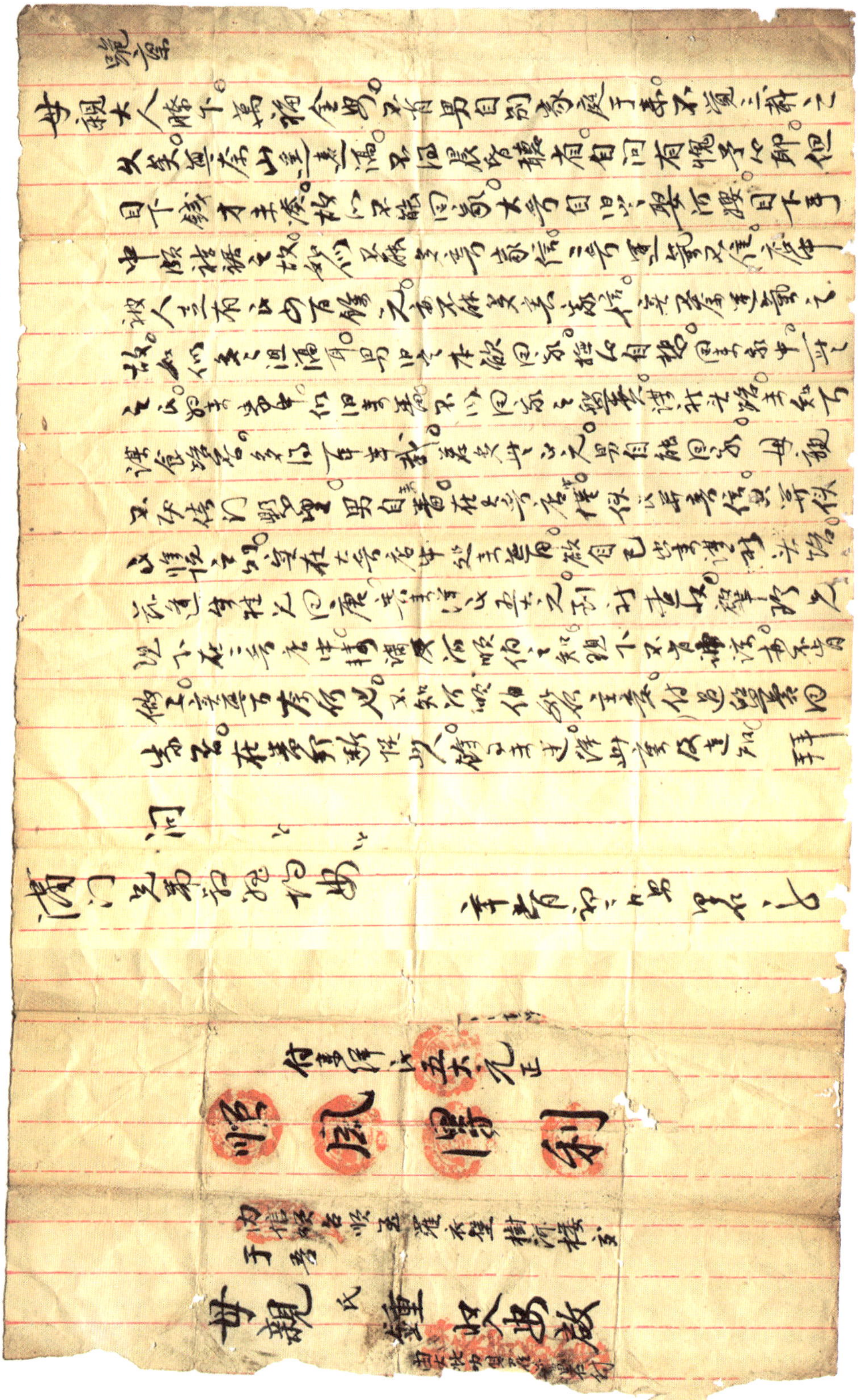

〈五十九〉 清光绪二十七年辛丑六月初二日（1901年7月17日）叶礼仁寄母亲钟氏书

录文

跪禀

母亲大人膝下万福金安：

不肖男自别家庭于（以）来，不觉三载之久矣。无奈山遥远隔，不得晨昏听省[①]，自问有愧予（于）心耶。但目下[②]钱才（财）未凑，故以不能回家。大哥自旧岁娶阿嫂，目下手中颇拮据之故，如似不能多寄家信。二哥运气不佳，店中被人走[③]有艮（银）四百余元，亦不能多寄家信。实不奈运气之故，如似（此）多多阻隔耳。男旧岁本欲回家，抚心自想，回来家中，一些之银，妇（归）来家中，仍旧来番，不以（如）回家之盘费，谋祈头路[④]。未知可谋食路否？多得一年半载，若多些银元（圆），男自能回家，母亲不必倚门悬望。男自来番，在大哥店中，仅使[⑤]银并寄信，共算使银二十余元之则。实在大哥店中处来无用，欲自己出来谋新头路。兹逢朱桂兄回唐，寄来洋银五大元，到祈查收。肇珍兄现下在二哥店中，转讲及阿顺伯之知（知之）。现下不肯□谅，亦不肯做工，实无可奈何也。不知阿顺伯如何主意？付过盘费回家否？在番邦断悮（误）此人。余事未述，谨此禀及达知。拜问

满门兄弟叔侄均安

辛六月初二日　男里仁　字

付来洋银五大元正

顺　风　得　利

内信烦台顺至罗衣堡树滋楼　交于吾

母　亲　氏　钟　收入安启

由大吡叻坝罗叶里仁　付

简释

叶礼仁“自别家庭于来，不觉三载之久矣”，自光绪二十五年己亥七月离家起计，礼仁出国已两年多一点。叶礼仁称“大哥自旧岁娶阿嫂”应指庚子年九月十七日叶和仁娶黄氏。

礼仁仍在和仁店中。但“实在大哥店中处来无用，欲自己出来谋新头路”，叶礼仁始终觉得在大哥店中帮工，寄人篱下终非长久之计。

在回乡探亲这件事上，叶礼仁有自己的纠结：“回来家中，一些之银，妇来家中，仍旧来番，不以回家之盘费，谋祈头路。”不回家，又愧对母亲。是回也难，不回也难。

由大吡叻坝罗寄，是使用“坝罗叶宝源金店”条印落款的折叠批。

〈五十九〉

---

① 听省：听受教训，问候长辈。听：听取，听受。省：看望，问候。

② 目下：见信〈四十四〉注①。

③ 走：走漏。

④ 头路：见信〈十一〉注⑨。

⑤ 使：见信〈五〉注⑤。

〈六十〉 清光绪二十七年辛丑六月初二日（1901年7月17日）

叶清仁之妾马氏寄家婆钟氏书

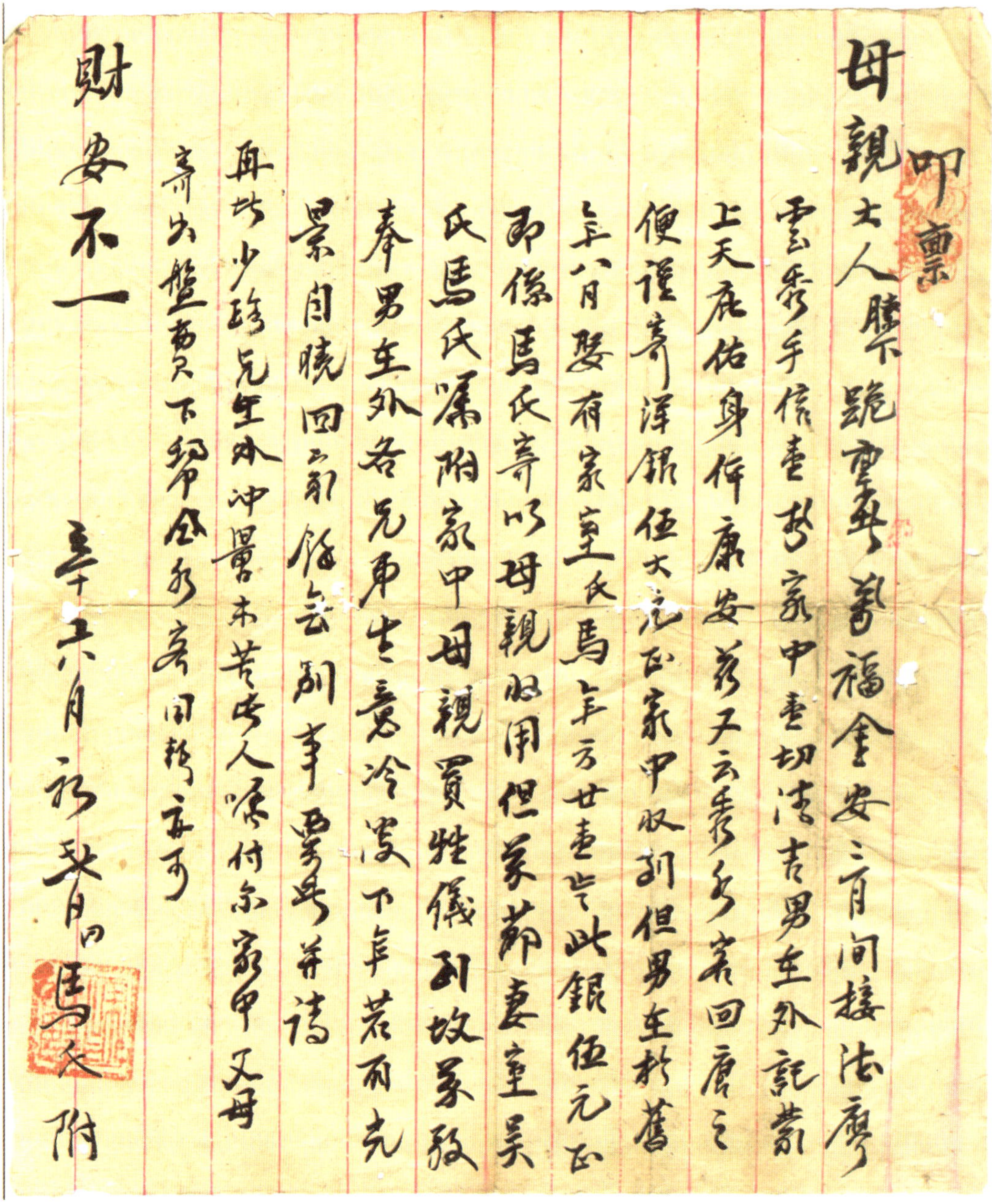

叩禀

母

親大人膝下跪禀者萬福金安二月間接法廖

雲秀手信壹封家中壹切清吉男在外託蒙

上天庇佑身体康安前又雲秀手寄回唐之

便謹寄洋銀伍大元正家中收到但男在於舊

年八月娶有家室氏馬年方廿壹岁此銀伍元正

即係馬氏寄以母親收用但男妻室吳

氏馬氏囑附家中母親買牲儀到故家致

奉男在外各兄弟生意冷淡下年若有光

景自曉回家餘無別事惡此并請

再者少琦兄生於沖暑未甚安人囑付於家中父母

寄出盤費下鄉合家寄同報安可

財安不一

辛丑六月初貳日 馬氏附

录文

叩禀
母亲大人膝下：

跪禀者，万福金安。三月间接德（得）廖云秀手信一封，家中一切清吉。男在外托蒙上天庇佑，身体康安。兹又云秀水客回唐[①]之便，谨寄洋银五大元正，家中收到。但男在于旧年八月娶有家室氏马，年方廿一岁。此银五元正即系马氏寄以（予）母亲收用。但前节妻室吴氏，马氏嘱附（咐）家中母亲，买牲仪[②]到坟前敬奉。男在外各兄弟生意冷淡[③]，下年若有光景，自晓回家。余无别事。禀此并请
财安不一

再者，少珍兄在外冲□未若，此人嘱付（咐）尔（其）家中父母，寄出盘费[④]，下帮[⑤]同水客回转亦可。

辛六月初二日　马氏　附

简释

落款是马氏，但全信口气是“男”：“男在外”“男在于旧年八月娶有家室氏马”“但前节妻室吴氏”等，均是清仁之话。叶清仁“旧年八月”娶马氏，旧年即庚子年，叶和仁信〈四十九〉有“八月间，清仁弟亦娶妇”之说，时间对应无出入。

此信叶清仁称家乡“妻室吴氏”，却是唯一一次。那么，叶和仁在信〈十五〉中嘱咐“陈氏弟妇等”“谨守闺门，孝顺高堂”，其中的“弟妇”，应包括叶清仁出洋前在嘉应州所娶之“妻室吴氏”。叶清仁“前节妻室吴氏”应已亡故。所以“马氏嘱附（咐）家中母亲，买牲仪到坟前敬奉”。

“马氏”信中的“少珍兄”，即礼仁信〈五十九〉中所述在叶清仁店中的“肇珍兄”，两封信都是要“家中父母，寄出盘费”，让肇珍随水客回家乡。同是出洋，“肇珍兄”不但未有一毫一厘赡养父母之批银，反而连回乡的旅费都要父母负担，确实让人唏嘘。

〈六十〉

---

① 回唐：见信〈十二〉注⑥。
② 牲仪：即祭拜之物品。牲：供祭祀及食用的家畜。仪：赙仪。向办丧事的人家送的礼。
③ 冷淡：见信〈四十一〉注③。
④ 盘费：路费。
⑤ 帮：见信〈二十〉注②。

〈六十一〉 清光绪二十七年辛丑六月（1901年7月至8月间）

叶和仁寄母亲钟氏书

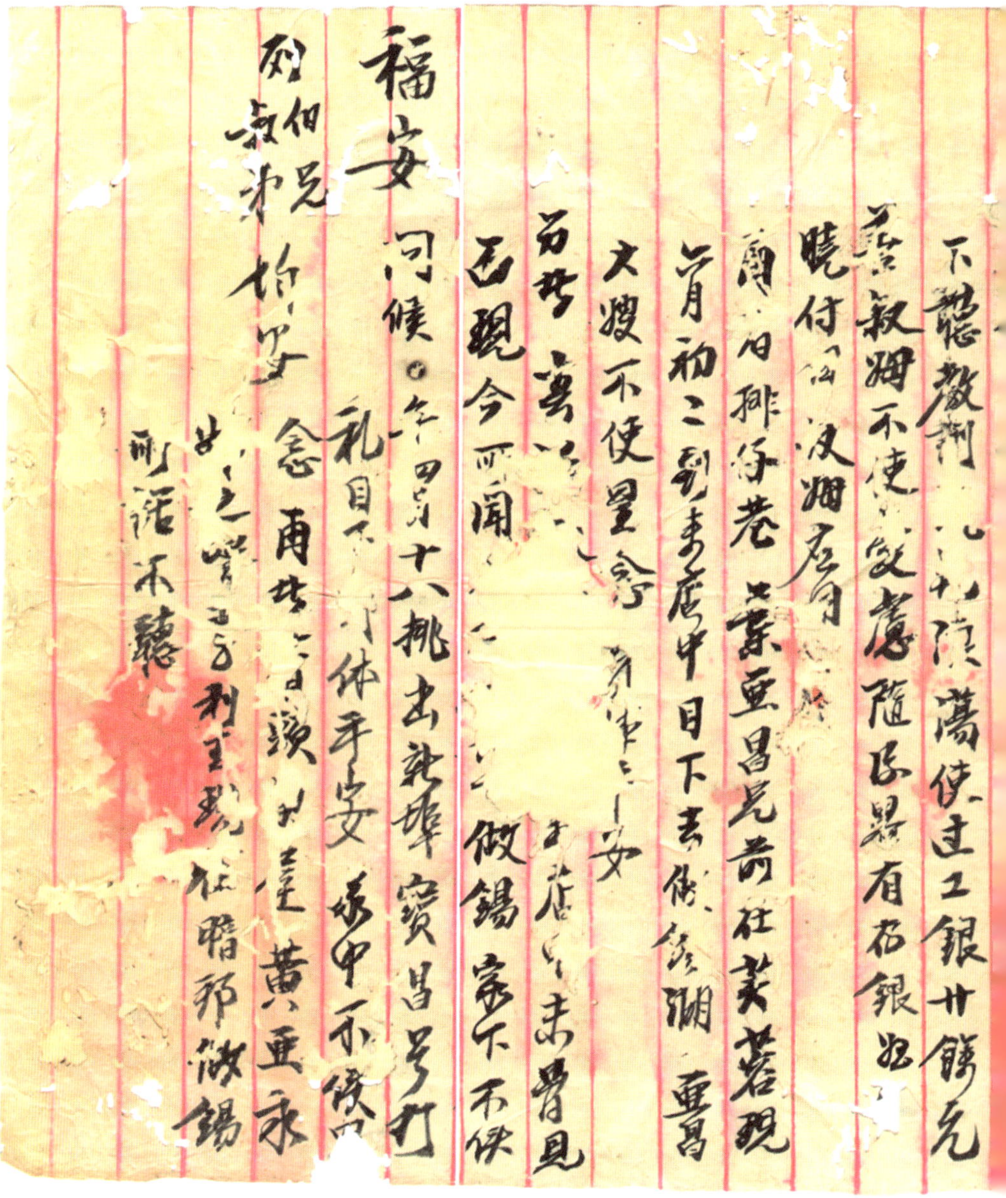

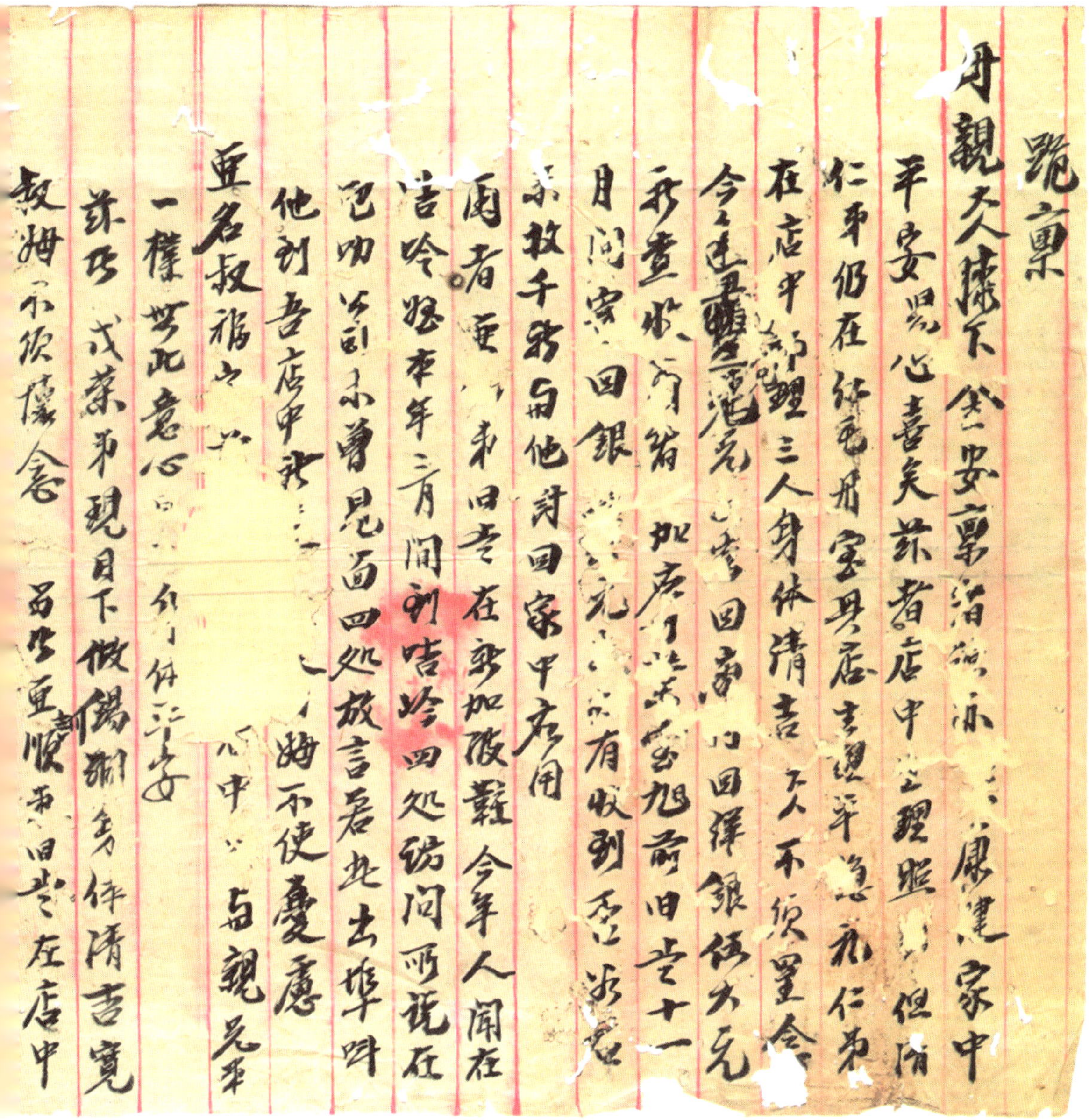
跪禀
母親大人膝下金安禀者，谙悉亦康健，家中
平安，只心喜矣。兹者店中生理照旧，但所
仁弟仍在结舟宝兴店生理平息，亦仁弟
在店中料理，三人身体清吉，大人不須罣念。
今逢[illegible]港元，回家回洋银伍大元
我查收，所有加店[illegible]九前旧壹十一
月间寄回银[illegible]元[illegible]有收到否？
未救千[illegible]由他寄回家中店用。
因者亞[illegible]来回壹在新加坡艱難，今年人閑在
吉岭，於本年三月间到吉岭四处访问所说在
巴叻[illegible]不曾見面，四处放言若比去埠時
他到吾店中來[illegible]海不使憂慮
亞名叔福山[illegible]八中[illegible]母親見字
一樣無此意心[illegible]平安
兹者戊叔弟現目下做锡[illegible]身体清吉，宽
叔母不須懷念。另者亞順弟舊歲在店中

录文

跪禀

母亲大人膝下金安：

禀者，□□□□康健，家中平安，男心喜矣。兹者，店中生理照旧。但清仁弟仍在红毛丹①宝具店②，生理平稳。礼仁弟在店中邦（帮）理，三人身体清吉，大人不须挂念。今逢梁恒三兄水客回家，付回洋银五大元，祈查收。再者，加（嘉）应州叶宝旭前旧岁十一月间寄回银□大元，□□有收到否？如若未收，千祈与他讨回家中应用。

再者，亚（阿）□弟旧岁在新加坡□，今年人闻在咭岭（孶）③。侄本年三月间到咭岭（孶）四处访问，所说在吧叻④公司未曾见面，四处放言若此出埠，叫他到吾店中。祈□□□□□姆（母）不使忧虑。

亚（阿）名叔福安：前□□□□□□□心中□与亲兄弟一样，无此意心，□□身体平安。

兹者，戊荣弟现目下做锡湖⑤，身体清吉，宽叔姆（母）不须（需）怀念。另者，亚（阿）训顺弟旧岁在店中邦（帮）理，本年二月间□□红毛丹料理己（几）月□□，本现六月刻下店中邦（帮）理，身体平安。此人不听教训，□□浪荡，使过工银廿余元。善叔姆（母）不使忧虑，随后略有存银，侄自晓付回叔姆（母）应用。

再者，排仔巷叶亚（阿）昌兄前在芙蓉⑥，现六月初二到来店中，目下去做锡湖。亚昌大嫂不使挂念，身体平安。

另者，□□□□□□□□□，店中未曾见面，现今所闻□□□□□做锡⑦，家下不使问候。［今］年四月十八挑出新埠宝昌号打礼（理）。目下身体平安，家中不使挂念。再者，春头⑧□屋黄亚（阿）永□□□□□□□现在暗邦⑨做锡，所话不听。

福安

列伯叔、兄弟均安

---

① 红毛丹：见信〈三十五〉注③。

② 宝具店：金银首饰店。

③ 咭孶：见引言〈一〉注②。

④ 吧叻：见信〈三十七〉注③。

⑤ 锡湖：锡矿开采时的矿池。19 世纪南洋的露天开采系统，即在地上挖一个深 15 英尺～25 英尺的长方形土坑后进行开采。

⑥ 芙蓉：Seremban，音译塞伦班。马来西亚森美兰州首府。19 世纪 40 年代因采锡闻名。

⑦ 做锡：从事开采锡矿的工作。

⑧ 春头：春天。

⑨ 暗邦：安邦，马来亚旧地名。属吉隆坡，早期华人聚居地。

简释

原信无落款，但从“母亲大人膝下”“清仁弟仍在红毛丹宝具店”“礼仁弟在店中邦理”等，可断定是叶和仁所寄。

其实，至辛丑九月，“阿里仁亦缴有吧叻”（信〈六十二〉）。而叶礼仁一直到辛丑六月的景况是“男自来番，在大哥店中……欲自己出来谋新头路”（信〈五十九〉），所以，此信“礼仁弟在店中邦理”，仍是辛丑年九月之前的情况。故该信应在辛丑九月初五之前形成。

叶和仁在辛丑年信〈六十二〉中提及“官带、戊荣现下在男吧叻打理”，比照该信所言“戊荣弟现目下做锡湖，身体清吉”“亚训本现六月刻下店中邦理”“亚昌兄前在芙蓉，现六月初二到来店中”，可知该信可能写于“现目下”，即“六月”左右。

根据以上内容，此信形成时间在六月初二后至九月初五前，按照信中“本现六月刻下店中邦理”“现六月初二到来店中，目下去做锡湖”的意思，进一步推测此信形成时间应是辛丑年六月中旬前后。

〈六十一〉

〈六十二〉 清光绪二十七年辛丑九月初五日（1901年10月16日）

叶和仁寄母亲钟氏书

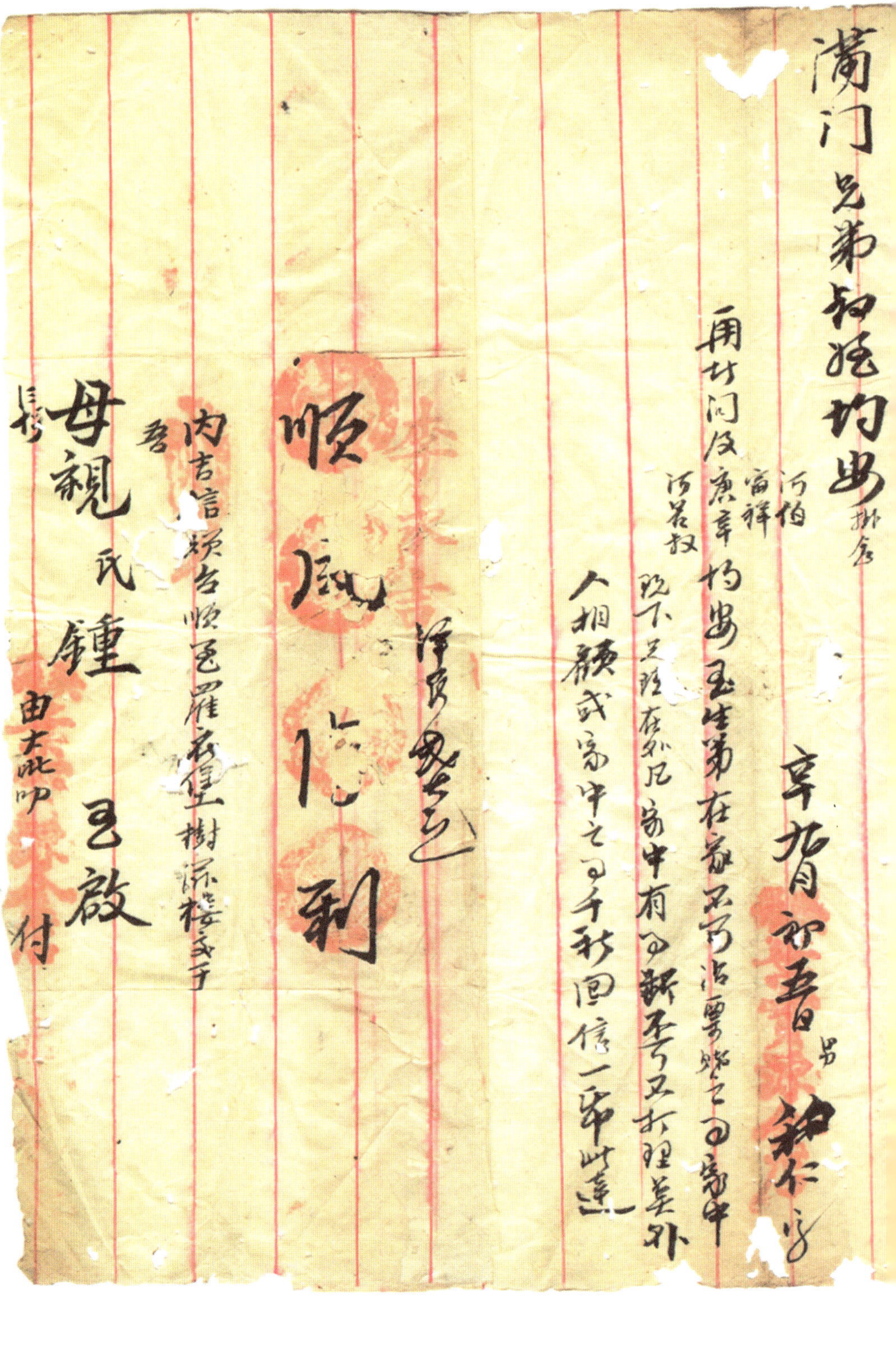

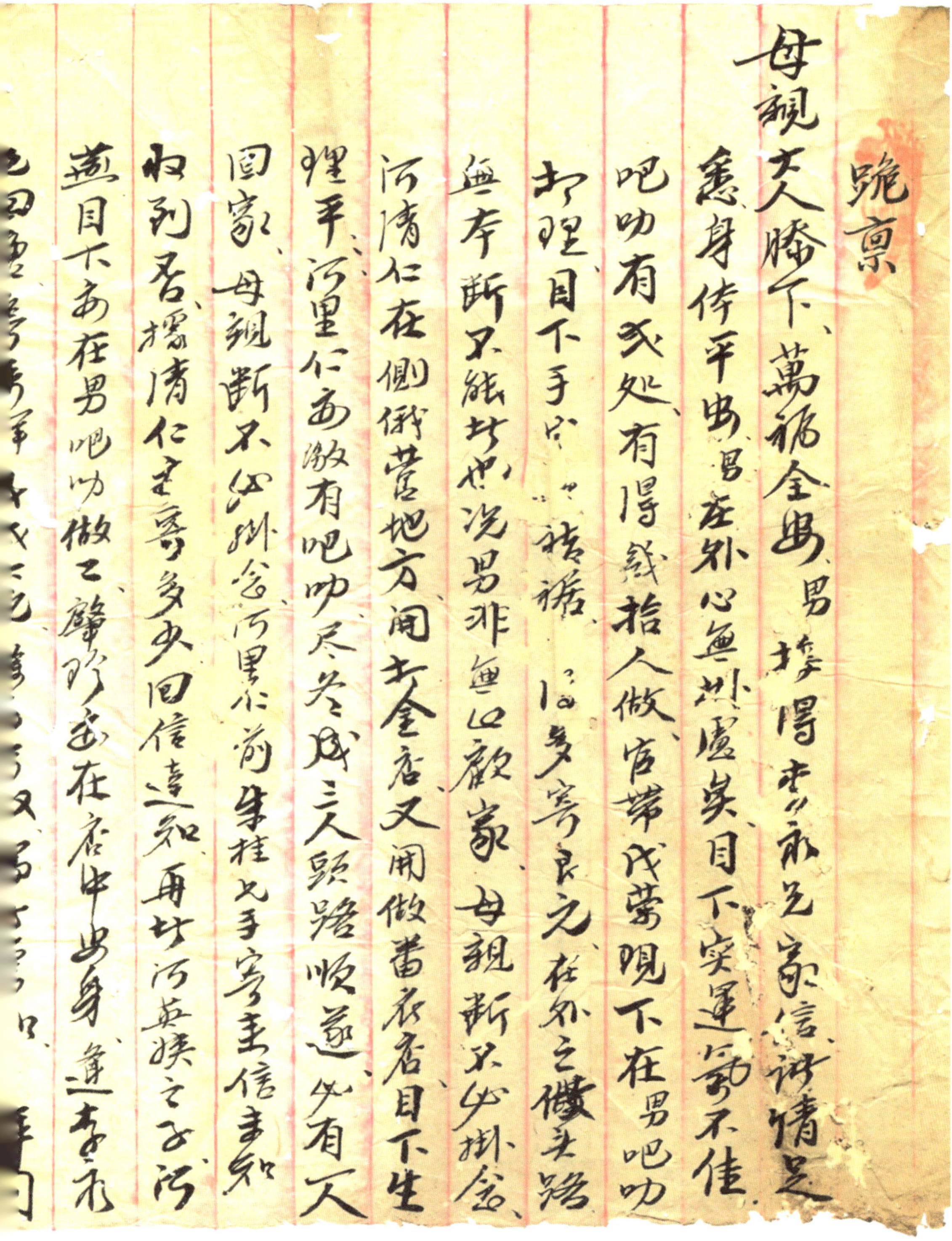

跪禀
母親大人膝下、萬福金安、男接得□□来之家信、詳情足
悉身体平安、男在外心無掛慮矣、目下实運氣不佳、
吧叻有弍处有得錢拾人做、官帯戊嘮哯下在男吧叻
打理、目下手空些、諸諸、以多寄银元在外之微尘路
無本斷不能步世、况男非無心顧家、母親斷不必掛念、
河清仁在側俄营地方開大金店、又開做蕃薯店、目下生
理平、河里仁亦微有吧叻尽冬、戊三人頭路順遂、必有人
回家、母親斷不必掛念、河里仁前朱桂九手寄去信、未知
收到否、獨清仁定寄多少回信、遠知、再步河英嫂之子河
益目下亦在男吧叻做工、肆珍人亦在店中、安身、奉達李老來

录文

跪禀

母亲大人膝下万福全（金）安：

男接得李永兄家信，诸情足悉。身体平安，男在外心无挂虑矣。目下实运气不佳，吧叻①有二处，有得几十人做。官带、戊荣现下在男吧叻［帮忙］打理②。目下手□□拮据，□多寄银元（圆）。在外之做头路③无本断不能者也，况男非无心顾家，母亲断不必挂念。阿清仁在侧俄营④地方开打金店，又开做番衣店⑤，目下生理平平。阿里仁亦缴⑥有吧叻。尽冬成⑦三人头路顺遂，必有一人回家，母亲断不必挂念。阿里仁前朱桂兄手寄来信未知收到否？据清仁□寄多少，回信达知。再者，阿英姨之子阿燕目下亦在男吧叻做工，肇珍亦在店中安身。逢李永兄回唐，寄来洋银二大元。余事未叙，专此禀知。

再，妻陈氏听母亲之言，不可违母亲之命。夫自能回唐，不必挂念。

拜问上

满门兄弟叔侄均安

辛九月初五日　男和仁　字

再者，问及

阿伯、富祥、庚辛、阿名叔均安

玉生弟在家不可沾票（嫖）赌之事。家中现下兄□在外，凡家中有事，断不可不打理矣。外人相顾或家中之事，千祈回信一纸。此达

洋银二大元

顺　风　得　利

内吉信烦台顺至罗衣堡树滋楼交于吾

母亲氏钟　玉启

由大吡叻　付

---

① 吧叻：见信〈三十七〉注③。

② 打理：打：从事。理：管理、办理。

③ 头路：见信〈十一〉注⑨。

④ 侧俄营：马来亚旧地名。

⑤ 做番衣店：专做南洋服饰的裁缝店。

⑥ 缴：缴交、交纳。此处指交纳采矿的承包款。

⑦ 冬成：见信〈四〉注⑦。

简释

叶和仁在吡叻已开有两间金店，雇工“几十人”。家乡亲朋官带、戊荣、阿燕、肇珍等都在叶和仁金店做工。

叶清仁在侧俄营开打金店，又开做番衣店。

叶礼仁亦承包了山林、矿物的开采经营。

从叶和仁向母亲的禀告中，可以看出叶家三兄弟在南洋的事业已是新景象。尽管仍然口口声声“目下实运气不佳”“目下手□□拮据”。

叶和仁特意附言玉生弟：“在家不可沾票赌之事。”

使用“坝罗叶宝源金店”条印。折叠批封背盖有水客“李永吉”印。

〈六十二〉

〈六十三〉 清光绪二十七年辛丑十一月十九日（1901年12月29日）

叶和仁寄母亲钟氏书

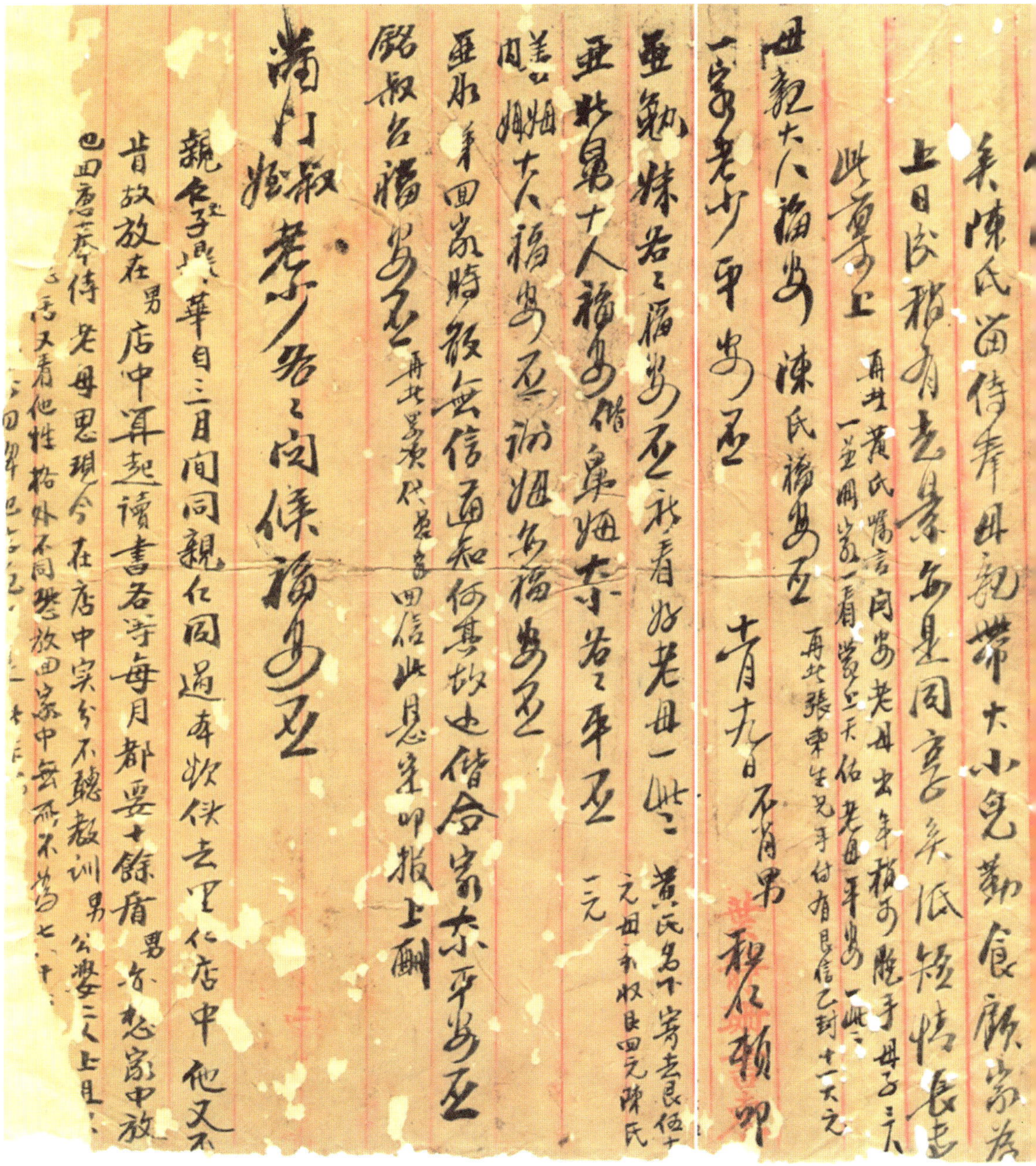
養陳氏苗侍奉母親帶大小兒勤儉顧家為
上日後稍有志業安生同享矣祗短情長也
此稟
上
再者黃氏囑言問安老母出年稍可勝手母子二人
一並問安一看當立天伯老母平安一些
再者張東生兄手付有艮信乙封十一大元
母親大人福安 陳氏福安否
一家老少平安否
十一月十九日 不肖男和仁頓叩
亞勉妹各各福安否秋香好老母一些
黃氏另寄去艮伍大元母收艮四元陳氏一元
亞悦舅大人福安偕舅母大小各各平安否
胤姜姻姆大人福安否謝姻兄福安否
亞永弟回家時叙無信函知何其故也偕合家大小平安否
銘叔台福安否 再者另表代各寄回信此恳望即报上酬
滿叔銘嬸老少各各問候福安否
親文子華自三月間同親仁同過去里仁店中他又不
昔故放在男店中算起讀書各等每月都要十餘盾男亦愁家中放
也回應奉侍老母思現今在店中实分不聽教訓男公婆二人上且
又看他性格外不同恐放回家中無人不為七、十

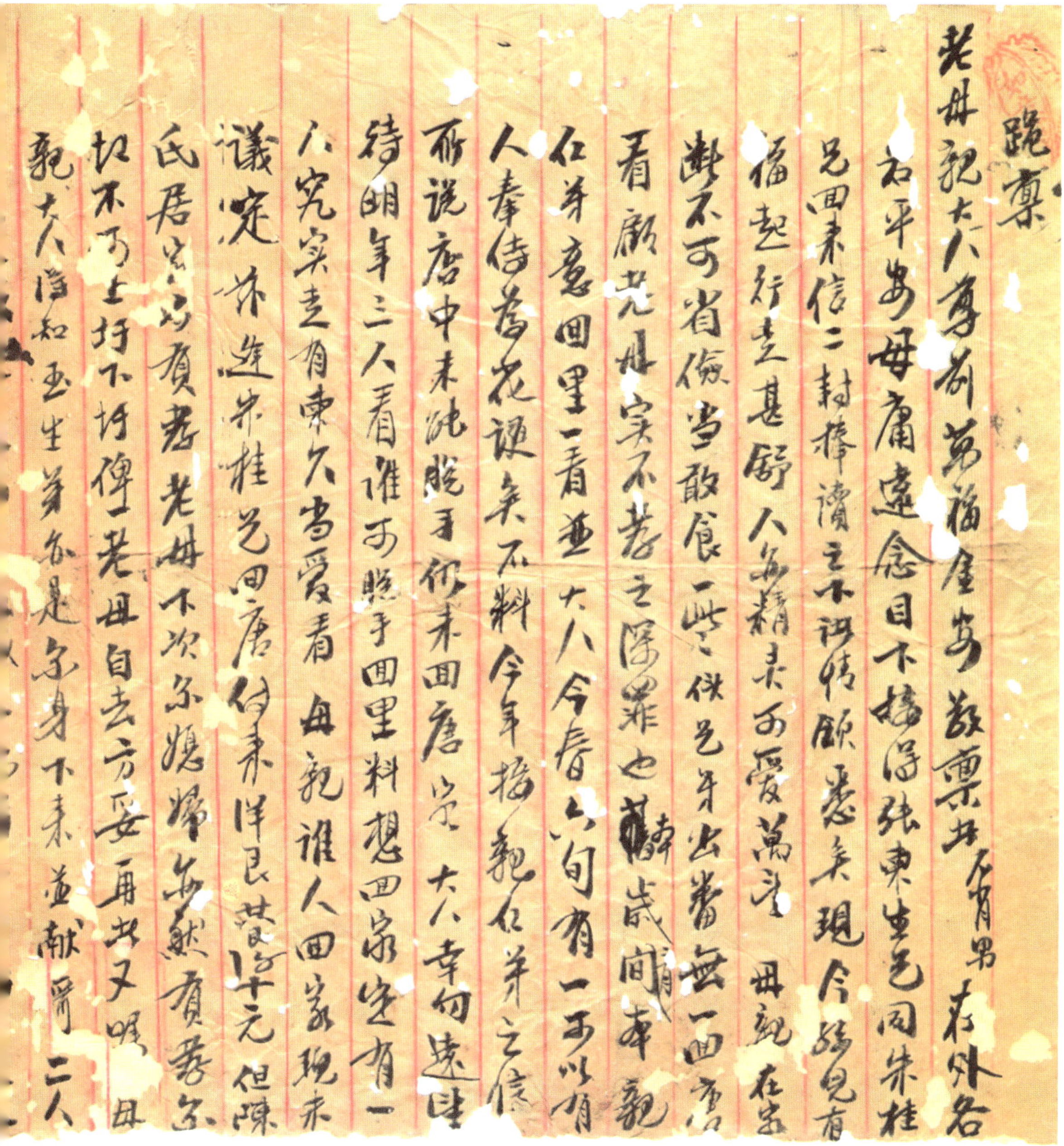
跪禀
老母亲大人尊前万福金安 敬禀者 男在外各
色平安 毋庸远念 目下接得张东生兄同宋桂
兄回来信二封 捧读之下 询悉矣 现今姑儿有
福 起行之甚好 人为精丧 可爱万事 母亲在家
断不可省俭 当敢食一些 儿年出番 无一回唐
看顾 老母 实不孝之深罪也 禁(?)岁间本 亲
在番 意回里一看 兼大人今春六旬 有一可以顾(?)
人奉侍 为花迎(?)矣 不料今年接亲在番之信
所说 唐中未能脱手 所未回唐家 大人幸勿远驻(?)
待明年三人看谁可脱手回里 料想回家定有一
人 究实走有东欠 当爱看 母亲谁人回家 现未
议定 亦(?)进(?)宋桂兄回唐 付来洋银叁百元 但陈
氏居家 负责 老母 不次系媳妇为献 负务(?)家
切不可生打不计 傅(?)老母自去方妥 再者 又嘱 母
亲大人 深知 玉生第(?)系是家身 不来 并献 胥(?) 二人

录文

跪禀

老母亲大人尊前万福金安：

敬禀者，不肖男在外各各平安，毋庸远念。目下接得张柬生兄同朱桂兄回来信二封，捧读之下，诸情领悉矣。现今孙儿有福，起行走甚舒，人亦精灵可爱。万望母亲在家断不可省俭，当敢食一些。使兄弟出番[1]，无一回唐[2]看顾老母，实不孝之深罪也。本岁三月间，本亲仁弟意回里一看，并大人今春六旬有一，可以有人奉侍为花（华）诞矣。不料今年接亲仁弟之信，所说店中未能脱手，仍未回唐家。大人幸勿远望，待明年三人看谁可脱手回里，料想回家定有一人，究实走有柬久[3]当爱（欲）看母亲，谁人回家，现未议定。兹逢朱桂兄回唐，付来洋艮（银）[4] 共银十五元。但陈氏居家当贤孝老母，下次尔媳妇亦然贤孝尔，切不可上圩[5]下圩俾[6]一老母，自去方妥。再者又嘱，母亲大人得知，玉生弟亦是尔身（生）下来，并献哥二人祈为照顾一些。不可异样或未转借多寡，一定要借过多少以（予）他应用方可，年时节到之日得以用矣。陈氏留侍奉母亲，带大小儿，勤食顾家为上。日后稍有光景，亦是同享矣。纸短情长，专此禀上。再者，黄氏嘱言问安老母，出年稍可脱手，母子三人一并回家一看。蒙上天佑老母平安一些。再者，张柬生兄手付有银信乙（一）封十一大元，黄氏名下寄去银五大元，母亲收银四元，陈氏一元。

母亲大人福安　陈氏福安否？一家老少平安否？

十一月十九日　不肖男和仁　顿叩

亚（阿）勉妹各各福安否？祈看好老母一些。

亚（阿）比舅大人福安，偕舅姆（母）大小各各平否？

善姆（母）、内姆（母）大人福安否？谢姆（母）亦福安否？

亚（阿）水弟回家时敢无信通知，何甚故也，偕合家大小平安否？

铭叔台福安否？再者，累次代愚家回信，此恩定叩报上酬。

满门叔侄老少各各问候福安否？

亲仁之子鼎华自三月间同亲仁同过。本欲使去里仁店中，他又不肯，故放在男店中。算起读书各等每月都要十余盾，男亦想家中放他回唐奉待老母，思现今在店中实分不听教训。男公婆二人□□□□□□□，又看他性格外不同，恐放回家中无所不为。七□□□□□□□□□□□□□□□□□□□□□□□□□□□□□□□□□□□

---

① 出番：见信〈十三〉注④。

② 回唐：见信〈十二〉注⑥。

③ 柬久：方言，这么久。

④ 洋银：见信〈一〉注①。

⑤ 上圩：见信〈三十八〉注①。

⑥ 俾：方言副词，"让上圩下圩俾一老母"是"让一老母上圩下圩"的倒装句。

简释

叶和仁谓钟氏“大人今春六旬有一”，终于说出钟氏的确切年龄。但又与礼仁甲辰年所言“大人年将七旬”（信〈七十八〉）差距甚大。而礼仁同年又说“年将六旬”（信〈七十九〉）。对老母生日时辰，叶家三兄弟的确“乌龙”。

“玉生弟亦是尔身下来”可知玉生乃一母所生，过继大伯为子（后期的批信逐渐明朗）。

“母子三人一并回家一看”应是和仁、黄氏和孙儿。叶和仁在外邦的儿子不知何时诞下，而家乡的有福已“起行走甚舒，人亦精灵可爱”。

“亲仁之子鼎华”自三月与清仁同过。叶清仁又冒出一子“鼎华”，有关叶清仁在南洋的“儿子”，在信〈三十八〉中已稍有提及。费解的是一直到癸卯年，叶清仁、叶礼仁仍在叹息：“未曾养有子息。”

缺张柬生兄“银信乙封十一大元”之相关批信。

叶和仁在该银信中，破天荒地问了一句“陈氏福安否?”寥寥5个字，不知陈氏有何感想。“嫁个过番翁，有翁当无翁”，数以百计的批信中，唯此一句单列的问候语，真替陈氏不值。

〈六十三〉

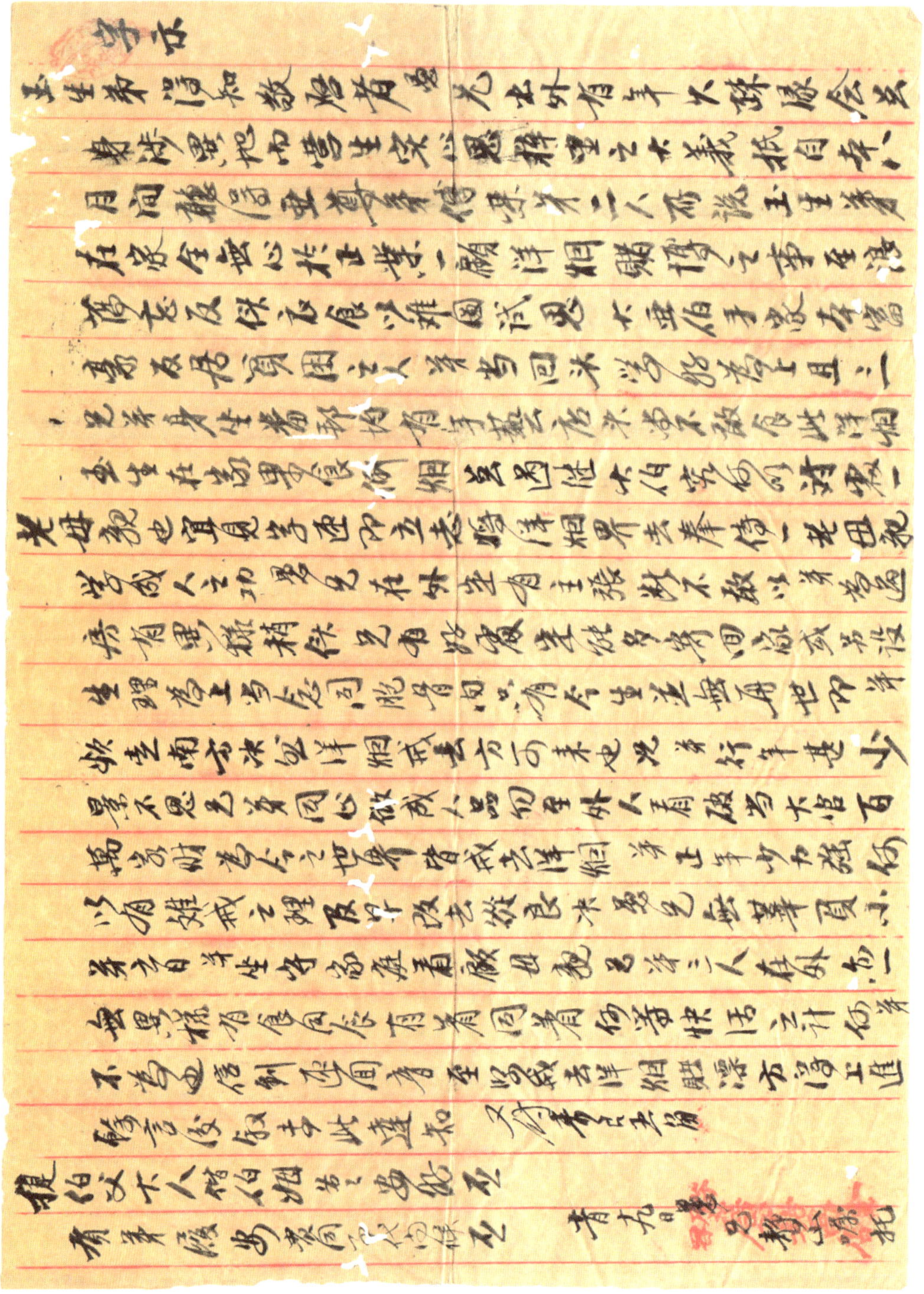

〈六十四〉 清光绪二十七年辛丑十一月十九日（1901年12月29日）叶和仁寄王生书

录文

字示

玉生弟得知：

（敬启者）[1] 愚兄出外有年[2]，久疏缘会，虽身涉异地而营生，实心思梓里[3]之大义。抵自本［年］八月间听得亚（阿）尊弟、傅荣弟二人所说，玉生弟在家全无心于正业，一顾洋烟赌博之事，至浪荡忘反（返），使衣食以难图。试思大亚（阿）伯手家本富豪，反居贫困之人，弟当回头学好为上。且三兄弟身坐番邦[4]，均有手艺店头[5]，尚不敢食此洋烟。玉生在家果食□烟，虽过继[6]大伯，究何以对处一（于）老母亲也。宜见字速即立志，将洋烟界（戒）去，奉侍一（于）老母亲，学成人之功。愚兄在外定有主张，断不敢以弟为过房[7]有异样。稍使兄有好处，定能多寄回家，或另设生理为上。当念同胞骨肉，只有今生，并无再世。即弟欲走南方[8]，决然洋烟戒去，方可来也。况弟行年甚少，景（竟）不思兄弟同心做成人品，勿至（致）外人看破。当大官百万家财，为今之世界皆戒去洋烟，弟正年少力强，何以有难戒之理？及早改去从良，决愚兄无辜负小弟之日。弟坐守家庭，看顾母亲，兄弟三人在外，亦一无异样，有食同食，有着[9]同着，何等快活之计，何弟不为也？信到速回音。至紧[10]戒去洋烟赌漂（嫖），方得上进。余言后叙，专此达知

捷伯父大人偕伯姆（母）各各安好否

贤弟履安　贵同学代问候否

又付来银五角

十一月十九日　愚兄静山　嘱托

简释

叶和仁特意写给玉生弟的信，与信〈六十三〉同日寄出。

叶和仁在信中首次明确点清玉生“虽过继大伯”，但“当念同胞骨肉，只有今生，并无再世”，血浓于水。叶和仁的大伯，便是多次问候且与叶和仁有账数瓜葛的“捷伯父”。（信〈三十二〉）

全信劝说玉生戒烟戒赌，并以伯父“家本富豪，反居贫困之人”为警示，祈望玉生“回头学好为上”。

〈六十四〉

---

① 敬启者：用于此信不妥，因是兄长写给胞弟的。见信〈五十〉注③。
② 有年：多年。
③ 梓里：故乡的代称。
④ 番邦：见信〈十三〉注④。
⑤ 店头：店铺。
⑥ 过继：犹过房。自己无子而以兄弟或他人之子为子。
⑦ 过房：犹过继。
⑧ 南方：指南洋。
⑨ 着：穿（衣）。
⑩ 至紧：最紧要。

〈六十五〉 清光绪二十七年辛丑十一月十九日（1901年12月29日）

叶和仁寄家乡亚献兄书

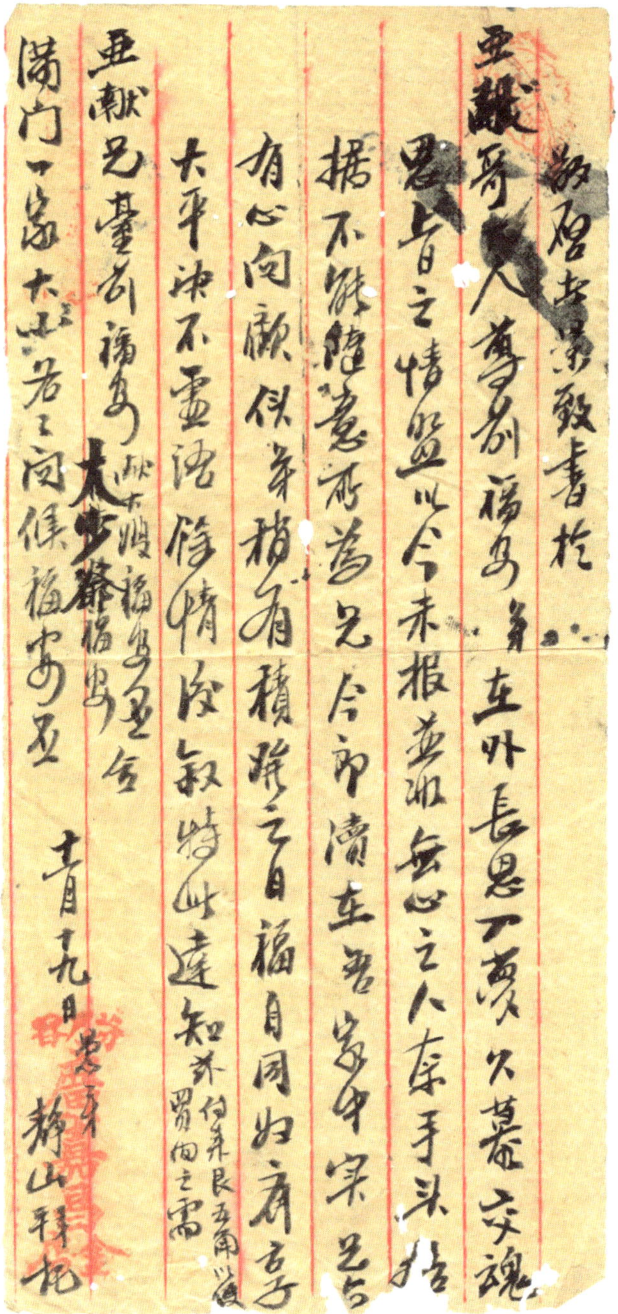

敬启者兹致书於

亚献哥大人尊前福安 弟 在外长思不忘 只慕 交魂

思旨之情 岂以今未报 并非无心之人 奈手头拮

据不能遂意 所为 兄今即读(?)在 君(?)家中宗(?) 兄台

有心向顾 似弟积有积残之日 福自同归 有享

大平 决不虚语 修情段叙 特此达知 并付来艮五角以为买物之需

亚献兄台前福安 外祖(?)大嫂福安 太步亲(?)福安 並全

满门一家大小老老同候福安 並

十一月十九日 弟 静山拜托

录文

敬启者　荣致书于

亚（阿）献哥大人尊前福安：

弟在外，长思入梦，久慕交魂。思上日之情，监（鉴）以今未报。并非无心之人，奈手头拮据，不能随意所为。兄令郎读在吾家中，实兄台有心向顾①。使弟稍有积发②之日，福自同归齐享大平，决（绝）不虚语。余情后叙，特此达知。兹付来艮（银）五角，以便买肉之需。

亚（阿）献兄台前福安　献大嫂福安否　合大少爷福安

满门一家大小各各问候福安否

十一月十九日　愚弟静山　拜托

简释

叶和仁附信阿献哥，并付银 5 角，“以便买肉之需”。“亚献”与叶和仁一家的关系，不甚了了。但从信〈六十三〉，“玉生弟亦是尔身下来，并献哥二人祈为照顾一些。不可异样或未转借多寡……”叶和仁对母亲和“献哥”的嘱托，又似乎非同一般。

使用“芬乃容广嘉昌金店”印。

〈六十五〉

---

① 向顾：向：朝着、向着。顾：关心、照顾。

② 积发：积：积蓄，聚积。发：因得到财物而兴旺。

〈六十六〉 清光绪二十八年壬寅二月初一日（1902年3月10日）叶和仁寄母亲钟氏书

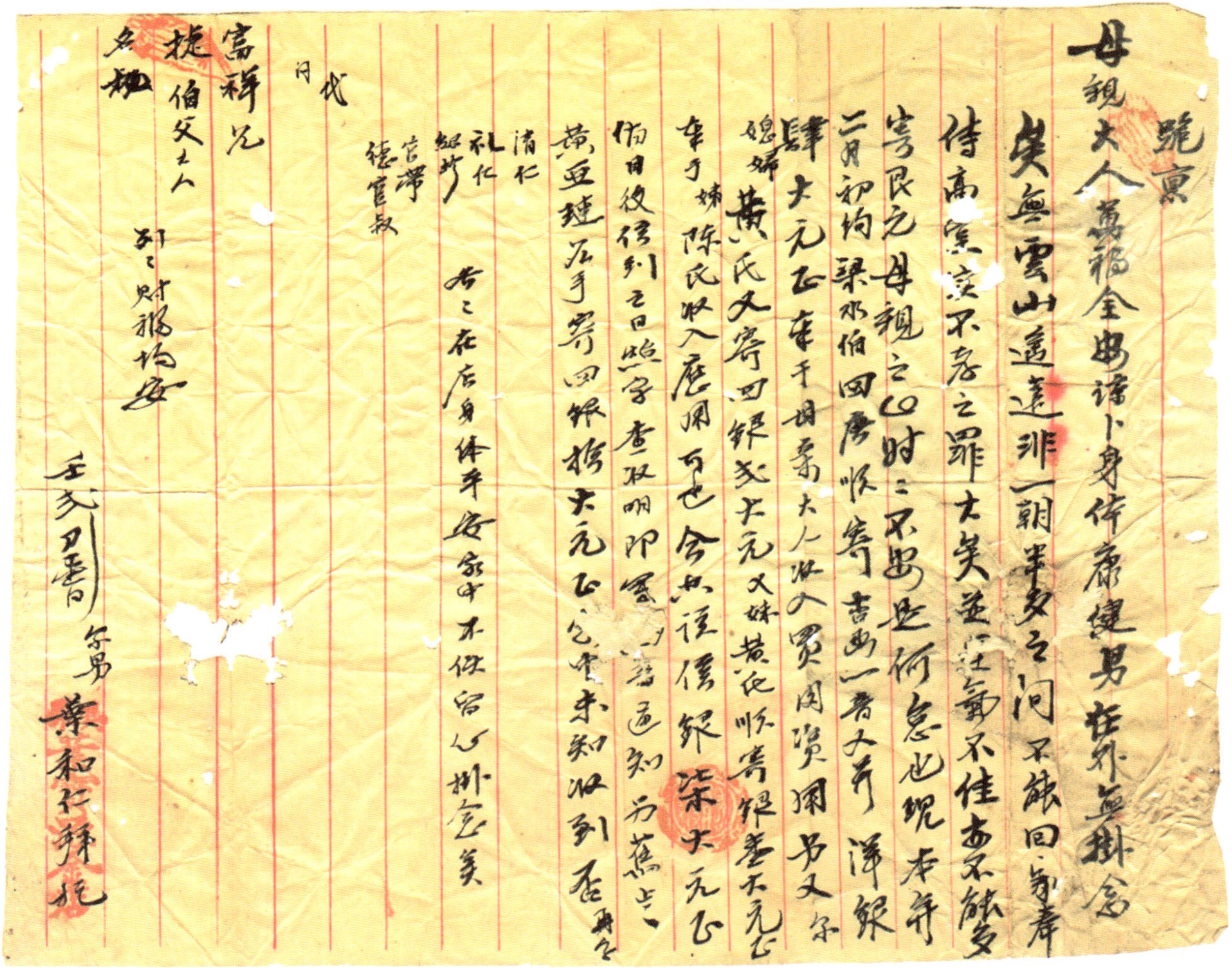
跪禀
母
亲大人万福金安谨禀者身体康健男在外无挂念
矣无云山遥远非一朝半夕之间不能回家奉
侍高堂实不孝之罪大矣并江气不佳亦不能多
寄银元母亲之心时时不安是何息也现本年
二月初均梁水伯回唐顺寄书函一封又并洋银
肆大元正来千祈亲大人收入买肉资用另又分
媳妇黄氏又寄回银贰大元又妹黄花顺寄银叁大元正
弟子妹陈氏收入应用可也今由汪信银柒大元正
俟日后信到之日照字查收明即写书通知为荷此上
黄亚琏在手寄回银拾大元正乞查未知收到否再之
清仁
礼化
绍外
官泽
德官叔
各各在店身体平安家中不必挂念矣
代问
富祥兄
提伯父大人
名榄
即请财福均安
壬寅二月初一日 子男 叶和仁拜托

录文

跪禀

母亲大人万福全（金）安：

谅卜身体康健，男在外无挂念矣。无云山遥远，非一朝半夕之间，不能回家奉侍高堂，实不孝之罪大矣。并运气不佳，亦不能多寄艮（银）元（圆），母亲之心时时不安，是何怠也。现本年二月初约梁水伯回唐，顺寄吉函一音[①]，又并洋银[②]四大元正，奉于母亲大人收入，买肉资用。另又尔媳妇黄氏寄回银二大元。又，妹黄氏顺寄银一大元正，奉于姊陈氏收入应用可也，合共该信银七大元正，倘日后信到之日，照字查收明，即写回音通知。另旧岁黄亚（阿）琏兄手寄回银十大元正，家中未知收到否？再字。

清仁、礼仁、绍珍、官带、德官叔，各各在店，身体平安，家中不使留心挂念矣。

代问

富祥兄、捷伯父大人、名叔，列列财福均安

壬二月一日　尔男　叶和仁　拜托

简释

清仁、礼仁、绍珍、官带、德官叔“各各在店”。叶和仁已成为兄弟、亲朋好友在南洋的“信息交流中心”。从叶和仁的这一批银信中可以看出，叶和仁对待兄弟和家乡亲戚确实是关心备至的。

黄氏再寄银二元给母，又寄一元“奉于姊陈氏收入应用”。黄氏对家婆、正室的礼数功夫做足。

缺“旧岁”黄亚琏兄银十元相关银信。

〈六十六〉

① 音：消息。佳音，音信。

② 洋银：见信〈一〉注①。

〈六十七〉 清光绪二十八年壬寅二月十八日（1902年3月27日）

叶和仁寄母亲钟氏书

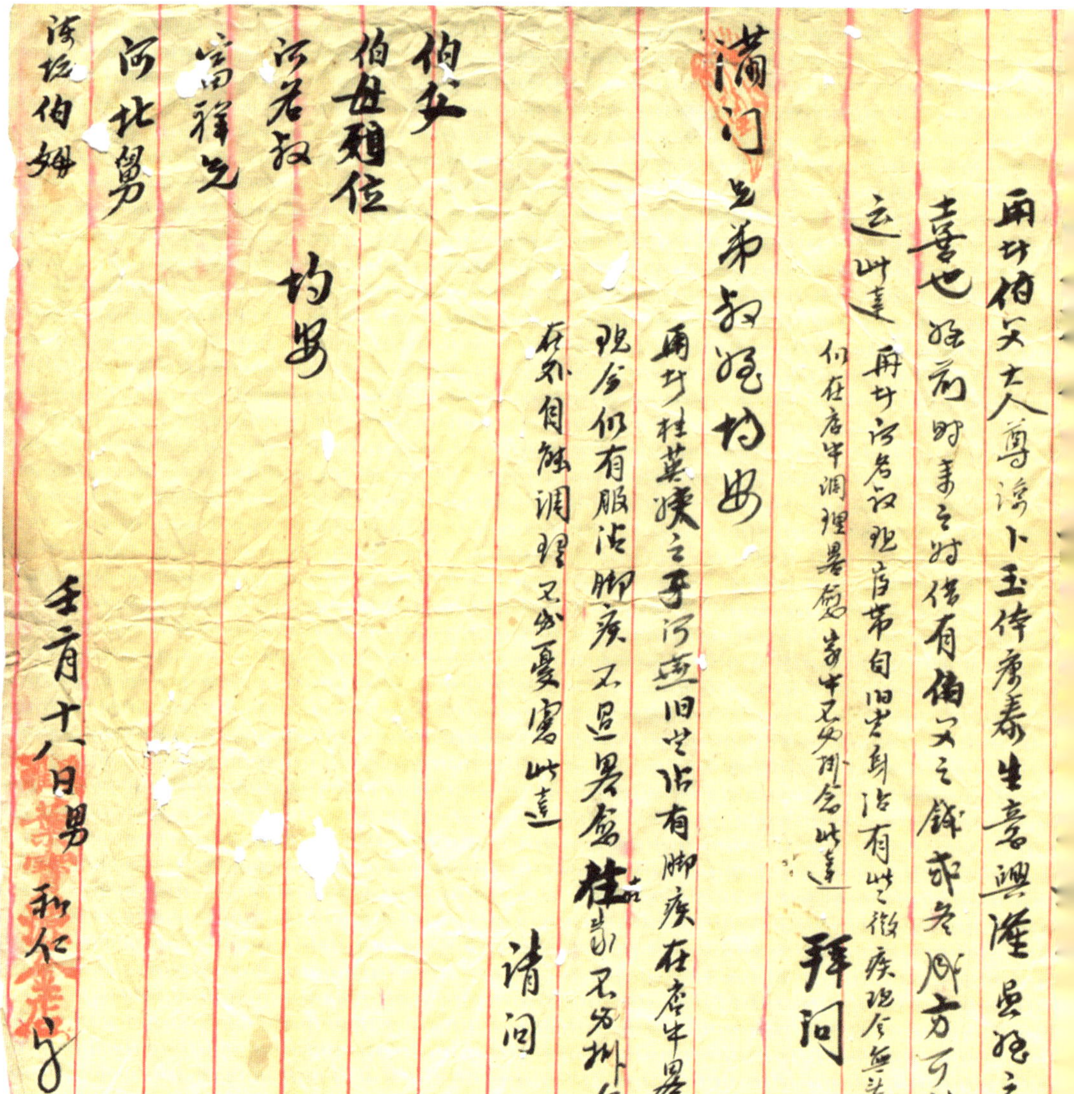

两母伯父大人尊谕下：玉体康泰，生意兴隆，是孩之祷

喜也。孩前时来之财信，有偷父之钱，求各凤方可付

去此达。

两母所知，孩店弟自旧岁身沾有些微疾，现今无足碍，

仍在店中调理略愈，家中不必挂念，此达。

拜问

满门上弟叔婶均安

两母，桂英嫂之子阿盛旧岁沾有脚疾，在店中略愈，

现今仍有服治脚疾，不日略愈，桂英嫂不必挂念，

在家自然调理，不必忧虑，此达。

请问

伯父

伯母列位

阿若叔　均安

阿富祥兄

阿北舅

阿坛伯姆

壬寅二月十八日男和仁字

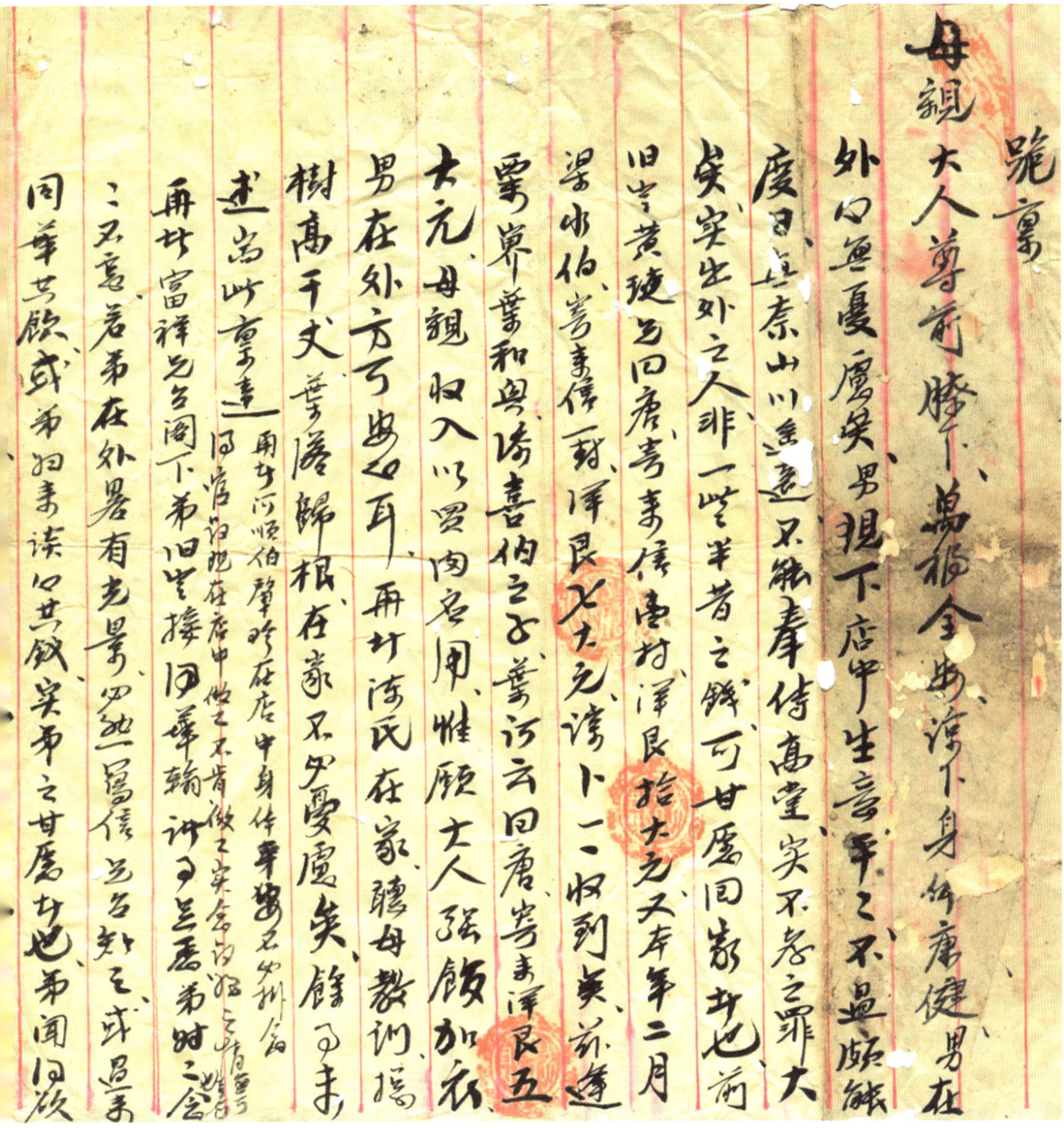
母
親大人尊前膝下、萬福金安、諒下身体康健、男在
外心無憂慮矣、男現下店中生意平平、不過[illegible]能
度日、惟奈山川遙遠、不能奉侍高堂、實不孝之罪大
矣、實出外之人非一些半首之錢可甘願回家者也、前
舊歲黃琏兄回唐、寄來信壹封、洋銀拾大元、又本年二月
梁水伯寄來信一封、洋銀七大元、諒下一一收到矣、茲逢
[illegible]界葉和與[illegible]喜納之子葉行云回唐、寄來洋銀五
大元、母親收入以買肉食用、惟願大人強飯加衣
男在外方可安心耳、再者陳氏在家聽母教訓、[illegible]
樹高千丈、葉落歸根、在家不必憂慮矣、[illegible]子來
述、肅此禀達
再者河順伯聲吟在店中身体平安、不必掛念
[illegible]在店中做工不肯做工、實令[illegible]
再者富祥兄名閣下、弟舊歲接同華輸[illegible]予[illegible]為弟對之念
二兄意若弟在外略有光景、可勉一寫信與兄、知之、求[illegible]
同華其欲或弟歸來讀心其錢、實弟之甘願者也、弟聞同[illegible]

录文

跪禀

母亲大人尊前膝下万福全（金）安：

谅卜身体康健，男在外心无忧虑矣。男现下店中生意平平，不过颇能度日。无奈山川遥远，不能奉侍高堂，实不孝之罪大矣。实出外之人，非一些半昔①之钱，可甘愿回家者也。前旧岁②黄琏兄回唐，寄来信一封，洋艮（银）十大元。又本年二月梁水伯寄来信一封，洋艮（银）七大元，谅卜一一收到矣。兹逢粟□叶和兴、添喜伯之子叶阿云回唐③，寄来洋艮（银）五大元，母亲收入以买肉应用。惟（唯）愿大人强饭加衣，男在外方可安心耳。再者，陈氏在家听母教训，揔（纵）树高千丈，叶落归根，在家不必忧虑矣。余事未述，专此禀达。

再者，阿顺伯：肇珍在店中身体平安，不必挂念。得（德）官叔现在店中做工，不肯做工，实念叔侄之情，无可奈何也。

再者，富祥兄台阁下：弟旧岁接得华翰④，诸事足悉⑤。弟时时念念不忘，若弟在外略有光景，必然写信兄台知之，或过来同华（花）共饮，或弟归来谈心共议，实弟之甘愿者也。弟闻得欲去阿宽叔之处，现今头路⑥既淡，切不可去也。叨蒙兄台在看成弟家中一些，此恩后谢。即此达知。

再者，伯父大人尊：谅卜玉体康泰，生意兴隆，愚侄之志（至）喜也。侄前时来之时借有伯父之钱，或冬成⑦方可付运。此达。

再者，阿名叔：现官带自旧岁身沾有些微疾，现今无头路，仍在店中调理，略愈，家中不必挂念。此达。拜问

满门兄弟叔侄均安

再者，桂英姨之子阿燕旧岁沾有脚疾，在店中略愈。现今仍有服沾脚疾［之药］，不过略愈。住在家，不必挂念，在外自能调理，不必忧虑。此达。请问

伯父、伯母、列位，阿名叔、富祥兄、阿比舅、陈坑伯姆（母）　均安

壬二月十八日　男和仁　字

---

① 半昔：未详。
② 旧岁：见信〈十八〉注①。
③ 回唐：见信〈十二〉注⑥。
④ 华翰：敬辞，用于称人书信。
⑤ 足悉：见信〈五〉注②。
⑥ 头路：见信〈十一〉注⑨。
⑦ 冬成：见信〈四〉注⑦。

简释

托梁水七元，与信〈六十六〉呼应，但仍缺“旧岁黄琏兄”银十元的音讯。

阿顺伯肇珍在店。德官叔也在叶和仁店中，虽“不肯做工”，然“实念叔侄之情，无可奈何也”。

叶和仁“前时来之时借有伯父之钱”，中之“伯父”，即一直在诸信中所问候的“伯父大人”（伯父、大伯、捷伯父）。叶和仁与伯父之间“老账”“新账”，局外人是难以分清是非曲直的。

〈六十七〉

〈六十八〉 清光绪二十八年壬寅四月初□日（1902年5月上中旬）

叶礼仁寄母亲钟氏书

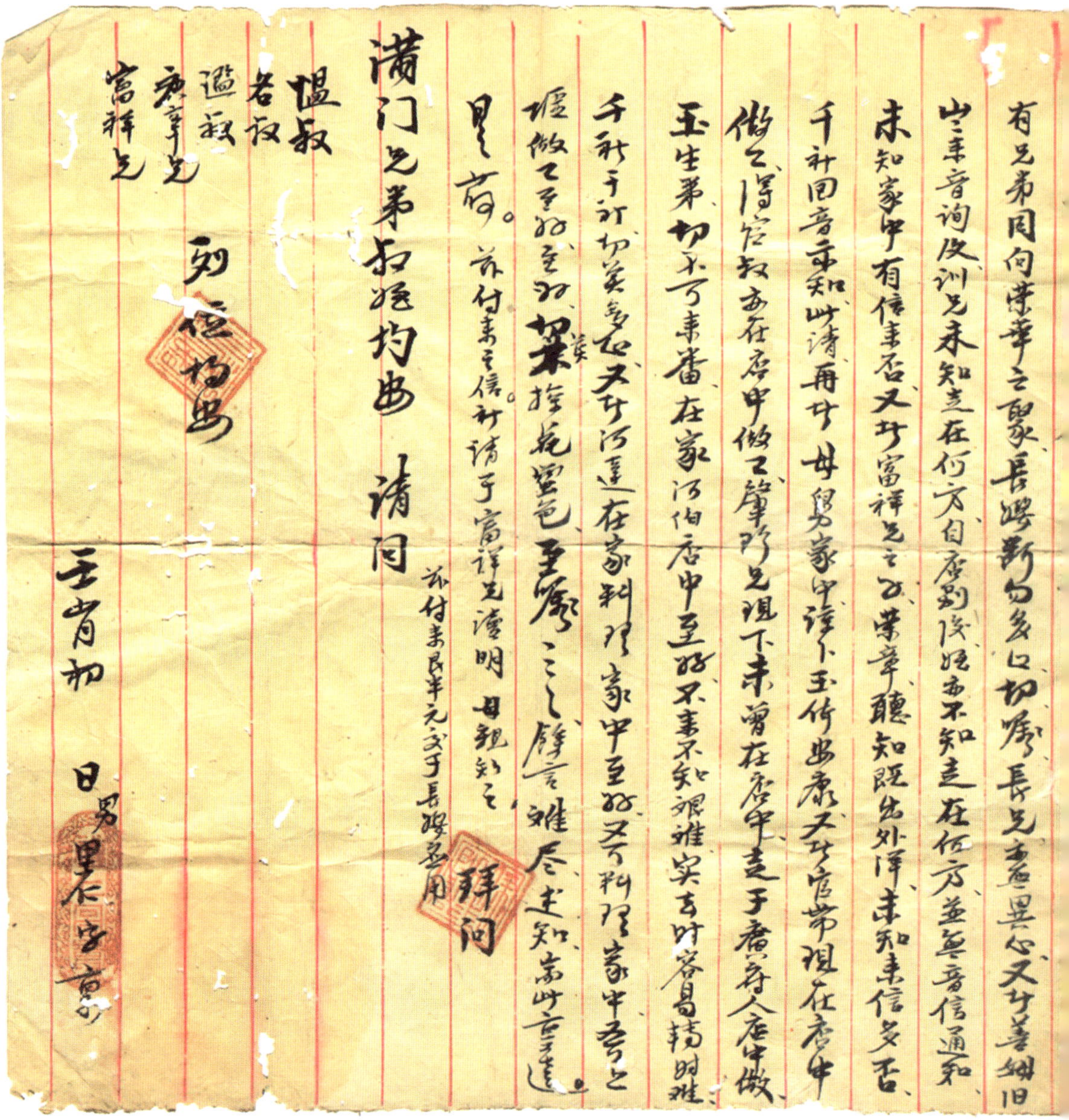
有兄弟同向棠華之象，長嶼新句多口，切嘱長兄無甚異心，又付着細旧
岁之来音询及训兄未知走在何方，自唐到後，侄亦不知走在何方，並無音信通知，
未知家中有信来否。又付富祥兄之子棠章聽知既出外洋，未知来信否，
千祈回音来知此请。再付 母親家中請[illegible]玉佐安康。又付官常現在唐中
做工，得官叔亦在唐中做工，肇珍兄現下未曾在唐中，走于唐人店中做
玉生弟切不可来番，在家何伯店中至好，不来不知艱難，實未可寄留那
千祈千祈切莫多心。又付何達在家料理，家中至好，又可料理家中事之
堀做工至好至好。[illegible]至嘱，之之辭言難盡，是知當此言道。
是荷。又付来之信，祈請于富祥兄讀明，母親知之。
又付来[illegible]于長嶼[illegible]用
满门兄弟叔侄均安　請问
拜问
愠叔
者叔
遥叔
庶章兄
富祥兄　列位均安
壬寅初　日　男里仁字稟

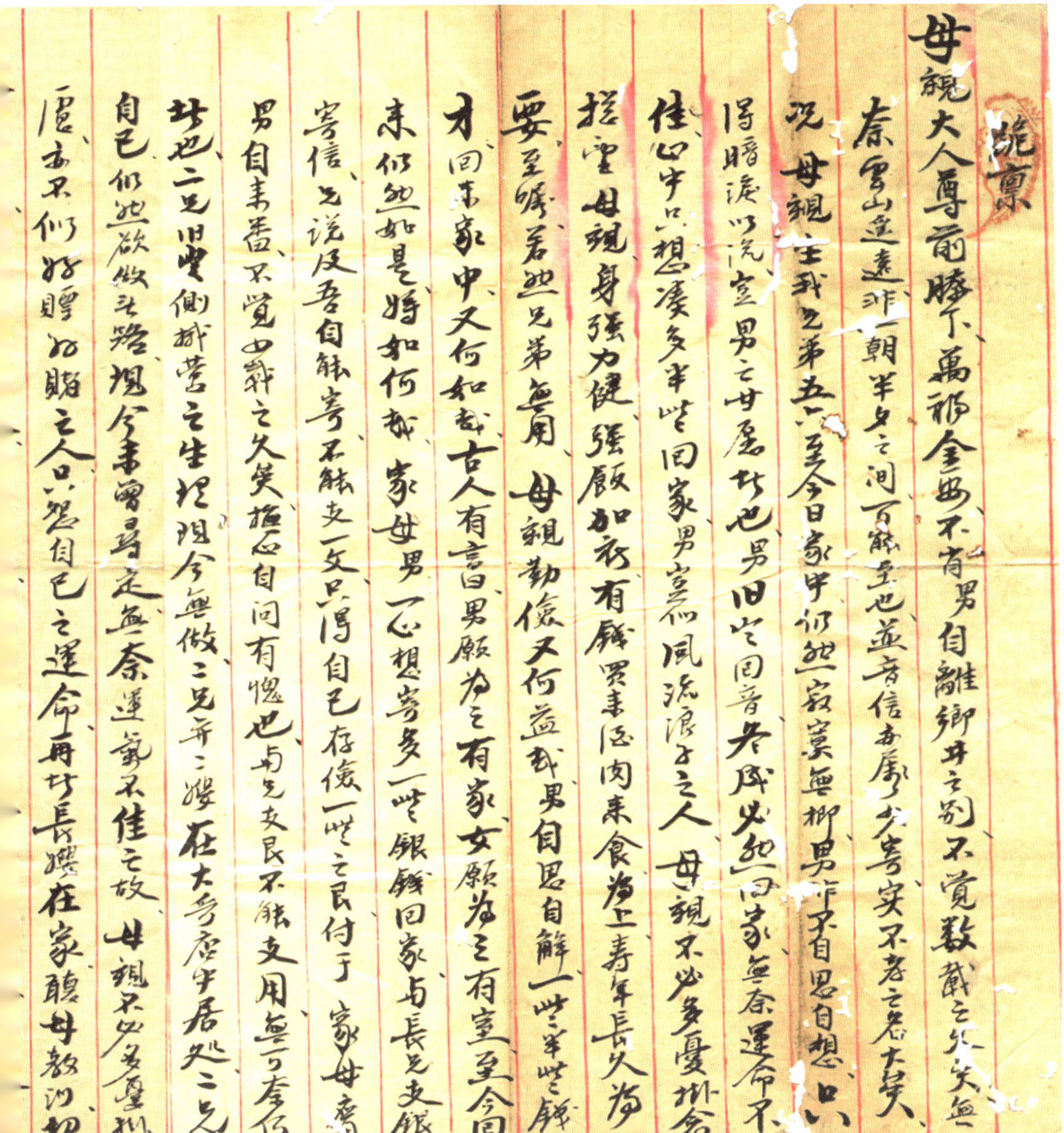
跪稟

母親大人尊前膝下萬福金安 不肖男自離鄉井之別不覺數載之久矣無
奈雪山遙遠非一朝半夕之間可能至也並音信亦少寄實不孝之名大矣
況母親生我兄弟五人至今日家中仍然寂寞無聊 男亦自思自想只
得賭錢以洗室 男之出處好也 男旧年回音冬底必然回家無奈運命不
佳 心中只想思凄多半些回家 男豈係風流浪子之人 母親不必多憂掛念
揺望母親身强力健 强飯加衣 有錢買來豬肉來食 為上壽年長久 為
要至囑 若然兄弟無用 母親勤儉又何益哉 男自思自解 一世半世錢
才回來家中又何如哉 古人有言曰 男願為之有家 女願為之有室 至今回
來仍然如是 將如何哉 家母 男一心想寄多一些銀錢回家與長兄支銀
寄信 兄說及吾自能寄 不能支一文 只得自己存儉一些之艮付于家母齋(?)
男自來番不覺四(?)年之久矣 撫心自問有愧也 與兄支艮不能支用 無可奈何
出也 二兄旧豊(?)側揃(?)營之生理 現今無做 二兄弟二嫂在大芽(?)庄中居 處二兄
自己仍然欲做出路 現今未曾尋定 無奈運氣不佳之故 母親不必多憂掛
慮 亦不仍好賭 好賭之人只怨自己之運命 再好長(?)嫂在家聽母教訓 切

录文

跪禀

母亲大人尊前膝下万福金安：

不肖男自离乡井之别，不觉数载之久矣。无奈云山遥远，非一朝半夕之间不能至也。并音信亦属少寄，实不孝之名大矣。况母亲生我兄弟五六［人］，至今日家中仍然寂寞无槨（聊）。男非不自思自想，只得暗泪以流，岂男之甘愿者也。男旧岁[1]回音冬成[2]必然回家，无奈运命不佳，心中只想凑多半些［银钱］回家。男岂似风流浪子之人，母亲不必多忧挂念。揔（总）望母亲身强力健，强饭加衣，有钱买来酒肉来食为上，寿年长久为要。至嘱。若然兄弟无用，母亲勤俭又何益哉！男自思自解，一些半些钱才（财）回来家中，又何如哉？古人有言曰：男愿为之有家，女愿为之有室。至今回来，仍然如是，将如何哉？家母，男一心想寄多一些银钱回家，与长兄支银寄信，兄说及吾自能寄，不能支一文。只得自己存俭一些之艮（银），付于家母应用。男自来番不觉四载之久矣，抚（扪）心自问有愧也。与兄支艮（银）不能支用，无可奈何者也。二兄旧岁俄营之生理，现今无做。二兄并二嫂在大哥店中居处，二兄自己仍然欲做头路[3]，现今未曾寻定，无奈运气不佳之故，母亲不必多忧挂虑。亦不似好嫖好赌之人，只怨自己之运命。再者，长嫂在家，听母亲教训，切莫多心。况家中不似他人，多兄多弟，惟（唯）望嫂嫂在家。家中之田地，若求人艰难，断不必多耕，以劳心劳力。弟多得几年回来家中，与嫂嫂协力治家，日后自有兄弟同向荣华之聚，长嫂断勿多心。切嘱。长兄亦无异心。又者，善姆（母）旧岁来音询及训兄，未知走在何方。自店别后，侄亦不知走在何方，并无音信通知，未知家中有信来否？又者，富祥兄之子荣章，听知既出外洋，未知来信多否？千祈回音示知。此请。再者，母舅家中谅卜玉体安康。又者，官带现在店中做工，得（德）官叔亦在店中做工，肇珍兄现下未曾在店中，走于广府[4]人店中做。玉生弟切不可来番，在家阿伯店中至好，不来不知艰难，实去时容易转时难。千祈千祈！切莫多心。又者，阿达在家料理家中至好，又可料理家中，又可上墟做工，至好至好。切莫探花盗色，至嘱至嘱。余言难尽，述知。专此禀达是荷。兹付来之信，祈请于富祥兄读明，母亲知之。兹付来艮（银）半元交于长嫂应用。拜问

满门兄弟叔侄均安　请问

愠叔、名叔、监叔、庚辛兄、富祥兄列位均安。

壬四月初　日　男里仁　字禀

---

① 旧岁：见信〈十八〉注①。

② 冬成：见信〈四〉注⑦。

③ 头路：见信〈十一〉注⑨。

④ 广府：广州府，广州在元代改为路，明代改为府，故称。

简释

叶礼仁信中说："母亲生我兄弟五六。"此是说礼仁兄弟五六人——和仁、亲仁、礼仁、玉生，是否包括达荣？还有那个一直在批信兄弟间的称呼上困扰排行的"老二"，究竟是谁？偶尔的只言片语，真有雾里看花之感。

叶礼仁过番"不觉数载之久矣"（1898—1902），但始终未能自主自立，多有怨言："与兄支艮（银）不能支用，无可奈何者也。"

叶亲仁及妻在和仁店居住，想欲另寻"头路"，但"未曾寻定"。听知富祥兄之子荣章"既出外洋"，叶礼仁又是一番感慨："不来不知艰难，实去时容易转时难。"又告诫"玉生弟切不可来番""千祈千祈""切莫多心""在家阿伯店中至好"。

同样，要阿达"在家料理家中至好，又可料理家中，又可上墟做工，至好至好"。

辛丑年底叶清仁在侧俄营之生理现今无做。

使用"礼仁图章"私印落款，还是没有"打金店"公章。

〈六十八〉

〈六十九〉 清光绪二十八年壬寅（1902年）

叶礼仁寄荣章、玉生、阿达书

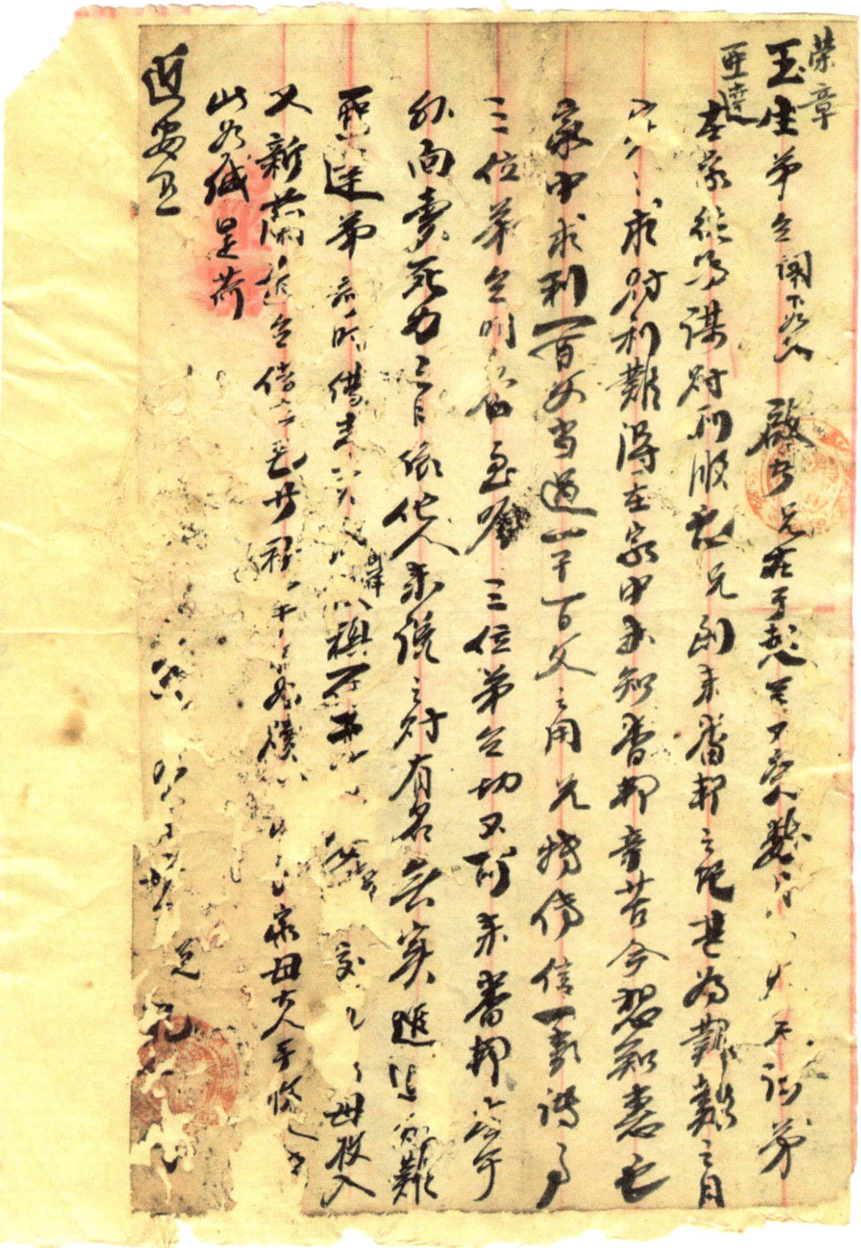

录文

荣章、玉生、亚（阿）达弟台阁下如□：

启者，兄在于起□，不觉数月□□□，诸弟在家从事谋财利顺也，兄到来番邦[1]之地甚为艰难之日，实实求财利难得。在家中未知番邦辛苦，今想知悉也。家中求利一百文，当过一千百文之用。兄特传信一封，诸事三位弟台明否？至嘱，三位弟台切不可来番邦，在于外面卖死力，□□□他人来说之财，有名无实，进退两难。阿达弟前时借来□□□□□□□□□□□□□□□□□□□□□母收入，又新兰□□□□□□□□□□□□□□□□□□家母大人手收入。□□此如缄是荷

近安否

□□□□□□□□　兄礼仁　字

简释

该信落款处漫漶，无法辨知。但叶礼仁后来“癸二月初四”写信，却言三月初一接黄琏兄手家信一封，“既知阿荣章去世”（信〈七十二〉），此处的月份“三”有可能是“二”之笔误。故此，可以断言，信〈六十九〉应在知道荣章去世的癸二月初四前写。暂将其列于壬寅年。

叶礼仁每有写信，均十分关注“三位弟台”是否会来番，这次专门写信叮嘱“三位弟台切不可来番邦”。

而“壬四月初□日”之信〈六十八〉，已知“富祥兄之子荣章，听知既出外洋”，故此信又应在“壬四月”或之前写的，也可能是与信〈六十八〉同时托寄的。

〈六十九〉

① 番邦：见信〈十三〉注④。

〈七十〉 清光绪二十八年壬寅八月初十日（1902年9月11日）

叶清仁、叶礼仁寄母亲钟氏书

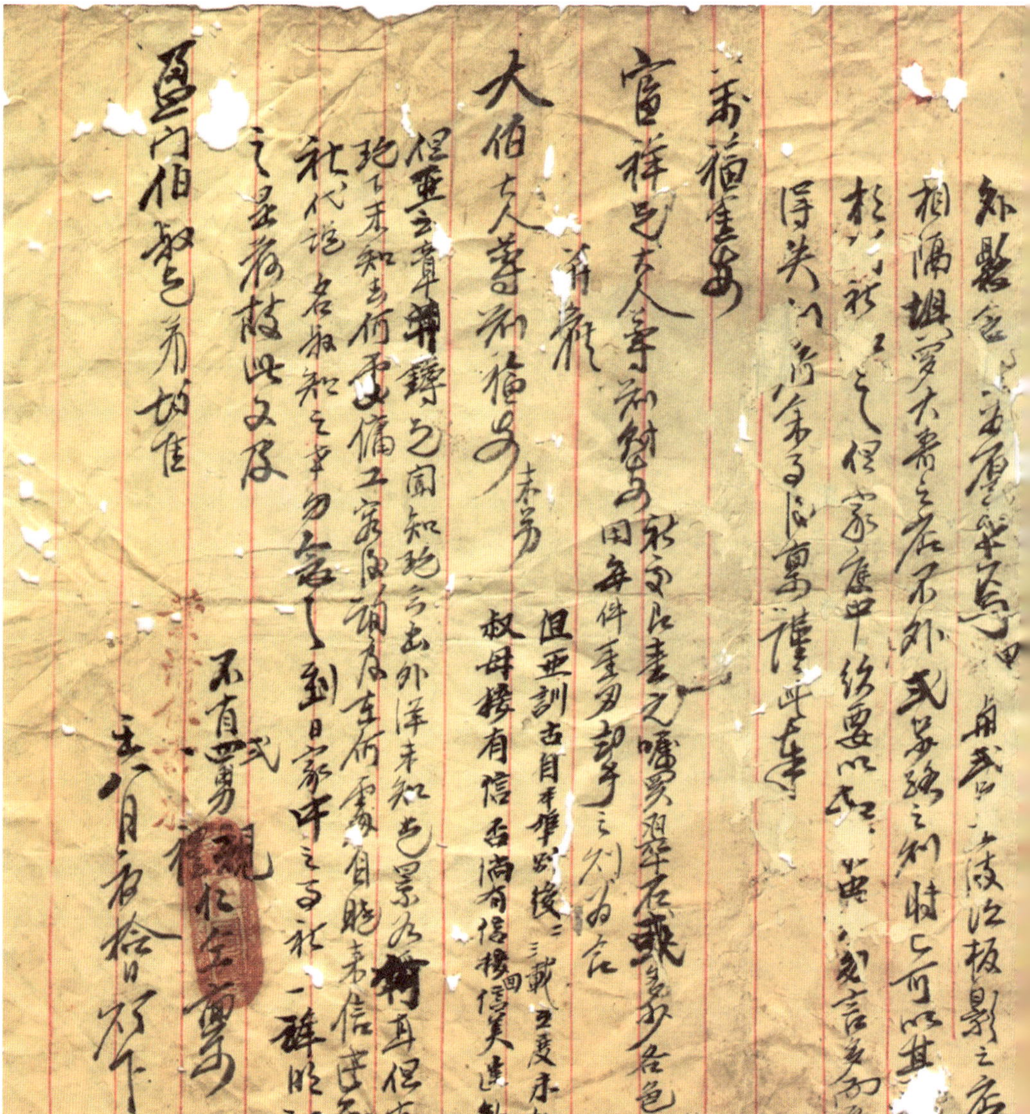

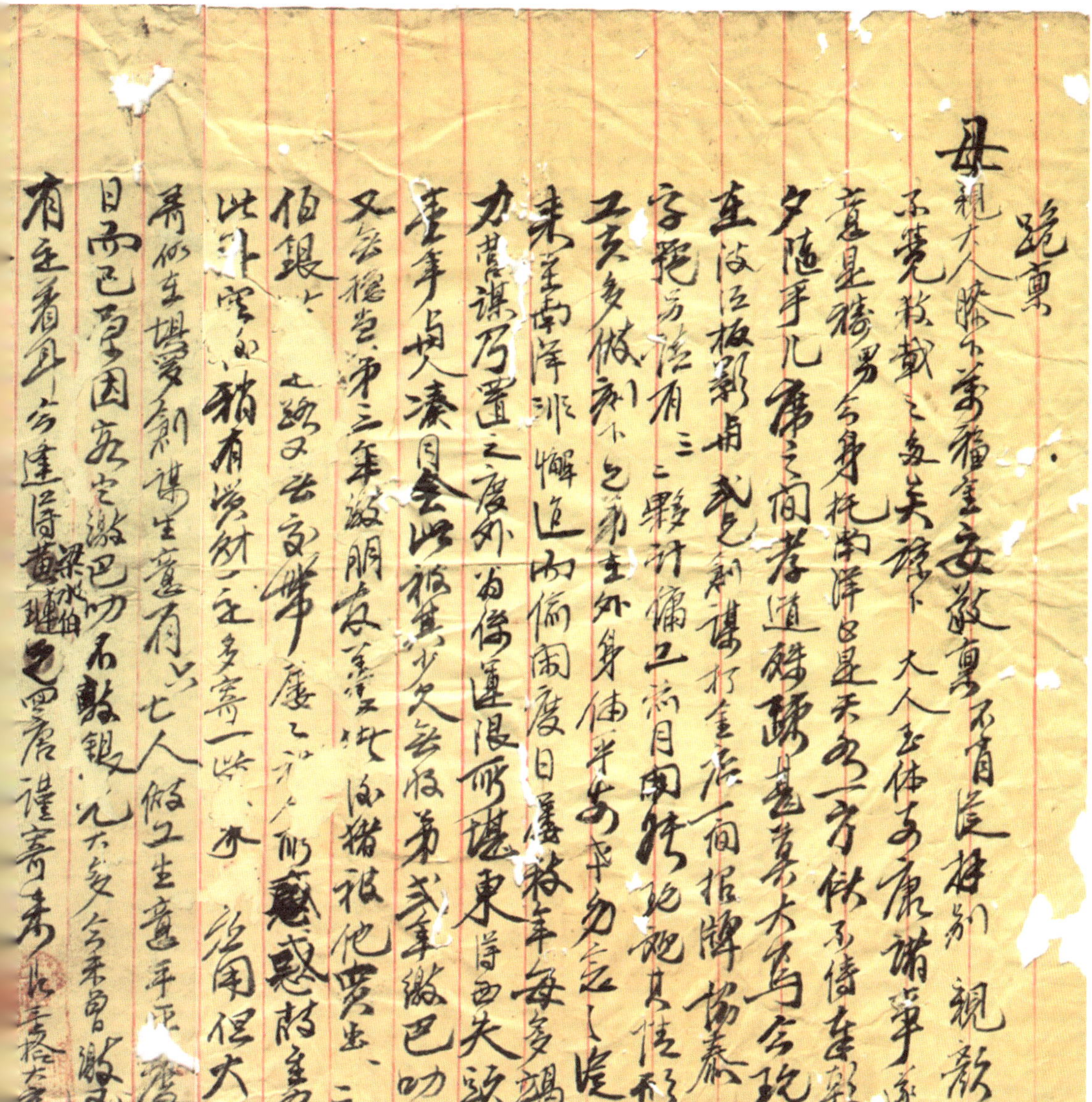

跪稟
母親大人膝下 茲稟者 不肖從梓別 親顏
不覺數載之久矣 際下 大人玉体安康 諸事遂
意是禱 男今身托南洋 日是天命一方 飲不侍奉朝
夕 隨手几席之間 孝道缺疏 甚為大罪 今玩
在汶江板新埠 與己新謀打金店一間 招牌協泰
字號 另請有三二夥計 備工逐月開銷 艱難情形
工資多微 新下之弟在外身体平安 勿念 從
未至南洋 排擺追兩偏閒度日 屢待將年 每多鴻
力營謀 可置之度外 為僑匯限所堪 東皆由失頭
去年與大人湊同會此 被其少欠今 被弟弍年繳巳叻
又今穩當 弟三年欲朋友等借 你豬被他黄出二
佰銀
此外寄和 稍有發財 在多寄一些來
日而已 因家它繳巳叻 不數銀
有在着 今達 梁水伯 謹寄

录文

跪禀

母亲大人尊前膝下万福金安：

敬禀者，不肖［男］从拜别亲颜不觉数载之多矣。谅卜大人玉体安康，诸事遂意是祷。男今身托南洋，已是天各一方，使不侍奉朝夕，随乎几席之间，孝道殊疏甚莫大焉。今现在淡江板影[1]与二兄创谋打金店一间，招牌协泰字号，另请有三二伙计佣工，前月开张。现观其情形，工夫多做。刻下兄弟在外身体平安，幸勿念念。从来至南洋，非懈怠而偷闲度日，屡数年每多竭力营谋，乃置之度外，为系运限所堪，东得西失。头一年与人凑月会[2]，此被其少欠无收。第二年缴巴叻[3]，又无稳当。第三年［交］被（给）朋友养猪，后猪被他买（卖）出一二百银。□□□路，又无交带（代），屡屡被人所惑，故至如此。祈容后稍有资财，一定多寄一些□□□应用。但大哥仍在坝罗[4]创谋生意，有六七人做工，生意平平度日而已。原因客岁缴巴叻，不敷银元（圆）大（太）多。今未曾缴又有定着耳。今逢得梁水伯、黄琏兄回唐，谨寄来银三十大元，祈照字查收应用。惟（唯）望大人抚养玉体为重，切勿大（太）过勤劳，至其饮食切勿省俭是祷，以免兄弟在外悬念□□□□焉。男与二兄在淡江板影之店，相隔坝罗大哥之店，不外二步[5]路之则，时时可以其□相问，祈知之。但家庭中须要以和为贵，勿言多而至（致）得失[6]□□。余事后禀。谨此奉

万福金安

富祥兄大人尊前财安：祈交艮（银）一元，嘱买翠石或多少各色要用，每件一钱八分之则为合。并祈

大伯大人尊前福安

未另，但亚（阿）训古自本埠别后二三载之度　未知叔母接有信否？倘有信接，回信□达知。

但亚（阿）云章并镩兄闻知现今出外洋，未知光景如何耳？但官带现下未知去何处佣工，容后询及在何处，自晓来信达知。祈代说名叔知之。幸勿念念。到日家中之事，祈一详明知之是荷。故此又及。

盈门伯叔兄弟均佳

不肖二男亲仁、四男里仁　同禀

壬八月初十日□下

---

① 淡江板影：马来亚旧地名。信〈四十三〉等写为“淡江吧营”。

② 月会：在潮梅一带，特指民间金融互助组织，如月兰会（可见这种民间金融互助组织形式已由华侨传到海外侨居地）。

③ 巴叻：见信〈三十七〉注③。

④ 坝罗：见信〈二十一〉注⑥。

⑤ 步：“铺”的音讹。潮梅方言的里程单位，十里为一铺。

⑥ 得失：潮梅方言。因对人不够尊重等而伤人感情。

简释

叶礼仁同叶清仁在淡江板影合开打金店一间，“招牌协泰字号”请有两三名佣工，前月（六月）开张。壬四月叶礼仁在信〈六十八〉才告知母亲清仁在“侧俄营之生理，现今无做”，时隔两个月，即有转机，而叶礼仁本人也终于结束了“寄人篱下”的窘况。

和仁仍在坝罗，有六七人做工。

虽仍使用“礼仁图章”私印落款。但“协泰打金店”开张，已是板上钉钉的事实了。的确，叶清仁、叶礼仁运拙时乖，连续几年，“屡屡被人所惑”，现在总算时来运转了。

〈七十〉

〈七十一〉 清光绪二十八年壬寅十月□日（1902年11月间）

叶和仁、叶清仁、叶礼仁寄母亲钟氏书

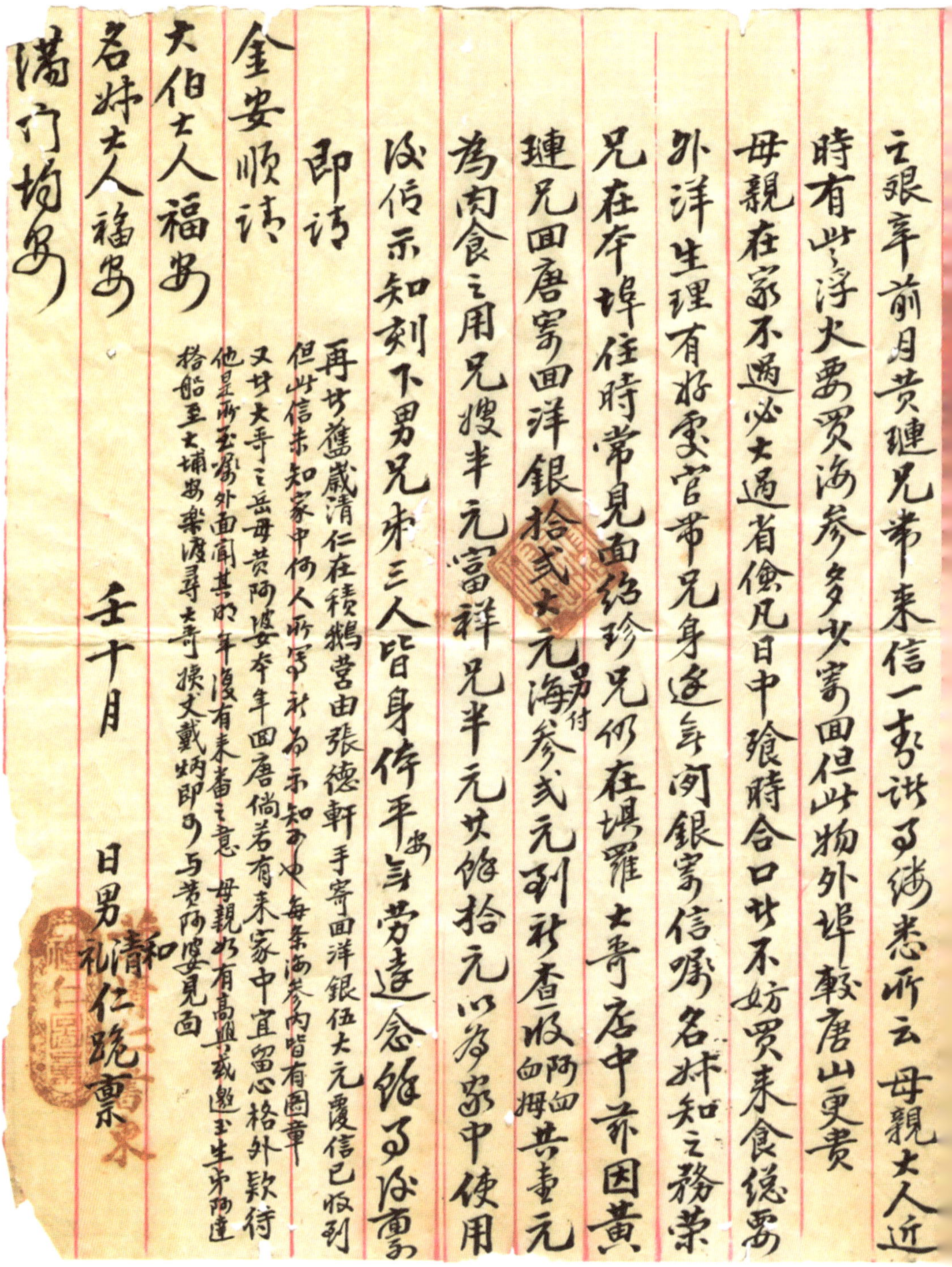
云艰辛前月黄璉兄带来信一封詳了緣悉所云　母親大人近
時有些浮火要買海参多少寄回但此物外埠較唐山更貴
母親在家不過必大過省儉凡日中飧時合口者不妨買來食總要
外洋生理有好處官带兄身邊無閑銀寄信嘱名妹知之務荣
兄在本埠住時常見面紹珍兄仍在堪羅大哥店中亦因黄
璉兄回唐寄回洋銀拾式大元另付海参式元到祈查收阿四四姆共壹元
為肉食之用兄嫂半元富祥兄半元共餘拾元以為家中使用
收信示知刻下男兄弟三人皆身体平安無勞遠念餘了後禀
即請
金安順請
大伯大人福安
名妹大人福安
满门均安
再者舊歲清仁在積鵝營由張德軒手寄回洋銀伍大元覆信已收到
但此信未知家中何人所寫祈為示知可也每条海参内皆有圖章
又者大哥之岳母黄阿嬡本年回唐倘若有來家中宜留心格外款待
他是那丕處外面聞其明年復有來番之意　母親如有高興或邀玉生弟阿達
搭船至大埔與樂渡尋大哥換丈戴炳即可与黄阿嬡見面
壬十月　日男和清礼仁跪禀

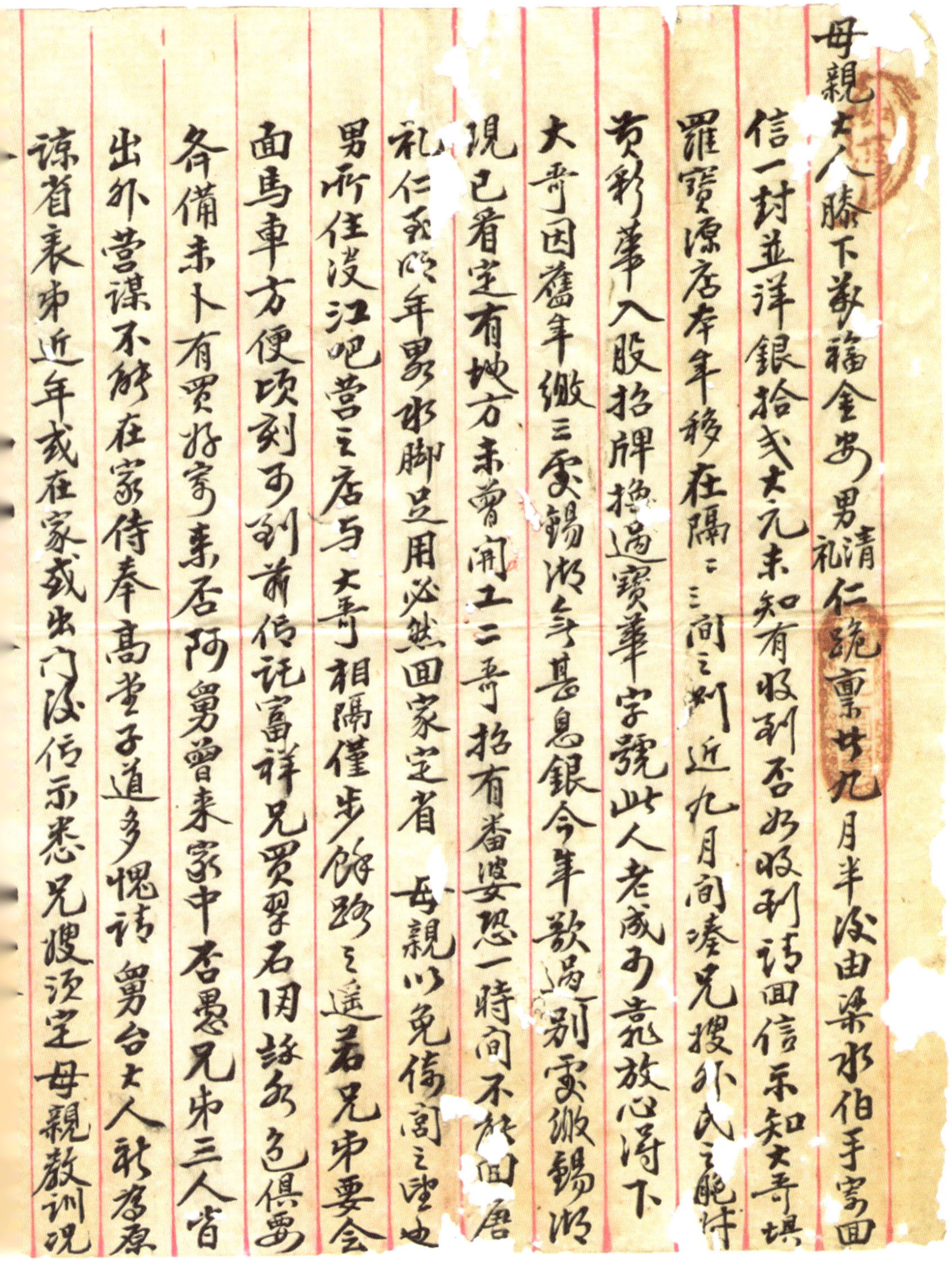

母親大人膝下萬福金安男清禮仁跪稟廿九月半後由梁水伯手寄回
信一封並洋銀拾弍大元未知有收到否如收到請回信示知大哥填
羅寶源居本年移在隔二三間之對近九月間湊兄嫂外氏之晚付
貴彩華入股招牌換過寶華字號此人老成可靠放心請下
大哥因舊年繳三愛錫湖多甚息銀今年欵過別愛繳錫湖
現已看定有地方未曾開工二哥招有番婆恐一時間不能回唐
禮仁致明年男求腳足用必然回家定省 母親以免倚閭之望也
男所住淡江吧營之居與大哥相隔僅步餘路之遙若兄弟要會
面馬車方便頃刻可到前信託富祥兄買翠石因談多色俱要
各備未卜有買將寄來否阿舅曾來家中否愚兄弟三人皆
出外營謀不能在家侍奉高堂子道多愧請 舅台大人祈為原
諒看表弟近年或在家或出門後信示悉兄嫂須定 母親教訓現

录文

母亲大人膝下万福金安：

男清仁、礼仁跪禀者，九月半后由梁水伯手寄回信一封，并洋银[1]十二大元，未知有收到否？如收到请回信示知。大哥坝罗[2]宝源店本年移在隔二三间之侧近。九月间，凑兄嫂外氏之胞妹黄彩华入股，招牌换过宝华字号。此人老成可靠，放心得下。大哥因旧年缴[3]三处锡湖[4]，无甚息银。今年欲过别处缴锡湖，现已看定有地方未曾开工。二哥招有番婆[5]，恐一时间不能回唐[6]。礼仁到明年略水脚[7]足用，必然回家定省[8]，母亲以免倚闾之望也。男所住淡江吧营[9]之店与大哥相隔仅步[10]余路之遥，若兄弟要会面，马车方便，顷刻可到。前信托富祥兄买翠石一两八五，各色俱要齐备，未卜有买好寄来否？阿舅曾来家中否？愚兄弟三人皆出外营谋，不能在家侍奉高堂，子道多愧，请舅台大人祈为原谅，省表弟近年或在家或出门，后信示悉。兄嫂须定（听）母亲教训，况人食不多，一家以和气为主。又听知玉生弟风流放荡，少年不曾经历苦境，现外洋店中人手甚缺，使其出来学习生理，方知钱财之艰辛。前月黄琏兄带来信一封，诸事缕悉。所云母亲大人近时有些浮火[11]，要买海参多少寄回，但此物外埠较唐山更贵。母亲在家不过必大（太）过省俭，凡日中飧[12]时，合口者不妨买来食，总要外洋生理有好处。官带兄身边无闲银，寄信嘱名叔知之，务荣兄在本埠住，时常见面。绍珍兄仍在坝罗大哥店中。兹因黄琏兄回唐，寄回洋银十二大元，另付（附）海参二元，到祈查收。阿舅舅姆（母）共一元为肉食之用，兄嫂半元，富祥兄半元，共余十元以为家中使用。后信示知。刻下男兄弟三人皆身体平安，无劳远念，余事后禀。

再者，旧岁清仁在积鹅营[13]由张德轩手寄回洋银五大元，覆（复）信已收到。但此信未知家中何人所写，祈为示知可也。每条海参内皆有图章。

又者，大哥之岳母黄阿婆本年回唐，倘若有来家中，宜留心格外款待他（她），是所至嘱。外面闻其明年复有来番之意，母亲如有高兴，或邀玉生弟、阿达，搭船至大埔安乐

---

① 洋银：见信〈一〉注①。
② 坝罗：见信〈二十一〉注⑥。
③ 缴：见信〈六十二〉注⑥。
④ 锡湖：见信〈六十一〉注⑤。
⑤ 番婆：南洋当地女子。见信〈三十一〉注⑧。
⑥ 回唐：见信〈十二〉注⑥。
⑦ 水脚：方言，水运的费用。引申为路费。
⑧ 定省：子女早晚向亲长问安为定省。
⑨ 淡江吧营：见信〈七十〉注①。
⑩ 步：见信〈七十〉注⑤。
⑪ 浮火：上火。潮梅方言。
⑫ 飧：同餐。《说文解字》言：人旦则食饭，夕则食飧。
⑬ 积鹅营：信〈六十八〉等写为“侧俄营”。

渡，寻大哥姨丈戴炳，即可与黄阿婆见面。即请
金安　顺请
大伯大人福安
名叔大人福安
满门均安

壬十月　日男和仁、清仁、礼仁　跪禀

简释

这是所见批信中唯一一枚三兄弟联署的银信。

叶和仁坝罗宝源店徙移。

清仁“招有番婆”，推测叶清仁已娶南洋当地女子为家室。

礼仁住淡江吧营之店（协泰打金店），与和仁相隔仅“步余路”之遥。

缺“九月半后由梁水伯手”之信，缺“旧岁”清仁托积鹅营张德轩银五元之批。

叶和仁向母亲提及其岳母黄阿婆回唐山，务必“留心格外款待他”，要钟氏、玉生、阿达到大埔与黄阿婆会面，此处，三兄弟将母亲、玉生与阿达并提，看来阿达有可能也是兄弟。

落款处使用“叶清仁书柬”“礼仁图章”。而叶和仁因九月妻妹黄彩华入股，招牌换为“宝华”。未有“宝华”字号的印鉴。

〈七十一〉

〈七十二〉 清光绪二十九年癸卯二月初四日（1903年3月2日）

叶清仁、叶礼仁寄母亲钟氏书

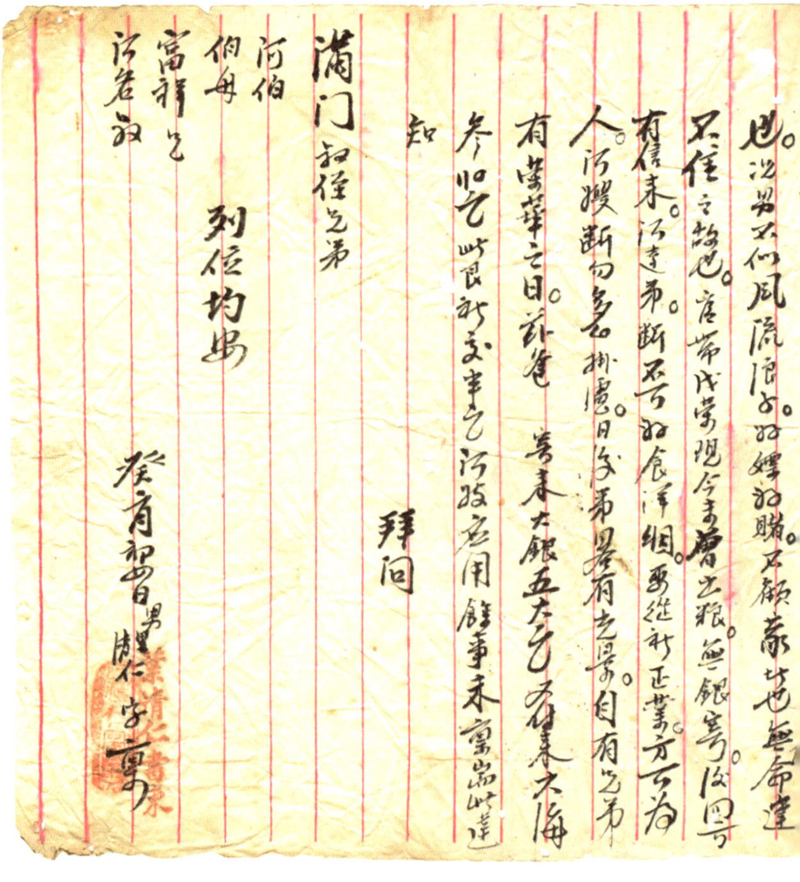

录文

跪禀

母亲大人尊前膝下万福全（金）安：

不肖男自离家别后，不觉数年之久矣。无奈钱财未就，故不能回家耳。男□虽在外，予心依于在家，惟（唯）望大人强饭加衣，断勿过俭，男之心可无忧虑矣。前接得元月梁水伯手信一封，三月初一又得接黄琏兄手家信一封，跪读之下，诸情足悉[①]。既知阿荣章去世，听知刀割心肠。亦既知玉生弟如此不肖，未知肯来过番[②]否？若肯过番，方可戒祈（其）洋烟。番邦红毛人戒烟之药甚好，若能戒祈（其）洋烟，方可为人。现今大哥店中生理平常，男与二哥既在淡江吧营[③]共谋头路[④]，母亲断勿忧思挂虑。至祈钱财，略能成就，必要回家奉侍大人，男之心方能颇安耳。现下男店中生理颇有光景，略能顺遂，必然回家，母亲断勿朝夕悬望，男之心亦时时不安也。况男不似风流浪子，好嫖好赌，不顾家者也，无奈命运不佳之故也。官带、戊荣现今未曾出粮[⑤]，无银寄，后回可有信来？阿达弟断不可好食洋烟，要从祈（其）正业，方可为人。阿嫂断勿多心挂虑，日后弟略有光景，自有兄弟有荣华之日。兹逢［　］寄来大银五大元，又付（附）来大海参二元，此艮（银）祈交半元阿嫂应用。余事未禀，专此达知。拜问

---

① 足悉：见信〈五〉注②。

② 番：见信〈十三〉注④。

③ 淡江吧营：见信〈七十〉注①。

④ 头路：见信〈十一〉注⑨。

⑤ 出粮：方言。领工薪。

满门叔侄兄弟、阿伯、伯母、
富祥兄、阿名叔，列位均安
　　癸二月初四日　男里仁、
　　　　　　　　清仁　字禀

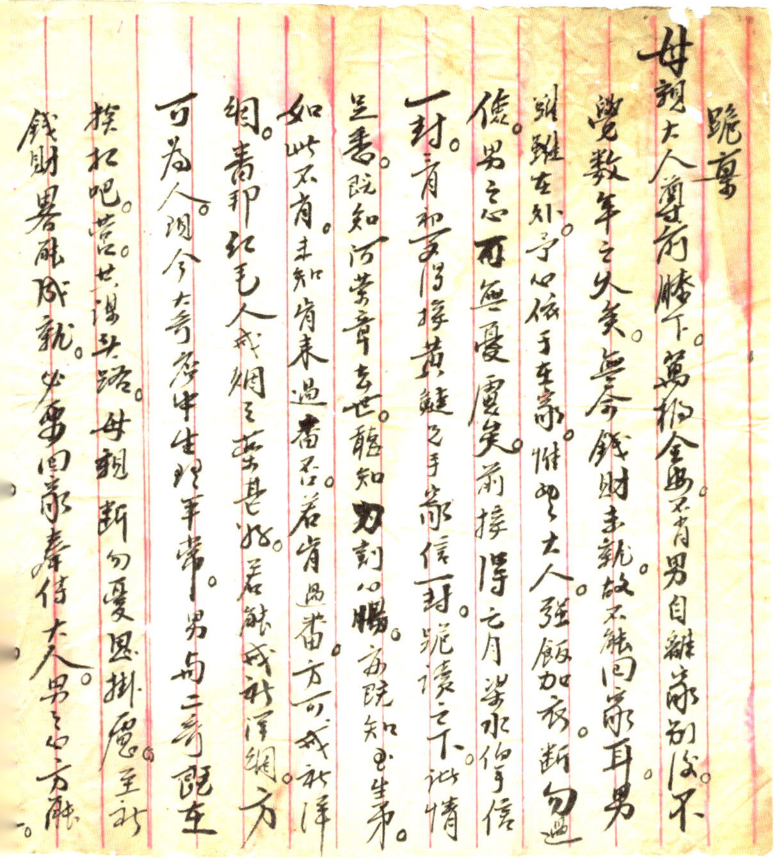
跪禀
母親大人尊前膝下。萬福金安。不肖男自離家別後，不
覺數年之久矣。無奈錢財未就，故不能回家耳。男
雖在外，寸心依于在家。惟望大人強飯加衣，斷勿過
慮。男之心有無憂慮矣。前接得元月梁水伯信
一封。三月初一又得接黃璉之手家信一封。跪讀之下，此情
足悉。既知阿榮章去世。聽知刀割心腸。亦既知玉生弟
如此不肖。未知肯未過番否。若肯過番，方可戒祈洋
烟。番邦紅毛人戒烟之藥甚好。若能戒祈洋烟，方
可為人。現今大哥房中生理平常。男與二哥既在
挨杠吧營共謀頭路。母親斷勿憂恩掛慮。至於
錢財畧成就。必要回家奉侍大人。男之心方願。

简释

从元月梁水伯信、三月初一黄琏兄信中得知“阿荣章去世”（原信是三月初一，二月未能先知三月之事，显然是笔误）。亦知“玉生弟如此不肖”，叶礼仁改变初衷，也劝说玉生过番，因“若肯过番，方可戒祈洋烟。番邦红毛人戒烟之药甚好，若能戒祈洋烟，方可为人”。

叶礼仁与叶清仁在淡江吧营“共谋头路”，即信〈七十〉所说的协泰打金店。

再提“阿达弟断不可好食洋烟，要从祈正业，方可为人”，关心备至。可见阿达非一般人也。

此银信于水客名字处留空，可知当时的华侨托寄批款，也有先写好家书，待确定何位水客回唐再填上姓名未迟（信〈七十六〉也是同样情况）。还有信中不写水客名字，仅注明批钱款项。当然，先联系好，一次写妥的较多。（同批配套的批封显示，此批由嘉应水客林瑞庭带。）

使用“叶清仁书柬”条印和“礼仁图章”。

〈七十二〉

附：与信〈七十二〉配套的批封

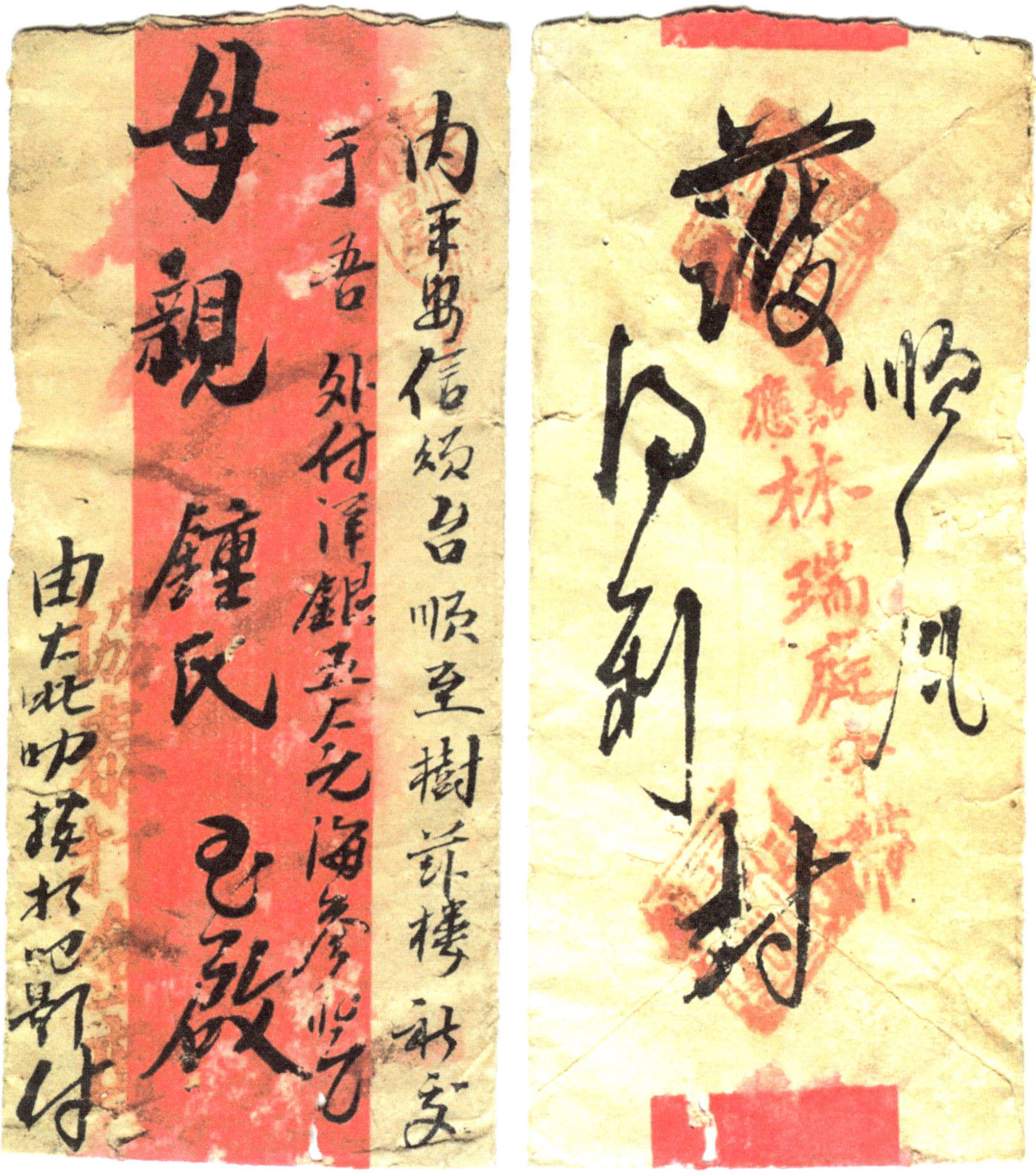

录文

（信封正面）
内平安信烦台顺至树滋楼祈交于吾
外付洋银五大元海参二元
母亲钟氏　玉启
由大吡叻淡江吧影付

（信封背面）
顺风
护　封
得利

注解

这是与信〈七十二〉配套的批封。
封面、封背的信息与内信对应：
（1）水客林瑞庭，有“嘉应林瑞庭手带”印戳。
（2）内有批信。
（3）外附洋银五元。
（4）收批人地址顺至树滋楼（应是家乡熟客，仅写楼名则可）。
（5）收批人：母亲钟氏。
（6）寄批地：大吡叻淡江吧。
（7）寄批人：协泰打金店。
（8）再托价值二元之大海参。
（9）护封章封口，手书“护封”二字，双重保险。
（10）吉祥用语“顺风得利”，寄托深情。

〈七十三〉 清光绪二十九年癸卯五月十四日（1903年6月9日）叶清仁、叶礼仁寄母亲钟氏书

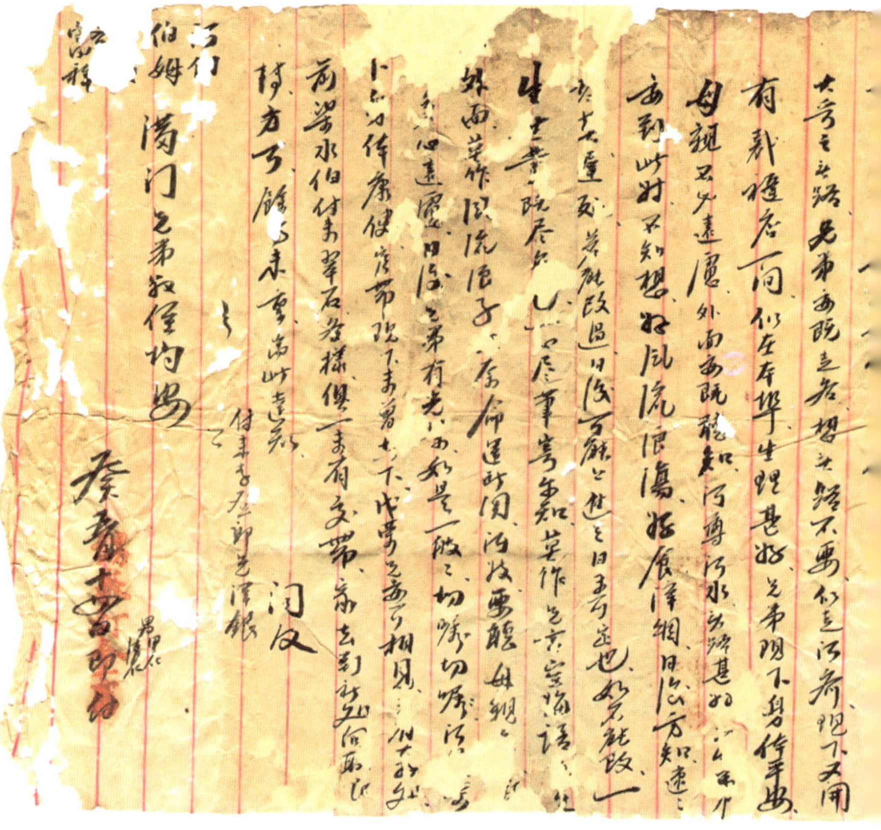

录文

跪禀

母亲大人尊前膝下

万福金安：

不肖男自离别家庭，不觉屈指难言矣。无奈山遥远隔，音信难通，良（银）钱未就，故不能回家奉事大人。母生我兄弟三四人，不能回家，自问有愧予（于）心，实［不］孝之名大矣！惟（唯）愿大人强饭加衣，玉体康健，切不可过捡（俭）。捻（总）要吾兄弟外面光景顺遂，母亲之日欠短，吾兄弟之日略长，然如男非不顾家之子。男尽夜思之，一些半□银钱，回来不能成祈（其）一事业□，何以处耳？难免母亲多忧挂念。况现下男之生理亦既初创，亦未有多银成就，定冬成如何？男银钱可就□□仁弟回家。男亦时时念念母亲，分文不敢乱使。无奈运所隔，以至别母亲日久，想起时也如割心伤。欲回家不能□走可能至者也，将如何哉？惟（唯）愿大人不必忧思悬望也。现下大哥之头路①，兄弟亦既走，各想头路，不要仍走阿齐②。现下又开有裁缝店一间，仍在本埠，生理甚好。兄弟现下身体平安，母亲不必远虑，外面亦既听知阿尊阿水头路甚好。□弟亦到此时不知想好，风流浪荡，好食洋烟，日后方知。速速□□□□。若能改过，日后可能上进之日未可定也。如不能改，一生世业既尽□□。笔寄尔知，莫作兄言空悔语，□□外面莫作风流浪子，□奈命运所关。阿嫂要听母亲□□，□□心远虑，日后兄弟有光景，如是一般般。切

---

① 头路：见信〈十一〉注⑨。

② 阿齐：亚齐。见信〈四〉注②。

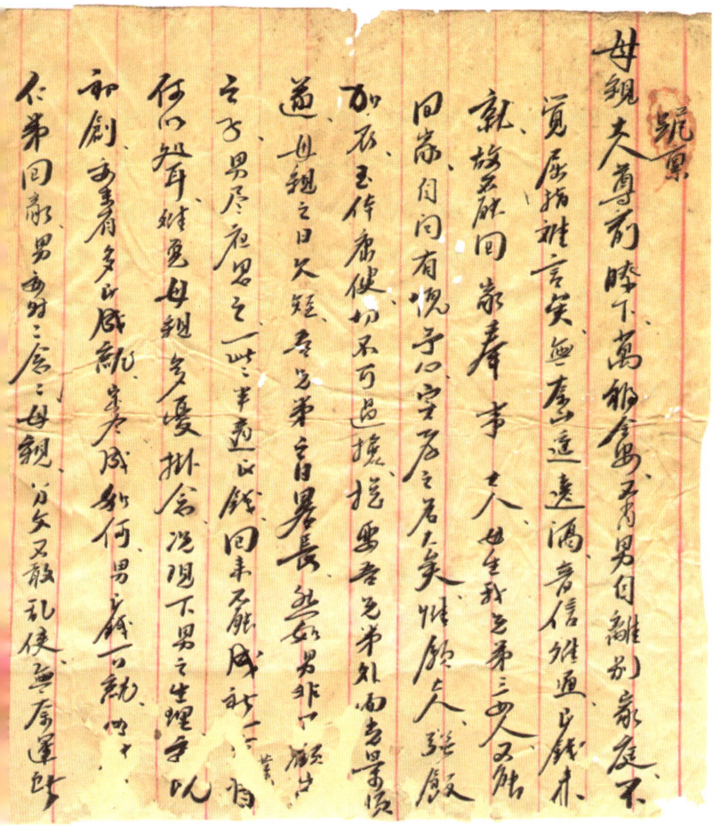

嘱切嘱！阿□□卜身体康健，官带现下未曾共下，戊荣兄亦可相见，□有大好处。前梁水伯付（附）来翠石，各样俱一，未有交带（代），家去到祈（其）处向取银转方可。余事未禀，耑此达知。付来李登郎兄洋银。

问及阿伯、伯姆（母）、□□、富祥，满门兄弟叔侄均安

癸五月十四日　男里仁　清仁

即付

简释

叶礼仁谓“母生我兄弟三四人”，与前信〈六十八〉叶礼仁所说“母亲生我兄弟五六人”又有出入。究竟叶家兄弟多少人，真得好好探究一番。

由信可知，叶清仁、叶礼仁已决意“走”——离开大哥，“兄弟……各想头路，不要仍走阿齐”。况且，叶清仁又在本埠开有裁缝店一间，生意甚好。

首现内信落款加盖“协泰打金店”条印。

〈七十三〉

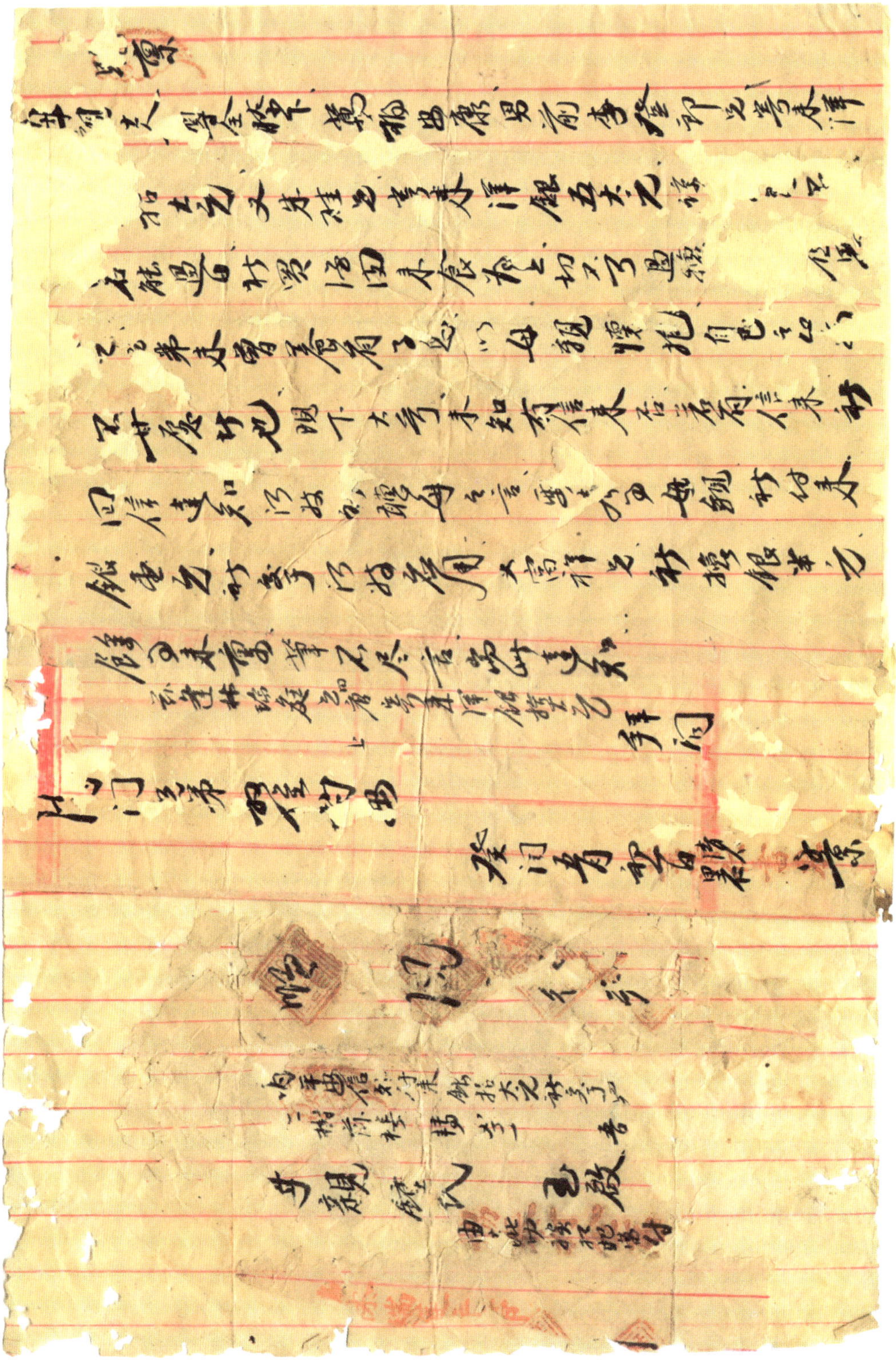

〈七十四〉 清光绪二十九年癸卯闰五月初一日（1903年6月25日）叶清仁、叶礼仁寄母亲钟氏书

录文

跪禀

母亲大人尊全（前）膝下万福安康：

男前李登郎兄寄来洋□十大元，又朱桂兄寄来洋银五大元，谅□□□。若能过日，祈买酒肉来食为上，切不可过俭。□□但思之兄弟未曾养有子息，以（予）母亲怀抱，自己之心亦不甘愿者也。现下大哥未知有信来否？若有信来，祈回信达知。阿嫂祈听母之言，要奉事母亲。祈付来银一元，祈交于阿嫂应用。又富祥兄祈捡[1]银半元。余事未禀，笔不尽言，专此达知。拜问

满门兄弟叔侄均安

兹逢林瑞庭兄回唐寄来洋银十大元

癸闰五月初一日　清仁、里仁　禀

顺　风　得　利

内平安信外附银十大元

祈交罗衣堡寨树滋楼转交于吾

母亲钟氏　玉启

由大吡叻淡江吧营付

（协泰打金店）

简释

缺李登郎寄十元、朱桂寄五元的相关批信。

叶清仁、叶礼仁言“……兄弟未曾养有子息，以（予）母亲怀抱”，因前几字漫漶，结合前面各信，推测是叶清仁、叶礼仁二人在家乡未曾留有一儿半子，兄弟同时“以（予）母亲怀抱自己之心”内疚而极“不甘愿”。

这是折叠式的批。有水客“林瑞庭手带”之印。寄批地为“大吡叻淡江吧营”，是叶清仁、叶礼仁合伙经营金店的地方（见信〈七十二〉）。

〈七十四〉

---

① 捡：拾取。此处作取用。

〈七十五〉 清光绪三十年甲辰二月初一日（1904年3月17日）

叶清仁、叶礼仁寄富祥兄书

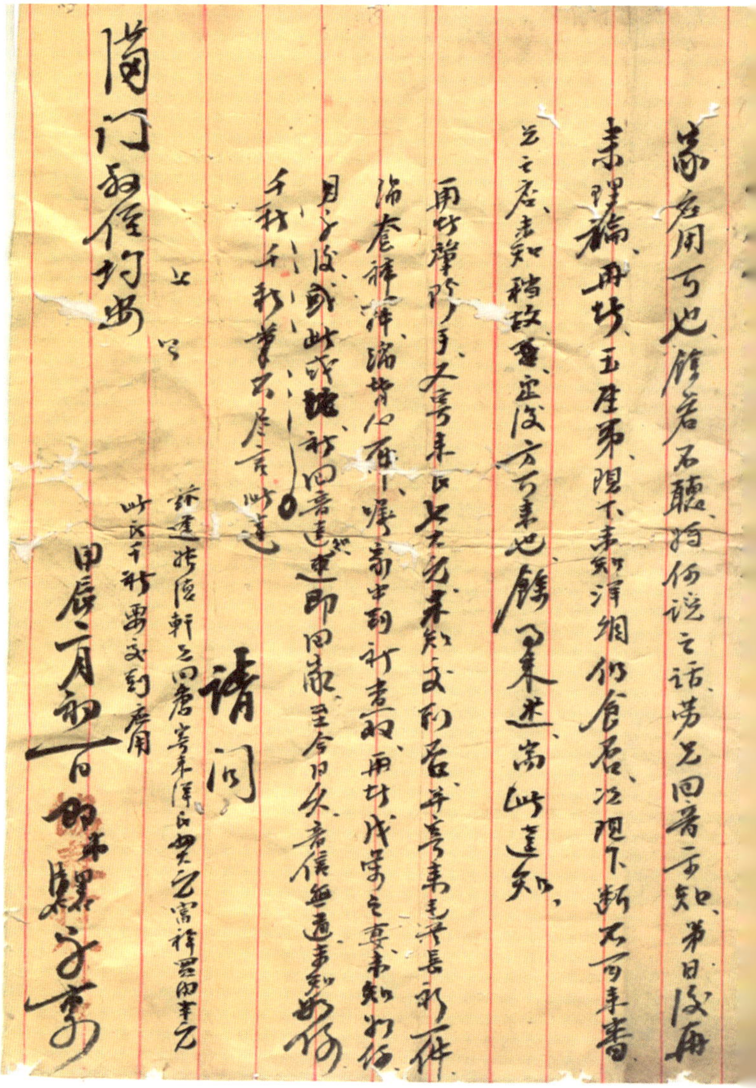

录文

字禀

富祥兄台阁下：

谅卜福祉安泰，生意兴隆，家中老少俱各平安，弟在外可无忧虑矣。敬启者，弟现下生理平常，不过安居度日。旧岁①吧叻②无好处，弟兄和仁未知有信来否？现走在阿齐③，生理甚好，并家嫂一齐同过。兹特着字，劳兄台正大光明之人。前肇珍在吡叻④接来家信，欲回唐山⑤。上无故亲，下无叔侄，不得已走在弟店中，居处半月之久。后走之时，弟店中金叶有六七分之多，在镜厨上放，被肇珍偷去，并旧银二元之则⑥，余什物不得其详，将何其确。肇珍有一日入阿戊荣公司，套及捡出戊荣来看。况弟现下不是自己之头路，与人凑做之头路，伙记（计）⑦不能容情。尔叔侄之人，不是他人。一共伐（罚）去银七大元，当时查出之时，实在痛恨心肠。兹见字后，劳兄说及。肇珍天理良心，或多少祈付完吾

---

① 旧岁：见信〈十八〉注①。
② 吧叻：见信〈三十七〉注③。
③ 阿齐：见信〈七十三〉注②。
④ 吡叻：见信〈二十一〉注⑤。
⑤ 唐山：见信〈十二〉注⑥。
⑥ 之则：见信〈三十〉注①。
⑦ 伙计：旧时指店员或长工。

家应用可也。余若不听，将何说之话，劳兄回音示知。弟日后再来理论。再者，玉生弟现下未知洋烟仍食否？况现下断不可来番兄之店，未知□故，定后方可来也。余事未述，耑此达知。

再者，肇珍手又寄来银七大元，未知交到否？并寄来毛□长衫一件，棉套裤一件，棉背心一件。嘱家中到祈查收。

再者，戊荣之妻未知如何？见字后或此或彼，祈回音达知。速即回家，至今日久，音信无通，未知如何。千祈千祈，笔不尽言，此达。

兹逢张德轩兄回唐，寄来洋银四大元。富祥兄买肉半元。此银千祈要交到应用。

请问　　上上

满门叔侄均安

甲辰二月初一日即

弟里仁、清仁　字禀

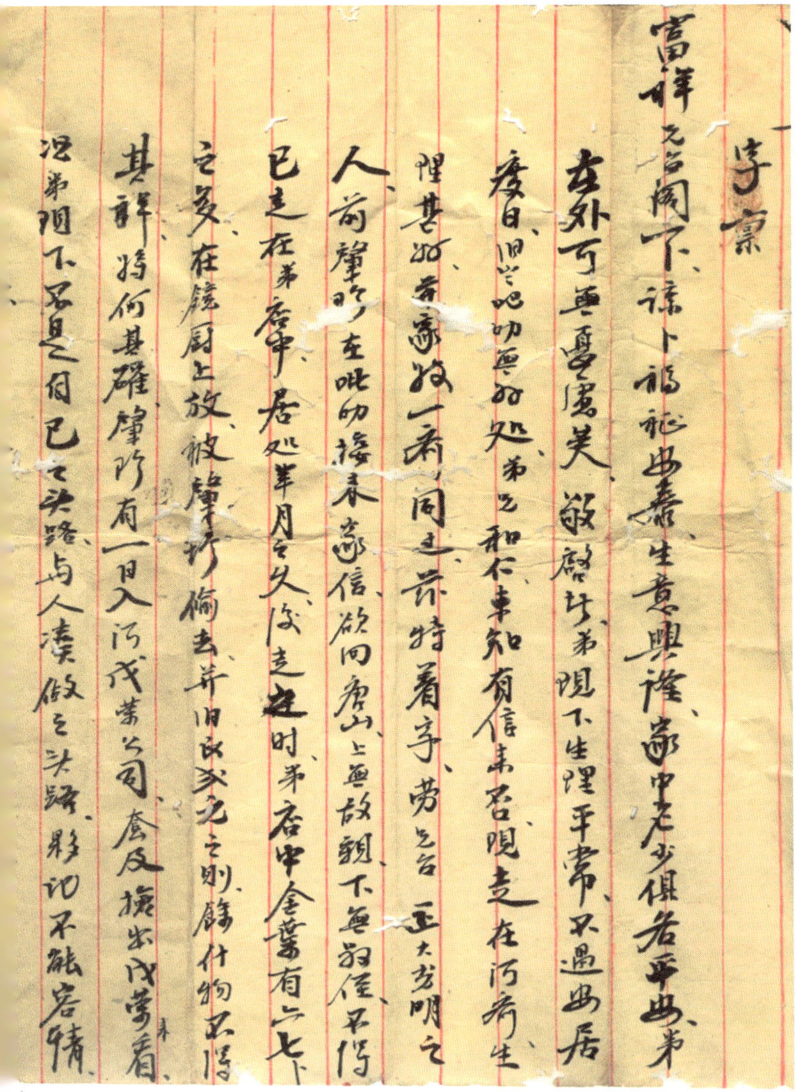

简释

叶礼仁告知富祥兄叶和仁仍在亚齐，“生理甚好，并家嫂一齐同过”。

亲戚肇珍在叶礼仁店中偷走金叶、旧银、杂物，叶礼仁大加斥责。礼仁要肇珍良心发现，将所值钱银归还。

未见肇珍寄银七元及衣服的相关批信。

〈七十五〉

〈七十六〉 清光绪三十年甲辰七月（1904年8月至9月间）

叶和仁寄母亲钟氏书

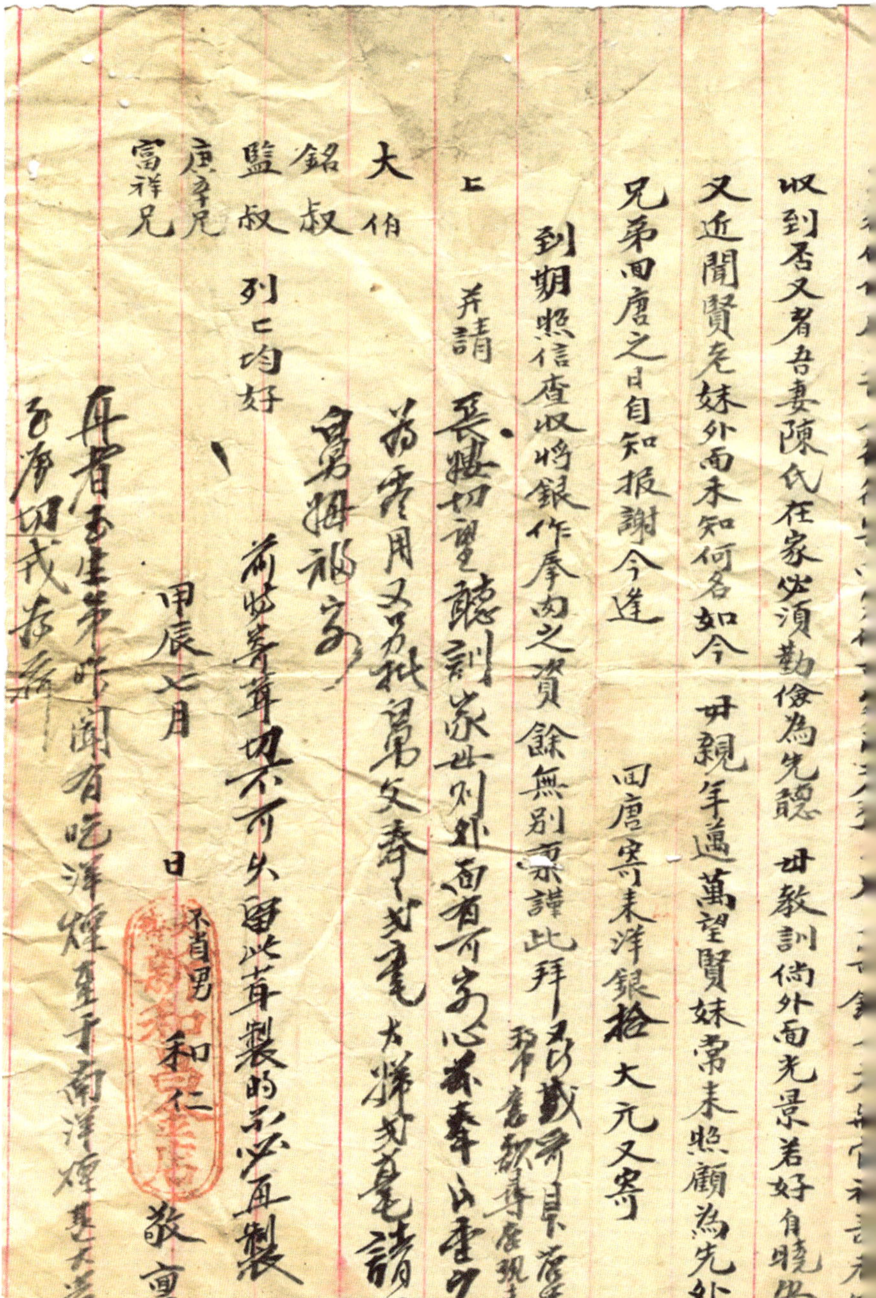

收到否又者吾妻陳氏在家必須勤儉為先聽　毋教訓倘外面光景若好自曉安係

又近聞賢老妹外面未知何名如今　毋親年邁萬望賢妹常來照顧為先外面

兄弟回唐之日自知报謝今逄　回唐寄來洋銀拾大元又寄

到期照信查收將銀作奉內之資餘無別禀謹此拜

上　並請

長親切望聽訓家世外面有可安心恭奉

萬安

闔府福安

大伯

銘叔

監叔　列々均好

庚辛兄

富祥兄

甲辰七月　日　不肖男　和仁　敬禀

跪禀

母親大人膝下萬福金安不肖自别以後忽覺數載奈因山水重重書信難通
諒卜合家平安否在外者前接家信示知諸事領悉意欲兄弟早回會母
之顏懷報劬勞無奈時運未佳舊年四月由叻遷往暹羅始創生理不料貿
易拮据至十月又遷大亜齊蒙家新叔聯顧營謀生理一間愚意作為將乘
欲存些息以為反掌誰知運仍未亨不然本年正月手佔酸軟調醫將愈又遇編
筋迨至六月手未愈全腳又酸軟專日日求醫未見見佳此數月用去藥費銀六七
百元從今七月身體漸强生意暫茂大人切勿憂慮男每念家庭自曉悔悟各
款嫖賭絲毫無染自後着得微利自曉多寄回家現今二弟在吡叻諒卜生意平
穩非是大美四弟本年四月亦在為兄之下身体平安萊捷叔之子既家中為成乃是

录文

跪禀

母亲大人膝下万福全（金）安：

不肖［男］自别以后，忽觉数载，奈因山水重重，书信难通。谅卜合家平安否？在外者前接家信示知，诸事领悉①。意欲兄弟早回，会母之愿，怀报劬劳②。无奈时运未佳，旧年四月由吡叻③迁往暹罗④，始创生理。不料贸易拮据，至十月又迁大亚齐⑤。蒙家新叔照顾营谋⑥生理一间。愚意作为时乖⑦，欲存些息以为反掌⑧，谁知运仍未亨⑨。不然本年正月，手占（沾）⑩酸软，调医将愈，又遇编筋⑪，迨⑫至六月手未愈全（痊），脚又酸软，专日求医未见足佳。此数月用去药费银六七百元。从今七月身体渐强，生意暂茂，大人切勿忧虑。男每念家庭，自晓悔悟。各款嫖赌，丝毫无染。自后若得微利，自晓多寄回家。现今二弟在吡叻，谅卜生意平稳，［虽］非是大美。四弟本年四月亦在为兄之下，身体平安。兹捷叔之子既家中为成⑬，乃是好事。已云日期将至，望男付银完聘。殊外面身体耽搁，手中无来，实难多寄，乞家中另行代借应用可也，从后寄回完⑭他可矣。再者张上兄手寄银一元与富祥哥，未知收到否？又者，吾妻陈氏在家必须勤俭为先，听母教训，倘外面光景若好，自晓安系。又，近闻贤老妹外面未知何名，如今母亲年迈，万望贤妹常来照顾为先。外面兄弟回唐之日，自知报谢，今逢［　］回唐寄来洋银拾大元。又寄［　］到期照信查收，将银作奉肉之资，余无别禀。谨此拜上。并请

大伯、铭叔、监叔、庚辛兄、富祥兄列上均好

又者，盛哥目下店中相帮，意欲寻店，现未定。

长嫂切望听训家母，则外面有可安心，兹奉银一元以为零用。又另批⑮舅父奉二毫⑯，大姊二毫，请问舅姆福安。

前时寄茸，切不可久留。此茸制的，不必再制。

---

① 领悉：见信〈六〉注①。
② 劬劳：劳累。劬：qú，劳苦、勤劳。
③ 吡叻：见信〈二十一〉注⑤。
④ 暹罗：泰国的旧名。
⑤ 亚齐：见信〈四〉注②。
⑥ 营谋：见信〈二十一〉注⑩。
⑦ 乖：乖戾；违背；不和谐。
⑧ 反掌：易如反掌。比如事情极容易办。
⑨ 亨：顺利。
⑩ 沾：沾染。
⑪ 编筋：意思不详。
⑫ 迨：等到。
⑬ 成：成熟；已成。指成婚。
⑭ 完：见信〈十〉注④。
⑮ 批：银信。
⑯ 毫：见信〈三十〉注④。

再者，玉生弟昨闻有吃洋烟，至于南洋烟甚大（太）贵，至嘱切戒为荷。

甲辰七月□日　不肖男和仁　敬禀

简释

此信应是先写好，等水客到来。但托付给水客时来不及写上水客名称和托付日期。信中“又寄”后面留空，应为托付其他物品，等确定水客后才定。

叶和仁金店“旧年四月”由吡叻迁暹罗，即癸卯年四月，十月又回迁亚齐。幸好有新叔照顾生理。

“二弟在吡叻”，四弟“本年四月亦在为兄之下”，叶礼仁应是排行第四，那么，谁排第三？信〈三十七〉礼仁自称“三男”，信〈七十〉礼仁又自称“四男”，这笔糊涂账连他们哥仨都讲不清。不过，可以肯定的是，叶礼仁又回到叶和仁身边了。

此信出现“贤老妹”，叶和仁要其多回家照顾母亲，说明叶家兄弟在家乡应该还有已出嫁的姐妹。

叶和仁的家书落款处首次出现“大齐新和昌金店”。

〈七十六〉

〈七十七〉 清光绪三十年甲辰八月十七日（1904年9月26日）

叶清仁寄母亲钟氏书

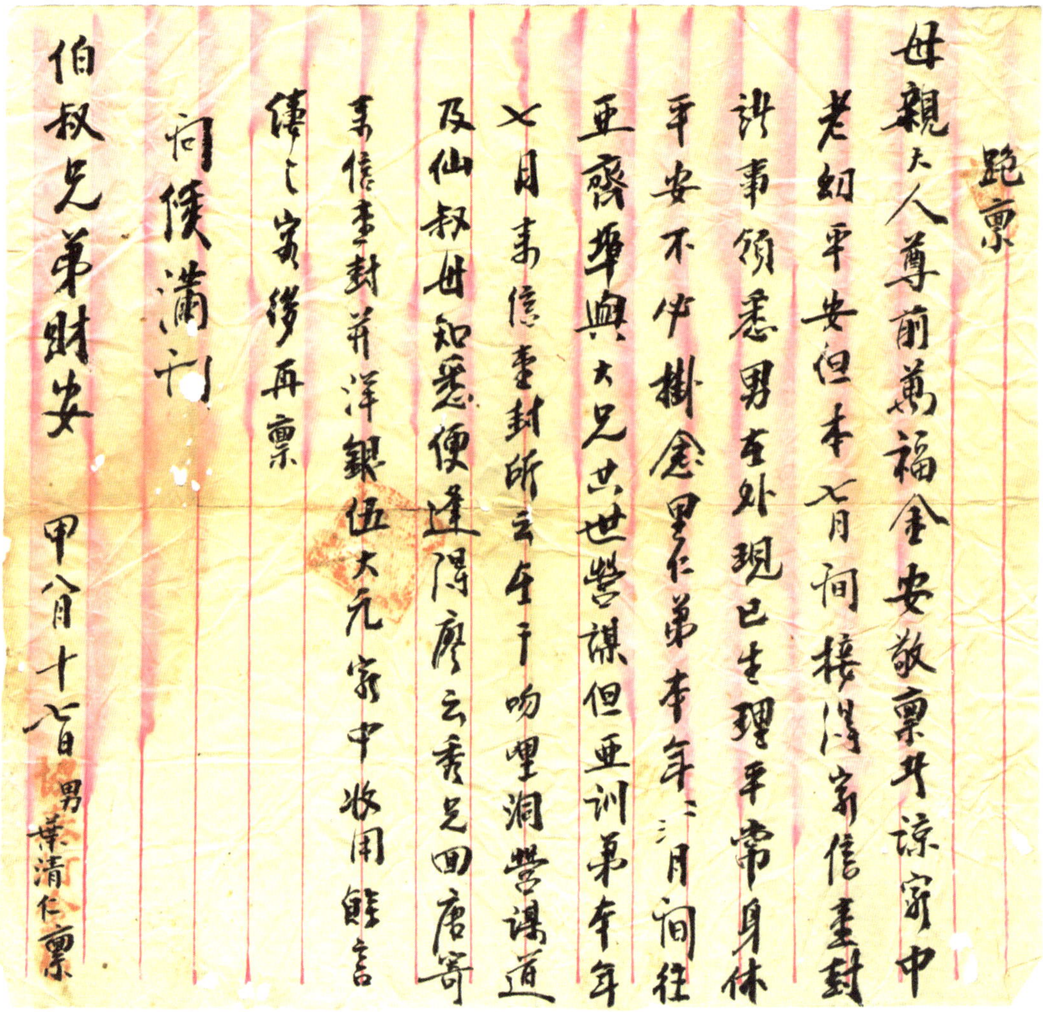
跪禀
母親大人尊前萬福金安敬禀者諒家中
老幼平安但本七月間接得家信壹封
許事領悉男在外現已生理平常身体
平安不必掛念男仁弟本年三月間往
亞齊埠與大兄共世營謀但亞訓弟本年
七月来信壹封所云在于吻哩洞營謀道
及仙叔母知悉便達得廖云秀兄回唐寄
来信壹封并洋銀伍大元家中收用餘言
續之家務再禀
問候滿门
伯叔兄弟財安
甲八月十七日　男葉清仁禀

录文

跪禀

母亲大人尊前万福金安：

敬禀者，谅家中老幼平安。但本［人］七月间接得家信一封，诸事领悉①。男在外现已生理平常，身休（体）平安，不必挂念。里仁弟本年二三月间往亚齐埠②与大兄共世（事）营谋③。但亚训弟本年七月来信一封，所云在于吻哩洞④营谋，道及仙叔母知悉。便逢得廖云秀兄回唐⑤，寄来信一封，并洋银五大元，家中收用。余言缕缕⑥，容后再禀。

问候满门

伯叔兄弟财安

甲八月十七日　男叶清仁　禀

简释

叶礼仁于甲辰年二三月往亚齐与叶和仁共事营谋。叶和仁、叶清仁、叶礼仁三兄弟又走在一起。分分合合，都为谋生。

该信仍使用“协泰打金店”条印，可以说明叶清仁、叶礼仁合开的“协泰”仍然存在。

〈七十七〉

① 领悉：见信〈六〉注①。
② 亚齐埠：见信〈四〉注②。
③ 营谋：见信〈二十一〉注⑩。
④ 吻哩洞：见信〈三十〉注⑥。
⑤ 回唐：见信〈十二〉注⑥。
⑥ 缕缕：见信〈七〉注⑤。

〈七十八〉 清光绪三十年甲辰十月十三日（1904年11月19日）叶礼仁寄母亲钟氏书

录文

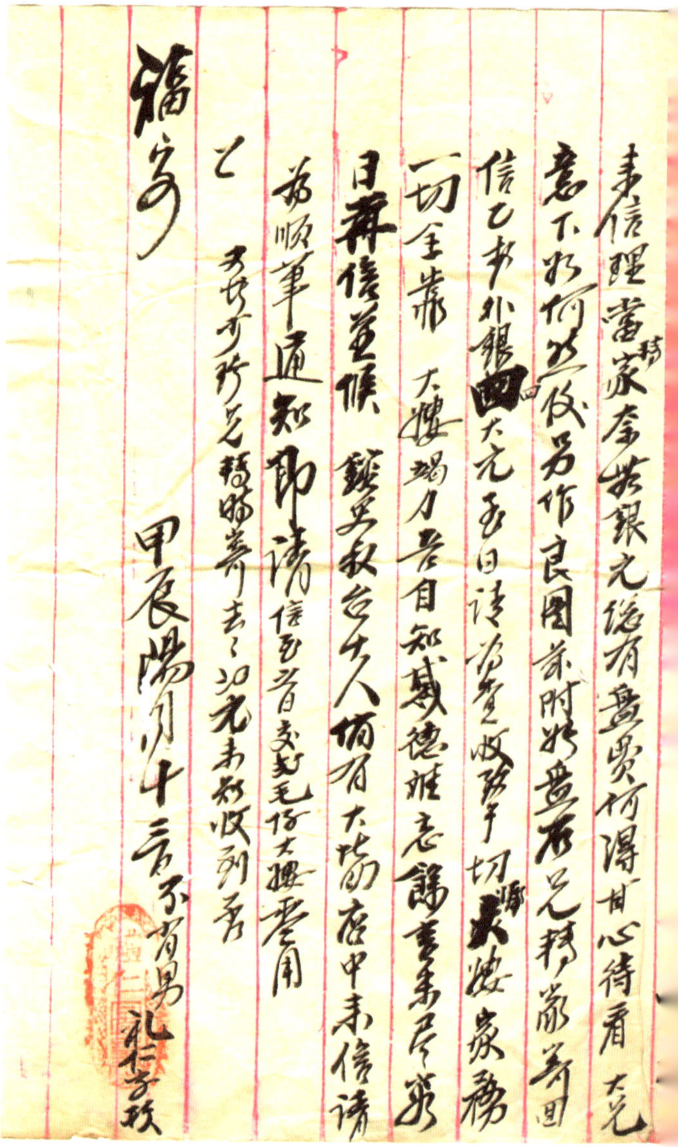

拜禀

母亲大人尊前膝下福安：

敬禀者，定卜大人在唐[①]及合家清吉平安。日昨张□姑丈抵埠，得接家报乙（一）封。跪读之下，内信谓前六月间，大人跕（跌）伤，未审[②]重轻，使致外面各兄弟有纷纷不一，展（辗）转思之。家务之事，何必大人如此担心。致（至）于家务一节，切莫管理。古是思人生在世，年老之人恐其跕（跌）伤。兹特回信，见信后，家务致（至）切丢开，手中畧有银钱，不必过于省敛（俭），不肖自知附用。思之大人年将七旬，纵有百岁之长，日亦无几，省欠（俭）者有何益也？又者，目下店中生理平淡，无如大（太）多银元寄回。兼且长兄手前时偏伤[③]，医去银数百元，所以手中拮据。男现刻大兄店下，意欲转往别埠，谋觅生理。致（至）于大兄性格，谅大人亦早已知，难关（管）其事。本当接大人来信，理当转家，奈无银元，总有（要）盘费[④]，何得甘心。待看大兄意下如何，然后另作良图。兹附张盘石兄转家，寄回信乙（一）封，外银四大元，至日请为查收。致（至）于切嘱大嫂，家务一切全靠大嫂竭力，吾自知感德难忘。余言未尽，容日再信。

并候

---

① 唐：见信〈十二〉注⑥。

② 审：详知；明悉。

③ 偏伤：未详。

④ 盘费：见信〈十二〉注④。

钟史叔台大人，倘有大吡叻①店中来信，请为顺笔通知。即请

信至之日，交二毛（毫）仔②大嫂零用。

又，少珍兄转时寄去七元，未知收到否？

上

福安

甲辰阳月③十三日 不肖男

礼仁 字顿

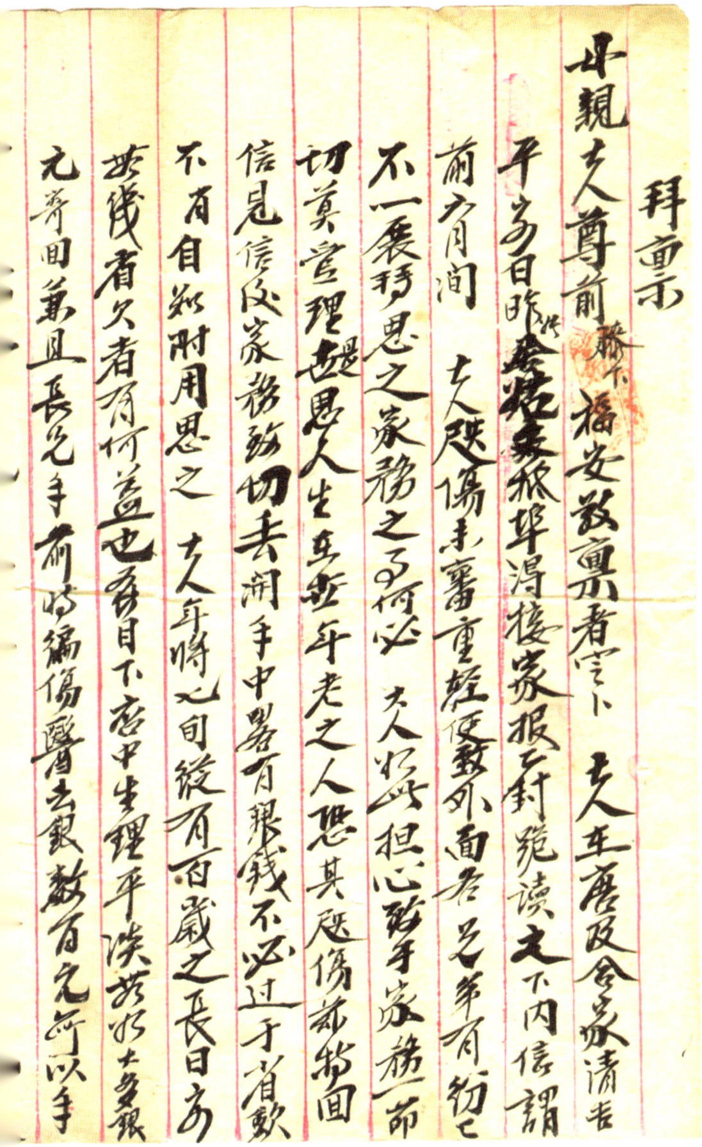

简释

叶礼仁虽在大兄店中共事，但“意欲转往别埠，谋觅生理”。合久必分，此乃大势。

又言“大人年将七旬”，不知如何推算。信〈六十三〉叶和仁是说母亲“大人今春六旬有一”。

未见“少珍兄”寄七元的相关批信（与信〈七十五〉重复提，此信所说的“少珍”应是前信的“肇珍”“绍珍”，同音书写形式不同而已），事隔半年有余，加上少珍前有偷钱物的“前科”，叶礼仁委实担心。

使用“礼仁图章”私印。

首见“芬芳蓉广应昌金店”条形章。

〈七十八〉

① 吡叻：见信〈二十一〉注⑤。

② 毫仔：见信〈二十七〉注⑧。

③ 阳月：农历十月的别称。十月也称亥月、良月、坤月、檀月等。

〈七十九〉 清光绪三十年甲辰十一月初三日（1904年12月9日）

叶礼仁寄母亲钟氏书

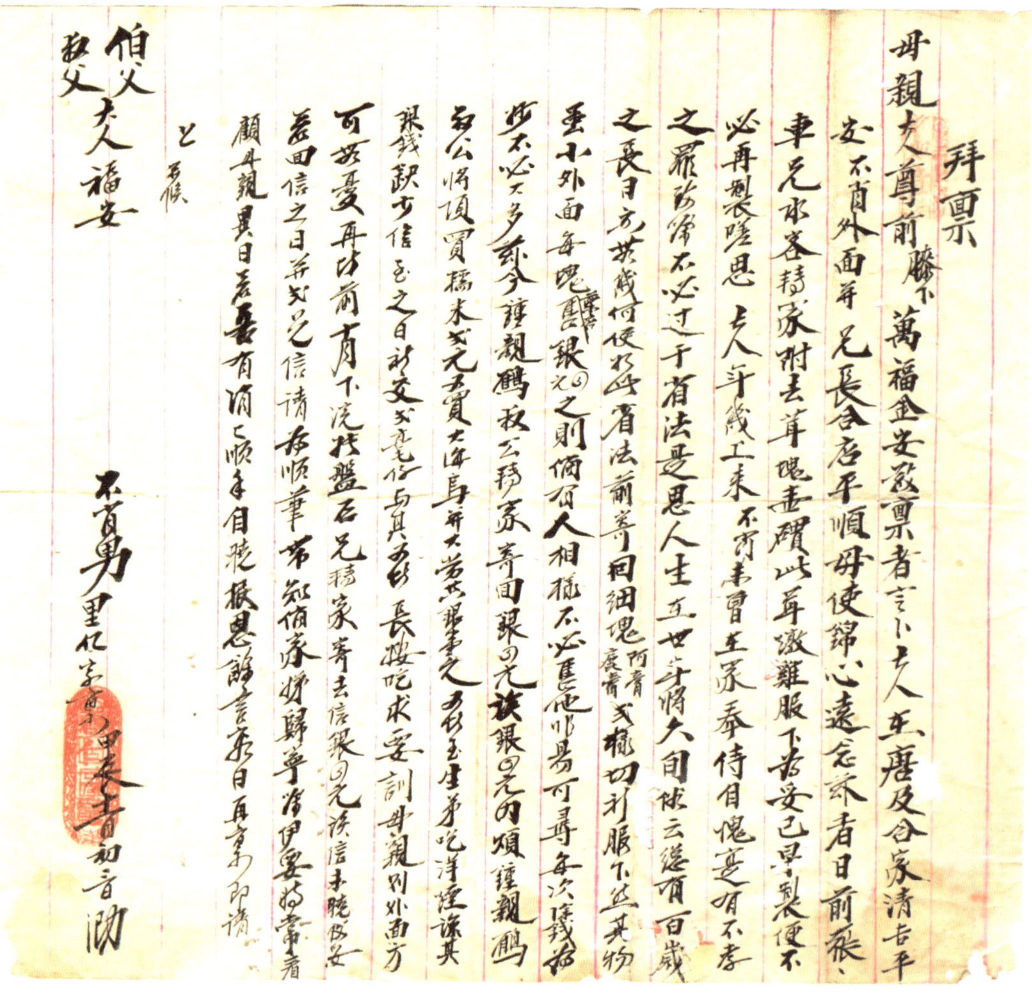

拜稟

母親大人尊前膝下萬福金安敬稟者言卜大人在唐及合家清吉平
安不肖外面並兄長合店平順毋使錦心遠念茲者日前張、
車兄水客轉家附去茸塊一罎此茸燉雞服下為妥已早製便不
必再製[illegible]思大人年歲已來不肖未曾在家奉侍自愧實有不孝
之罪[illegible]常不必過于省法要思人生在世年將六旬[illegible]云遂有百歲
之長日方[illegible]哉何使[illegible]省法前寄回細隗阿青度青[illegible]切[illegible]服下並其物
[illegible]小外面每隗[illegible]銀[illegible]之則倘有人相[illegible]不必[illegible]易可尋每次[illegible]錢[illegible]
步不必太多茲今鍾觀鵬叔公[illegible]家寄回銀[illegible]元該銀[illegible]元內須鍾觀鵬
[illegible]公將頃買糯米[illegible]元[illegible]買大海[illegible][illegible]之[illegible]洋[illegible]其
銀錢[illegible]信[illegible]之日[illegible]交[illegible]長嫂吃求要訓母親別外面方
可妥[illegible]再[illegible]前[illegible]下[illegible]盤石兄轉家寄去信銀[illegible]元該信未曉收妥
[illegible]回信之日[illegible]信請[illegible]順筆[illegible]家[illegible]歸[illegible]伊[illegible]着
願母親[illegible]日[illegible]有[illegible]順[illegible]自[illegible]言[illegible]自再[illegible]
[illegible] 另候

伯父
叔父 大人福安

不肖男里仁[illegible]甲辰[illegible]十一月初三日[illegible]

录文

拜禀

母亲大人尊前膝下万福金安：

敬禀者，定卜大人在唐及合家清吉平安。不肖［男］外面并兄长合店平顺，毋使锦心远念。兹者日前张车兄水客转家，附去茸块一磺［罐］。此茸炖鸡服下为妥，已早制便不必再制。嗟思大人年几（纪）工来[1]，不肖（男）未曾在家奉侍，自愧寔[2]有不孝之罪。致（至）嘱不必过于省法，是思人生在世，年将六旬。俗云总（纵）有百岁之长，日亦无几，何使如此省法。前寄回细块阿膏、鹿膏二样，切祈服下。然其物虽小，外面每块药店售银四元之则[3]。倘有人相样，不必售他，非易可寻，每次余钱为妙，不必大（太）多。兹今钟亲鹤叔公转家，寄回银四元。该银四元，内烦钟亲鹤叔公将项[4]买糯米二元，又买大海乌并大労[5]共银一元。又者，玉生弟吃洋烟，谅其银钱缺少，信至之日，祈交二毫仔[6]与其。又者，长嫂吃求要训母亲，则外面方可无忧。再者，前十月下浣张盘石兄转家，寄去信银四元。该信未晓收妥？若回信之日并二兄信请为顺笔带知。倘家姊归宁[7]，嘱伊要时常看顾母亲，异日若吾消消（稍稍）顺手，自晓报恩。余言容日再禀。

即请上

并候

伯父、叔父大人福安！

不肖男礼仁　字禀

甲辰十一月初三日　泐[8]

简释

未见“日前张车兄水客”相关批信。

又说母亲“年将六旬”，与信〈七十八〉“大人年将七旬”矛盾。

前十月张盘石兄信银四元，与信〈七十八〉吻合。

出现“家姊归宁”一说，可知钟氏真的尚有女儿已出嫁，嘱姐“要时常看顾母亲”。只是不知叶礼仁之“家姊”与叶和仁信中的“贤老妹”（信〈七十六〉）、黄氏妾信中的“亚敏妹”（信〈五十二〉）是否同一人。

使用“礼仁图章”。

〈七十九〉

---

① 工来：未详。

② 寔：“实”的异体字。

③ 之则：见信〈三十〉注①。

④ 项：见信〈三十三〉注⑤。

⑤ 大労：原文即作“労”，未必与“劳”同。未详。

⑥ 毫仔：见信〈二十七〉注⑧。

⑦ 归宁：旧谓已嫁的女子回娘家省视父母。见信〈四十七〉注③。

⑧ 泐：通“勒”。本谓铭刻，引申为书写。旧时写信给平辈及年辈较小的人常用“手泐”以代“手书”。此信中显然用得不妥。

〈八十〉 清光绪三十一年乙巳七月十八日（1905年8月18日）

叶清仁寄母亲钟氏书

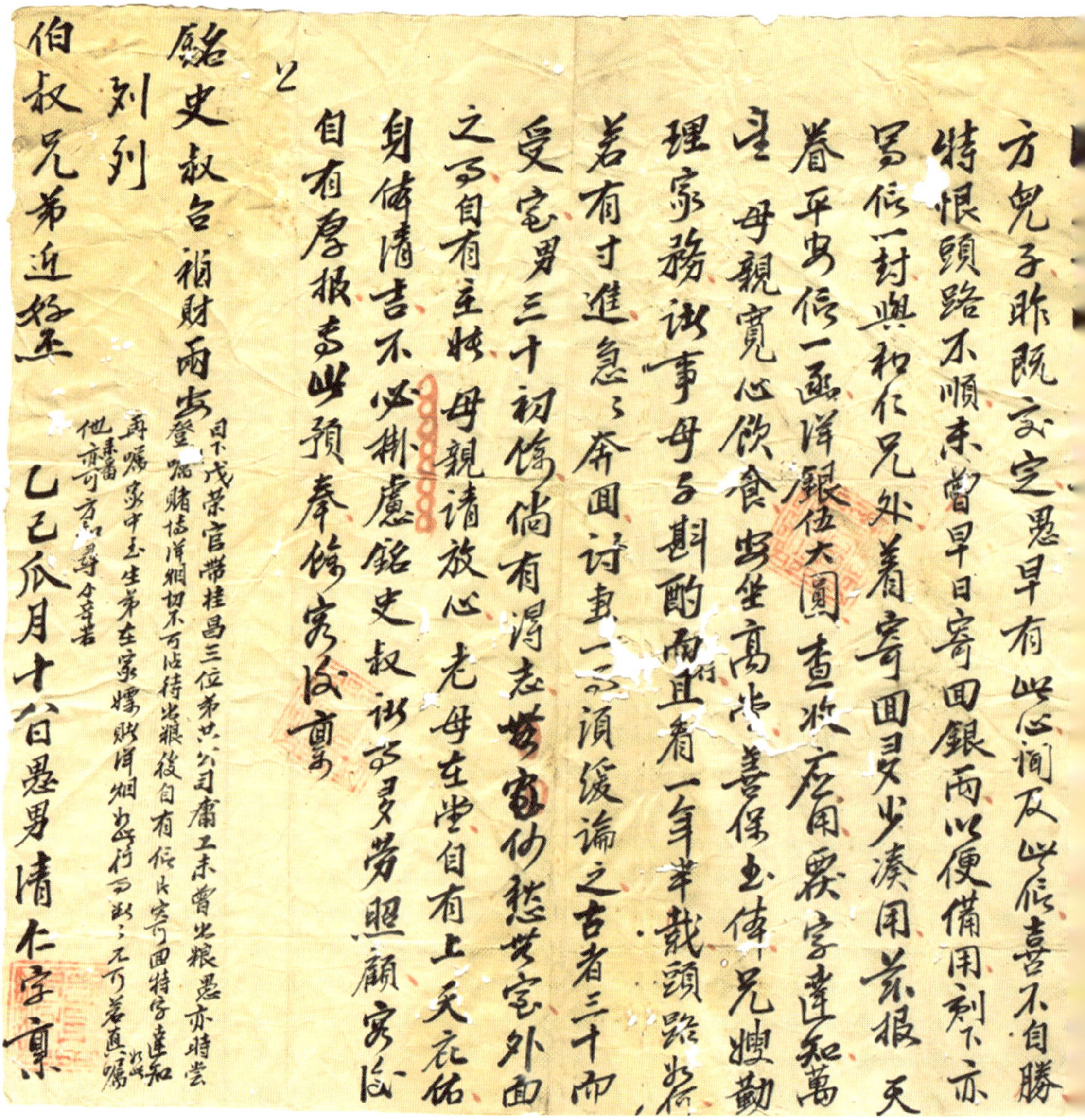
方儿子昨既安定，愚早有此心，闻及此信，喜不自胜。特恨头路不顺，未曾早日寄回银两以便备用，刻下亦写信一封与和仁兄外，着寄回弍少凑用，茶根 天眷平安，信一函，洋银伍大圆，查收应用。要字达知，万望 母亲宽心饮食，安坐高堂，善保玉体。兄嫂勤理家务，诸事母子斟酌而行，且看一年半载，头路若若有寸进，急急奔回，讨妻一事，须缓论之。古者三十而受室，男三十初婚，倘有渴志，安家何愁无室，外面之事，自有主张，母亲请放心，老母在堂，自有上天庇佑，身体清吉，不必挂虑。铭史叔诸事多劳照顾，家信自有厚报。专此，预奉修家信。

又

铭史叔台，祯财两安。

刘列

伯叔兄弟近好

乙巳瓜月十八日愚男清仁字禀

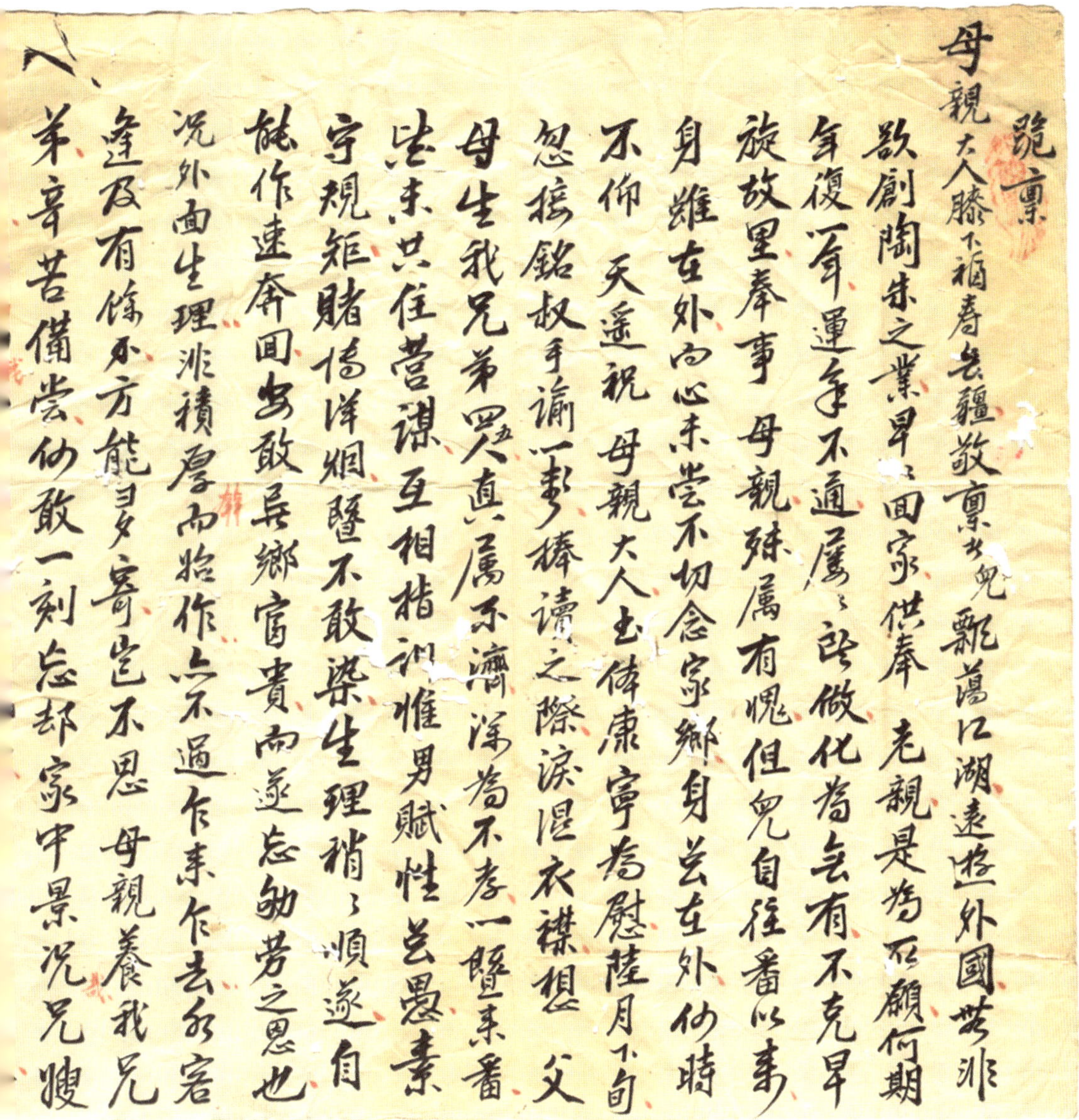

跪禀

母親大人膝下福壽無疆敬稟者兒飄蕩江湖遠遊外國無非

欲創陶朱之業早早回家供奉 老親是爲不顧何期

年復一年運氣不通屢屢所做化爲烏有不克早

旋故里奉事 母親殊屬有愧但兒自往番以來

身雖在外而心未嘗不切念家鄉身無在外何時

不仰 天遙祝 母親大人玉體康寧爲慰陸月下旬

忽接銘叔手諭一封捧讀之際淚濕衣襟想 父

母生我兄弟四人直屬不濟深爲不孝一暨來番

此未共住營謀互相措詞惟男賦性無愚素

守規矩賭博洋烟暨不敢染生理稍稍順遂自

能作速奔回安敢忌鄉富貴而遂忘劬勞之恩也

況外面生理非積厚而殆作亦不過乍來乍去所窘

逢及有餘不方能多寄豈不思 母親養我兄

弟辛苦備嘗何敢一刻忘卻家中景況兄嫂

人

录文

跪禀

母亲大人膝下福寿无疆：

敬禀者，儿飘荡江湖，远游外国，无非欲创陶朱①之业，早早回家供奉老亲，是为所愿。何期年复一年，运气不通，屡屡所做化为无（乌）有。不克②早旋故里奉事母亲，殊属有愧。但儿自往番以来，身虽在外面，心未尝不切念家乡。身虽在外，何时不仰天遥祝母亲大人玉体康宁为慰。六月下旬，忽接铭叔手谕③一封，捧读之际，泪湿衣襟。想父母生我兄弟四五人，真属不济，深为不孝。一暨来番，□未共住营谋④，互相指训⑤。惟（唯）男赋性虽愚，素守规矩，赌博洋烟，暨（概）不敢染。生理稍稍顺遂，自能作速奔回，安敢异乡富贵，而遂忘劬劳⑥之恩也。况外面生理非积厚而始作，亦不过乍来乍去⑦。水客逢及有余才（财），方能多寄。岂不思母亲养我兄弟，辛苦备尝，何敢一刻忘却家中景况。兄嫂在家烦为兄弟等孝顺老母，外面稍有好处，日后兄弟回家断无薄待。立嗣⑧一事，信内所云有端方儿子，昨既交定⑨，愚早有此心，闻及此信，喜不自胜。特恨头路⑩不顺，未曾早日寄回银两，以便备用。刻下亦写信一封与和仁兄处，着寄回多少凑用。兹报天眷⑪平安信一函，洋银五大圆，查收应用，覆字达知。万望母亲宽心饮食，安坐高堂，善保玉体。兄嫂勤理家务，诸事母子斟酌而行。且看一年半载，头路如何，若有寸进，急急奔回，讨妻一事须缓论之。古者三十而受室⑫，男三十初余，倘有得志，何愁无室？外面之事，自有主张，母亲请放心。老母在堂，自有上天庇佑，身体清吉，不必掛（挂）虑。铭史叔诸事多劳照顾，容后自有厚报。专此预奉，余容后禀。

上

铭史叔台福财两安　列列伯叔兄弟近好否

乙巳瓜月⑬十八日　愚男清仁　字禀

---

① 陶朱：陶朱公。春秋时越国大夫范蠡的别号。后世用以称富商。

② 克：能够。

③ 手谕：旧指上级或尊长亲笔写的指示。此处指信。

④ 营谋：见信〈二十一〉注⑩。

⑤ 指训：指：指斥、指责。训：训斥。

⑥ 劬劳：见信〈七十六〉注②。

⑦ 乍来乍去：来得快去得也快。乍：忽然；骤然。

⑧ 立嗣：指中国宗法制度下，男子无子时选定同宗辈分相当的成员（一般为近亲属）的孩子为嗣（称为"嗣子"）的习俗。

⑨ 交定：交付定金。

⑩ 头路：见信〈十一〉注⑨。

⑪ 天眷：尊称。眷：专指妇女亲属。特指母亲。

⑫ 受室：娶妻。

⑬ 瓜月：农历七月的别称。七月也称申月、兰月、巧月等。

日下戊荣官带桂昌三位弟共公司庸（佣）工[①]，未曾出粮[②]。愚亦时尝（常）登（叮）嘱，赌博洋烟切不可沾，待出粮后自有信银寄回。特字达知。再嘱，家中玉生弟在家嫖赌洋烟。如此行为，断断不可。若真如此，嘱他来番亦可，方知寻才（财）辛苦。

简释

叶清仁言“父母生我兄弟四五人”，与礼仁上文所说“五六人”（信〈六十八〉）、“三四人（信〈七十四〉）”不同。局外人实在难以说清。

叶清仁对母亲在家为其张罗“立嗣”已“交定”一事“喜不自胜”。而关于“讨妻一事须缓论之”。叶清仁“三十初余”，尚未娶妻？“吴氏”亡故之后，叶清仁在家乡已无妻室。（信〈六十〉）

再嘱玉生弟“断断不可”在家“嫖赌洋烟”。玉生在家恶习累累，确实是三位出洋兄长的一块心病。

〈八十〉

① 佣工：见信〈二十六〉注⑤。
② 出粮：见信〈七十二〉注⑤。

〈八十一〉 清光绪三十一年乙巳十一月初四日（1905年11月30日）

叶和仁寄母亲钟氏书

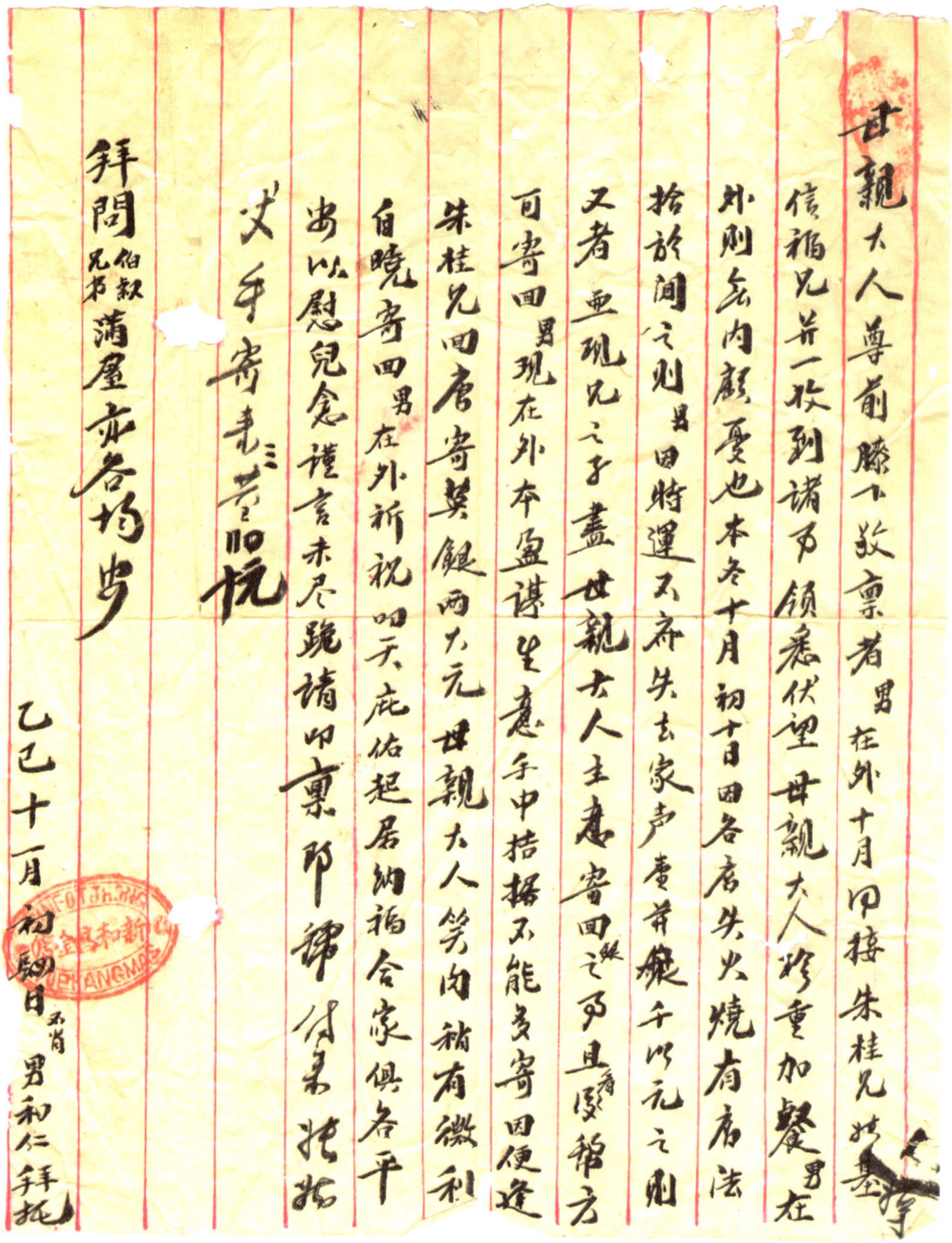
母親大人尊前膝下敬禀者男在外十月間接朱桂兄[illegible]
信祐兄並一枚到諸事領悉伏望母親大人珍重加餐男在
外則無内顧憂也本冬十月初十日四各店失火燒有店法
拾於間之則男因時運不齊失去家声壹並幾千以元之則
又者亞現兄之子盡母親大人主意寄回紙之事且療帮方
可寄回男現在外本盈謀生意手中拮据不能多寄回便達
朱桂兄回唐寄英銀兩大元母親大人笑内稍有微利
自曉寄回男在外祈祝叩天庇佑起居納福合家俱各平
安以慰兒念謹言未尽跪請叩禀即鍾付來拈拈
丈手寄來三[illegible]忧
拜問伯叔兄弟蒲屋亦各均安
乙巳十一月初四日不肖男和仁拜托

录文

母亲大人尊前膝下：

敬禀者，男在外十月得接朱桂兄、张基□、信福兄并一收到，诸事领悉[①]。伏望母亲大人珍重加餐，男在外则无内顾忧也。本［年］冬十月初十日因各店失火，烧有店法（房）拾于（余）间之则[②]。男因时运不齐（济），失去家声（生）[③]，一并银千以（余）元之则。又者，亚现兄之子，尽母亲大人主意寄回银之事，且看后帮[④]方可寄回。男现在外本盈（营）谋[⑤]生意，手中拮据，不能多寄。因便逢朱桂兄回唐，寄英银[⑥]两大元，母亲大人笑内（纳）。稍有微利，自晓寄回。男在外祈祝叨天庇佑，起居纳福，合（阖）家俱各平安，以慰儿念。谨言未尽，跪请叩禀。即帮付来张姑丈手寄来三［信］共银二十元。

拜问伯叔、兄弟满屋亦各均安

乙巳十一月初四日　不肖男和仁　拜托

简释

叶和仁的金店“本［年］冬十月初十日”（乙巳年）火灾，损失房十余间、银千余元。

未见“张姑丈手”银二十元之批信。

首见使用“新和昌金店”中英文椭圆印。

〈八十一〉

---

① 领悉：见信〈六〉注①。
② 之则：见信〈三十〉注①。
③ 家生：家伙。见信〈三十一〉注⑥。
④ 帮：见信〈二十〉注②。
⑤ 营谋：见信〈二十一〉注⑩。
⑥ 英银：见信〈二十〉注⑨。

〈八十二〉 清光绪三十一年乙巳十一月初四日（1905年11月30日）

叶和仁妾黄氏寄家婆钟氏书

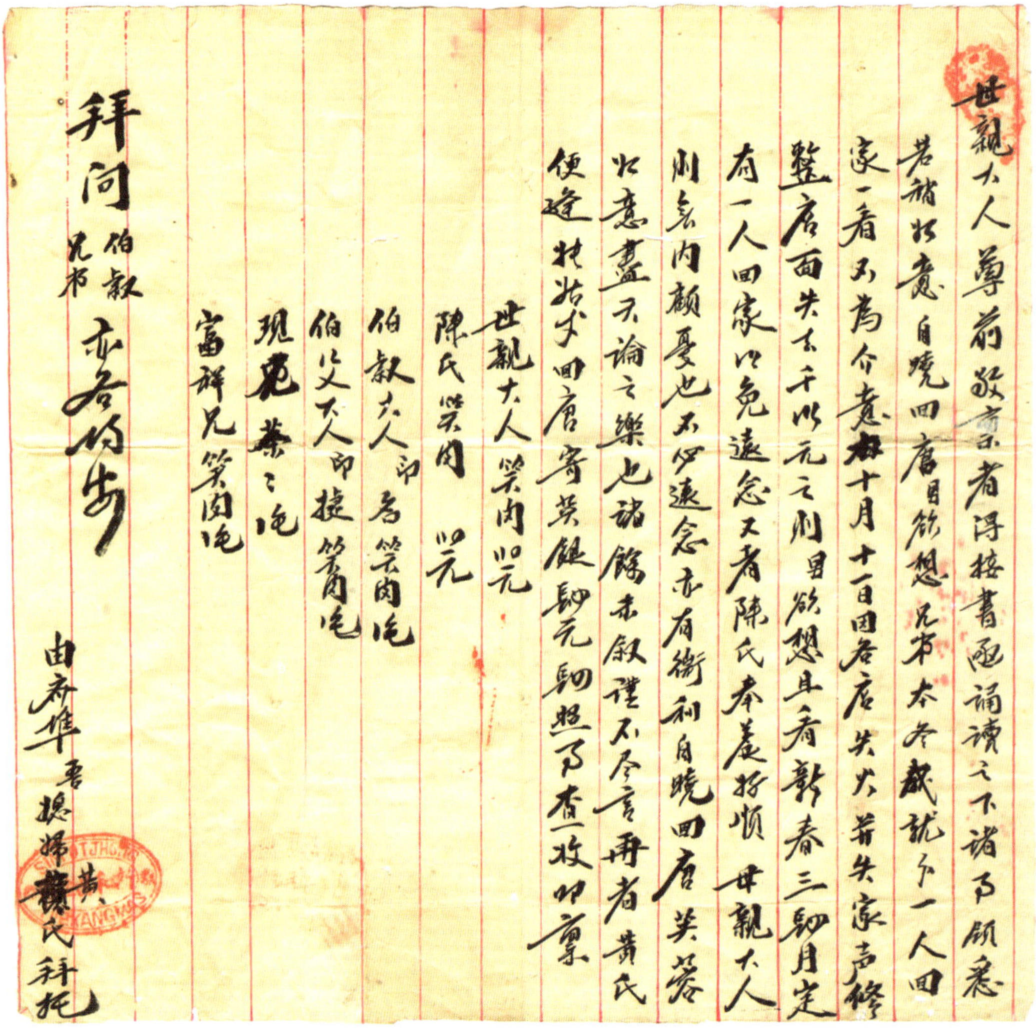
世親大人尊前敬禀者得接書函誦讀之下諸乃領悉
君諸以意自曉回唐日欲想兄弟本冬截就乃一人回
家一看不為介意 本十月十一日因各店失火若失家声修
整店面失去千外元之則日欲想且看新春三四月定
有一人回家以免遠念又者陳氏奉養孝順 世親大人
則家内顧憂也不必遠念亦有衛和自曉回唐 英答
以意盡不論之樂也諸餘未叙禮不多言再者黄氏
便逢林若才回唐寄英銀四元四照乃查收此禀
世親大人笑内四元
陳氏笑内 四元
伯叔大人印 為笑内[illegible]
伯父大人印 提笑内[illegible]
現兄恭之[illegible]
富祥兄笑内[illegible]
拜問 伯叔兄弟 亦各均安
由[illegible]華 [illegible]埠 黄氏 拜托

录文

母亲大人尊前：

敬禀者，得接书函，诵读之下，诸事领悉①。若稍如意，自晓回唐。男欲想兄弟本冬岁就分一人回家一看，不为介意，本［年］十月十一日因各店失火并失家声（生）②，修整店面，失去千以（余）元之则③。男欲想且看新春三四月定有一人回家，以免远念。又者，陈氏奉养好（孝）顺母亲大人，则无内顾［之］忧也。不必远念，亦（一）有微利，自晓回唐④，芙蓉如意，尽天论（伦）之乐也。诸余未叙，谨不尽言。再者，黄氏便逢张姑丈回唐，寄英银⑤䦉（四）元䦉（四），照事查收，叩禀

母亲大人笑内（纳）2 元。

陈氏笑内（纳）2 元。

伯叔大人即名⑥笑内（纳）1 毛。

伯父大人即捷⑦笑内（纳）1 毛。

现兄茶茶 1 毛。

富祥兄笑内（纳）1 毛。

拜问伯叔、兄弟亦各均安

由齐埠　吾媳妇黄氏　拜托

简释

虽落款处未注明年月，但全信内容基本与信〈八十一〉相同，仍是叶和仁口气而以黄氏之名。一银信托朱桂兄，一银信托张姑丈。

〈八十二〉

① 领悉：见信〈六〉注①。
② 家生：见信〈三十一〉注⑥。
③ 之则：见信〈三十〉注①。
④ 回唐：见信〈十二〉注⑥。
⑤ 英银：见信〈二十〉注⑨。
⑥ 即名：名叔。
⑦ 即捷：捷伯父。

〈八十三〉 清光绪三十一年乙巳十一月初九日（1905年12月5日）

叶和仁寄母亲钟氏书

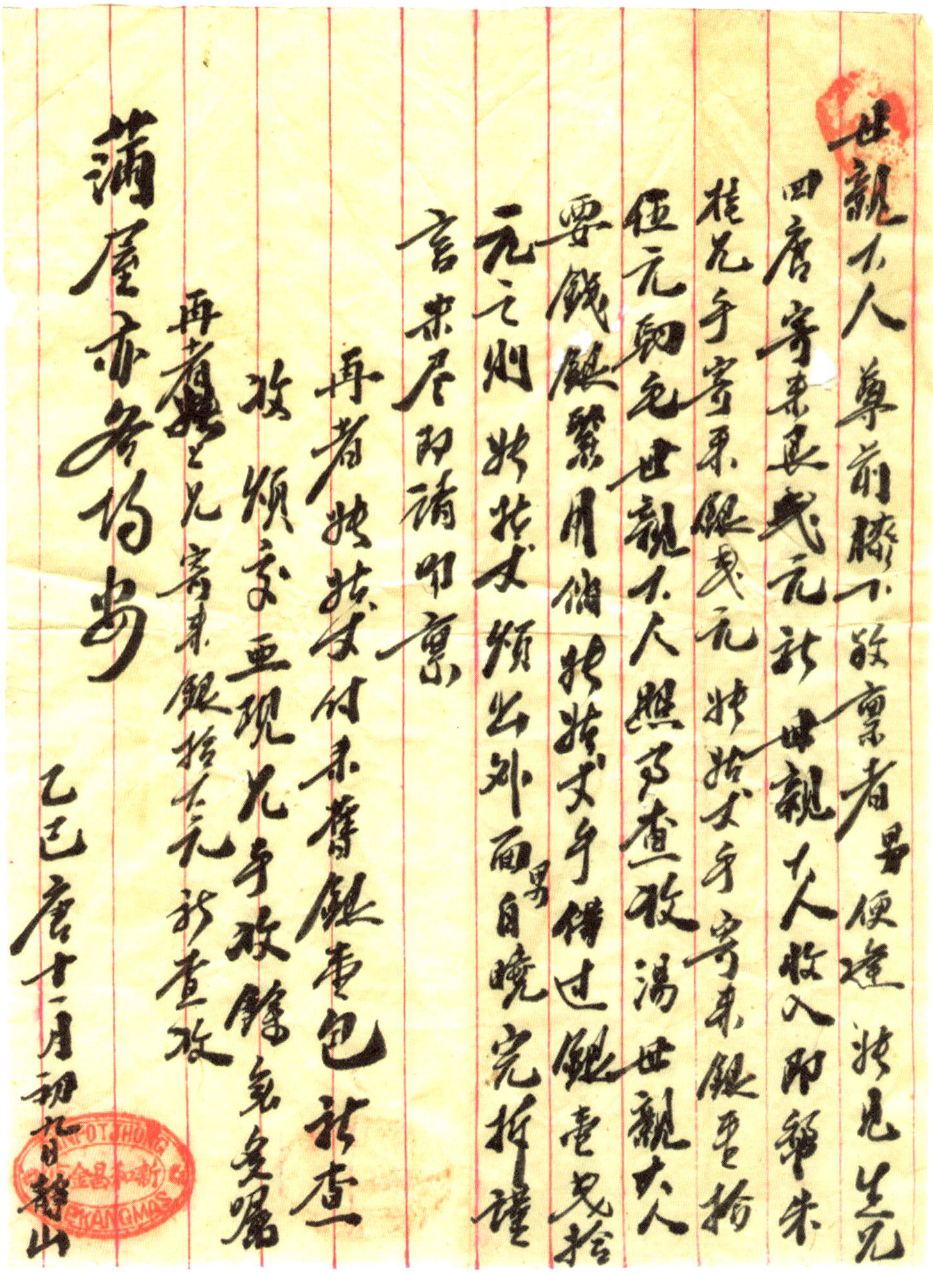
世親大人尊前膝下敬稟者男便達特見先
四唐寄來艮弍元於世親大人收入即節朱
桂兄手寄來銀弍元特按丈手寄來銀壹拾
伍元勿念世親大人照字查收湯世親大人
要錢艱緊用倘特按丈手借過銀壹兑拾
元之則特按丈須出外面男自曉完折謹
言未盡即請明稟
再者特按丈付來尊銀壹包於查
收煩家亟現兄手收錦兔免囑
再者樓之兄寄來銀拾大元於查收
蒲屋亦各均安
乙巳唐十一月初九日靜山

录文

母亲大人尊前膝下：

敬禀者，男便逄张见生兄回唐[①]，寄来艮（银）二元，祈母亲大人收入。即帮[②]朱桂兄手寄来银二元，张姑丈手寄来银一十五元四毛，母亲大人照事查收。汤（倘）母亲大人要钱银紧用，倘张姑丈手借过银一二十元之则[③]，张姑丈烦（繁）出外面，男自晓完[④]拆，谨言未尽，即请。叩禀

满屋亦各均安

乙巳唐[⑤]十一月初九日　静山

再者，张姑丈付来旧银一包，祈查收。烦交亚现兄手收，余无多嘱。

再者，张上兄寄来银十大元，祈查收。

简释

缺“张姑丈手寄来银一十五元四毛”的相关批信。而“朱桂兄手寄来银二元”应是信〈八十一〉的英银二元。

还有张姑丈“旧银一包”。张上兄“银十大元”的相关批信也缺。收集到的批信所提及的批银款不能一一对应，相当一部分的相关批信散落缺失。可知叶家三兄弟寄往家庭的银信数量可观，而且比较密集，如十一月初四叶和仁信一封、银二元，其妻黄氏也寄信一封、银四元四毛，仅仅过了五天，就又寄了此信，银二元。

叶和仁一反常态，落款“静山”而已。

继续使用“新和昌金店”中英文椭圆印。

〈八十三〉

① 回唐：见信〈十二〉注⑥。
② 帮：见信〈二十〉注②。
③ 之则：见信〈三十〉注①。
④ 完：见信〈十〉注④。
⑤ 唐：唐历；中国农历。

〈八十四〉 清光绪三十一年乙巳十一月初九日（1905年12月5日）

叶礼仁寄母亲钟氏书

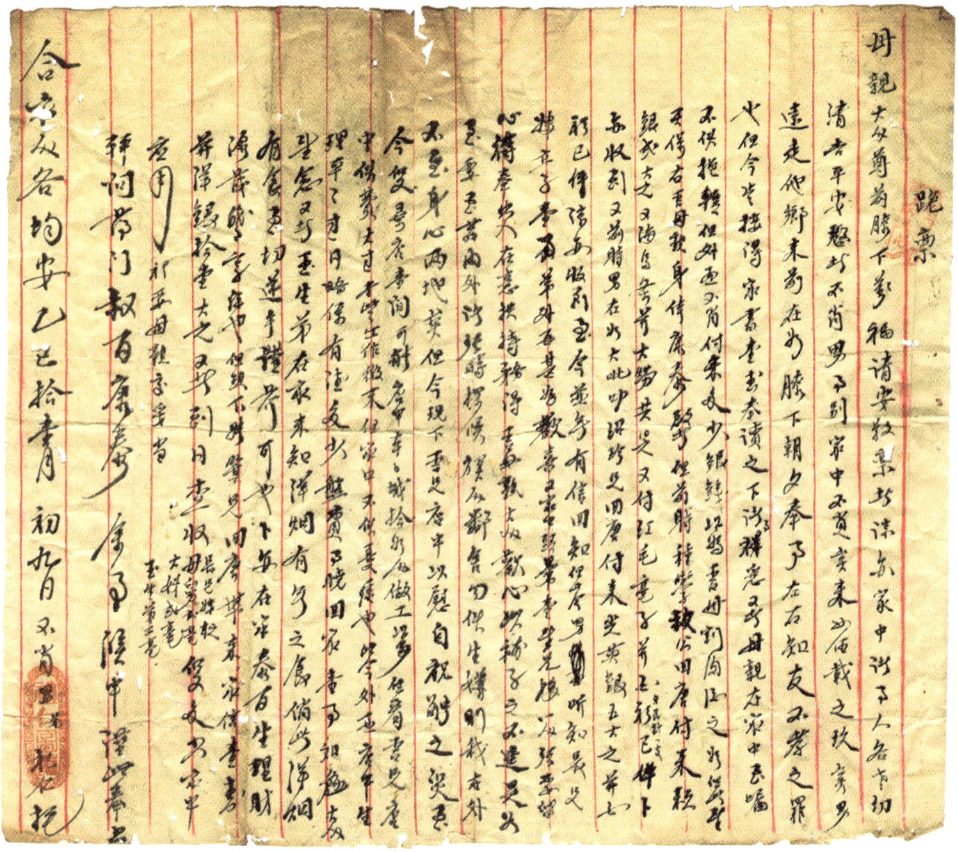

录文

跪禀

母亲大人尊前膝下万福清安：

敬禀者，谅亦家中诸事，人各老幼清吉平安。启者，不肖男事（辞）别家中，不觉实来四五载之玖（久）。实男远走他乡，未前在如膝下，朝夕奉事左右，知友（有）不孝之罪也。但今岁接得家书一封，奉读之下，诸事祥悉。又者，母亲在家中至嘱不使拖转[①]，但外面不肖付来多少银钱，以为吾母割肉酒之如（需）。但此望天保右（佑）吾母亲身体康泰。启者，但前时种学叔公回唐，付来款银二大元，又海乌条并大劳[②]共一元，又付红

---

① 拖转：意为操劳。

② 大劳：未详。

毛毫子[1]并白衫己（几）件、又银针一支，卜亦收到。又前时男在大吡叻[2]，绍珍兄回唐[3]，付来光英银[4]五大元并白衫己（几）件，谅亦收到。至今并无有信回知。但此今男听知，长兄嫂立子[5]一事，弟外面甚为欢喜。又家中头兄弟，一望兄嫂一人须要留心，待（侍）奉出入，在意扶持。务得吾母亲大人欢心，以补子之不□，是为至要。至若内外诸（主）张时，探候族人邻舍，勿使生嫌，则我在外不至（致）身心两地矣。但今现下吾兄店中以慰，自祝融[6]之灾，至今以（已）又寻店一间，可能店中本日成十多人做工□多。但看吾兄店中使费大过一些。工作微末，但家中不使忧虑也。如今外面店中生理平平过得，略系有德（得）多少盘费[7]，事晓回家一事，如勉（以免）大人望念。又者，玉生弟在家未知洋烟有无之食，倘此洋烟有食，至切逆乎谨芥（戒）可也。卜亦在家泰百（伯）生理，财源茂盛享福也。但现下张贤兄回唐，带来家信一封并洋银十一大元。又者，到日查收，长兄嫂半元，母舅二毫[8]，大姊二毫，玉生弟二毫，仍又多少家中应用。祈要母亲交妥当。余事候申[9]，谨此奉上

拜问满门叔伯康泰

合（阖）家人各均安

乙巳十一月初九日　不肖男弟礼仁　托

简释

叶礼仁感叹离乡别井“不觉实来四五载之玖（久）”，叶礼仁是己亥年七月廿四日（1899 年 9 月 2 日）拜别老母，随兄过番的（信〈二十〉），距此信乙巳年十一月初九（1905 年 10 月 5 日）已整整 6 年。6 年中，似乎未见有叶礼仁回乡省亲记录的相关批信。

“前时种学叔公回唐”，应指信〈七十九〉之钟鹤叔公，所述银额一致。

叶礼仁提及“长兄嫂立子”，与信〈八十〉呼应，指长嫂乙巳年为清仁立嗣操劳。也谈叶和仁“祝融之灾”，同年即（本冬十月初十）之事。叶和仁现又已寻店一间，“日成十多人做工”，仅一个月，叶和仁即走出困境，可见实力。

肇珍、少珍、绍珍应是同一人。

〈八十四〉

① 毫子：见信〈二十七〉注⑧。
② 吡叻：见信〈二十一〉注⑤。
③ 回唐：见信〈十二〉注⑥。
④ 光英银：新铸银元光泽鲜艳，重量、成色均有保障。英银：见信〈二十〉注⑨。
⑤ 立子：立嗣。见信〈八十〉注⑧。
⑥ 祝融：传说中楚国君主的祖先。后世视为火神。后以称火灾为“祝融之灾”。
⑦ 盘费：见信〈十二〉注④。
⑧ 毫：见信〈三十〉注④。
⑨ 申：申述。

〈八十五〉 清光绪三十一年乙巳十一月（1905年12月间）

叶和仁寄母亲钟氏书

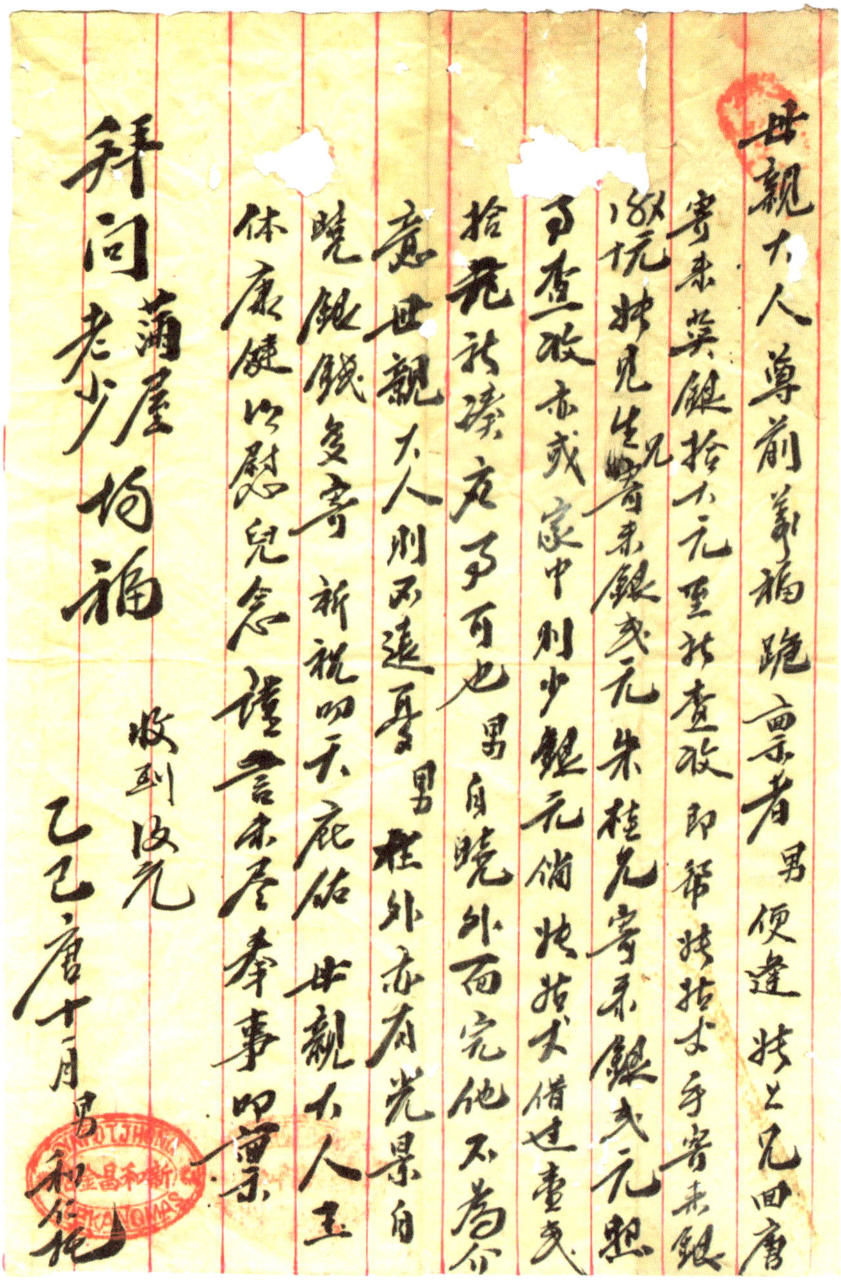

母親大人尊前萬福跪稟者 男便達 特之兄回唐寄來英銀拾六元至於查收 即帶 林姑丈手寄來銀伍元 特兄先生寄來銀弍元 朱桂兄寄來銀弍元想可查收 亦我家中則少銀元備 艾姑丈借過壹弍拾元 祈該還方可也 男自曉外面完他不為介意 母親大人則不遠憂 男在外亦有光景自曉餓餓复寄 祈祝叩天庇佑 母親大人玉体康健以慰兒念 謹言未盡奉事叩稟

拜問

蒲屋老少均福

收到 汲元

乙巳唐十一月 男和仁稟

录文

母亲大人尊前万福：

跪禀者，男便逢张上兄回唐，寄来英银①十大元，至祈查收。即帮张姑丈手寄来银一十五元四［毫］、张见生兄寄来银二元、朱桂兄寄来银二元，照事查收。亦（抑）或家中则少银元，倘张姑丈借过一二十元，祈凑应事可也。男自晓外面完②他，不为介意，母亲大人则不［必］远忧。男在外亦有光景，自晓银钱多寄。祈祝叨天庇佑，母亲大人玉体康健，以慰儿念。谨言未尽。奉事叩禀

拜问满屋老少均福

收到一元九［毫］

乙巳唐十一月　男和仁　托

简释

落款时间有年月无日。

交代寄银收银事项，而罗列各次钱额已将“乙巳年十一月初九日”托张见生的二元计其中（信〈八十三〉），可知该信系十一月初九后所托。

信末之“收到一元九［毫］”，不明所言何事。

〈八十五〉

① 英银：见信〈二十〉注⑨。
② 完：见信〈十〉注④。

〈八十六〉 清光绪三十三年丁未二月廿六日（1907年4月8日）

叶礼仁寄母亲钟氏书

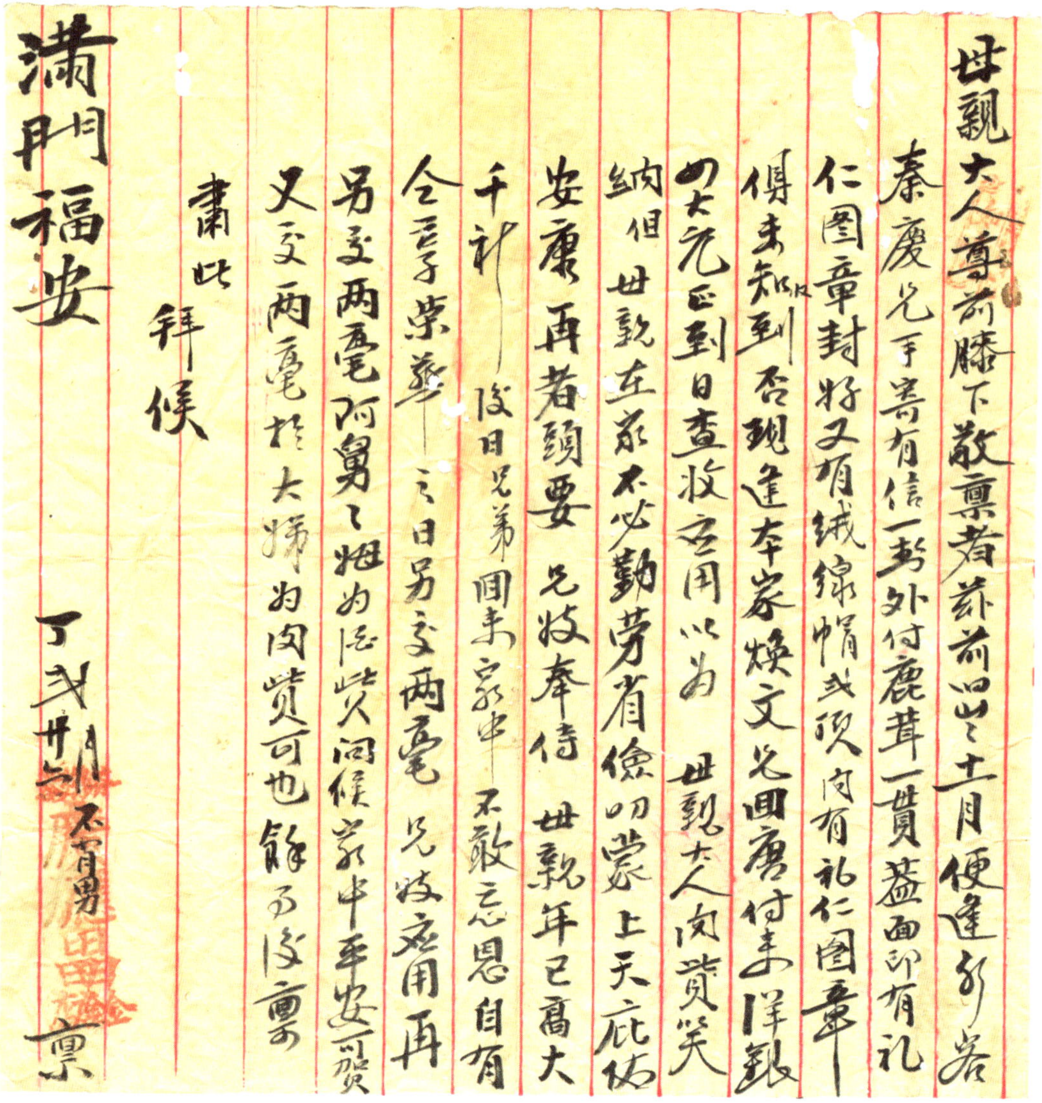

母親大人尊前膝下敬禀者茲前歲之十一月便逢彩客
秦慶兄手寄有信一封外付鹿茸一貫蓋面即有礼
仁圖章封好又有絨綿帽弍頂內有礼仁圖章
倘未知收到否現逢本家煥文兄回唐付去洋銀
四大元正到日查收応用以為 母親大人內費笑
納但 母親在家不必勤勞省儉叨蒙上天庇佑
安康再者頂要 兄妝奉侍 母親年已高大
千祈 後日兄弟回來家中不敢忘恩自有
令孝榮華 之日男交兩毫 兄妝応用再
男交兩毫阿舅々姐為隨時人間候家中平安可賀
又交兩毫往大姊為內費可也餘不復禀
肅此
拜候
滿門福安
丁未二月廿六 不肖男 禀

录文

母亲大人尊前膝下：

敬禀者，兹前旧岁十一月便逢水客秦庆兄手寄有信一封，外付鹿茸一贯（罐），蓋（盖）面印有礼仁图章封好。又有绒线帽二顶，内有礼仁图章，俱未知收到否？现逢本家焕文兄回唐，付来洋银四大元正，到日查收应用，以为母亲大人肉资笑纳。但母亲在家不必勤劳省俭，叨蒙上天庇佑安康。再者，须要兄嫂奉侍。母亲年已高大①，千祈后日兄弟回来家中，不敢忘恩，自有同享荣华之日。另交两毫②兄嫂应用。再另交两毫阿舅、舅姆为酒资。问候家中平安可贺。又交两毫于大娣（姊）为肉资可也。余事后禀。肃此。

拜候

满门福安

丁二月廿六　不肖男　禀

简释

落款未署名，但代以“芬艿蓉广应昌金店”，此为叶礼仁庚子年创办的金店。因此，信〈八十六〉应是叶礼仁所写，这与内信提及之“礼仁图章”也一致。

缺“旧岁十一月”秦庆兄批信。内附有绒线帽二顶。

又见“交两毫于大姊”。

〈八十六〉

---

① 高大：年岁大（多见于早期白话）。

② 毫：见信〈三十〉注④。

〈八十七〉 清光绪三十三年丁未三月初五日（1907年4月17日）

叶礼仁寄母亲钟氏书

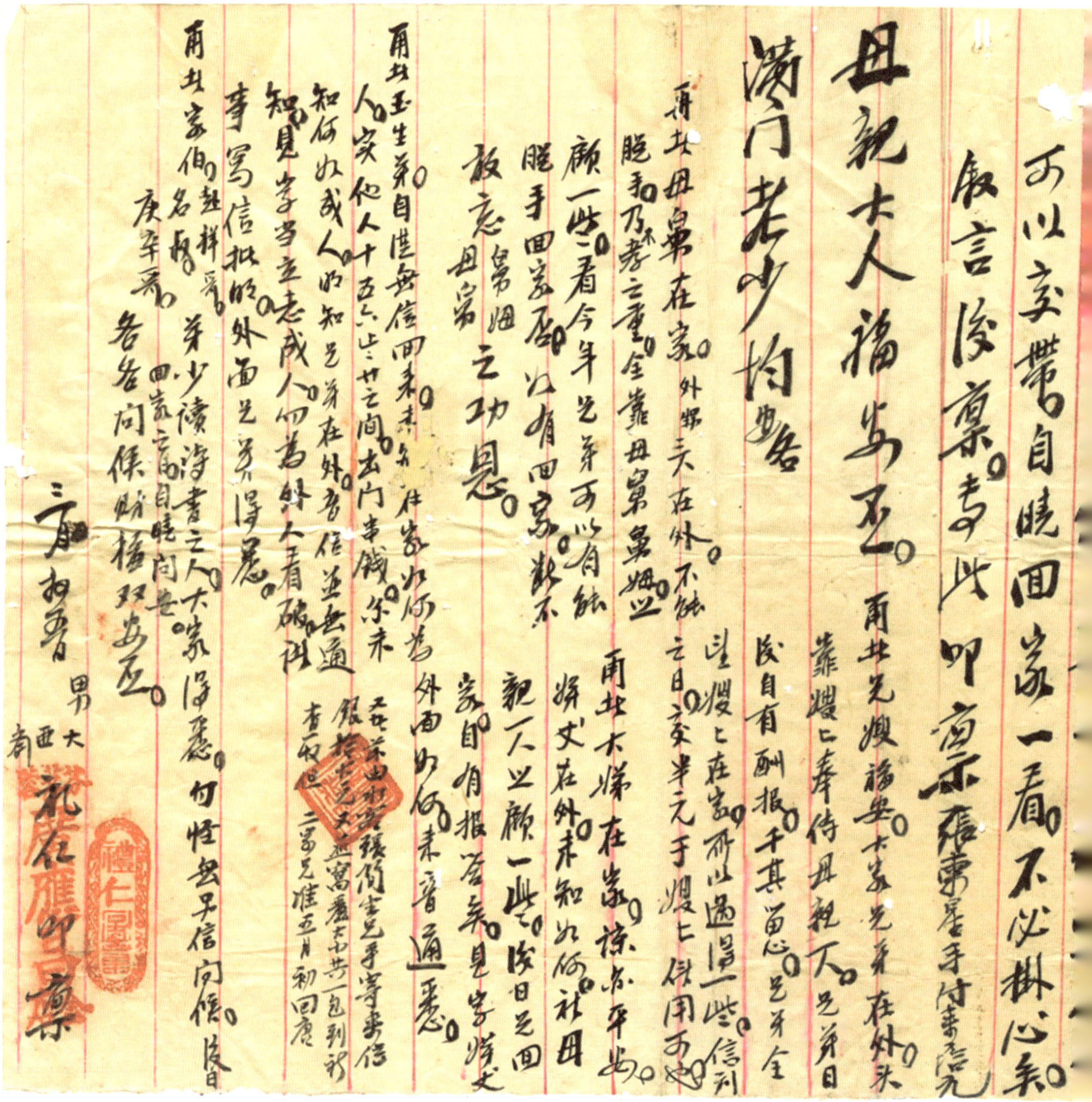
可以安帶自曉回家一看，不必掛心矣。
敘言後禀。專此叩禀
母親大人福安。
滿門老少均安。
三月初五日
男大禮仁叩禀

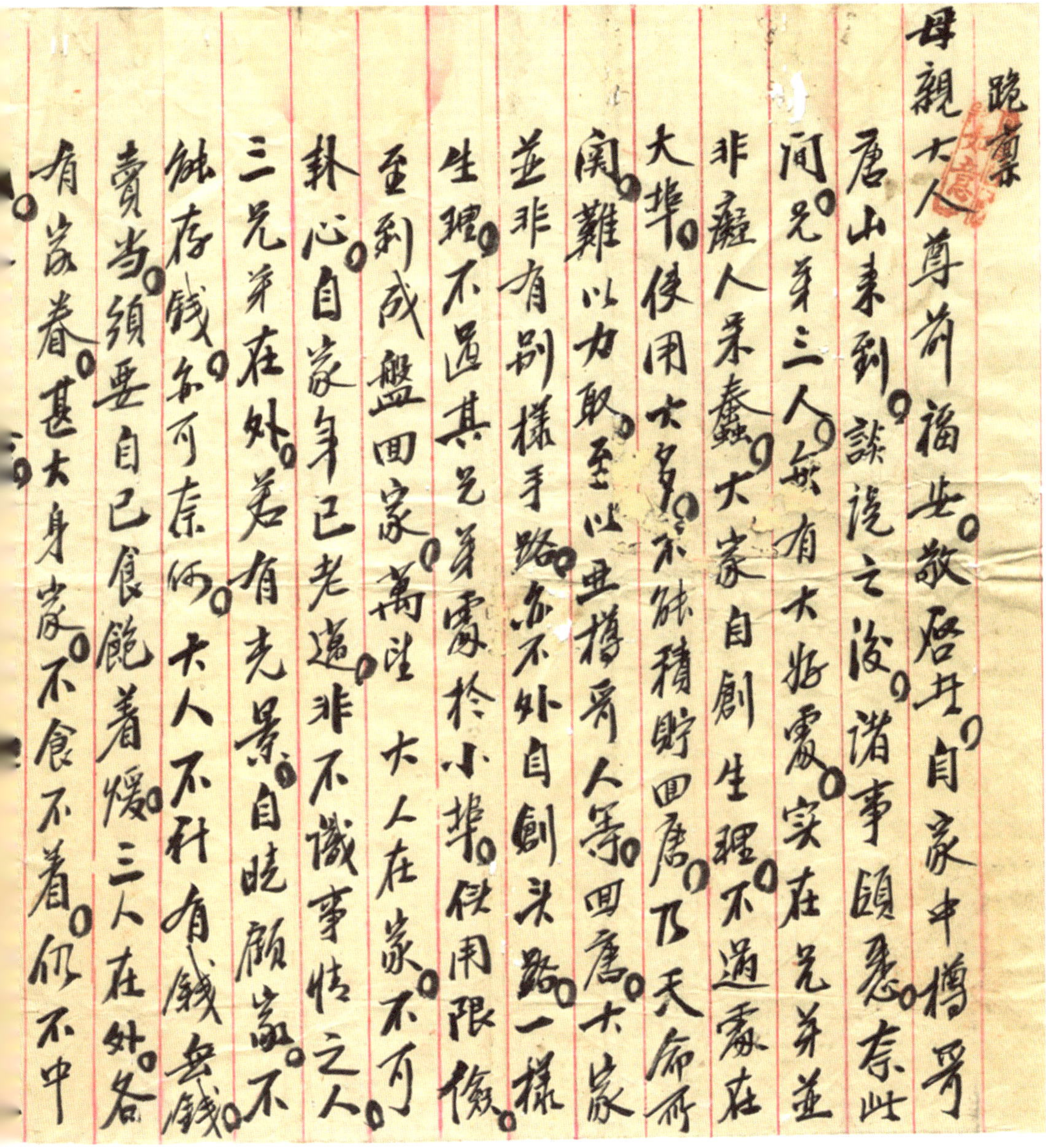
跪禀
母親大人尊前福安。敬啓者，自家中攜哥
唐山來到。談談之後。諸事頭悉。奈此
間兄弟三人。無有大好處。實在兄弟並
非癡人呆蠢。大家自創生理。不過露在
大埠。使用大多。亦不能積財回唐。乃天命所
關。難以力取。至以由攜哥人等回唐。大家
並非有別樣手路。亦不外自創求路一樣
生理。不過其兄弟露於小埠。使用限儉。
至到成盤回家。萬望大人在家。不可
掛心。自家年已老邁。非不識事情之人。
三兄弟在外。若有光景。自曉顧家。不
能存錢。亦可奈何。大人不計有錢無錢。
費尚須要自己食飽着煖。三人在外。各
有家眷。甚大身家。不食不着。仍不中

录文

跪禀

母亲大人尊前福安：

敬启者，自家中樽哥唐山来到，谈说之后，诸事领悉。奈此间兄弟三人，无有大好处。实在兄弟并非痴人呆蠢，大家自创生理，不过处在大埠，使用大（太）多，不能积贮回唐[①]，乃天命所关，难以力取。至以（于）亚樽哥人等回唐，大家并非有别样手路[②]，亦不外自创头路[③]。一样生理，不过其兄弟处于小埠，使用限俭，至到成盘[④]回家。万望大人在家，不可挂心。自家年以老迈，非不识事情之人。三兄弟在外，若有光景，自晓顾家。不能存钱，亦［无］可奈何。大人不计有钱、无钱、卖当，［均］须要自己食饱着煖[⑤]。三人在外，各有家眷，甚大身家[⑥]，不食不着，仍不中用。现今头路，创已创到，又不能脱手交落[⑦]，又无大财胜倒（到）。看有可以的实人等，可以交带（代），自晓回家一看。不必掛（挂）心矣。叙言后禀。专此叩禀

母亲大人福安否　满门老少均各安！

张東星手付来拾元。再者，兄嫂福安。大家兄弟在外头，靠嫂嫂奉侍母亲一人，兄弟日后自有酬报。千其（祈）留心，兄弟全望嫂嫂在家，所以过得一些。信到之日，交半元于嫂嫂使用可也。

再者母舅在家，外甥三人在外，不能脱手，乃不孝之重。全靠母舅舅姆，照顾一些。看今年兄弟可以有能脱手回家否。如有回家，断不敢忘舅姆、母舅之功恩。

再者大娣（姊）在家，谅亦平安。姊丈在外未知如何？祈母亲一人照顾一些。后日兄（弟）回家，自有报答矣。见字姊丈外面如何，来音通悉。再者玉生弟，自从无信回来，未知在家如何为人。实他人十五六岁廿之间，出门串（赚）钱。尔未知何如成人。明知兄弟在外，音信并无通知。见字当立志成人，勿为外人看破。诸事写信批[⑧]明外面兄弟得悉。又者，兹由水客张简生兄手寄来信，银十大元，又燕窝□大小共一包，到祈查收。但二家兄准五月初回唐。

再者，家伯、赴（富）祥哥、名叔、庚辛哥，弟少读诗书之人，大家得悉，勿怪无另信问候。后日回家之日，自晓问安。各各问候财福双安否。

三月初五日　男大亚齐礼仁　叩禀

---

① 回唐：见信〈十二〉注⑥。
② 手路：方言词，门路、路子。
③ 头路：见信〈十一〉注⑨。
④ 成盘：成：整。盘：旧指商店以存货及生财全盘出让。
⑤ 煖："暖"的异体字。
⑥ 身家：本人和家庭（的财产）。
⑦ 交落：把经手的事务移交给接替的人。
⑧ 批：见信〈一〉注③。

简释

此信落款处未写明干支，但从内容看可能写于丁未年。

叶礼仁再次提到“大姊”“姊丈”。钟氏有出嫁女可确定无疑。

叶清仁“准五月初回唐”，三月初预告两个月后之事。可惜后信缺失，未知是否成行。

敦促玉生弟“立志成人”。

同时使用“芬艿蓉广应昌金店”条形章和“礼仁图章”。

〈八十七〉

〈八十八〉 清光绪三十三年丁未三月廿五日（1907年5月7日）

叶礼仁寄母亲钟氏书

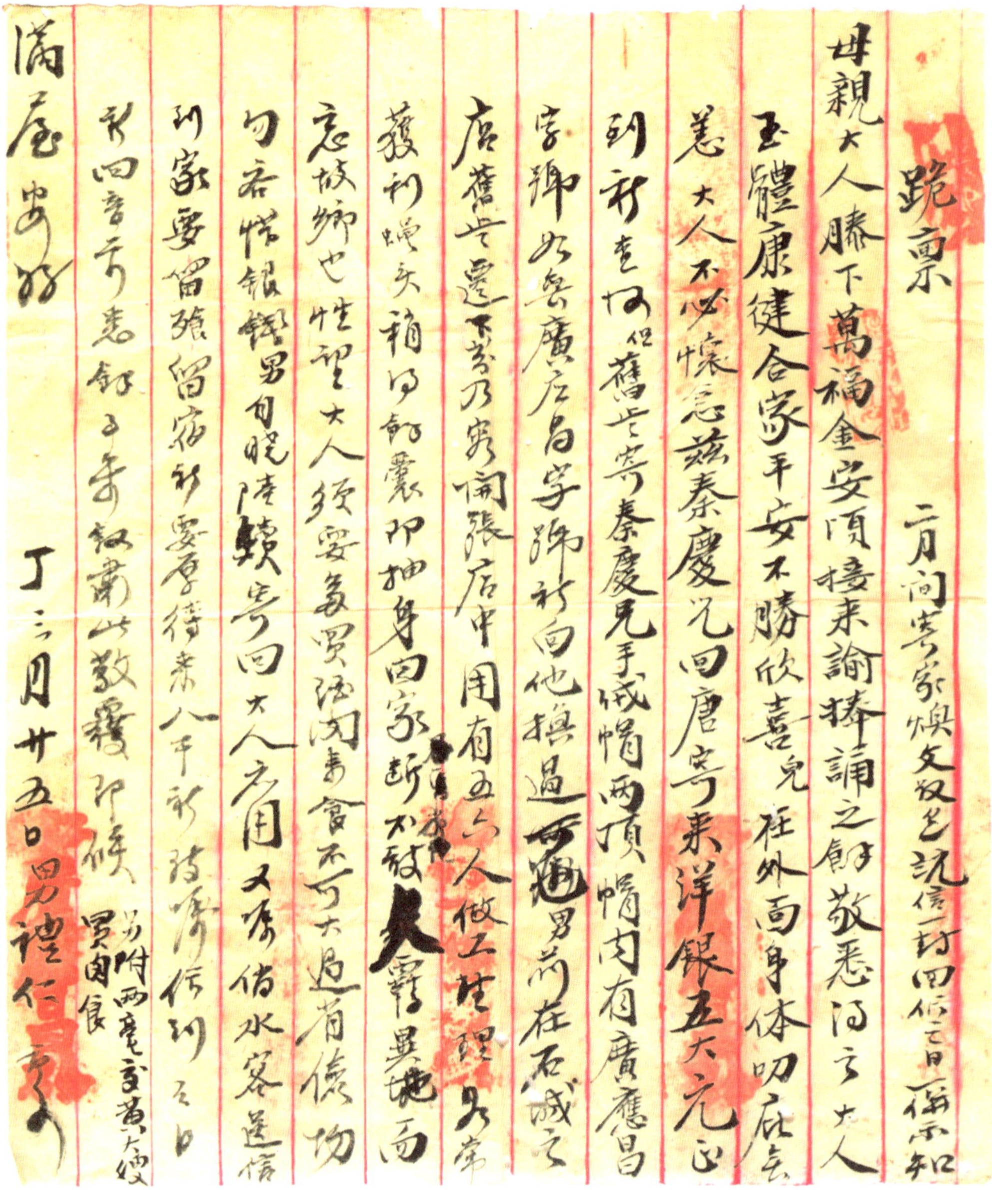
二月间寄家焕文叔[illegible]汇信一封[illegible]谅亦知

跪禀

母親大人膝下萬福金安頃接来諭捧誦之餘敬悉 大人

玉體康健合家平安不勝欣喜兒在外面身体叨庇[illegible]

[illegible] 大人不必懷念兹秦慶兄回唐寄来洋銀五大元正

到祈查收但舊年寄秦慶兄手[illegible]帽两頂帽內有廣應昌

字號如無廣應昌字號祈向他換過[illegible]男前在石城之

店舊年[illegible]下落乃[illegible]開張店中用有五六人做工[illegible]男常

獲利蝇頭[illegible]可[illegible]抽身回家斷不[illegible]久[illegible]異地而

忘故鄉也[illegible] 大人須要多買[illegible]肉[illegible]食不可太過省儉物

可吝惜銀錢男自[illegible]陸續寄回 大人應用又[illegible]水客送信

到家要留飯留宿[illegible]要厚待来人[illegible]清信到之日

[illegible]回音[illegible]此敬[illegible]即候

男附[illegible]

满屋安好

丁三月廿五日男禮仁禀

录文

跪禀

二月间寄家焕文叔边[1]［银］八元信一封，回信之日一并示知。

母亲大人膝下万福金安：

顷接来谕，捧诵之余敬悉得之。大人玉体康健，合（阖）家平安，不胜欣喜。儿在外面，身体叨庇无恙，大人不必怀念。兹秦庆兄回唐[2]，寄来洋银[3]五大元正，到祈查收。但旧岁寄秦庆兄手绒帽两顶，帽内有“广应昌”字号，如无“广应昌”字号祈向他换过可也。男前在石城[4]之店，旧岁[5]迁下芬乃容[6]开张，店中用有五六人做工，生理如常，获利蝇头[7]。稍得余囊[8]，即抽身回家，断不敢久羁异地而忘故乡也。性（惟）望大人须要多买酒肉来食，不可大（太）过省俭，切勿吝惜银钱，男自晓陆续寄回大人应用。又嘱，倘水客送信到家，要留飧留宿，祈要厚待来人，千祈致（至）嘱。信到之日，祈回音示悉。余事未叙，肃此敬覆。即候

满屋安好

另附两毫交黄大嫂买肉食。

丁三月廿五日　男礼仁　禀

简释

二月托焕文叔带边银八元，与上信钱额不符。二月廿六日信〈八十六〉曰：“现逢本家焕文兄回唐，付来洋银四大元正。”

叶礼仁在石城之店乙巳年（1907）迁至芬乃容，店中用五六人。

“水客送信到家，要留飧留宿，祈要厚待来人”，说明叶礼仁十分看重递送钱物的水客。“留飧留宿”“厚待来人”，叶礼仁的这一句嘱托，体现了旅居海外的华侨对水客的共同态度。水客为出洋华侨提供了鸿雁传书的渠道，沟通了两地亲人的信息，受到华侨及侨眷的欢迎。

“另附两毫交黄大嫂买肉食”，礼仁家乡大嫂不姓“黄”，从看到的第一封信开始，叶和仁一直称“吾妻陈氏”，疑为“烦交大嫂买肉食”之笔误。

〈八十八〉

---

① 边：见信〈十二〉注⑧。
② 回唐：见信〈十二〉注⑥。
③ 洋银：见信〈一〉注①。
④ 石城：见信〈四十〉注⑤。
⑤ 旧岁：见信〈十八〉注①。
⑥ 芬乃容：见信〈五十五〉附件注②。
⑦ 蝇头：比喻细小的食物，多指小字或小的财利。
⑧ 余囊：如皮囊，囊空如洗。囊：袋子；口袋。

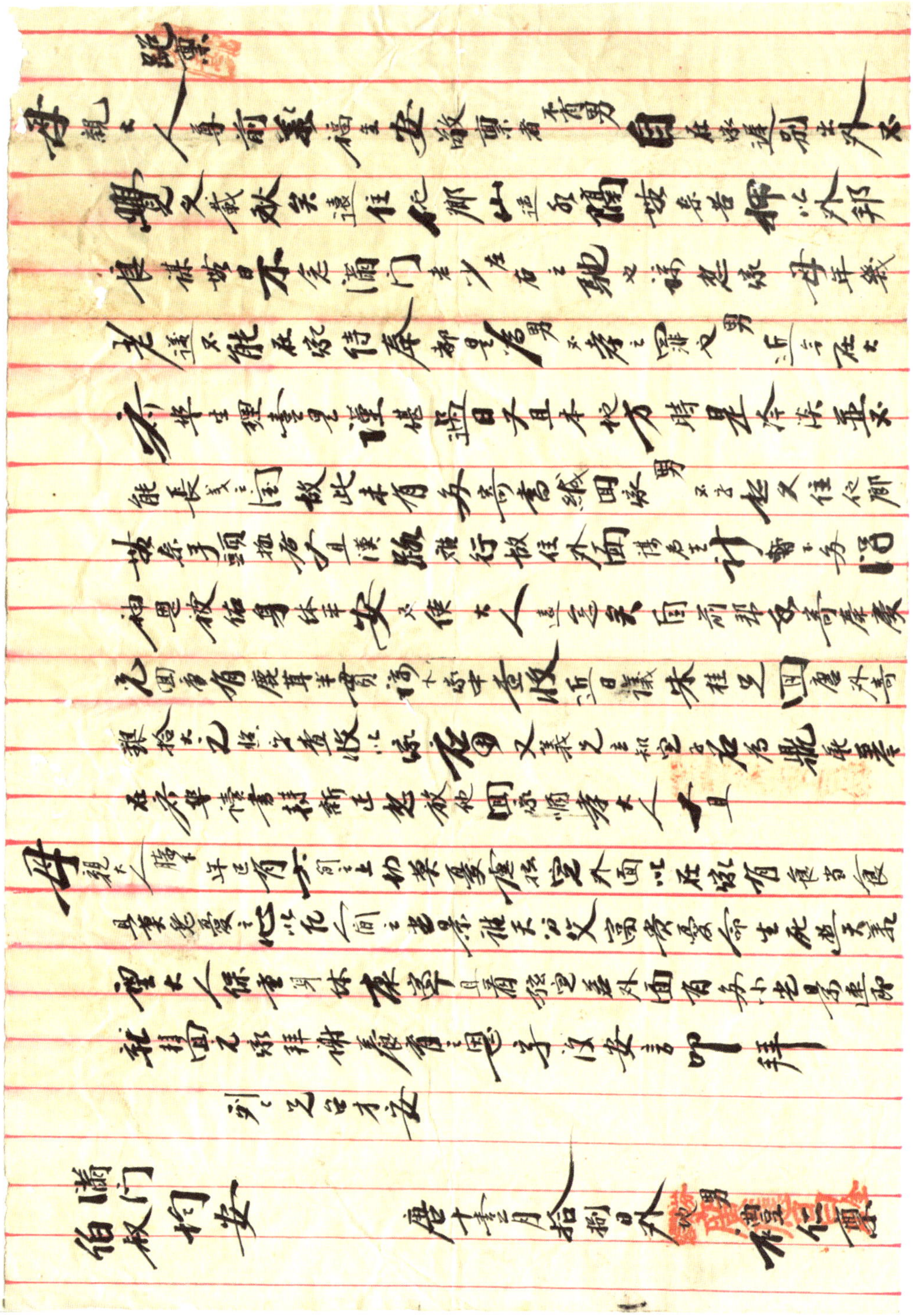

《八十九》清光绪三十三年丁未十一月十八日（1907年12月22日）叶礼仁寄母亲钟氏书

录文

跪禀

母亲大人尊前万福金安：

敬禀者，不肖男自在家迟（辞）别出外，不觉久（九）载秋矣。远住他乡，山遥水隔，无奈苦押以（于）外邦，良谋无日不念满门老少左右之驰也。谅想家母年几（纪）老迈，不能在家侍奉，都是为男不孝之罪也！男近今在大齐埠①生理一是谨（仅）堪过日，又且本地方时是冷淡，并不能长戋之国②，故此未有多寄书缄③回家。男不□想久住他乡，无奈手头挌（拮）居（据），又且漠④路难行，故住外面谋为生计，暂不多得。神恩被（庇）佑身体平安，又使大人远念矣。自前帮⑤水⑥寄秦庆兄回唐，有鹿茸半贯（罐），谅卜家中查收。近日议（遇）朱桂兄回唐，外寄银十大元，照示（事）查收，以家应用。又义（二）兄立知⑦儿子名为鼎华，至今在齐埠读书，转新正⑧想放他回家，顺孝大人。又且母亲大人膝下：年已有六旬之上，切莫忧虑孩儿外面以（矣）。在家有食当食，且莫愁忧之心，以凡人间之光景，谁天公父？富贵忧（由）命，生死遊（由）天。万望大人保重身体康宁。且看孩儿若外面有多小（少）光景，速即就转回元（原）家，拜谢养育之恩。字后安言。叩拜

列列兄台才（财）安

满门伯叔均安

唐十一月十八日　外地男礼仁　禀

简释

叶礼仁自辞家外出不觉已“久（九）载秋”（1899—1907），却一直没有回过家乡。不知有何难言之隐。

前托秦庆兄带“鹿茸半贯（罐）”，未见相关批信。

叶礼仁言二兄清仁有儿子名“鼎华”，在亚齐读书，想于新春正月放他回家乡“顺孝大人”。关于“鼎华”，信〈六十三〉已有“亲仁之子鼎华”一说。

又说母亲“年已有六旬之上”，与前信“年将七旬”似又有出入。不过辛丑年（1901）和仁已确认“六旬有一”（见信〈六十三〉），算来也有67岁了。

依然使用“芬芳蓉广应昌金店”条形章。

落款之“唐”，应是“唐历”，中国农历年。

〈八十九〉

① 齐埠：见信〈十四〉注③。

② 长戋之国：未详。

③ 书缄：书信。

④ 漠：寂静，无声。漠路，谓世道冷漠，生意惨淡。

⑤ 帮：见信〈二十〉注②。

⑥ 水：走水。意即水客起程。

⑦ 立知：未详。

⑧ 新正：新春正月。

〈九十〉 清宣统二年庚戌二月十八日（1910年3月28日）

叶和仁寄母亲钟氏书

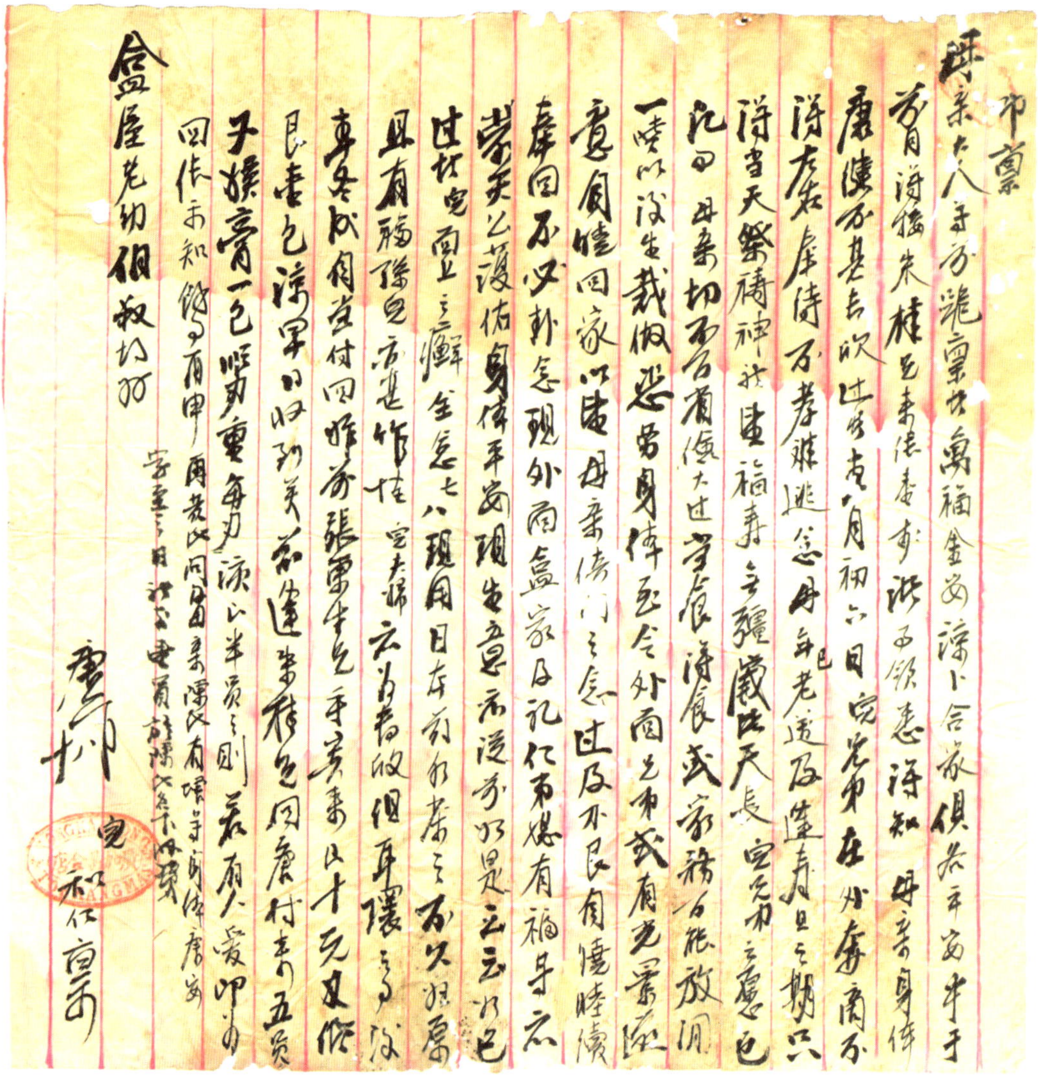

录文

叩禀

母亲大人尊前：

跪禀者，万福金安。谅卜合（阖）家俱各平安乎？于前月得接朱桂兄来依（信）一封，诸事领悉[①]。得知母亲身体康健，不甚（胜）喜欣过者。本月初六日，儿兄弟在外奔商[②]，不得左右奉侍，不孝难逃。念母年已老迈，及逢寿旦（诞）之期，只得当天祭祷神，祈望福寿无疆，岁比天长，儿兄弟之愿也。凡事母亲切不可省俭大（太）过，当食得食，或家务可能放闲一些，以（予）后生裁做，恐劳身体。至令外面兄弟或有光景遂意，自晓回家，以望母亲倚门之念，过及两银，自晓睦（陆）续奉回，不必挂念。现外面盒（阖）家及礼仁弟媳、有福等，亦蒙天公护佑，身体平安。现生意亦从前如是，云云如（而）已。过者，儿面上之癣全（痊）瘉（愈）七八，现用日本药水茶（涂）之，不久如原。且有福孙儿亦甚作怪，儿夫妇亦为喜欣。但耳环之事，后本［年］冬成自当付回。昨前张柬生兄手寄来银十元又纸银一包，谅早日收到矣。兹逢朱桂兄回唐，付来五员[③]，又猴膏一包，三两三重，每两该[④]银半员（元）之则[⑤]。若有人爱，即为回依（信）示知。余事再申

再，黄氏问及母亲、陈氏、有增等身体康安。字至之日，祈交一页（元）于陈氏名下收资。

盒（阖）屋老幼伯叔均好

庚二月十八日　儿和仁　禀

简释

“本月初六日”，即二月初六，为何又一“寿旦（诞）之期”？信〈三十八〉有言“本年三月母亲寿诞”。

“现外面盒（阖）家及礼仁弟媳、有福等，亦蒙天公护佑，身体平安。”看叶和仁此话，“有福”是叶和仁在外洋之子？庚子年四月的信（信〈三十八〉）亦是称：“大家并有福，一概大小身体平安，不得（必）挂念耳。”那么，有福应是廖氏妾所生。

出现“有增”，敢情添新儿？若是，应是黄氏妾所生。

〈九十〉

---

① 领悉：见信〈六〉注①。

② 奔商：意谓在商场奔波。奔：往来奔走。

③ 员：见信〈四十六〉注②。

④ 该：应当。意为应值。

⑤ 之则：见信〈三十〉注①。

〈九十一〉 清宣统二年庚戌二月廿五日（1910年4月4日）

叶和仁寄母亲钟氏书

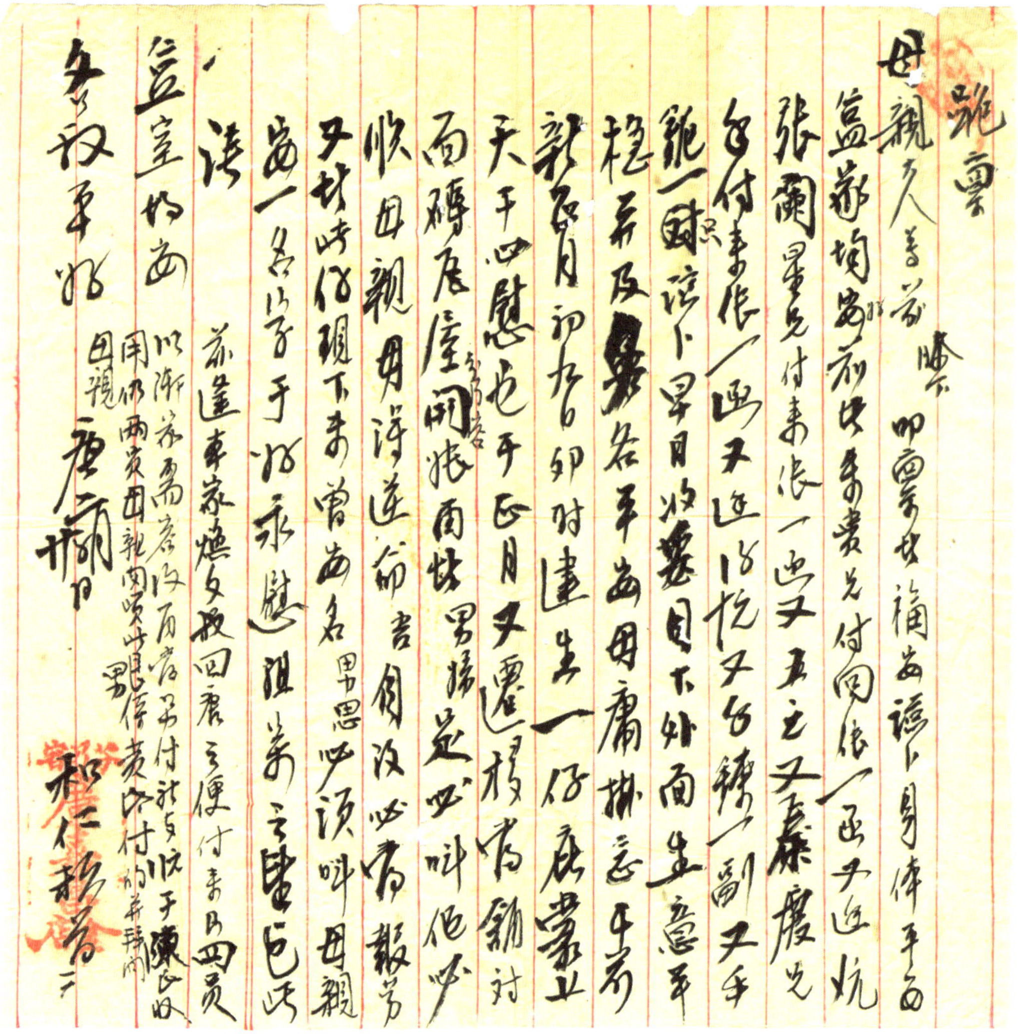

录文

跪禀

母亲大人尊前膝下：

叩禀者，福安。谅卜身体平安，盒（阖）家均安好。前者朱贵（桂）兄付回伥（信）一函，又边[①]四元。张阑星兄付来伥（信）一函又五元。又秦庆兄手付来伥（信）一函，又边十五元，又手链一副，又手鈪[②]一只，谅卜早日收妥。目下外面生意平稳，并及各［自］平安，毋庸掛（挂）念。于前新正月初九日卯时建（健）生一仔，庇蒙上天千心慰也。于正月又迁移当铺对面砖瓦屋，分乃［容］[③] 店开张。再者，男妇定必叫佢（他）必顺母亲，毋得逆命，吾自后必当报劳。又者，此仔现下未曾安名，男思必须叫母亲安佢（他）一名字，于（以）好永慰祖宗之望也。此请

盒（阖）室均安

各叔平好

兹逢本家焕文叔回唐[④]之便，付来银四员[⑤]，以渐［缓］家需。容后再当另付。祈交二元于陈氏收用，仍两员（元）母亲肉资，此银系黄氏付的，并拜问母亲。

庚二月廿五日　男和仁　顿首

注解

“新正月初九日卯时建（健）生一仔”，未曾安名，“必须叫母亲安一名字，于（以）好永慰祖宗之望也”，说明叶和仁在南洋又喜得贵子。但叶和仁也未写明是哪位妾侍所生。

庚戌年正月，叶和仁喜事连连：“建（健）生一仔”，“迁移当铺对面”，新建砖瓦屋之“分乃［容］店开张”。前数年，叶和仁又遭几次火灾，并曾因火灾所累招惹牢狱之灾。现在新建“砖瓦屋”，经营条件大为改观。

〈九十一〉

① 边：边银。见信〈十二〉注⑧。
② 鈪：见信〈五〉注⑧。
③ 分乃容：见信〈五十五〉附件注②。
④ 回唐：见信〈十二〉注⑥。
⑤ 员：见信〈四十六〉注②。

〈九十二〉 清宣统二年庚戌四月廿六日（1910年6月3日）

叶和仁寄母亲钟氏书

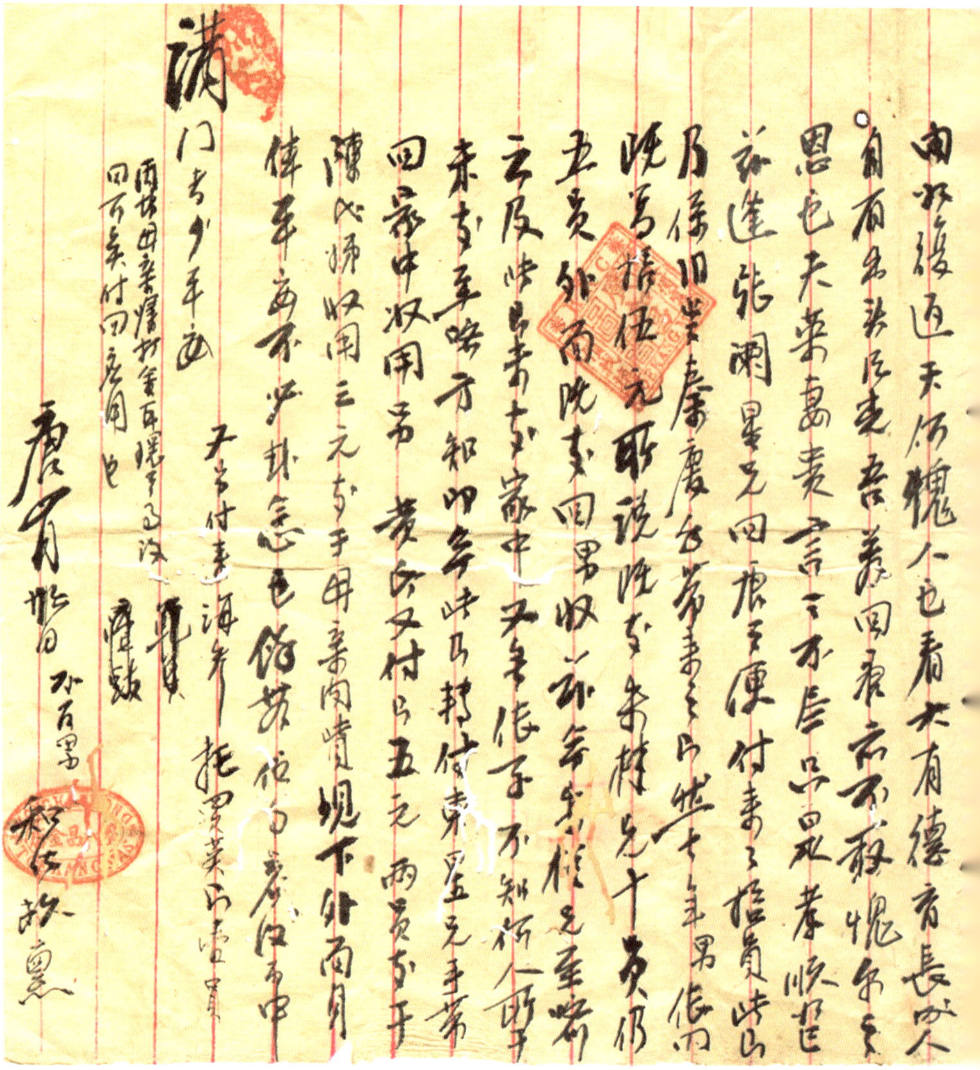

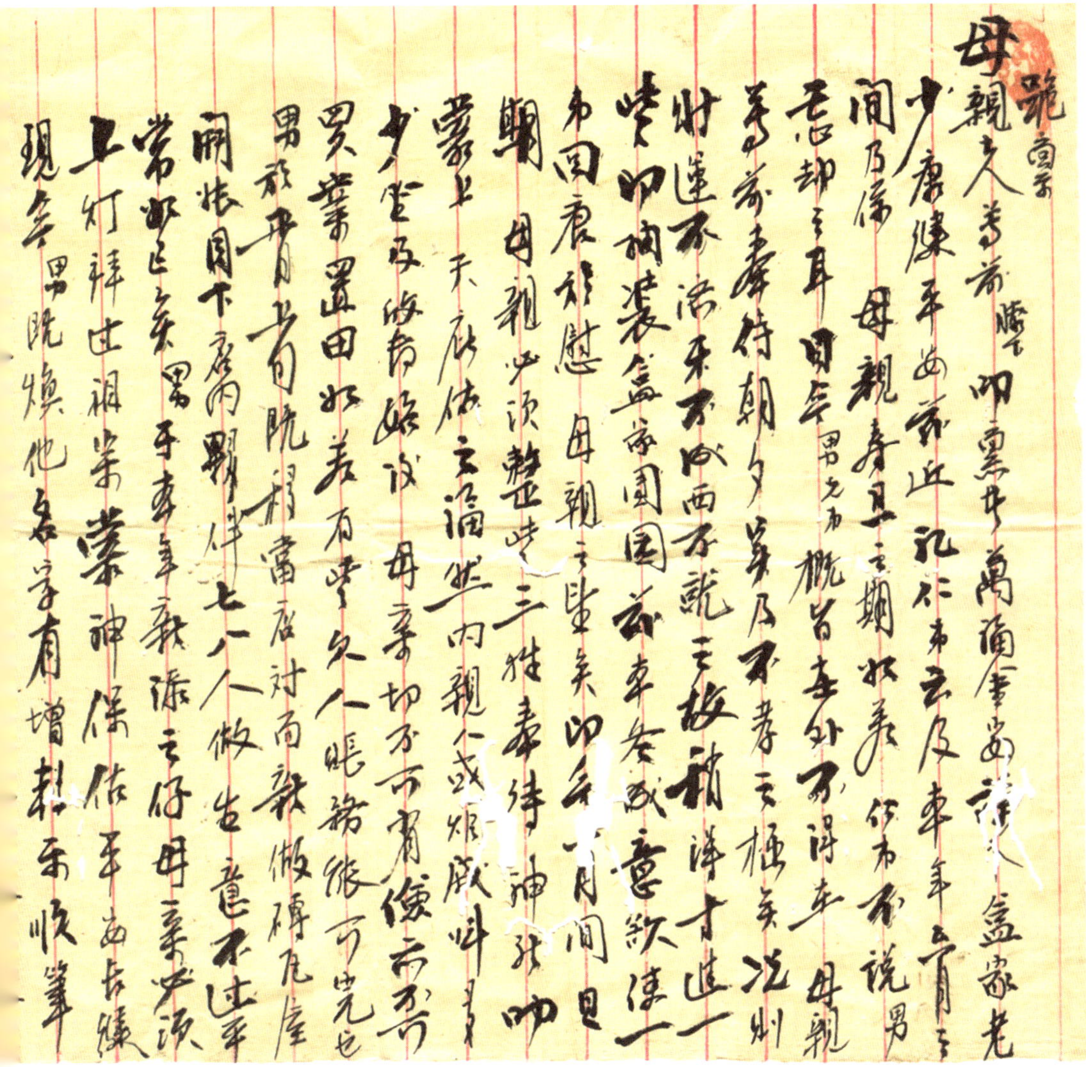

跪禀[illegible]
母亲大人尊前膝下 叩禀者，万福金安，谨[illegible]盖家老
少康健，平安为荷。近况不知若何，及来年之月之
间乃係 母亲寿旦之期，然[illegible]份亦不说，男
志却之耳。目今男之力概皆未外，不得来 母亲
尊前奉侍朝夕，亦乃不孝之极矣。况则
财运不济，东不成西不就之故。[illegible]才进一
些叩[illegible]盖家团圆[illegible]前来参贺，意欲使一
家团[illegible]慰 母亲之望矣。叩乞[illegible]月间见
谅。 母亲必须整些三牲奉侍神[illegible]叩
蒙上天庇佑之福，然内亲人[illegible]料[illegible]
少坐及[illegible]婚议。母亲切不可有[illegible]
置业，置田如是，有要与人账务[illegible]
男放开前日既得当居，对面新做砖瓦屋
开张，因下底[illegible]伴七八人做生意，不过平
常，如此矣。男于来年[illegible]添之仔，母亲必须
上灯拜过祖宗 神保佑平安[illegible]
现矣，男既焕他名字，有增[illegible]顺[illegible]

录文

跪禀：

母亲大人尊前膝下：

叩禀者，万福金安。谅卜盒（阖）家老少康健平安，兹近礼仁弟云及本年六月月间乃系母亲寿旦（诞）之期，如若仁弟不说，男忘却之耳。目今男兄弟概旨①在外，不得在母亲尊前奉侍朝夕，实乃不孝之极矣。况则财运不济，东不成西不就之故，稍得寸进一些，叨抽装②盒（阖）家团园（圆）。兹本［年］冬成③意欲使一弟回唐④，于（以）慰母亲之望矣。即系六月间旦（诞）期，母亲必须整些三牲奉侍神衹，叨蒙上天庇佑之福。然内亲人或姻戚叫多少，坐及欣喜。始后，母亲切不可省俭，亦不可买业置田，如若有些欠人账务能可完⑤也。男于本月上旬既移当店对面，新做砖瓦屋开张。目下店内伙伴七八人做生意，不过平常如（而）已矣。男于本年新添之仔，母亲必须上灯拜过祖宗，蒙神保佑，平安长健。现今男既焕（唤）他名字有增，转示顺笔愚妻陈氏知之。现下母亲年已老迈，必须奉侍缓和，若能上奉母亲慈孝，仍后尔媳由（又）如复返，天何愧人也？看大有德育长成人，自有出头风光。吾若回唐，亦不敢愧尔之恩也，夫荣妻贵，言之不尽，只是孝顺如已。兹逢张阑星兄回唐之便，付来了十员（元）⑥。此银乃系旧岁秦庆手带来之银，然去年男俵（信）内既写十五元，所说既交朱桂兄十员（元）仍⑦五员（元），外面既交回男收。兹今朱桂兄至齐⑧，云及此银未交家中，又无俵（信）子，不知何人所于（以）未交，至齐方知，即今此银转付阑星兄手带回家中收用。另黄氏又付银五元，两员（元）交于陈氏姊收用，三元交于母亲肉资。现下外面身体平安，不必卦（挂）念也。余无他事，容后再申。

满门老少平安

又云，付来海参托买英银一员（元）。

再者，母亲嘱打金耳环之事，后日可矣，付回应用也。

庚四月廿六日　不肖男和仁　顿禀

简释

与庚二月二十五日（信〈九十一〉）呼应。

叶和仁迁移金店，新做砖瓦屋开张，“伙伴七八人做生意”。

---

① 概旨：未详。
② 抽装：抽身。
③ 冬成：见信〈四〉注⑦。
④ 回唐：见信〈十二〉注⑥。
⑤ 完：见信〈十〉注④。
⑥ 员：见信〈四十六〉注②。
⑦ 仍：还有。
⑧ 齐：亚齐。见信〈四〉注②。

叶和仁新添之仔，“焕（唤）他名字有增”。

信中出现“看大有德育长成人，自有出头风光”之说，至此方知叶和仁在家乡的儿子名曰“有德”。叶和仁在海内外共有三儿——有德、有福、有增。

母亲钟氏寿诞之期，叶和仁一直没有说清：

（1）光绪二十六年庚子四月十五日信〈三十八〉：“现本年三月母亲寿诞，儿兄弟十分喜慰。”

（2）光绪二十六年庚子十一月廿六日信〈五十五〉：“然儿在外踈（疏）远，忘记母年何日诞期，速请示明。”

（3）宣统二年庚戌二月十八日信〈九十〉：“本月初六日，儿兄弟在外奔商，不得左右奉侍，不孝难逃，念母年已老迈，及逢寿旦（诞）之期，只得当天祭祷神，祈望福寿无疆。”此信又把寿诞说成是二月初六。

（4）宣统二年庚戌四月二十六日信〈九十二〉：“六月月间乃系母亲寿旦（诞）之期。”

游子长年在外，难免有所疏忽。

〈九十二〉

〈九十三〉 清宣统二年庚戌六月十四日（1910年7月20日）

叶礼仁寄母亲钟氏书

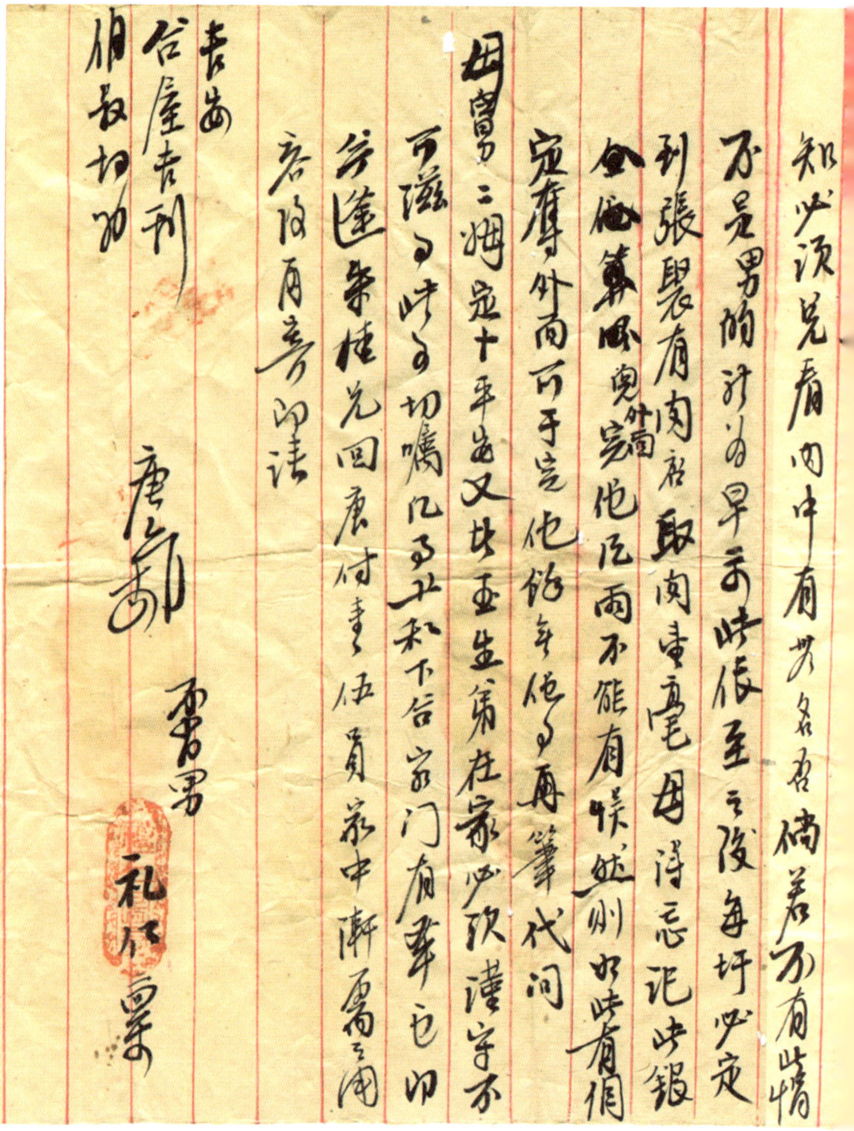

录文

跪禀

母亲大人尊前膝下：

叩禀者，万福金安。盒（阖）家大小平安，定卜康健为颂以慰也。予自四五月至今陆续得接家中母谕，均各收到，捧读一切诸事皆悉。前四月曾托秦庆兄回唐[①]，付来银五员（元）[②]。又五月张束星兄付来银一元，此银未曾写依（信），谅卜早日收妥否？男旦夕仰望母亲盒（阖）家身体平安。凡为当用要用，不可省俭。现下外面生意之（正）常，身体叻（叩）神庇佑，毋庸念耳。倘若生意稍有机会，定期回家一望亲耳。顺禀，叟叟（嫂嫂）凡事家中必须善侍母亲，以慰心也，弟自知恩劳，不敢忘矣。昨去年寄来绒帽两顶，然帽有记礼仁名印，如果收到，请早通知，必须兑（阅）看内中有无名否。倘若不有，此帽不是男的，祈为早

① 回唐：见信〈十二〉注⑥。

② 员：见信〈四十六〉注②。

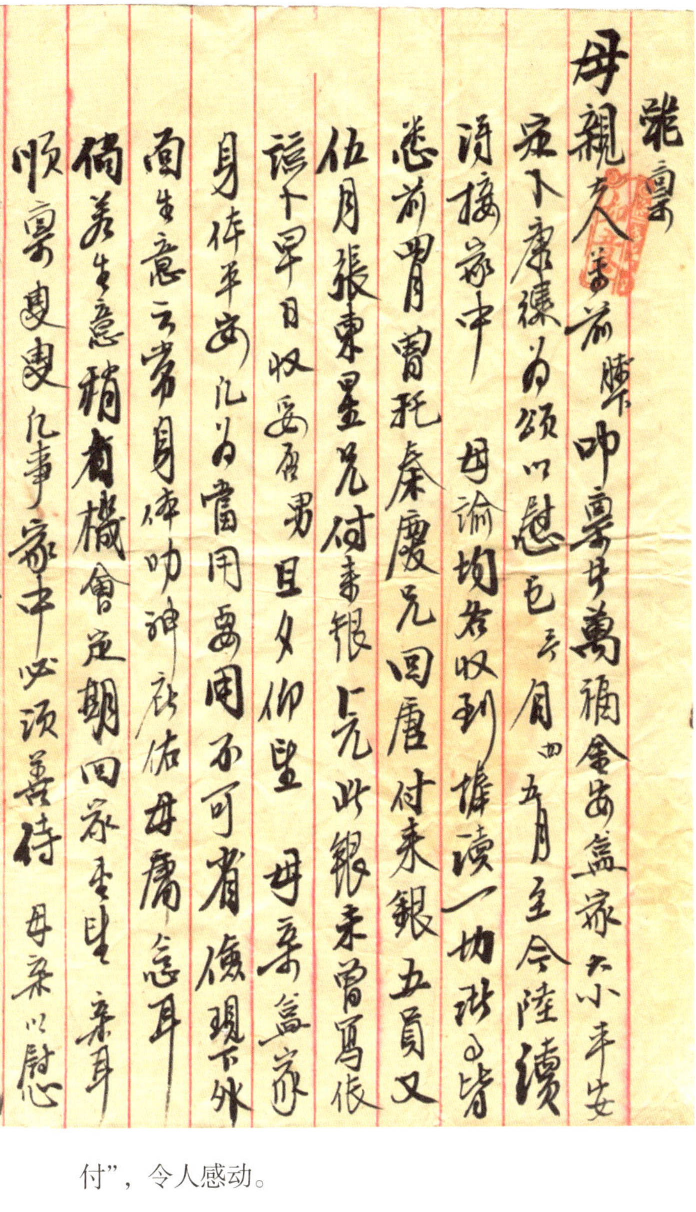
張禀
母親大人安前膝下 叩禀者 萬福金安 爲家大小平安
旋下康褸為頌以慰也 去月四五月至今陸續
頻接家中 母諭均各收到 拜讀一切 母旨
悉前月曾托秦慶兄回唐付來銀五員 又
伍月張東星兄付來銀一元 此銀未曾寫依
諒下早日收妥 唯男旦夕仰望 母親爲家
身体平安 兒为當用要用不可省儉 現下外
面生意亦常 身体叻神庇佑 母需急耳
倘若生意稍有機會 定期回家奉侍 親耳
順禀 安安 凡事家中必須善侍 母親以慰

示。此依（信）至之后，每圩[①]必定到张聚有肉店取肉一毫[②]，毋得忘记。此银儿外面完[③]他，风雨不能有悮（误）。然则如此有个定夺，外面可于（以）完他。余无他事。再笔。代问

母舅、二姆定卜平安。又者，玉生弟在家，必须谨守，不可滋事，此事切嘱。凡事上和下合，家门有幸也。即今逢朱桂兄回唐，付来伍员（元），家中渐需之用，容后再寄。即请

吉安

合屋吉利

伯叔均好

庚六月十四　不肖男礼仁　禀

简释

缺同年四月托秦庆兄带银五元书。

缺同年五月托张東星银一元书，只因“此银未曾写依（信）”。

缺“去年寄来绒帽两顶”的相关书信。

可见叶家兄弟长年累月托寄银信之多，可惜散佚也甚多。

“每圩必定到张聚有肉店取肉一毫”，叶礼仁对母亲的生活起居真是关心备至，连每逢墟日“取肉一毫”都精心设计。母亲取肉，儿子在南洋托水客还款，“零取整付”，令人感动。

〈九十三〉

① 圩：见信〈三十八〉注①。
② 毫：见信〈三十〉注④。
③ 完：见信〈十〉注④。

（九十四）清宣统二年庚戌六月十四日（1910年7月20日）

叶礼仁寄家乡云阶兄书

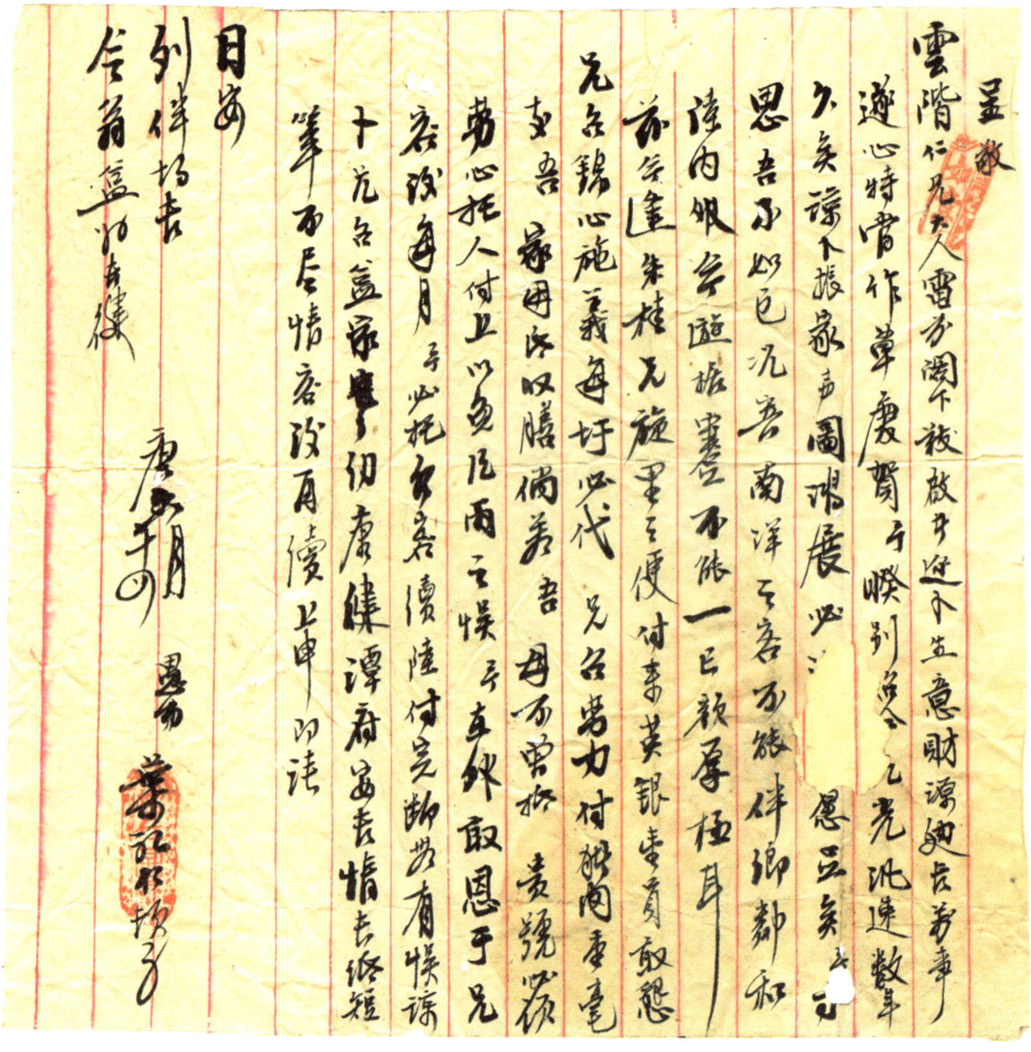

呈
敬
雲階仁兄大人台前閣下 敬啟者 近下生意財源如意為幸
遂心特此作華慶賀 弟自從別後今已光陰迅速數年
久矣 諒下振家聲 圖謀發展 必定 恩豆矣
恩者不少 已流落南洋 無處可歸 伴鄉鄰和
諒內地無謀振業 不能一日裁培極耳
前無逢朱桂兄旋里之便 付來英銀壹員 敢懇
兄台錦心施義 無奸必代 兄台出力 付與內屋亳
支吾 家母以膳備養 吾 母不曾於 貴號必須
勞心托人付上 以爲凡兩之惧 弟在外敢恩于兄
客路無月 弟必托家客續陸付足 斷安有悞諒
十兄台盛家事切 慶肆潭府安康 情長紙短
筆不盡情 客路有續上申 即請
日安
列伴均吉
合府盛明康健
庚戌六月十四 愚弟 葉禮仁頓首

录文

呈敬

云阶仁兄大人电（殿）前阁下：

敬启者，迩[1]卜生意财源迪吉，万事遂心，特当作草[2]庆贺。予睽（暌）别□□□光汛（迅）速，数年久矣。谅卜振家声，图鸿展，必□□□愿足矣。予□思吾不如也，况吾南洋之客，不能伴乡邻和陆（睦）内外，今游据□□，不能一已，颜厚极耳。

兹今逢朱桂兄旋里之便，付来英银[3]一员（元）[4]，敢恳兄台锦心施义，每圩[5]必代兄台劳力，付猪肉一毫[6]，交吾家母氏收膳。倘若吾母不曾抵贵号，必须劳心托人付上，以免风雨之悮（误），予在外敢（感）恩于兄。容后每月予必托水客续陆（陆续）付完[7]，断无有悮（误）。谅卜兄台盒（阖）家老幼康健，谭（潭）府[8]安吉。情长纸短，笔不尽言，容后再续。上申。即请

日安

列伴均吉

令翁盒（阖）好吉健

庚六月十四日　愚弟叶礼仁　顿字

简释

叶礼仁就替母亲代买猪肉事寄云阶兄，与信〈九十三〉同日托朱桂带回老家。

嘱云阶兄每墟“付猪肉一毫，交吾家母氏收膳”，后每月必托水客陆续付完，断无有误。

〈九十四〉

---

① 迩：近；近来。

② 草：草稿。指书信。

③ 英银：见信〈二十〉注⑨。

④ 员：见信〈四十六〉注②。

⑤ 圩：见信〈三十八〉注①。

⑥ 毫：见信〈三十〉注④。

⑦ 完：见信〈十〉注④。

⑧ 潭府：见信〈二十〉注⑦。

〈九十五〉 清宣统二年庚戌十一月廿日（1910年12月21日）

叶礼仁寄母亲钟氏书

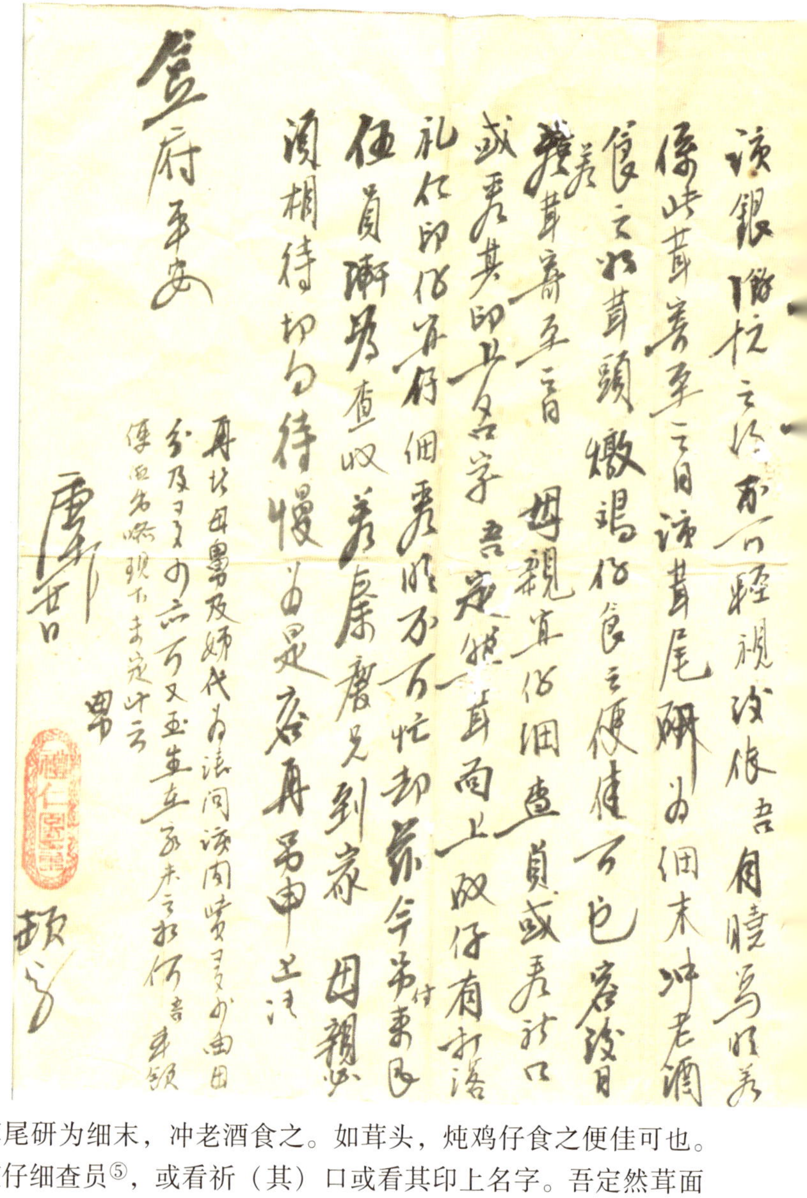

录文

跪禀

母亲大人尊前膝下：

叩禀者，万福金安。迩[①]下定卜盒（阖）家平安，百事胜意为颂。儿现下本年生理自石城[②]迁下至今，不过云常平稳如（而）已。大凡家中各样不必大（太）过省俭，若得外面生意稍得如意，自晓多寄。另者，兄嫂凡事必须仔细，孝顺母亲，所做之事，必先想过方可行之。现下外面儿等亦蒙天庇佑，身体平安，毋庸掛（挂）念。兹今逢便秦庆兄回唐之便，付来绒帽两顶，祈交兄嫂之仔收用。此帽仔（子）内有打字印礼仁名字，于（以）此为记。现今买有鹿茸一份，目庭[③]亦已制好，不过未曾洒（晒）好，容后有人能可付来，兹今不及之耳。此茸买价甚高，该[④]银十余元之约（药），不可轻视，后依（信）吾自晓写明。若系此茸寄至之日，该茸尾研为细末，冲老酒食之。如茸头，炖鸡仔食之便佳可也。容后日若茸寄至之日，母亲宜仔细查员[⑤]，或看祈（其）口或看其印上名字。吾定然茸面

---

① 迩：近；近来。

② 石城：见信〈四十〉注⑤。

③ 目庭：未详。

④ 该：见信〈九十〉注④。

⑤ 查员：未详。或许是“查验”的近音笔误。

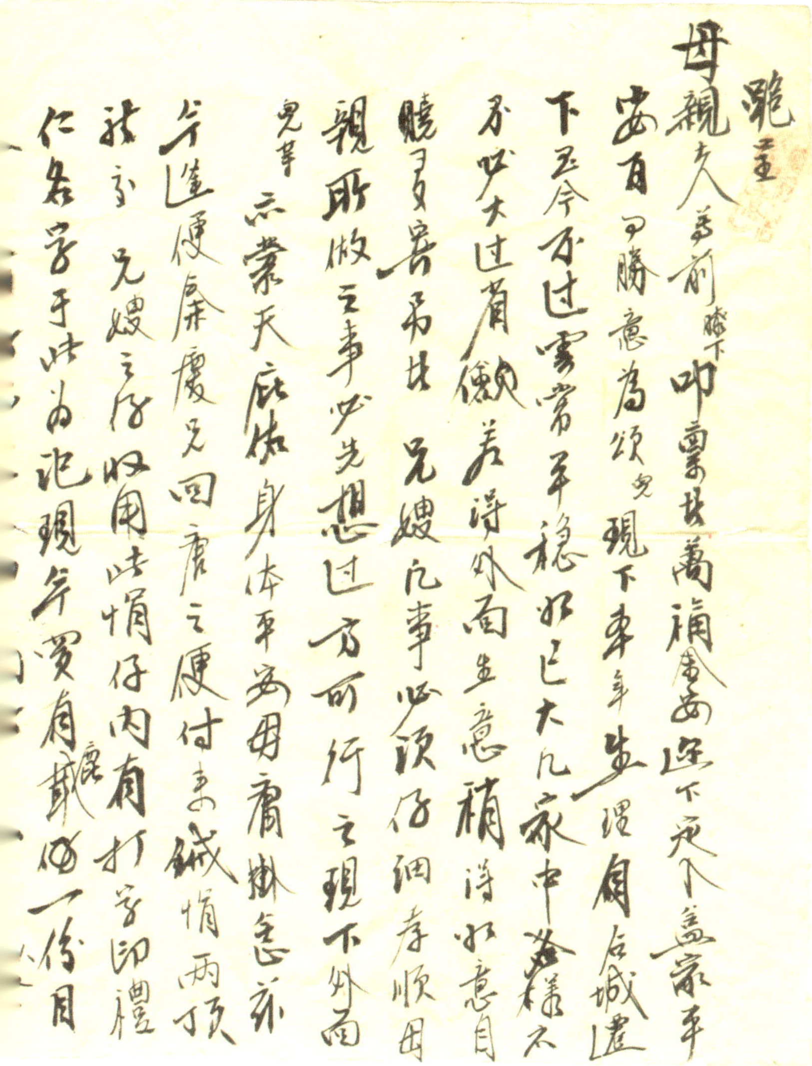

上罐仔有打落礼仁印仔，宜仔细看明，不可忙（忘）却。兹今另付来艮（银）伍员（元）[①]，□为查收。若秦庆兄到家，母亲必须相待，切勿待（怠）慢为是。容再另申。上请盒（阖）府平安！

再者，母舅及姊代为请问。该肉资多少，由母分及多少亦可。玉生在家未之（知）如何？吾本欲使他出齐，现下未定，此云。

庚十一月廿日　男礼仁
顿字

简释

信〈八十八〉叶礼仁已向母亲禀告：“男前在石城之店，旧岁迁下芬乃容开张。”所言旧岁即丙午年。时已隔几年。全句的意思应是：自石城迁下至今，生意平稳而已。（信中“本年”一词，实属笔误。）

托带给母亲“买价甚高”的鹿茸，还教母亲炖食鹿茸之法，“茸尾”“茸头”吃法不同，礼仁的孝心和细心令人感动。

〈九十五〉

---

① 员：见信〈四十六〉注②。

附：辛亥革命后，叶清仁寄往家乡的预印批封

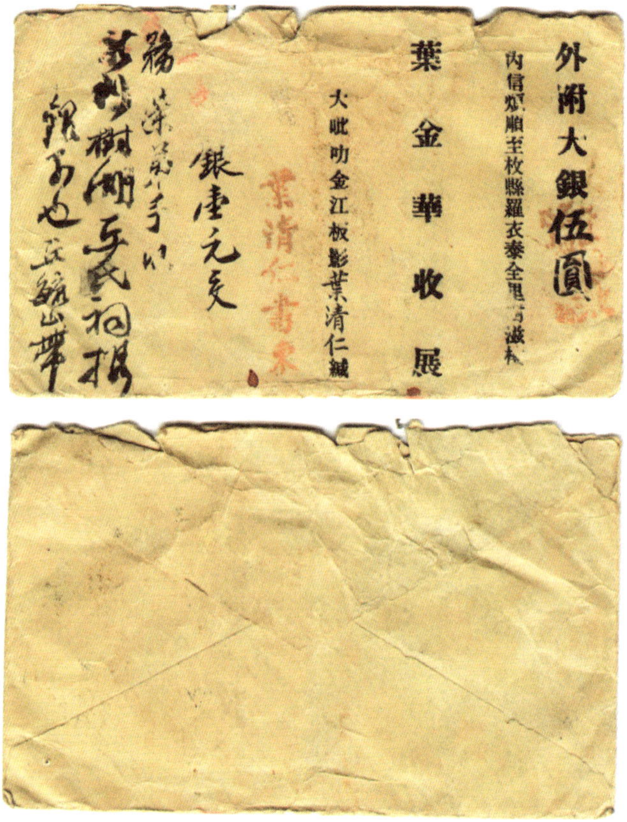

简释

这是辛亥革命后叶清仁寄往家乡的预印批封。

（1）梅州：汉揭阳县地。东晋为海阳县，南齐分置程乡县。五代南汉乾和三年置敬州。宋因避太祖（赵匡胤）之祖父赵敬讳，改称梅州。

元升为梅州路，明复为程乡县，清升为嘉应州，1912 年改为梅县，属广东省。参阅《太平寰宇记》一六六、《嘉庆一统志》四五六《嘉应州》。

该预印批封收批人地址“内信烦顺至枚（梅）县罗衣泰全里树滋楼”，将以往批信所称之“嘉应州”径改为“梅县”，可见已是 1912 年后印制的。

（2）海外寄潮梅侨批，批封上一般是手书姓名、地址、批款。叶清仁于民国初寄梅县的侨批封，已是铅印预制，外观工整，易于识别，方便分发。从清末到民国，从折叠式批信到红条封，从手书批封到铅印预制封，记录了侨批业的进步、成熟和演变的过程。